ある十九世紀人の生涯
マルクス

Karl Marx
A Nineteenth-Century Life
Jonathan Sperber

上

ジョナサン・スパーバー
小原淳◆訳

白水社

ヨハン・ルートヴィヒ・フォン・
ヴェストファーレン。
マルクスの幼少期の師にして将来の岳父。
［ベルリン＝リヒターフェルデ・ドイツ連邦文書館］

イェニー・フォン・ヴェストファーレン。
マルクスの将来の妻。
破談になったプロイセンの小尉との
婚約状態にあった、1830年代初頭頃の肖像。
［アムステルダム国際社会史研究所］

ボン大学の学生であった1836年当時のマルクス。
ドイツの学生組合〔ドイツ語版では「トリーアの同郷会《ランツマンシャフト》」〕の制服を着ていることが注目に値する。
［ベルリン芸術・文化・歴史図像文書館/アート・リソース（ニューヨーク）］

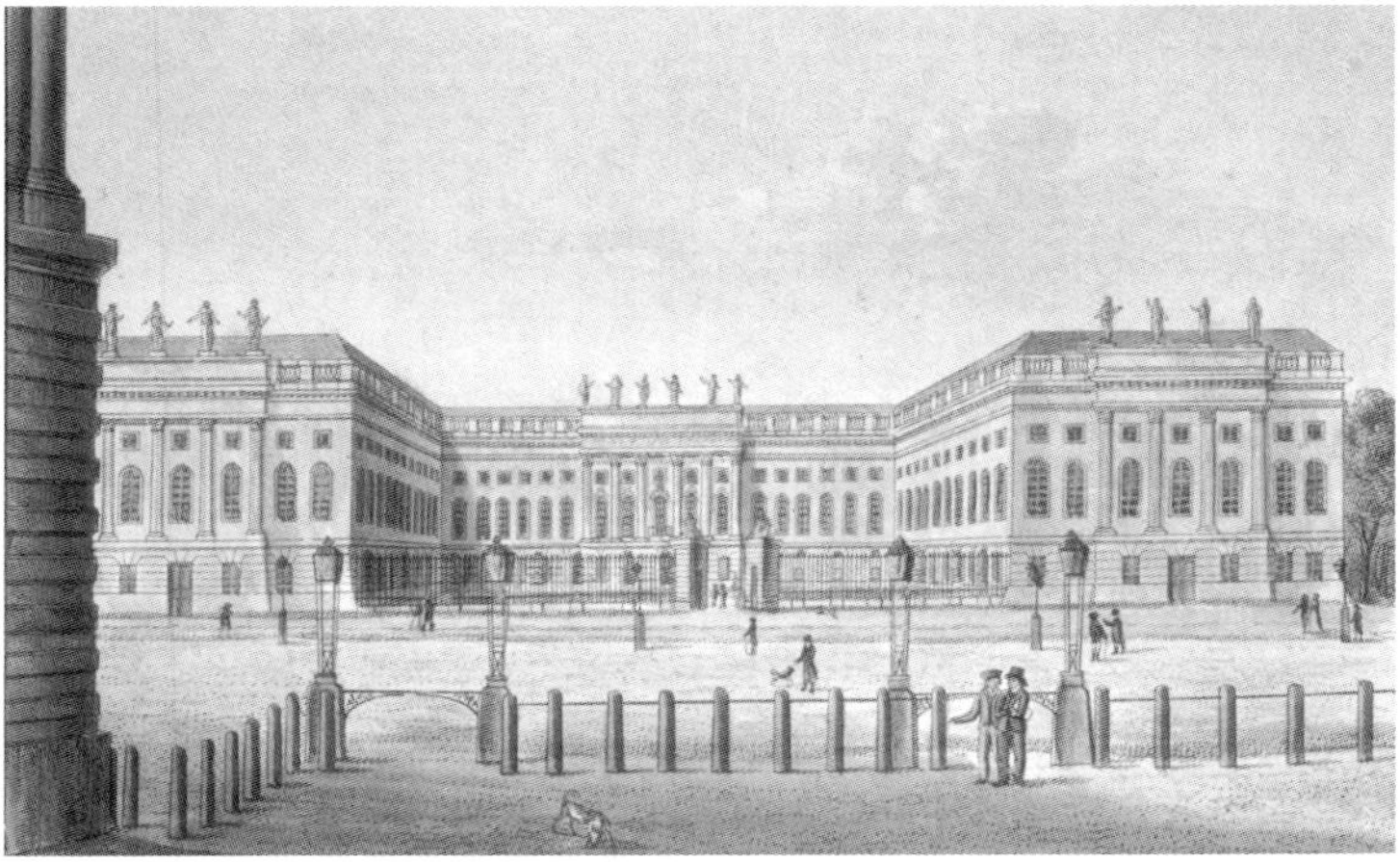

1820年代のベルリン大学。
マルクスはここで、生涯にわたり思想的な触発を受けることとなるヘーゲルの思想に親しんだ。
［ベルリン芸術・文化・歴史図像文書館/アート・リソース（ニューヨーク）］

G・W・F・ヘーゲル(1770-1831)。
この偉大な哲学者の思想には
明らかに急進的な宗教的、
政治的要素が含まれていたが、
彼は細心の注意を払って
素知らぬふりをしていた。
［ベルリン芸術・文化・歴史図像文書館/
アート・リソース（ニューヨーク）］

エードゥアルト・ガンス
(1797〔1798年生まれという説もある〕-1839)。
ベルリン大学の法制史教授にして、
おそらくはヘーゲルの一番弟子。
マルクスに多大なる知的影響を与え、
もし脳卒中で早逝していなければ、
間違いなく彼の師となっていたであろう。
［ベルリン芸術・文化・歴史図像文書館/
アート・リソース（ニューヨーク）］

1840年代前半のフリードリヒ・エンゲルス。
当時の自分の容姿についての本人の弁では、
「自分〔は〕あまり〔に〕若く見えすぎる」。
［アムステルダム国際社会史研究所］

ブルーノ・バウアー(1809-1882)。
急進的な青年ヘーゲル派のなかでもとくに
気難しく論争的な人物であったバウアーは、
ヘーゲルに内包されていた
政治性についての解釈をめぐって
意見を違えるまでは、
マルクスの師であった。
［アムステルダム国際社会史研究所］

ルートヴィヒ・フォイエルバッハ(1804-1872)。
フォイエルバッハこそが
ヘーゲル理論を唯物論的な方向へと
発展させたが、
マルクスへの知的影響は
しばしば誇張されてきた。
［フリードリヒ・エーベルト財団社会民主党文書館］

賑やかな商都として1845年の印刷物に描かれたライン河畔の都市ケルン。
1842〜52年の10年間、マルクスの政治活動の中心地であった。［ケルン市ライン図像文書館］

1848年10月のバリケード。背景にあるのはケルン大聖堂。
1848〜49年のマルクスの革命活動は
ケルンとライン地方でのプロイセン支配に対する反逆であったが、
このことが労働者階級を組織化したり、
共産主義への支持へと向かわせようとする試みに暗い影を投げかけた。
［ケルン市ライン図像文書館］

1822年のトリーア。
ローマ時代の遺跡と中世の建造物が大半を占め、近代の都市建造物は少ない。
［トリーア市ジーメオン修道院博物館］

1852年のケルン共産主義者裁判で、それまでドイツに残っていたマルクスの支援者たちは
有罪宣告を受け投獄されるか、政治の舞台から締め出された。
画面左側の囲いのなかの弁護人たちのうち、
医師のローラント・ダニエルスが後方で憲兵の横におり、
「赤い」ヘルマン・ベッカーが前列で弁論を行っている。［ケルン市ライン図像文書館］

モーゼス・ヘス(1812-1875)。
マルクスの重要な思想源であり、共産主義の政治的、知的指導者になることを熱望したが、
夢想的で無駄ごとに没入しがちな性格のゆえに、
精力的で決断力のあるマルクスの好敵手にはなりえなかった。
［フリードリヒ・エーベルト財団社会民主党文書館］

カール・グリューン(1817-1887)。
1840年代のドイツ語圏の
共産主義者の指導者であり、
マルクスの攻撃に鋭く、
また効果的に応酬した。
［Adolf Hinrichsen, ed.,
Das deutsche Schriftstelleralbum, Berlim:
Verlag von Wilhelm Friedrich Asch, 1885］

アウグスト・ヴィリヒ(1810-1878)。
プロイセン軍将校から共産主義に転向した。アメリカ南北戦争の際の北軍の制服を着ている姿。
急進的な行動の人を演じ、理論的な知性の人であったマルクスとは対照的であった。
［フリードリヒ・エーベルト財団社会民主党文書館］

マルクス——ある十九世紀人の生涯◆上

本書を、父ルーイス・スパーバーの思い出に捧げる

マルクス――ある十九世紀人の生涯◆上

目次

凡例

◆原著者による原注は、本文中に（1）、（2）と番号を振り、各章末に「章末注」としてまとめた。

◆翻訳者による「訳注」は、文中の〔　〕に記した。

◆マルクスの著作や書簡等の引用のうち、確認できたものについては、
大内兵衛、細川嘉六監訳『マルクス＝エンゲルス全集』全五三巻（大月書店、一九五九〜九一年）、
石堂清倫訳『十八世紀の秘密外交史』（三一書房、一九七九年）、
Fr・メーリング著、栗原佑訳『カール・マルクス』全三巻（大月書店、一九七四年）、
資本論草稿集翻訳委員会訳『マルクス資本論草稿集』全九巻（大月書店、一九七八〜九四年）、
栗原佑訳『モールと将軍――マルクス＝エンゲルス全集完結記念』（大月書店、一九七六年）、
良知力編『資料ドイツ初期社会主義――義人同盟とヘーゲル左派』（平凡社、一九七四年）に所収の訳文を用い、
引用箇所を原注の該当箇所に明記した。
これらの日本語訳とスパーバーによる引用史料の英訳とが大きく異なる場合や、
日本語訳の側に明らかな誤りがある場合は、本文中に注記を加えた。

◆「人名索引」、「参考文献」は下巻末にまとめた。

序論

一八四八年の初冬、ベルギーの首都ブリュッセルで、短軀だが肩幅広く、白髪《しらが》が一筋見えかけているとは言え黒々とした髪と髭を蓄えた未だ青年風の一人の男が、寒々しいアパートの机の前に座っていた。男はいつものごとく、思いついたように何かを書いたり書くのをやめたりを繰り返していた。しばらくの間ペンが紙の上を走り、左手で辛うじて判読できる走り書きを認《したた》めると、彼は急に作業を中断して立ちあがり、机の周りを行ったり来たりして、元の場所に戻ると今しがた書いたもののかなりの部分を消し、そしてまた書き始めた。家族――少し年上の妻と二人の小さな娘、赤ん坊の息子、そして雇い主の世間体と懐具合の落差を体現する存在であったメイド一人――は、仕事中の彼をそっとしておいてやっていた。彼の文筆稼業につきまとう慢性的な問題であったが、彼女たちは出版者に原稿を渡す締切りが過ぎていることを知っていた。

この人物、この一家の主こそカール・マルクスであり、彼がロンドンの共産主義者同盟中央委員会のために書いていた、送付期限を超過したこの一文こそ、同盟の新たな政治綱領、『共産党宣言』であった。大多数の歴史家や伝記作家にとって、この『宣言』、そしてそこに結びつけられた知的探求と政治闘争の生涯は現代の同時代人のものであり、未来を深く見据え、十九世紀人でありながら、この未来が形作られるうえで良くも悪くも一役買った人物のものであった。論争の的となるような同時代人の姿でマルクスを描き出すこうした理解は、一九三六年に刊行されたものの今なお一読の価値が十分にある最初期の伝記の一つ、こんにちの感覚からすれば当惑するような題名であるために稀にしか言及されることがない、ボリス・ニコラエフスキーとオットー・メンヒェン＝ヘルフェンの『カール・マルクス——男にして闘士』に現れている。

何十年にもわたって争いがカール・マルクスの周りで吹き荒れてきたが、それはこんにち頂点に達している。彼は自らのイメージを他の誰にもまして時代に刻み込んだ。ある人たちにとっては彼は悪魔であり、人類文明の最大の敵であり、混沌の申し子であり、他の人たちにとっては、人類を明るい未来へと誘《いざな》う、先見の明のある敬愛すべき指導者である。ロシアでは彼の教えは国家公定の教義であり、対してファシズム諸国は彼の教えを撲滅することを望んでいる。中華ソヴィエト共和国の影響圏においてはマルクスの肖像が紙幣に描かれ、反対にドイツでは彼の書物は燃やされた(1)。

肯定的に捉えれば、マルクスは社会と経済の発展に対する先見の明をもった予言者であり、国家と社会を解放するための変革の提唱者であった。否定的な観点からすれば、マルクスは現代世界の悪質かつ邪悪な特徴について最大の責任を負うべき連中の一人であった。

ニコラエフスキーとメンヒェン＝ヘルフェンの著書の一節が示すように、マルクスに関するひどく対極的な見解は、共産主義体制と、その敵対者である全体主義体制および民主主義体制との間で繰り広げられた二十世紀の大きな対立を反映したものであった。一九八九年にほとんどの共産主義政権が終焉を迎えた後においてさえ、マルクスを我々の同時代人と見なす、こうした見解は残り続けた。『共産党宣言』刊行の一五〇周年にあたる一九九八年になっても、マルクスはしばしば消費主義社会の到来を予言した人物として引き合いに出された。一例を挙げれば、高名な歴史家エリック・ホブズボームは、マルクスとエンゲルスの一八四八年の著作はグローバル資本主義を予見していたと指摘した。自らもマルクス主義者であったホブズボームであればこそ、その長い生涯をつうじて支持し続けてきた思想の持続的な効力を断言してはばからなかったのだとする向きもあるかもしれない。しかし、二〇〇八年秋の世界的な経済危機の際には、共産主義に共感を抱いているという嫌疑をかけられるはずのないロンドンの『タイムズ』紙の見出しにこう記された。「奴が帰ってきた！」と。フランスの右派的な大統領ニコラ・サルコジは、『資本論』のページをめくる姿を写真に撮られた。明らかに、現代人としてのマルクスの威信は長きにわたり保たれ続けている。[2]

ここで問うに値するのは、魔術師ではなく死せる定めの人間――灰色のガンダルフ〔『指輪物語』に登場する魔法使い〕ならぬカール・マルクス――に、いかにして一五〇年先、あるいは一六〇年先の未来をうまく見通すことができたのかという問題であろう。一七八九年のフランス革命の再来という未来像や、十九世紀初期の政治経済学者たちの理論の反復、G・W・F・ヘーゲルの哲学と、実証主義学派が新たに打ち出した反ヘーゲル思想の双方への秘かな依拠、自らの来し方や、こんにちでははっきりと分からなくなってしまった一八四〇年代のヨーロッパ政治の諸特徴についての当事者としての言及――こうしたものを内包している『共産党宣言』そのものをさらに詳しく検討すれば、これまでとはまったく異なる何かが提示される。マルクスを現代の同時代人と見なし、その思想が現代世界を成形したとする見解は既に有効性を失っているのであり、彼を我々の時代からますます隔たりつつある過去の一時代、すなわちフランス革命とヘーゲル哲学、イギリスの初期産業革命、そしてそこに端を発する政治経済学の時代の人物と考える、新たな理解が示されるべき時に達している。さらにまた、マルクスを着実な足取りで熟慮をもって歴史の諸潮流を解釈した人物としてよりも、十九世紀前半のあれこれの状況を体験してそれを未来へと投影した懐旧的な人物として理解する方が有効であろう。こうした理解こそ、本伝記の前提をなしている。

　この新たな前提を補完してくれるのは、マルクスの生涯と思想に関する注目すべき新史料、ドイツ語の頭文字から一般にＭＥＧＡ〔カール・マルクス＝フリードリヒ・エンゲルス全集〕として知られる、カール・マルクスとフリードリヒ・エンゲルスの著作の完全版である。この大がかりなプロジェクトは一九二〇年代にソ連で始まった。精力的な最初の編者ダヴィド・リャザーノフがスターリンの大粛清のなかで逮捕され後に銃殺されて、計画の第一段階は途絶した。この事業は、東ベルリンとモスクワの各マルクス＝レーニン主義研究所の後援で一九七五年に再開された。一九八九年以降、東欧の共産主義が命脈を断たれた後もプロジェクトは継続され、ベルリン＝ブランデンブルク科学アカデミーを本拠地に、国際マルクス＝エンゲルス財団が主導権を握った。編纂のための資金は統一ドイツ政府から支出されたが、当初、事業に着手したのはドイツ統一を保守的な立場から建設した首相ヘルムート・コールであり、彼は自身も歴史家としての訓練を受けていた。この、こんにちなお進行中の極めて大がかりな学術的事業は、封筒の裏に書きつけたメモ等も含めて、マルクスとエンゲルスが執筆したものをすべて刊行することを目標にしている。二人の著作を完全には収録していない他の幾つかの全集と異なり、ＭＥＧＡはマルクスとエンゲルス自身が書いたもののみならず、彼らに送られてきた書簡までも刊行している。この新たな史料集に、決定的な証拠となるものや、これまでのマルクス理解を一変させるような文書が含まれているわけではないが、彼の肖像を微妙に変更するような細かな内容は数多く見出しうる。[3]

　そもそもＭＥＧＡは、より大規模に行われていた冷戦時代の出版競争の一部であり、マルクス思想の継承者である東ベルリンとモスクワの共産主義者が、アムステルダムの国際社会史研究所やバート・ゴーデスベルクのフリードリヒ・エーベルト財団、そしてトリーアのカール・マルクス・ハウスを拠点とする社会民主主義系のマルクス思想の継承者たちに対抗しようとしたものであった。冷戦時代の競争の大半と違い、この競争は膨大な史料の刊行や、仔細な問題に焦点を絞ったモノグラフィー、マルクスの生涯と彼の時代に関して大量の情報を提供してくれる極めて詳細な学術論文――それらはしばしば、あまり人目を引かない場で発表され、これまでの伝記ではほとんど、あるいはまったく活用されてこなかった――といった、有益な成果を生み出した。

こうしたマルクスの生涯についての新知見の提起と並行して、歴史家たちはマルクスの時代を再考しようと試みてきた。大抵の場合、一般大衆の与《あずか》り知らぬところで、専門的な著作が十九世紀の概念を再規定したり再考してきたのであり、またマルクス理解と密接に関係する方法でそういったことが続けられている。近年の歴史研究においては一般に、産業革命の広がりや重要性への評価は弱められ、社会階級間の対立は諸々の政治的衝突、とりわけ社会主義者と労働者の諸運動を成り立たせる諸々の特徴のうちの一つにすぎないと見なされており、一七八九年のフランス革命に端を発する政治行動の諸理念や諸形態の長期的、持続的な影響、世界を解釈するうえで宗教が果たした決定的な役割、ナショナリズムの巨大で複雑に入り組んだ効果、そして社会の組織化に際しての家族生活や男女関係の重要性といったことが強調されている。これらの研究はいずれも、結論として、我々自身のものとはかなり異なる時代の輪郭を描き出してきた。

マルクスをそのような時代のなかに位置づけるためには、マルクスが「資本主義」という言葉に込めた意味が現代のそれとは異なるということ、マルクスが批判的に論じたブルジョワジーはこんにちのグローバル資本主義における階級のようなものではないということ、Wissenschaft《ヴィッセンシャフト》というドイツ語の単語に込められた、科学と学問についてのマルクスの理解が現在の用例の含意するものとは異なっているといったことを想起しなければならない。不幸にも、標準的な翻訳におけるマルクスの用語の一般的な用例は、彼の著作物の本来の文脈を常に正しく解釈しているわけではなく、しばしばその意味するところを曖昧にしてきた。本書では一貫してマルクスの著作の本来の文脈に立ち返り、独自に新たな訳文を考案した。それらがこれまでの訳と同じもののように耳に響くこともあろうし、むしろ異なって聞こえることもあろう。

マルクスに関する研究はほとんどの場合、彼の思想や、哲学的、歴史的、経済的な理論に焦点を絞ってきた。本伝記は確かにマルクスの理論について多くを述べることになるが、継続中の論議に首を突っ込んだり、当時の思想家たちに批判的な言及を加えたりしつつ——マルクスはいつでも批判者としての自らの役割に誇りを感じていたものである——、当時の文脈にあてはめて叙述するつもりである。そうした思想家の幾人か、例えばチャールズ・ダーウィンはこんにちよく知られているが、別の人びと、例えばブルーノ・バウアーやモーゼス・ヘスはさほど著名ではない。マルクスの思想を彼の時代の文脈のなかで論じるにあたっては、マルクス主義の正典となっているテキスト——例えば『共産党宣言』、『ルイ・ボナパルトのブリュメール十八日』、そして『資本論』——だけではなく、『フォークト君』や『十八世紀の秘密外交史』のように、私的で特異な例として無視され見逃されてきた、一風変わった著作の検討も行う。その独自の価値に関心を向ける時、これらのあまり知られていない作品もまた、古典的なマルクス主義のテキストに新たな光を投じることとなる。

マルクスの思想を理解するためには、その知的な文脈を知るだけでは十分でない。彼の思想をより広範な、その生涯の枠組みのなかに位置づけて見てみることも必要である。本伝記は、彼の私的生活、すなわち家族や彼が受けた教育、躾《しつけ》、イェニー・フォン・ヴェストファーレンへの求愛と結婚、子供たちとの関係、友人関係や敵対関係、長期にわたる経済的な問題等々をかなり詳細に論じる。また公人としてのマルクス、すなわち、——大抵は無視されたり正当に評価されてこなかった——ジャーナリストとしての広域にわたる仕事や、一八四八／四九年革命の最中とその後の政治活動、そして国際労働者協会、いわゆる第一インターナショナルの創設と解体に際しての役割についても論及する。マルクスの肖像は、私的生活と公的活動、そして知的表現を相互に連関させることで見出されるものであろう。

マルクスの諸理論と同様に、本書は、彼の私的生活や政治活動をも十九世紀の文脈に位置づける。そのような手法によって、ただマルクスのみならず、彼を取り巻く多くの人びとの肖像が描かれることとなる。なかでも特筆されるべきは、二人の人物である。一人は、マルクスの忠実なる友にして政治的同志、知的協力者にして第一の門弟であったフリードリヒ・エンゲルスであり、もう一人は妻にして終生にわたる恋人であったイェニー・フォン・ヴェストファーレンである。彼らほどには知られていないものの、その他の人びとにも語るに足る興味深い物語がある。まず、一家のメンバー、マルクスの両親のハインリヒ・マルクスとヘンリエッテ・マルクス、娘のイェニーやラウラ、エリナといった面々がいる。そして共産主義の同志たちやライバルたち——夢見がちなモーゼス・ヘスや派手好きなフェルディナント・ラサール等——が魅力的な集団をなしている。プロイセン軍の将校から軍国主義《スパルタ》的な共産主義者に転じたアウグスト・ヴィリヒは、特殊な性的嗜好の持ち主であった。マルクスの忠実な信奉者であったヴィルヘルム・リープクネヒトは秘かに、そして頑強に自らの意思を守り続けた。マルクスのライバルや盟友たちのなかには非共産主義者や反共産主義者もいたが、そうした人物としては、ジュゼッペ・マッツィーニやゴットフリート・キンケル、コシュート・ラヨシュといった、民主主義的で民族主義的な一八四八年の革命家たち、あるいは奇矯な親イスラーム派にして反ロシア派のイギリス人政治家デイヴィッド・アーカートといった人びとがいる。こうした面々の大半は、いわば十九世紀の地表下に生きた人びとであったかもしれない。彼らは反体制主義者や非協調主義者であり、特権や権勢、権力の埒《らち》外にいた。そして、彼らの世界はマルクスの世界でもあった。

しかしマルクスの生涯は、もっと大きな権力や名声をもつ人びととも交差していた。本書を紐解《ひもと》けば、イギリス首相パーマストン卿やプロイセン国王フリードリヒ・ヴィルヘルム四世、フランス皇帝ナポレオン三世、そしてドイツ帝国宰相オットー・フォン・ビスマルクが登場するが、彼らはいずれも、政策や行動によってマルクスの生涯に深い影響を与え、またマルクスに辛辣な意見を浴びせられた。科学や学問分野における傑出した人物たちもまた、マルクスの歴史を形作っている。例えば、アダム・スミスの最も重要な継承者である経済学者デイヴィッド・リカードや、十九世紀に屹然とそびえ立つ科学的天才、チャールズ・ダーウィンである。

対象人物の複雑な個性を時代の文脈に位置づけた伝記の模範を探してみたものの、これまでのマルクス伝にはあまり有用なものを見つけられなかった。中央ヨーロッパ史の重要人物――いずれもマルクスとはまったく異質な、また彼とはまったく別の時代を生きた人物――を扱った二つの驚嘆すべき作品が、有益な発想を与えてくれた。その一つは、ハイコ・オーバーマンによるマルティーン・ルターの生涯に関する伝記であり、同書は宗教改革の創出者を近代の人物としてではなく、中世末期の人物として捉えている。もう一つは、イアン・カーショーの著名なアードルフ・ヒトラー伝であり、これはナチの独裁者を総力戦の時代としての二十世紀のなかに厳密に位置づけたものである。十九世紀に関しては、ドイツの学者による二つの優れた研究（残念ながら、いずれも英訳されていない）が、個性と職業、政治、そして私的生活の相互作用を強調している。その一つは、コンスタンティーン・ゴシュラーによる、偉大な生理学者にして政治活動家ルードルフ・フィルヒョーの伝記であり、もう一つはフリードリヒ・レンガーによる社会学者、経済学者ヴェルナー・ゾンバルトの生涯についての魅力的な伝記である。これらの伝記作家の対象へのアプローチ方法は、確かに実際には学者でなかったとは言え、人生のある時期にそうなろうという大志を抱き、また十九世紀のドイツの学者の慣習や実践の多くを堅持し続けてきたマルクスの人生を描くにあたっても極めて示唆に富む[4]。

　マルクスに関する書物の著者は、彼を十九世紀の文脈に位置づける者であっても、マルクスと現代との連関についての見解をほぼ不可避的に問われることになろう。これに答えるにあたり、以下のような二つの方法が、俗に言う「マルクス学」、あるいはマルクス主義理論の名の下に行われている。その第一は、マルクスを最新化しようとするもので、精神分析や実存主義、構造主義、ポスト構造主義といった、一八八三年のマルクスの死から現在に至るまでの知的動向を付け加えたり、それらの観点から再解釈することで、彼の思想をより現代に合致させようとする。第二は、マルクス自身の思想を研究するというもので、他者の修正や後年の潤色を消し去れば、マルクス主義は原点の純粋性に回帰できるとする。こちらは、いわゆる世俗的で合理主義的な理論的枠組みの支持者よりも、啓示宗教の信者にお誂《あつら》え向きの構想である。

　過去をそれそのものの言葉で理解し、現在の諸概念によって判断することを控える歴史家として言うならば、著者はこうしたマルクス学の方法を極めて無益な遊戯だと考える。マルクスの生涯、彼の思考の体系、その政治的な奮闘と希望はまずもって十九世紀のものであり、この世紀は、現在との関係からすれば、人類史上に奇妙な位置を占める一時代であった。すなわち、十九世紀は中世のように明らかに遠く異質な時代とも、また、例えば総力戦の時代の世界や、あるいは一九四五〜八九年の東側ブロックにおける共産主義体制のように生々しい記憶の残る時代とも異なっているのである。時に、十九世紀は不気味な明瞭さと親しみやすさを伴って、突如として現代に姿を現す。その最たる例は一八四八年の諸革命であり、数ヶ月のうちに各国に波及したその急激な拡大は、十九世紀の政治的事件の中心をなすものであったが、その後は歴史学の専門家たちにしか知られてこなかったのではなかろうか。革命が共産圏の東欧で吹き荒れた一九八九年の秋や、アラブ世界を通り過ぎた二〇一一年の冬になって、世の中からほとんど忘れ去られていたこうした反乱は突然こんにち的で身近なものとなったように思われる。ほとんど同様のことが、マルクスの思想や生涯と現代との関係についても言える。そこには一定の親和性が存在しているものの、著者は、——マルクスの世界と現代人の世界との間の、あるいは彼の思想体系や政治的大志と「マルクス主義者」を自称した二十世紀の後継者たちのそれとの間の——差異にこそ再三にわたり気を引かれる。

こうしたマルクス主義者たちを批判する人びとは、マルクスを二十世紀の全体主義のテロリズムの提案者と見なし、ロシア革命やスターリンの大テロルの知的責任を彼に負わせようとする。マルクス思想を擁護する人びとはそのような主張を激しく拒否し、多くの場合、マルクスを民主主義者、解放的な政治的変革の唱導者と理解している。これらの見解はどちらも、後世の議論を十九世紀に当てはめようとするものである。マルクスは暴力による革命の支持者であり、おそらくは、それどころかテロリズムによる革命の支持者でさえあったが、しかしスターリンよりもはるかにロベスピエールの活動の方に近しい人物であった。同様に、現代の正統的な経済学の信奉者たち、いわゆる新古典派経済学の論者たちはマルクスの経済学を時代遅れで非科学的なものと断じるのに対して、彼の支持者たちは、定期的に起きる経済危機のような、正統経済学者たちには説明できない資本主義の決定的特徴をマルクスが理解していたことを示唆する。マルクスは確かに資本主義の決定的な特徴を理解していたに違いないが、ここで言う資本主義とは十九世紀の初期の数十年間に存在していたものであり、その中心的な諸要素に関して、またそれらを理解しようとした政治経済学者たちの議論において、こんにちの状況とは明確に異なっていたのである。

マルクスが我々の同時代人にあらず、現代の予言者であるより過去の人物であるのなら、なぜ彼の新たな伝記を書かねばならないのかとか、あるいはそうした伝記が書かれたからといって、なぜ難儀して読まなければならないのかといった疑問が生じるかもしれない。そうした疑問に対しては、十九世紀そのものがますます遠い過去になっているにもかかわらず、相変わらず魅惑に満ち、また重要なままであり続けているからだというのが答えとなろう。チャールズ・ダーウィンの思想を詳論するのは、ダーウィンに現代の遺伝学の知識が欠落しているにもかかわらず、今なお重要である。マッツィーニや彼の片腕であったジュゼッペ・ガリバルディの生涯と奮闘は、彼らにとって極めて重大であった政治問題がとうの昔に解決されているにもかかわらず、人びとの好奇心を引き続けている。ビスマルクの外交工作や巧みな政治術は、ヨーロッパの五大国から構成されていた彼の外交の大枠がほぼ一〇〇年前に失われたにもかかわらず、なお人びとの注目を集める。しかし、十九世紀を研究することには、この世紀を巧みに語ってみせる物語を上回る価値がある。あの世紀との対照性に気づくことで、まさしく現代が自らの放つ鮮やかな光のなかに立ち現れる。マルクスを我々の時代の文脈のなかではなく彼の時代の文脈のなかで見ることが、我々の現今の状況に光を当てる一助となるのであり、それこそが二十一世紀の最初の数十年に書かれるマルクス伝の大きな知的利点の一つなのである。

章末注

(1)Boris Nicolaievsky and Otto Maenchen-Helfen, *Karl Marx: Man and Fighter*, trans. Gwenda David and Eric Mosbacher (Philadelphia: J. B. Lippincott, 1936), v. 定評のある優れたマルクス伝は、David McLellan, *Karl Marx: A Biography*, 4th ed. (Houndmills, Basingstoke: Macmillan, 2006). 少数のさらに重要な、あるいはさらに悪評の高い伝記としては、Isaiah Berlin, *Karl Marx: His Life and Environment*, 4th ed. (Oxford: Oxford University Press, 1978); Leopold Schwarzschild, *The Red Prussian: The Life and Legend of Karl Marx*, trans. Margaret Wing (New York: Charles Scribner's Sons, 1947); Francis Wheen, *Karl Marx: A Life* (New York: W. W. Norton & Co., 2000); Robert Payne, *Marx* (New York: Simon & Schuster,1968); Jacques Attali, *Karl Marx, ou l'espirit du monde* (Paris: Librarie générale française, 2007); そして、Wolfgang Schieder, *Karl Marx als Politiker* (Munich: Piper Verlag, 1991).

(2)Eric Hobsbawm, ed., *The Communist Manifesto: A Modern Edition* (London: Verso, 1998), 17–18; http://www.guardian.co.uk/books/2011/jan/16/eric-hobsbawm-tristram-hunt-marx (二〇一一年一月二十七日閲覧).

(3)James Brophy, "Recent Publications of the *Marx-Engels-Gesamtausgabe* (MEGA)," *Central European History* 40 (2007): 523–37.

(4)Heiko Oberman, *Luther: Man Between God and the Devil*, trans. Eileen Walliser-Schwarzbart (New Haven: Yale University Press, 1989); Ian Kershaw, *Hitler: A Biography* (New York: W. W. Norton & Co., 2008); Constantin Goschler, *Rudolf Virchow: Mediziner—Anthropologe—Politiker* (Cologne: Böhlau Verlag, 2002); Friedrich Lenger, *Werner Sombart 1863–1941. Eine Biographie* (Munich: C. H. Beck, 1994).

第1部
形成

第1章　息子

カール・マルクスは、ドイツ南西部の都市トリーアで一八一八年に生を享《う》けた。この年は、両親の人生を決定づけ、彼の生い立ちと教育に強い影響を与え、彼が終生抱き続けた政治的情熱と敵対者たちとを生み出した、革命の動乱と反革命の応酬の三〇年が過ぎ去った時期にあたる。トリーアはこんにちなお、マルクスの少年時代と変わらず、大変に古い歴史をもつ都市であり、ドイツの西部辺境の他の都市の中心部と同様、ローマ人の手で築かれた〔ローマ人による都市建設以前にもケルト人の集落があった〕。この都市が最盛期に達したのは、紀元後三世紀に短期間ローマ帝国の首都となりささやかな光輝を放った時のことで〔ローマ帝国末期に帝国統治が四地域に分割された四分治制（テトラルキア）下の紀元後二九三〜三九五年、アウグスタ＝トレウェロールムと呼ばれたトリーアに四つの宮廷のうちの一つが置かれた〕、その後の一五〇〇年間はほぼ例外なく凋落の一途を辿った。一八四〇年代に至ってなお、この都市は過去の文明の死霊のごとき姿を呈し、市壁の内側の巨大な空間――そのうちのある部分は農地として利用され、またある部分はただの空き地になって利用されていなかった――は、陰鬱な今を遠い昔が覆い隠していることの雄弁なる証左となっていた[1]。

近代世界の経済的変化はこの町を素通りしたかのようであった。十八世紀と十九世紀のトリーアには何の産業もなかった。鉄道はようやく一八六〇年になって開通した。商業活動もやはり微弱であった。トリーアの北と南にそれぞれ位置するアイフェルやフンスリュックの高地地帯の貧農たちは極貧状態にあり、市場向けの商品はほとんどなかった。おそらくもっと恵まれていたのがモーゼル渓谷で行われていた葡萄栽培業であり、トリーアもこの地域に位置していたが、この時期の大半、モーゼル渓谷のワイン生産は不調であるか、あるいは生産物が市や商人を介さずに生産者によって直接販売されるかのどちらかであった。

市に残されたもう一つのローマの遺産が、カトリック教会との密接な結びつきであった。ローマ時代以来のキリスト教信仰の中心地で、三世紀から司教座の置かれたトリーアは、カトリック信仰の厚い都市であり、住民たちは宗教改革を断固として拒否した。もっとも、神聖ローマ帝国の俗界の主権者の一人である選帝侯を兼任していたトリーア大司教ですらも、十八世紀には首府をライン河畔のコブレンツに移し、トリーアの大学やこれに附属する多くの修道院を荒廃するにまかせた〔トリーア大司教の居所は一六三二年にコブレンツ近郊のエーレンブライトシュタインに、そして一七八六年にコブレンツに移っている〕。市参事会による一七八八年の訴えは、経済的な展望の欠落を如実にものがたっている。「宮廷も貴族も駐屯地も、そしてただの一つの工場もトリーアには存在しません。数名の高位の人びとや、近頃では激変に沈みかけている大学に価値はほとんどありません。現今の情勢にあっては、生計を立てるための確実なよすがとなりうるようなものは一切なく、ゆえに、異常な数に膨れあがった貧窮した市民たちがさらに増大するのは必定だと思われます[2]」。

都市トリーア、この町が属していた選帝侯領、そして中央ヨーロッパの数百の中小諸邦と幾つかの大国を緩やかに結合した統治体である神聖ローマ帝国の社会的、政治的制度は、一七八九年のフランス革命以前の大陸ヨーロッパの通例にもれず、歴史家が「身分制社会」と呼ぶ編成のなかに組織されていた。この社会的、政治的世界においては、権利と特権、また同様に義務と制限は個人ではなく集団に属し、その成員は出生に基づく身分か、さもなければ宗派的信仰に基づく集団構成に帰属させられた。それぞれの集団の成員はそれぞれに大きく異なった権利や特権を保持しており、カトリック都市トリーアのカトリック市民が有していた、諸種の手工業を営業したり市へのプロテスタントの居住を拒否したりする特権のように、彼らの権利と特権は一般的に、法的な拘束力をもつ特許状によって規定されていた。トリーア周辺のカトリックの聖職者や多数の小貴族たちは、自領に住む貧農から封建地代を徴収する特権を有していた。トリーアとその周辺での身分制社会の実践は、西ヨーロッパで一般的であったように、大陸ヨーロッパの東方ほどに苛酷でも峻烈でもなかったものの、現代の、あるいは十九世紀の公正や平等に関する観念からもかけ離れていた。

この身分制社会には、宗教的な特殊性によって法的地位を規定された特殊な一集団が存在していた。すなわち、ユダヤ人である。十八世紀のヨーロッパ人にとって、ユダヤ人は一つの「ネイション」を形成しており、その構成員はヨーロッパ中に拡散していた。一七八九年以前のヨーロッパの諸国家が国民《ネイション》の産物ではなく君主の世襲財産であったことに鑑みれば、このユダヤという「ネイション」は、諸国民国家からなる世界である現代における、同名のそれと混同されるべきではない。むしろ、これは身分制社会を構成する多数の集団の一つであり、その地位は独自の特許状によって保障されていたのである。もっとも、彼らに対する特許状は、権利と特権よりも義務と規制に傾きがちであった。ユダヤ人は領主に対して、その支配地に居住する特権を得るために特別税や賦課金を払わねばならず、一般に職業選択を商業や金融業に制限されていた。ユダヤ人の居住地やキリスト教徒との社会的交流には、しばしば特別な制約が課せられていた。こんにちでは、ユダヤ人は差別の犠牲者であったとされよう。しかし、身分制社会においては、それぞれに異なる諸権利と諸特権がそれぞれの集団に付与されており、差別的処置への不満を生じさせるような平等の観念は存在していなかった。(3)

このことはトリーアの場合にも多分に妥当し、ユダヤ人以外の住民が大司教座聖堂参事会や修道院団体、あるいは自分たちの領主である地域の貴族に金を納めた代わりに、ユダヤ住民は「保護税」や毎年の「新年の寄進」を選帝侯に支払った。選帝侯の「ユダヤ人条例」は、職業選択の余地に念入りに制限を設け、ユダヤ人が請求できる債権の利率を規制し、彼らの金融取引を統制していた。この条例は、ユダヤ人共同体が毎年支払うべき税金を規定し、その徴収の共同責任を彼らに負わせた――こうしたやり方は、諸個人によりも集団に基礎を置く身分制社会に典型的なものであった。トリーア選帝侯領のユダヤ人の数は少なく、そのほとんどは小都市や村落に居住し、家畜売買を営んで糊口を凌いでいた。トリーア自体のユダヤ人共同体はさらに小規模で、およそ一〇〇人を数えるにすぎず、都市人口の一パーセント強でしかなかった。都市そのものと同様、このユダヤ人共同体は周縁的で、特筆すべきところもなく、より大規模でより活発なユダヤ人住民たちがいたフランクフルトやヴォルムス、あるいはマインツといったドイツ西部の諸都市とは比べるべくもなかった。しかしながら、トリーアのユダヤ人集団のなかには一握りの、比較的裕福で影響力をもつ卸売業商や専門職の家族が含まれていた[4]。

カール・マルクスの父方の祖先はこうした集団の出身であり、マルクスは通常、何代も続くトリーアのラビの一族の末裔として描かれる。しばしば目にするマルクスの生涯に関するこうした一般的な理解は、半面においてのみ真実であるにすぎない。マルクスの父系の先祖には、十七世紀のトリーア〔そして、アルザスのヴェストホーフェン〕のラビであったアーロン・ルヴィウと、その息子で一七二三年から一七三四年までトリーア〔アンスバッハという説もある〕でラビを務めたヨシュア・ヘッシェルがいる。この血統は、ヨシュア・ヘッシェルの息子で一七六四年から一七八八年までトリーアのラビであったモーゼス・リヴィウで途絶えた。彼の娘のハエ、別名エーファがカール・マルクスの祖母であった。その夫のモルデカイ、別名マルクス・レヴィはトリーア出身ではなく、こんにちチェコ共和国に属する遠方のボヘミア地方の小邑ポストロプルティからやってきた。彼の来歴は、ユダヤ・「ネイション」がいかに旧体制下のヨーロッパの国境に跨《またが》って拡散していたのかを示している。このようなユダヤ的な生き方の特徴は、マルクス・レウィがトリーアから遠からぬフランス王国の東部の前哨地、ルイ一四世の戦争でフランスに占領された町サールルイ〔ドイツ語ではザールルイ。実際には同市は一六八〇年からルイ一四世によって要塞として初めて建設された〕に西欧で初めての居を定めたことにも表れている。マルクス・レウィはこの都市のユダヤ人共同体のラビであった。一七七七年、彼の息子であり、カール・マルクスの父となるヘッシェル（後年はアンリ、あるいはハインリヒを自称した）は同地で生まれた(5)。

トリーア選帝侯領、神聖ローマ帝国、身分制社会、そしてこの社会的階層秩序のなかでのユダヤ人の地位、一七九〇年代の十年間にこれらのものがすべて、突如として根本的かつ暴力的に終了した。フランス革命政府と神聖ローマ帝国の間での――実際にはフランスと事実上ヨーロッパのすべての国家の間での――一七九二年の戦争勃発によって、それまでの一五〇年以上にわたる時代の戦争勃発の際と同様に、トリーアは前線地帯になった。一七九四年八月八日、革命的共和国のために戦うフランス軍はこの町を見下ろす高所をオーストリアから奪い、翌日トリーアに入城した。オーストリアの防衛部隊は退却し、選帝侯の配下にあった役人たちはこぞって逃亡し、町の有力者たちを孤立無援の状態で後に残していった。祭礼の礼装で着飾った彼らは市の外に出て、儀礼に則って市の鍵をフランスの司令官に献上した(6)。

かつて領土拡張や、大々的な戦争で戦略的優位を得るためにトリーアを支配したフランス国王の兵士とは異なり、革命フランス共和国の部隊には、軍事占領を政治的、そして社会経済的な変革と結びつけ、自分たちの革命を軍事力で征服地に持ち込むという任務が与えられていた。そうした変革について、法曹家のミヒャエル・フランツ・ミュラーが二五年後に回想している。

教会と国家の体制内部における、教会と国家の関係における、法による支配における、通商と工業、手工業における、慣習と国民的な思考様式における、土地の耕作に関わる技術と学問における、そしてその他諸々における、ほぼ全面的な変革。(7)

しかし、これでもミュラーは、トリーアにおけるフランス支配の二〇年間の変革の度合いを軽視している。占領者たちはトリーアの選帝侯位を廃し、市とその周辺領域を神聖ローマ帝国から引き離し、一七九七年にはこの地域を正式にフランス共和国に併合した。身分制社会において認可された特権に基づく体制は別のかたちの政治体制に取って代わられ、そこでは全市民が法の下で平等となり、主権の基礎はもはや君主の世襲財産ではなく、国民の意思に置かれることとなった。ギルドは廃止され、就業の自由が制定された。封建的貢租は消滅した。修道院や貴族の財産は没収され、競売にかけられた——トリーアとその周辺では約九〇〇〇ヘクタール(メートル法の使用は革命のもう一つの産物であった)、言い換えれば、この上なく上質のワイン農園を含んだ耕作可能な農地の一四パーセントに及んだ。

占領者の先導によるものであったにもかかわらず、トリーア自体の内部からもこうした措置に対して控え目な支援があった。新たな革命的原則の信奉者が政治的クラブを結成したり、民衆の支持を動員したりしていたケルンやマインツ、コブレンツといった、もっと大きなライン地方の諸都市とは違い、トリーアにおいて外来の革命に共感を示した人びとは少なく、またあまり組織だってもいなかった。彼らの大半は、知識人やかつて公僕の職にあった者、あるいは選帝侯である大司教の臣下であり、啓蒙主義の改革思想の信奉者であった。そうした人びとのなかに、ヨハン・ハインリヒ・ヴィッテンバッハ〔ヨハン・フーゴ・ヴィッテンバッハの誤り〕がいた。彼は教師にカント思想を否定されたためにトリーアの神学校を中途退学し、この町の読書クラブのメンバーとなった。同クラブは啓蒙思想の交流を行うものであったが、やがて、破壊活動の可能性があるとして選帝侯によって解散させられるに至った。数十年後、ヴィッテンバッハは青年カール・マルクスに重大な影響を与えることとなる(8)。

フランスの占領者たちとその共鳴者たちは、トリーア市民を革命的共和国の公民に変えようと努めたが、期待していたほどの成果は得られなかった。革命的新聞の発行や愛国的祝祭の実施、自由の木〔フランス革命の象徴。豊作を願う「五月の木」の民俗儀礼を起源とする〕の植樹にもかかわらず、新たな状況への熱狂が欠けているのは明白であった。本国を離れ、フランス革命軍は征服地から物資を調達した。占領軍はトリーアを旧体制の暴政から解放するや否や、戦争遂行の協賛金として一五〇万リーヴルという莫大な金額を都市住民に要求した。都市共同体が金を工面できなくなると、フランスは見つけ出せる限りの金銀を没収し、市民の靴の留め金さえもかき集めた。ついには、市政府は残りの債務を片づけるために借金をする羽目に陥った。約三〇年後の一八二三年、この町はなおも五万六〇〇〇プロイセン・ターラーという、気の滅入るような額の借金を背負っていたのである。

新しい革命政権によって行われた一連の措置のなかでもとくに不評であったのが、反教権主義を根拠とした措置であった。革命勢力は身分制社会と密接に結びついたカトリック教会を拒否し、その破壊を決定し、平等な市民からなる共和国にふさわしい独自の理神論的宗教を創出し、カトリック教会を廃絶し、その財産を売却し、公の場における宗教的機能を禁じ、トリーアの多くの修道院を病院や兵舎、監獄、あるいは弾薬庫に改変した。市の大聖堂には、フランス軍が修道士たちから没収したワインの酒樽が置かれた。トリーアの敬虔なカトリック住民は、共和国や新宗教に関する愛国的祝祭をボイコットし、禁を犯して自分たちの堅固な信仰に基づく祭礼行進を実施し続けた。

ナポレオン・ボナパルトはフランスの革命政府に引導を渡し、トリーア、そしてさらには西部ドイツの住民とフランス統治とのより全面的な融和を目指して一連の政策を進めた。戦場でのナポレオンの勝利に続き、フランス軍と彼らによる徴用が中央ヨーロッパや南ヨーロッパの奥深くへと進軍したことで、トリーア市民はもはや彼らの要求に晒《さら》されなくなった。市はナポレオン帝国の県庁所在地としての行政機能を果たすことになり、サール〔ドイツ語ではザール〕県の中央行政府、高等裁判所が置かれた――こうした省庁が収入や仕事をもたらしてくれる可能性が生まれたが、一七八〇年代末にはトリーア市参事会はそれらが欠けていることを嘆いていたものであった。ナポレオンは皇帝への登位を自ら宣言し、一八〇四年には自国の東部地域を巡幸し、ほとんどどこでも熱烈な歓迎を受けたが、トリーアもそうした例にもれなかった。おそらくは統治を強化するうえで最も重要な点であったが、ナポレオンはカトリック教会と和解し、一八〇一年に教皇〔ピウス七世〕との政教条約《コンコルダート》に調印した。この合意が、旧体制下で存在していた教会の特権的地位を回復させたわけではなかった。また、教会領の大半は没収されたままであった。そして当然のごとく、戦争の資金を求めていた皇帝はそれらを直ちに売却した。しかし、トリーアは再び司教座都市となったのである。司教は前任者とは異なり、実際に市内に居を構えた。一八一〇年、トリーアのカトリック教徒は、一七九〇年代に革命軍が姿を現す前に慌てて市外に運び出された最も貴重な聖遺物――「ヨハネによる福音書」に書かれた、十字架にかけられたキリストの着ていた縫い目のない衣服である聖骸布――の帰還を、公式の行事や何万人もの信者を集めた巨大な巡礼で祝うことで、自分たちの信仰を公然と表明した。この聖遺物はこの時以来、トリーア大聖堂のケースに保管されている。聖骸布の開帳や巡礼は何度も繰り返され、最近では一九九六年〔最近年は二〇一二年〕に行われている。[9]

革命とナポレオン支配の二〇年にわたる激動期は、トリーアのユダヤ人マイノリティにかつてなく波乱に満ちた時代をもたらし、彼らは国家と社会において従来とは根本的に異なる地位を付与されるという宿願の成就を約束され、世の注視と批判的な吟味を向けられたが、しかし願いはすべてが実現したわけではなかった。革命がユダヤ人に約束したのは、身分制の廃棄と、それに代わる、宗教的帰属が政治的問題とされることのない自由で平等な市民の政体の実現であった。初代サール県知事のジョゼフ・ベクソン・ドルムクヴィルは一八〇一年の末に、「信仰する宗教に由来する公民間の一切の差別」は「政府の原則とまったく相容れない」と明言した[10]。理論的には——実際には、とくに地域レベルの職務に就く国家公務員たちの解釈では、常にそのとおりの結果となったわけではないが——ユダヤ人の生業や居住地やキリスト教徒との関係に対する旧体制の制限、そして彼らが支払いを強いられていた特別税は消滅するはずであった。

革命の新たな市民概念に伴う政治的帰属の再定義は、彼らを自由で平等な公民の集合体、主権の源泉と見なす、革命の新たなネイション理解に沿ったものであった。この規定においては、身分制社会を構成する独自の社団であった旧体制下のユダヤ・ネイションが存在する余地はなかった。この旧体制的ネイションの終焉がユダヤ人にとってまさしく何を意味するのかは完全には分からなかったし、十九世紀の大半において、この疑問は未解決なままにとどまった。トリーアのユダヤ人にとって、この問題に初めて解答を与えてくれたのは皇帝ナポレオンであった。彼の統治下にあるユダヤ人たちは、自分たちが生きている社会の文化的規範に従わなければならなくなった。具体的には、彼らは宗教的儀式の純粋性に関わるルールを兵役に従事する際に捨て去ったり、父称を用いて呼び合うのではなく家族名を採用したり、ナポレオン統治の下での、プロテスタントに基礎を置いた教会会議のシステムのなかに自分たちの宗教的実践を体系づけなければならなかった。最も議論を呼んだのは、一八〇八年にナポレオンがいわゆる「恥辱令」を発布し、ユダヤ人商人が取引を行うにあたり、彼らの商業活動の適法性、とくに彼らが誠実かつ公明正大なやり方で金を貸し付けることを証明する「倫理証明書」

を取得するよう要求した点であった。この布告は、自分たちの子弟を、金貸しや仲買人として活動するよりもっと「有益」で「生産的」な職業に就くように育てることを、ユダヤ人に強く推奨していた。

皇帝が提示した、フランス国民に加わるための必要条件は峻厳であり、論議を巻き起こし、ユダヤ人集団に分裂をもたらした。田舎のユダヤ人たちは新たな理念を拒否し、長い時間をかけて築き上げた自分たちの宗教的実践や生活様式に固執した。対照的に、他ならぬトリーア、とりわけユダヤ人共同体を統率する家柄の間では、ナポレオンの要求はもっと好意的に受け止められた。トリーアのラビ、ザームエル・マルクス――彼はマルクス・レウィの息子であり、「マルクス」を一家の姓に選んだが、これがカール・マルクスの父方の祖先たちがそれまでは「マルクス」という姓ではなかったことの理由である――は、一八〇六年に、ユダヤ長老会なる新制度を作り上げたナポレオン帝国の全土からユダヤ人名望家たちを集めて行われたサンヘドリン〔大サンヘドリン。一八〇七年開催。ローマ帝国下のユダヤ教徒の自治組織に由来する〕の議員を務めていた。ザームエル・マルクスの指導の下、トリーア長老会はサール県のユダヤ人に、国民の一員として忠良な市民となり、兵役で皇帝に仕え、高利貸しや評判芳しからぬ商売を避け、手仕事を学ぶよう子弟を教育せよと呼びかけた。ザームエルがこの仕事を遂行するにあたり、彼の重要な協力者となったのが、長老会の書記である弟のハインリヒであった。

ハインリヒは自分の仕事に困難と不満を感じていた。サール県のユダヤ系住民に対する分担金を徴収するという任務は、単に長老会の活動のためや兄がラビとしての給料を得るためばかりではなく、旧トリーア選帝侯領のユダヤ人たちが選帝侯に毎年の貢納金を支払うのに際して累積してきた負債を弁済するためのものでもあった。田舎に住むユダヤ人たちは元々あまり豊かでなかったし、長老会の熱情にそれほど同調しておらず、ナポレオンの恥辱令によって生計を脅かされる危機に直面していたために、この支払いを拒否した。この頃、パリの中央長老会は大量の指示をひっきりなしに送り付けては情報と献金を要求し、地方のユダヤ人たちが自分たちの求めに従うだけの能力をもたないことへの不満を口にしていた。中央長老会はとりわけハインリヒに厳しく、役員たちは、彼にはトリーア長老会の書記としての任務を遂行するだけのフランス語の能力が欠けていると決めつけた。[11]

ハインリヒや長老会のメンバーにとって、トリーアとその周辺のキリスト教徒の住民の態度は、ナポレオンの施政やユダヤ人内部の足並みの乱れと同じく厄介な、あるいはそれよりもさらに大きな問題であった。長老会が県知事に一八一一年に不満をこぼしたところによると、キリスト教徒はユダヤ人を自分たちと同格の存在として受け入れることを望んでいなかった。「ユダヤ人と言われるだけで、あらゆる場所で拒否されるのに十分なのです[12]」。新体制へのユダヤ人の同化は、この体制の問題に満ちた様々な特徴にもかかわらず、彼らにとっては自分たちの待遇改善を約束するものであったために、ナポレオン支配への抵抗がユダヤ人を標的にしたものになるであろうことが予想された。

一八〇九年は、皇帝にとって苦難の年となった。兵の大半がスペインのゲリラ戦で身動きがとれなくなり、オーストリアとは再び戦火を交えることとなった。兵員不足に悩まされた彼は、急激な徴兵の加増を余儀なくされ、この行為が津々浦々で不評を招いた。各地で徴兵忌避の反乱が起こったが、憲兵隊と軍隊が駐留していたトリーアでは騒擾はなかった——ユダヤ人がナポレオンの誕生日を祝してシナゴーグを飾りたてた八月十五日までは。この日の昼夜、憎悪に満ちた群衆が路上に集まり、ユダヤ人を殴打し、シナゴーグの窓を石で割った。警察はどこにも姿を見せなかったが、それは明らかに、政府への敵意をユダヤ人に逸らさせようとしたからであった。[13]

こうした難事やむき出しの敵意が、一八一一年頃にハインリヒ・マルクスがトリーアを去ろうと決心するにあたってどれほどの意味をもったのかは定かではない。しかし、自らの立場からもたらされる葛藤、そこから得られる収入の少なさ——おそらく支払われておらず、定期的に給料が支払われていたとしても、薄給の職として悪名高かった小学校教師と同程度であった――が、ナポレオン帝国の北端にあったヴェストファーレン地方の都市、オスナブリュックへと彼が居を移すうえで一定の作用を及ぼした可能性はある。彼はそこで裁判所の翻訳職員として働き、公証人の地位を得ようと考えた――この地位は、コモン・ローの下では弁護士によって執行される契約や遺言の作成業務の大半を公証人が行うローマ法の諸国においては、今も昔も重要な職業である。しかし、トリーアを去ったところで、ユダヤ人に対する憎悪から逃れることにはならなかった。オスナブリュックの都市当局は、公証人になろうとする望む場合に必要となる永住許可をハインリヒに与えるのを拒否した。(14) 一八一三年初頭、彼は再び移住し、コブレンツの法律学校で学ぶためにライン地方に戻ってきた。この学校は、フランスが自分たちの創出した新しい法体系による実務家を育成する目的で設立したものであった。標準的なカリキュラムに従っていたとすれば、一〇ヶ月の学習期間中に彼はローマ法の授業や、刑法や民法の基礎、民事訴訟や刑事訴訟のコースを受講したであろう。この修学で、彼は「能力証明」を与えられた――これはこの学校で出される修了証のなかでも最下位のものであり、わずかな数の学生しか取得しなかった。そうした学生は主に、比較的質素な経済的背景を抱えた年嵩《としかさ》の者たちで、三年ないし四年間の就学コースをすべて満たす余裕のない学生たちであった。(15)

ハインリヒ・マルクスにとって、フランス革命とその余波は、身分制社会のなかで狭小な領域に囲い込まれたユダヤ人の社会的、政治的地位から脱出する機会を与えてくれるものであった。彼はもはやユダヤ・ネイションの一員ではなく、ユダヤ教徒のフランス市民であり、もはや金貸し業者や仲介業者ではなく、――一七八九年まではユダヤ人に対して門戸を閉じていた多くの職業の一つである――法律を生業とする生産的市民であった。そこに至る道は困難に満ちていた。仲間のユダヤ人の多くは、彼なりのユダヤ性についての再定義を拒否した。また、トリーアとオスナブリュックのキリスト教住民たちにも、自由で平等な市民の集団に彼を迎え入れる用意はなかったであろう。法律修業に対する情熱は、それを実践するための能力以上に肥大化してしまっていた。そのことは、彼が学生登録をする前からコブレンツの法律学校で学んでいたとか、ベルリン大学が実際に建学される以前にベルリンで法律を学んだといった、十中八九誤った主張に示されている(16)。

一八一三年十一月、彼は目標達成に近づいたように見えたが、この見通しは結局は大国の戦争の行く末のうちに潰えることとなった。ハインリヒ・マルクスが平穏のうちにコブレンツで法律を学んでいた一〇ヶ月間に、ユダヤ人に新たな可能性を示す完璧な法的枠組みを与えてくれたナポレオン帝国は崩壊していった。ロシアに侵攻しようという、一八一二年の皇帝の思い上がった決断は一八一二〜一三年に因果応報を受け、侵略軍である大軍《グラン・ダルメ》は潰滅した。一八一三年の春と夏に新たな軍隊を組織したものの、同年十月の名高いライプツィヒの諸国民戦争でヨーロッパ同盟諸国に完膚なきまでに撃退されて、皇帝軍はフランス国境に向けて西方へ退却せざるをえなくなった。ハインリヒ・マルクスはコブレンツの法律学校を修了した最後の学生となった。それからわずか六週間後にはプロイセン軍が到着し、ライン川を渡河し、西部ドイツにおけるナポレオン支配を終わらせた(17)。

一八一四〜一五年のヴィーン会議はナポレオン敗北後のヨーロッパを改編し、トリーアとライン西岸のドイツの大部分をプロイセン王国に与えた。プロイセン支配の最初の数十年間は、トリーアでは大いに不評であった。フランス人を神無き破壊者と言うのであれば、彼らもまた、少なくともカトリックにとっての神無き破壊分子であった。プロイセンを統治する一族と、この国の指導的な官僚や将軍たちはプロテスタントであり、このプロテスタントこそは敬虔なカトリックのトリーア住民たちの大半が疑念と敵意の一瞥を向けていた宗派であった。プロイセン統治の最初の三〇年は、プロテスタント王国の官吏たちがカトリック臣民の感情を逆撫でした大小様々な出来事によって特徴づけられる。

もっと世俗的な問題が理由となって、プロイセン支配に対して沸き起こった宗教的な憎悪が強められた。プロイセンは実際に、既にナポレオンの時に相当な域に達していた税金をさらに増やした。プロイセン君主国の東部諸州の貴族の大土地所有者たちが納税を免除されていたために、財産税が倍増したことはとくに反感を助長した。市壁の内側に持ち込まれる食糧に課せられた物品税は、生活必需品の価格を上昇させた。プロイセンの後見によって一八三四年に全ドイツ的な関税同盟であるドイツ関税同盟《ツォルフェアアイン》が発足した後、モーゼル渓谷のワインは、葡萄栽培にもっと気候の適した南ドイツ地域とのこれまで以上に厳しい競争に晒されるようになり、競争がワイン価格の暴落をもたらした。しかし、ワイン税は価格に見合うほどに下がりはしなかった。ナポレオンの敗北がヨーロッパの長期的な平和を意味したにもかかわらず、プロイセンはフランス式の徴兵制度を実行し続けたが、この政策は実際のところ、フランス以上に煩わしいものであった。それと言うのも、プロイセンはフランスと違い、被徴兵者が自分の代わりとなる兵役代理人を金で雇うのを許さなかったからである。

トリーアにおけるプロイセン統治の本質は、植民地主義であった。外来の為政者による抑圧的な支配は重武装した駐屯部隊に支えられており、彼らは中核地帯たるプロイセン東部の住民たちの利益となる経済的搾取に従事していた。このような統治体制への敵意は一八四八年の革命に流れ込み、この時、トリーアの住民たちはプロイセンの権威を象徴する紋章を叩き壊し、徴税人を追い払い、政府の役人を襲撃し、公然と、そして声高にトリーアのプロイセンからの離脱を要求して駐屯地の兵士たちと一連の悶着を起こし、ついには本格的な反乱へと事態をエスカレートさせた。この反乱は、要塞の司令官が砲兵隊を市に向けて配備し、町を吹き飛ばすと脅しをかけて、ようやく鎮圧されたのであった。(18)

ライン地方の王国への編入に際して直面した問題の一端を理解して、かつてのナポレオン統治期の官吏を雇い入れた点では、プロイセンは驚くほど柔軟な姿勢を示した。ヨハン・ハインリヒ・ヴィッテンバッハ〔ヨハン・フーゴ・ヴィッテンバッハの誤り〕は一七九〇年代の革命的共和政政府の同調者であり、ナポレオン時代には長らく、フランス人がコレージュ・ド・トレーヴ〔トレーヴはトリーアのフランス語名〕と呼んだトリーアの中等学校の校長を務めた人物であった。一八一五年からは、彼はフリードリヒ＝ヴィルヘルム・ギムナジウムと改称したこの中等学校の校長となった。かつてのナポレオン時代の官吏たちをプロイセンの公務に引き継ぐというこの施政は、司法の分野でとくに顕著であった。[19]

このような措置がハインリヒ・マルクスに好機をもたらした。一八一四年、彼はトリーアに戻って弁護士として身を立て、程なく高等裁判所の法廷で活動する弁護士として名を知られるようになった。プロイセンは高等裁判所をトリーアからケルンへと移転したが、トリーアには中級の裁判所である地方裁判所《ラントゲリヒト》を設置し、ハインリヒ・マルクスはこの裁判所に関わって仕事を続けた。コブレンツの法律学校の他の修了者たちと同様に、マルクスはナポレオン時代の司法という過去と、プロイセンの支配という当時の現実との調和に努め、プロイセンが新たに獲得したライン州において法体系の基礎としてナポレオン法典を維持するよう上申する覚書をプロイセン当局に提出した。この問題は、何十年にもわたり激しい議論を呼び続けた。しかし結局、一九〇〇年のドイツ民法典の導入まで、ナポレオン民法典はプロイセンのライン領域で施行され続けたのである。[20]

ハインリヒ・マルクスの計画には一つだけ問題があった。それは彼の信仰であった。皮肉なことに、この問題はプロイセン政府が統治下のユダヤ人の身分の改善に着手するために行った諸措置に由来していた。一八一二年、プロイセン改革を主導する宰相フォン・ハルデンベルク侯〔侯爵になったのは一八一四年〕がプロイセン王国のユダヤ人のために解放令を発布し、居住と職業の自由、そして兵役に従事する権利を彼らに付与した。この布告は、ユダヤ人が公僕として働くのを許すべきか否かという問題の決着を後世に先送りにした。一八一〇年代の末にプロイセン政府はこれを認めないことに決めたが、ハインリヒ・マルクスのような民間の弁護士も公僕の範疇に含められたのである。[21]

マルクスは自分の事例には例外措置が取られることを期待しており、ライン地方の司法制度の再編を担当していたプロイセンの行政官も、法律関係の仕事に就いていたマルクスと他の二人のユダヤ人に仕事の継続を認めるよう強く進言した。それにもかかわらず当局が再考を拒否したのは、プロイセン政府の施策が次第に保守的な方向へと転換しつつあったことの一証左であった。こうした状況下で、ハインリヒ・マルクスは宗旨替えの決心を固めた。一八一〇年代後半〜二〇年代前半のある時、一番可能性が高いのは一八一九年の末頃であるが、彼はプロテスタントに改宗した。[22]

歴史家はしばしばこの決断を大いに重視しており、一部の人たちは、カール・マルクスはこの出来事を理由に父を無節操な裏切り者として深く軽蔑したと、そして父へのこの軽蔑が後にマルクスの急進主義が形成されるうえでの必須要素となったと見てきた。[23] カールの、子としての敬慕の情についての極めて説得力のある証言をさておくとしても、こうした論法はまったくのところ、二十世紀的な極端なアイデンティティ政治〔社会的不公正の犠牲となっている特定の集団の利益を代弁する政治行動〕を過去の時代に適用したものに他ならない。改宗は、公的生活を営むことに利害関心を抱く十九世紀前半の中央ヨーロッパのユダヤ人たちにとって、ありふれた選択肢であった。政治的配置において左翼や中道の立場をとったユダヤ人に、さらには右翼の立場をとったユダヤ人においてさえも、こうした例は枚挙に暇《いとま》がない。プロイセンの最も重要な保守主義者の一人で、政策決定のうえでも、また議会においても指導的な存在であり、立憲主義の理論家でビスマルクに重要な知的影響を与えたフリードリヒ・ユーリウス・シュタールは、改宗ユダヤ人であった。当のトリーアにおいても、十八世紀のユダヤ人共同体を指導する一族の成員の多くが一八三〇年代までにキリスト教に改宗している。[24]

一八一九年八月から九月〔実際には十月まで〕にかけて中央ヨーロッパではヘップ・ヘップ騒擾〔ヴュルツブルクから始まった、反ユダヤ主義的な暴動。「ヘップ、ヘップ」は参加者の掛け声〕が勃発し、群衆はユダヤ人や彼らの商店、住居を襲った。他の地域でも暴動は起こり、とりわけ騒動が激しかったのはヴュルツブルクやフランクフルト、ハンブルクといった諸都市であった。反ユダヤ主義的な暴力行為は、一七八九年以前にはユダヤ人に営業権が与えられていなかった小売業や、かつてはキリスト教徒のために確保されていた公的領域からのユダヤ人の締め出しをめぐって行われた。別の言い方をすれば、騒動に参加した人びとはユダヤ人を身分制社会における従属的地位へと追い返そうとしていたのである。ライン地方では全体としてほとんど騒ぎが起こらず、とくにトリーア周辺では何の波乱もなかったが、騒乱は大きなニュースとなり新聞でその詳細が報道されたので、ハインリヒ・マルクスがこの出来事を知っていたことに疑問の余地はない。それまで一〇年以上にわたって、身分制社会の制約に満ちた環境から逃れようと、また職業の自由や市民権を獲得する望みを得ようと長らく努力してきた人びとにしてみれば、旧体制下の状況に無理やり引き戻されるかもしれないという見通しは、キリスト教徒になる決心の最後の一押しとなったに違いない。[25]

ハインリヒ・マルクスには、自らのユダヤ教信仰に固執し続け、法律の業務を放棄するという選択肢もなくはなかったが、それは自分自身、そして新たに築く家庭にとって、重大な経済的困窮を意味するものだったであろう。そのような方向へと歩を進めた、彼より年少の同時代人もいる。その人物とは、ハンブルクの法律家ガーブリエール・リーサーであり、彼は十九世紀前半のドイツにおけるユダヤ人解放の主唱者であった。一八二六年にハイデルベルク大学で法学の学位を得た後、リーサーは信仰ゆえに法律の仕事に就くことを禁じられた。その代わりに、彼は定期刊行物『ユダヤ人』を出版し、中央ヨーロッパにおけるユダヤ人の同権要求に身を捧げた。もっとも、リーサーはマルクスよりもはるかに裕福で多くの縁故を有する一家の出であり、自分で働かなくてもよいだけの資力に恵まれていた。彼はまた、厳しい統治の下で厳重な検閲が行われていたプロイセン王国ではなく、比較的リベラルな政策をとっていた都市国家ハンブルクで生活しており、そこでは彼の雑誌も刊行できたのであった。(26)

より興味深いのは、なぜハインリヒ・マルクスがキリスト教徒への改宗に際して、カトリックではなくプロテスタントを選んだのかという問題である。当時のトリーアの指導的なユダヤ人家族の他のメンバーは皆、ハインリヒの兄のツェルフ（別名ヒルシュ）のようにカトリックを選んだ。(27) カトリックが根強いトリーアにおいてユダヤ教信仰からプロテスタント信仰に移行するというのは、あるマイノリティ集団から別種のマイノリティ集団へと移動することを意味した。

この問いに対する答えは、息子の前途が敷かれる一助となったハインリヒ・マルクスの世界観の核心へと我々を誘ってくれる。フランス革命の諸原則をナポレオン的な形式で受け入れた人物だけあって、ハインリヒは啓蒙主義の強固な信奉者であった。カール・マルクスの末娘のエリナは父の死後、ハインリヒが幼少期のカール・マルクスにヴォルテールを読んで聞かせたと書き記している。我々にはこの二次史料的な回想を都合よく用いることもできるが、しかしまた、カールの大学時代にハインリヒが彼に宛てて書いた手紙に、――啓蒙主義の真正なる三位一体とも言うべき――ライプニッツ、ロック、ニュートンの理神論的信念への称賛を確認することもできる。ハインリヒ・マルクスの死後、公証人は細心の注意を払って彼の蔵書目録を作成した。リストの大半を占めたのは法律関係の書籍であるが、そこにはトマス・ペインの『人間の権利』も一冊含まれている。(28)

十九世紀初頭のドイツでは、プロテスタンティズムは合理主義者や啓蒙思想の支持者が選択する信仰であった。一般の牧師や平信徒については言うまでもないが、決してあらゆるプロテスタントの神学者が啓蒙を支持していたわけではなかったし、十九世紀初頭までに正反対の強力な傾向が台頭しつつあった。すなわち、中央ヨーロッパ版のボーン・アゲイン派キリスト教たる「覚醒派」（当時はもっと古めかしい表現を用いて「敬虔主義」とも記された）である。当時なお、とくにプロテスタントの知的中産階級の間には、啓蒙主義の理神論や経験主義と、神の啓示に基づく宗教の教義との融合への期待が大いに広がっていた。確かに、プロイセン支配下のトリーアの最初の司教〔正確にはプロイセンが最初に任命したトリーア司教〕ヨーゼフ・フォン・ホマーのような啓蒙主義的カトリックも存在していたものの、カトリック教会では啓蒙主義的合理主義への敵対者が勢力と影響力を結集しつつあった。ハインリヒ・マルクスは、こうした人びとが公の場で初めて行った示威行動である、一八一〇年のトリーアの聖骸布巡礼を目撃していた。一八四四年に行われた再度の巡礼は、ドイツの合理主義的、啓蒙主義的知識人に怒りと大きな反発を呼び起こすこととなる。[29]

このプロテスタンティズムと啓蒙主義の結合は、既に改宗の数年前にはハインリヒ・マルクスの思考のうちで明確なかたちをとっていた。一八一五年、彼は新たにライン地方を統治するプロイセン当局に向けて覚書を作成し、ユダヤ人に出されたナポレオンの恥辱令の廃棄を訴えた。この文章の中で彼は、「キリスト教の温和な精神はしばしば狂信によって曇らされ、福音書の純粋な倫理が無学な司祭たちによって汚されることもありえるのです」と書いた。[30] ここに示されている感情、そして何より――「狂信」、「福音書の純粋な倫理」、「無学な司祭たち」といった表現となった――言葉は、プロテスタントのカトリック批判を啓蒙主義の用語で再解釈したものであり、リベラルで啓蒙主義的なプロテスタンティズムを志向しており、理神論とも無縁ではない。これこそが、ハインリヒ・マルクスの選ぶキリスト教となったのである。

トリーアのプロテスタント信者たちには、新たな改宗者を喜んで迎え入れる用意があった。プロテスタントのプロイセン官吏の多くは啓蒙主義の方式に則って思考する人びとであり、不満を抱くカトリックのライン地方を統治するにあたり、得られる限りのあらゆる協力者を必要としていたが、そうした協力者はトリーア司教のような啓蒙主義的カトリック教徒でもありえたし、あるいはユダヤ教への公的な忠誠を放棄する意志のあるナポレオン時代の弁護士といった人物でもありえた。このような潮流が続くためには、啓蒙主義的で合理主義的な思考法とプロテスタント教会、そしてプロイセン国家との結びつきが保持されることが必要だったであろう。しかし、ハインリヒ・マルクスが生きていた時代においてさえ、この結びつきはますます緊張を孕むようになっており、彼の息子の時代には完全に崩壊してしまうこととなる。

弁護士業に就くにあたって必要な前提条件の一つであったのが、ハインリヒ・マルクスが一八一四年に足をかけたもう一つの階梯、すなわち結婚であった。花嫁のヘンリエッテ・プレスブルクは十一歳年下で、オランダのナイメーヘンの出身であった。その名が示すように、彼女は元々はハンガリー出身のユダヤ人一家の一員であり（プレスブルクの町は、こんにちのスロヴァキア〔当時は上部ハンガリー〕の首都ブラチスラヴァである）、この一族は十八世紀にオランダに移住し、冒険的事業で大きな成功を収めた。ヘンリエッテの妹ゾフィーは商人のリーオン・フィリプスと結婚したが、リーオンは義理の姉の夫の死後、姉の財産の管理を行い、また成人後のカール・マルクスの知友となった。ゾフィーとリーオンの孫たちは電気機器を扱う多国籍企業の創業者となり、この会社は一族の家名を受け継いでいる[31]。

ハインリヒとヘンリエッテがいかにして出会ったのかは定かではない。おそらく二人は、最初の夫ザームエル・〔レウイ〕の死の五年後に、アムステルダムでドイツ語話者の会衆を相手にラビをしていたモーゼス・レーヴェンシュタムと結婚したハインリヒの母、エーファをつうじて知り合った可能性が高い。もしそうならば、ハインリヒとヘンリエッテは見合い結婚をしたわけであるが、これは中央ヨーロッパのユダヤ人中産階級の間では二十世紀初頭になっても一般的であった。[32]

ヘンリエッテはこの婚姻に、トリーアでのハインリヒの法律関係の仕事に欠かせない基盤をもたらした。すなわち、かなりの額の持参金を携えてきたのである。そこには、四五〇〇プロイセン・ターラーに相当する八一〇〇ギルダーの現金が含まれていた——日雇い労働者や貧しい職人の年収が一〇〇ターラー程度であったことを考えれば、これは相当な金であった。現金とともに家財道具も持参された。何十年も後にハインリヒが死去した時でも、六八枚のベッドシーツと六九枚の装飾のほどこされたテーブルクロス、二〇〇枚のナプキン、一一八枚のタオルが残っていた。結婚で得られた財産があってはじめて、ハインリヒは自分の所帯をもうけ、仕事を営むことができたのである——これは十九世紀のドイツの中産階級にあっては当たり前であった。自らの私生活においてカール・マルクスはこうしたやり方を拒否し、相当に異なる道を選び、自身や妻、そして家族を不安定な経済状態に立たせることとなる。[33]

ヘンリエッテ・マルクス、旧姓プレスブルクに対する歴史家や伝記作家たちの評価は芳しくない。彼らの情報源は誰ならぬカール・マルクスであるが、彼はかなりの父親っ子であった。カールの死後何年もたって、娘のエリナはカールが自分の父親を非常な追慕をもって回想し、飽くことなく父親について語ったと記している。彼はハインリヒの銀板写真を常に持ち歩いており、家族はそれをカール・マルクスとともに彼の墓に埋葬した。[34] カールが自分と一緒に写る母の写真を持っていたという証言はない。むしろ反対に、彼は母とは不仲であり、彼女を知的な問題に関心をもたない俗物と見なし、遺産の相続をめぐって彼女としょっちゅう言い争い、その死の報にふれてもわずかな感情しか示さなかった。

大抵の場合、マルクスの母は、教養がなく、正しいドイツ語を話すことも書くこともできなかった女性、すべてを家庭に捧げ、もっぱら家族の健康ばかりを気遣っていた人——「控え目で、もっと言えば素朴な」、「完全に家族のために生きるオランダの主婦」、あるいは「イディッシュの母」として描かれる。(35) 現存している彼女の手紙は極めてたどたどしいドイツ語を露呈しているが、オランダ語が母語であったこと、ドイツ語を習得し始めたのが二十六歳で結婚した時であったことを考えれば、この不得手は格別驚くにあたらない。外国語で書こうと努力したのは、たとえその結果が満足のいくものではなかったにしても、とくに当時の女性のなかでは彼女の読み書き能力が平均以上であったことを証明している。家族の健康に対する関心の強さ——彼女が大学時代のカールに送った手紙の主たる内容である——は、夫と四人の子供が結核で死んだことに鑑みれば、合点がいく。(36) ヘンリエッテが家事や、ベッドシーツやテーブルクロス、ナプキンといったものばかりに夢中になったり、カールが遺産を前借りするのをいつも拒否したとして、これはまったくのところ、自分の結婚や家族との関わり合いの中心要素であった持参金を守ろうとする行為に他ならなかった。

ヘンリエッテ・マルクスは、一七八九年以前のヨーロッパ諸国の国境線を越えて散らばっていた身分制社会のユダヤ・ネイションから、当時現出しつつあった国民国家からなる十九世紀的世界へと向かう社会的転換の只中に捕われた人であった。この国民国家の内側で、ユダヤ人は公民になることを切望していた。ハインリヒ・マルクスの父、マルクス・レウィははるばるボヘミアからラビになるためにサールルイとトリーアにやってきたが、誰もこれを特別視しなかった。しかしハインリヒの父の時代には、ユダヤ人は公的生活や社会関係においてユダヤ人同士の交流のなかに閉じ込められていた。ハインリヒ・マルクスは、ドイツ国家であるプロイセンで立身出世しようと望んだ。しかし、オランダ出身の妻は素晴らしい持参金を持ってきたものの、こうした社会的環境にあまりなじめなかった。プロイセン政府の対応がハインリヒにキリスト教徒になる必要を迫った時、ヘンリエッテの家庭への献身は、そして家庭生活を強く志向するユダヤ人女性の敬虔は、この新しい環境に十分に合致するものではなかった。ヘンリエッテは明らかに改宗に乗り気ではなかったし、子供たちの改宗も容認しなかった。カール・マルクスが洗礼したのはようやく一八二四年になってからで、それは父親の五年後のことであった。ヘンリエッテは最終的にその翌年に、自分自身の洗礼を受け入れた[37]。

社会への適応や宗教上の緊張、あるいはハインリヒ・マルクスとヘンリエッテ・マルクスのロマンスの度合いがどの程度のものであったにせよ、結婚は大いに実り豊かなものとなった。第一子のマウリッツ・ダーフィトは、両親の婚礼から一年余りたった一八一五年十月の末に生まれた。彼は三年半後に死亡したが、思春期に達する前に夭折した唯一の子であった——これは当時としては驚くべき成果であり、カール・マルクスの場合、父親よりもはるかに望ましからざる環境の下で自分の家族を築いたという事情があったとは言え、同様の結果を得られなかった。一八一六年十一月、ハインリヒとヘンリエッテに娘のゾフィーが生まれた。そして、一八一八年五月には息子のカールが生まれた。さらに一八一九年八月には息子のヘルマン、一八二〇年十月には娘のヘンリエッテが生まれた。一八二一年十一月にルイーゼ、一八二二年十月にエミーリエ、一八二四年七月にカロリーネ、そして、ヘンリエッテ・マルクス〔母〕の三十八歳の誕生日の数ヶ月前にあたる一八二六年四月に、末子エードゥアルトが生まれた。マルクス夫妻は一一年に満たない間に九人の子宝に恵まれたのである。この急速な再生産のペースからすると、避妊が行われていた可能性は低いが、当時の中央ヨーロッパでは避妊は基本的に知られていなかった〔反対の見解もある〕。そしてこの出産回数は、ヘンリエッテが赤ん坊たちを育てるためにおそらくは乳母を雇ったことも示唆している。もし彼女が子供を自分の母乳で育ててい

たとしたら、授乳のために出産回数は減っていたであろう。(38)

ハインリヒが大人数の、急速に数を増す家族を養うことができたのは、彼の法律業が繁盛していたからである――これは、長く艱難辛苦に満ちた青年時代の後に訪れた、中年期の成功であった。一八二〇年、彼は法廷弁護士《アトヴォカート・アンヴァルト》に任命され、あまり稼ぎにならない刑事事件だけでなく、実入りのよい民事事件も担当できるようになった。彼の顧客には、トリーア周辺の多くの村々の貧農たちから、トリーアの都市自治体までが含まれていた。家族の経済状況は、法律業の成功を反映していた。一八三一年のコレラ流行への措置に必要な財源を調達するために課せられた、市の有産市民への特別税は（ハインリヒ・マルクスは、自分の財産を過大に評価したとして市を訴えたある裕福なトリーア住民の弁護を務めた）、ハインリヒが一五〇〇ターラーの年収を得ており、最も豊かな商人や銀行家、土地所有者たちと同位ではないものの、この町の上位五パーセントに位置づけられる世帯をなしていたことを明らかにしている。ハインリヒは、妻の持参金や後に得た遺産を元手に、トリーアの屋敷や市街を見下ろす葡萄畑、この町の商売人や周辺の農民たちへの貸付金、そして金利五パーセントのロシア国債五四〇ターラー分といった、様々なかたちの資産を得ていた。(39)

家族は富とともに、周囲からの敬意も享受した。一八三一年、ハインリヒ・マルクスはプロイセン政府から法律顧問官《ユスティーツラート》の称号を授与されたが、これは誰もが切望していた敬称であり、慎重な審議を経た後に、国家権力から名声ある弁護士に付与されるものであった。彼は、トリーアの上流人士のクラブであるカジノ・クラブ〔一八一六年に設立された読書クラブを前身とする、社交と教養のためのクラブ〕のメンバーであった。トリーア社会におけるハインリヒ・マルクスの地位について語る役割は、カール・マルクスの妹のルイーゼに委ねるのが適当であろう。南アフリカのケープタウンでプロテスタント向けの出版物を発行する出版社を所有していたオランダ人〔ヤン・カレル・ユタ。「ユタ・アンド・カンパニー」は南アフリカに現存する最も古い出版社の一つ〕と結婚し、共産主義の指導者を兄にもつことをひどく恥じていた彼女は、自分の素性を尋ねられると、いつも次のように強調したものである。「敬愛されたトリーアの弁護士の一家」、と。(40)

繁栄し、急速に家族の数が増えて賑やかになった家庭のなかで、幼いカール・マルクスがどのような位置を占めていたのかについては多くを知りえない。おそらく、母が絶えず妊娠していたために、カールが彼女と強固な感情的関係を発展させるのは難しかったであろうし、そこからは後年の彼らの疎遠が予期される――ハインリヒ・マルクスの死後に身内で起こった財産をめぐる諍《いさか》いだけでも、疎遠の原因として十分であったが。マルクスの娘エリナが父の死後に明らかにしているところでは、彼女の叔母たちは、少年時代のカールは「恐るべき暴君」であり、いつも自分たちをこき使ったと語っていた。(41)エリナの情報源の一つが、兄の共産主義者としての生活に反対していた叔母のルイーゼその人であったため、この主張はある程度割り引いて考えた方がよいかもしれない。カールは初等学校に通わず、自宅で個人指導を受けたようである。確実に言えるのは、トリーアの書籍商であったエードゥアルト・モンティニーが彼に読み書きを指南したということである。(42)

幼少期のカール・マルクスは、トリーアのギムナジウムで授業を受け始めた一八三〇年になってようやく、その姿が明らかとなる。大学への進学の準備のためのこの中等学校は、十九世紀初頭からこんにちに至るまでのドイツ教育に冠せられた王冠の宝石のごときものであるが、その初期には著しい古典偏重が特徴であり、ラテン語とギリシャ語の習得に血道を上げる指導に多量の時間が割かれていた。(43)無理強いを受ける思春期の少年たち（二十世紀初めまで生徒は男子に限定されていた〔ドイツにおける最初のギムナジウムへの女子の受け入れは、一八九三年〕）にとって、このカリキュラムには何の魅力もなく、感性豊かなドイツの知識人たちは何世代にもわたり、無意味なテキストをひたすら暗記することや、衒学的で権威的な教師が教壇に立ち、愚鈍な立身出世主義の生徒が出席する授業の退屈さに青春が費やされることに絶えず不満を唱えてきた。そうした憤懣《ふんまん》を描いた内容豊かで刺激的な一連の書物を簡潔に要約しているのが、劇作家で演劇評論家のアルフレート・ケルの発言である。「三つのもの――教師との関係、他の生徒たちとの関係、そして便所の臭い――を一言でまとめることができる。つまりは、忌まわしいと」(44)。

マルクスが便所――当時は離れ屋であった――について何を思ったかは定かではないが、彼の書いたものはどれも、生涯をつうじて原文のままのギリシャ語やラテン語の成句、古典の引喩が散りばめられており、彼の学校体験が先述の回顧者たちのそれよりも有意義であったことが窺い知れる。古典に関する造詣の深さや、それらの現代との関係についての理解は、マルクスの公的活動と同様に私生活においても明らかである。例えば、一八六一年二月はマルクスにとってとくに困難に満ちた時期であった。『ニューヨーク・トリビューン』のヨーロッパ特派員という、金になる地位を失い、収入が危機に瀕した。天然痘で妻が死の淵をさまよったことで、家庭生活はさらに動揺した。彼の政治的将来は、ドイツに帰還してそこで政治的アジテーションを再開するか、あるいは亡命者としてロンドンに留まるかをめぐって不安定な状態のままであった。この個人的な緊張の時期に、彼はローマの内乱に関するアッピアノスの書をギリシャ語の原文で読み、古代ローマと自分の生きるヨーロッパの同時代の指導者たちを比較することで心を慰めたのである。マルクスの教授方式は、その内容と同様に印象的であった。ドイツ社会民主党の創建者の一人で親密な政治的同盟者にして友人であったヴィルヘルム・リープクネヒトは、一八五〇年にマルクスがロンドンのドイツ労働者教育協会を対象にどのように政治経済学の講義を行ったのかを追想している。

マルクスは系統的に進んでいった。まず一つの命題をかかげた――できるだけ簡潔に。それからその命題をさらにかみくだいて説明した。そのときには労働者にわかりにくいような言葉づかいはすべて避けようとして、非常な苦心を払った。それから聴講者にむかって、質問をするように促した。質問がないと、試問しはじめた。彼はたいした教育者的手腕を発揮した。だから遺漏一つ、誤解一つも聞きのがすようなことはなかった(45)。

マルクスがここで、自分がギムナジウムで受けた教授スタイルを活用していたことは想像に難くない。

マルクスが受けた中等教育は、一握りの者だけのものであった。一八三五年に卒業を迎えた級友は三二名で、彼らはトリーアや周辺の町村の出身であった。おおよそ宗教による区分に従って、級友たちは二つのグループに分かれた。カトリックの生徒の大半は質素な家庭の出身で、トリーアの神学ゼミナールに進学して司祭になろうと考えているのが一般的であった。対照的に、このクラスに七人いたプロテスタントの生徒たちは、政府の官僚や専門職、将校の家庭の出身であった。彼らは法学や医学、あるいは行政を学ぶために大学を目指していた。四〇年後、マルクスは自分のクラスにいたカトリックの生徒たちのことを「どん百姓の間抜けども」の一団と回想しているが、おそらくこれは、彼らよりも裕福で上等な教育を受けたことのある家庭出身のプロテスタントの級友たちの意見を代弁していた。マルクス自身は優秀ではあったが特別抜きん出た生徒ではなく〔三二人中の七番の成績〕、ドイツ語とラテン語の試験では良い成績を修めたものの、数学の出来は悪かった。

ラテン語とギリシャ語に次ぐ第三外国語として、マルクスはヘブライ語ではなくフランス語を選んだ〔同校では、両語のどちらかのみを選択する規定ではなかった〕。この選択は、息子に神学関係の職務よりも法務職を希望するハインリヒ・マルクスの意向を反映していた。熱心なプロテスタント牧師ならば旧約聖書の言語を学ぼうとしたであろうが、ライン地方で活動するつもりの弁護士には、ハインリヒがかつてその存続を主張したように、当時なお法制度の基礎をなしていたナポレオン法典の言語を学ぶ必要があった。カールの人生設計は父の望みとはまったく違うところに逸れることになったが、フランス語の能力とフランスの文化や歴史についての知識――これらはいずれも、長期にわたるパリとブリュッセルでの滞在でさらに研ぎ澄まされた――は、彼の知的世界の中心を占めるものとなった(46)。

マルクスが受けた教育経験には、さらなる政治的側面があった。ギムナジウム校長のヨハン・ハインリヒ・ヴィッテンバッハ〔ヨハン・フーゴ・ヴィッテンバッハの誤り〕は、革命フランスの支配に緊密に結びついて働いていた一七九〇年代に抱いていた若き日の急進主義的熱狂をもはや失っていたが（ナポレオン支配は彼にとって、幻滅の体験となっていた）、プロイセン当局は彼の基本的な政治的信条が変わっておらず、自分よりも若い教師たちを統制する気がないのだと確信していた。教師たちの多くは、地質学上の発見と聖書の啓示とのずれを強調して非難を受けた理科教師のように、――中央ヨーロッパのばらばらの君主たちの連合をドイツ国民国家に発展させたり、プロイセン王国に憲法、そしておそらくは民主的で共和政的な政府をも導入しようなどといった――破壊的な主義主張を唱えたり、あるいは自由思想的な見地を主張したりしていた。当局は、教師たちがそうした破壊思想で生徒を洗脳しているのではないかという猜疑の念を抱いていた。この疑念はまったくの見当違いでもなかった。このギムナジウムの卒業者の相当数の者が左翼になったが、そこには校長の息子のフリードリヒ・アントーン・ヴィッテンバッハがおり、彼はその急進的な思想と行動のために要塞に投獄された。政治的に問題のある教師の一人の息子であったルートヴィヒ・ジーモンは、プロイセン支配に対する激しい反対者となり、一八四八年革命の際にはトリーア市の代表としてドイツ国民議会に参加し、議会内の極左の中心メンバーとなった。トリーア近傍の町ザールブルク出身のヴィクトール・ヴァルデネールもまた、世紀中葉の革命における左派活動家であった(47)。

学校だけが、若きカール・マルクスが政治的に問題のある思想に晒される唯一の場所であったわけではなかった。もう一つの場所は家庭にずっと近いところにあった。一八三四年一月二十五日、父のハインリヒはトリーアのカジノ・クラブにおける悪名高きエピソードに巻き込まれた。クラブの創設記念日の晩餐に続いて、テーブルを囲んでいた一五名のメンバーからなる一団が、ポーランド国歌や、プロイセン国王と同等に権威主義的で保守的であった君主が倒されて自由主義的政権に取って代わったフランスの一八三〇年革命の賛歌「パリジェンヌ」を歌い始めたのである。この感情の爆発は、「ラ・マルセイエーズ」の合唱が繰り返されるなかで絶頂に達し、歌とともに雄叫びがあげられ、テーブルが叩かれ、一八三〇年七月のパリでのバリケード戦の一幕のようにトリコロールのハンカチが振られた。一人のプロイセン将校がこの光景を目撃し、このグループのことを政府に通報し、スキャンダルに仕立てた。取り調べが行われ、全員が裁判で完全に無罪放免となったとは言え、参加者の何人かに革命的転覆活動の容疑がかけられた。カジノ・クラブ自体も解散させられ、二つの社交クラブに替えられた。そのうちの一つはメンバーの大半が将校や政府の官僚からなっていた。もう一つのクラブの創設者には（ハインリヒ・マルクスも含まれていたが）、もっと裕福で声望のあるトリーア市民たちが名を連ねていた。

　この取り調べのなかで、被告たちは皆、合唱が最も破壊的な局面を迎える前に自分は退出したと主張した。また、合唱に加わった者たちが、素面でいられる量を上回るワインを飲んでいたことも報告された。「酒中に真実あり《イン・ヴィーノー・ウェーリタース》」というラテン語の格言にぴったりの光景があるとすれば、それはまさにこの時であった。合唱には、裕福な商人や弁護士、公証人、医者、ギムナジウム教師、そして少数の下級官吏たち――プロイセン当局がドイツ西部において植民地主義的な支配を行い、不満に満ちた下層カトリック住民たちを統治するうえで、協力者として信を置いていた人びと――が加わっていた。しかし、プロイセンと手を結んだ人たちもが、ひとたび酒で抑制が効かなくなれば、プロイセンを侮辱していた。当時十五歳で、この事件とその顚末を知り理解したであろうカール・マルクスにとって、事件はプロイセン政府と自分の父親について多くを教えてくれるものであったに違いない。プロテスタントにして良きプロイセン人であり、名誉ある法律顧問官の称号の保持者にして尊敬され繁盛していた弁護士が、少なくとも短いアルコールの幕間にあっては、プロイセンの権威主義的支配に真っ向から反対する思想に共感を示したのである。(48)

クラブ創設記念日の騒動から一年半ほどたって、マルクスはギムナジウムの授業をすべて終え、アビトゥーアと呼ばれる卒業試験を受けた。宗教の授業とドイツ語の授業のために書いた論文は、彼の最初の著作として後年に残されることになる〔他にも、ラテン語で書かれた、ローマ史についての論文もある〕。十七歳の生徒が卒業試験で書いた代物として予想されるように、それは大体においては教師や自分の周辺の大人たちの思想を反映したものである。しかし、そこにはまた、マルクス自身の思想と大志の最初のかすかなきらめきも含まれている。

宗教に関する論文には、「キリストと信徒の合一、ヨハネ伝第一五章第一〜一四節による〔、その根拠と本質、その絶対的必然性とその効果の叙述〕」というテーマが指定されていた。マルクスは、キリスト以前の古代人についての考察で論文を始め、その文化的、芸術的、科学的進歩にもかかわらず、彼らは決して「迷信のくびきをかなぐりすてること……自分自身についても神についても、それにふさわしい真の概念をとらえ」〔スパーバーでは「迷信というくびきをかなぐりすて、自分たち自身、あるいは神性についての真なる、そして高貴な観念を発展させる」〕ることができず、彼らの倫理や道徳もまた、「外的付加物や下賤な制約……」〔スパーバーでは「様々な卑しい制約の異質な寄せ集め……」〕からまったく自由ではなかったと断じる。古代人はそのことに気づいていた。「実際、古代の最大の賢人である神のごときプラトンが、その出現が真実と光明をもとめて満足させられなかった努力を満たすであろういっそう高い存在への深いあこがれを述べている箇所は一箇所にとどまらない」。この熱望は、マルクスの説くところでは、キリストとの合一によって満たされるのであり、これなくしては人間は皆「神によって忌まれ」るのであり、そのような罪ある状態から「キリストだけがわれわれを救うことができる」のである。キリストとの合一は、神への熱烈な愛という形式をとり、この愛はまた全人類を兄弟愛へと向かわせ、道徳的にする。その結果生まれるのが徳行、すなわち「キリストへの愛」から、「神的な存在への愛から」もたらされる徳であり、「徳行がこの純粋の源泉から発するとき、それはあらゆる現世的なものから解放された、真に神的なものとしてあらわれるのである。……それは、徳行が同時にいっそう穏やかでいっそう人間的なものになったことによってである(49)〔スパーバーでは「それはいっそう穏やかでいっそう人間的である」〕」。

キリストの愛が罪深い状態から人間を解放するというこの思想は、キリスト教の教義の古典的な一部分であるが、これに関するマルクスの解釈からは、彼が学んだのが啓蒙主義的なキリスト教であったことが窺える。キリストの愛が取り除くことのできるキリスト以前の世界の重荷の一つが、――啓蒙主義の主たる敵である――迷信であった。プラトンの「真実と光明」に対する憧憬、ただキリストのみが叶えうるものへの憧憬はさらなる示唆を与えてくれるが、それはこうした語、とりわけ「光明」が、中央ヨーロッパの啓蒙主義的プロテスタントの使う常套句だったからである。マルクスは、キリストによってのみ贖《あがな》われうる人類の罪深さや堕落について言及しつつも、これについて縷々《るる》述べはしない。彼はキリストの贖罪という、信仰者の生を一新しすべてを一変させるような体験、ドイツの敬虔主義者たちがよく似たアメリカの人びとのように、あらゆる点で自らの信仰の中心であると見なした体験を強調することもなかった。こうした感覚には、ハインリヒ・マルクスや、終生つうじてカント思想の信奉者であったギムナジウム校長のヨハン・ハインリヒ・ヴィッテンバッハ〔ヨハン・フーゴ・ヴィッテンバッハの誤り〕、そしてプロイセン地方行政府の枢密顧問官でマルクス一家の友人であったヨハン・ルートヴィヒ・フォン・ヴェストファーレンの強い知的影響が読み取れる。対照的に、実際にマルクスの宗教の授業の教師であったプロテスタント牧師は啓蒙主義に懐疑的であり、宗教的覚醒にある程度まで共感を抱いていた人ではあったが、教え子の論文に与えた影響はそれほど強くなさそうに思われる。[50]

ドイツ語の授業のために書かれたマルクスの論文のテーマは、「職業の選択にさいしての一青年の考察」というものである。彼は、若者は自分の選択の拠りどころを自らの最奥にある意思、すなわち、「最も深い確信、最も内にある心の声」に置くべきだという提言から考察を始める。「けだし、神は地上のものをまったく導き手なしにはしておかないからである……」。彼は二種の留保をつける。一つは、個人の内面の声が有する有効性に関するものである。職業に対する若者の関心は、一時的な熱狂にすぎないかもしれない。若者は、両親のように自分よりも知識をもった年長者の助言に耳を傾けることができる――マルクスはこの提言を一文で片づけ、二度とそこに戻らない。何よりも、若者は自分の意思が不変であるのを確かめるために、自分自身の〔内なる声を聞いたという〕体験を信用するべきである、と。

それからマルクスは、自らの心に従うことに伴う別の問題を指摘する。すなわち、「社会におけるわれわれの状態」についてである。ここに未来の社会主義者を見出したくなるかもしれないが、しかし彼が用いているのは、身体的な適応力や才能を欠く職業を選択する例である。自分の選んだ職業をまっとうできないということは恥ずべきものであり、その人物がどこに行っても社会的に役に立たないことの証明であり、「永久にうごめいて胸をかみ、生命の血を心臓から吸いとって人間嫌いと絶望の毒をそれにまぜる蛇」である自己侮蔑をもたらすものである。

もっとも、以下の部分こそがこの論文の核心部分である。すなわち、必要な意志と能力をともに備えた人物が然るべき職業に就くというだけで事足りるわけではない。それだけではなく、選択すべき職業とは「われわれに最大の品位を保証するそれであり、われわれがその真実を完全に確信している理念をもとにしたそれであり、人類のために活動し〔中略〕、普遍的目標、すなわち完全性〔スパーバーでは「完璧さや完全さ」〕に近づけるために、最大の活動の場を提供する」ものであり、「どの地位もたんにそのための手段にすぎない」。マルクスは、そのような完璧さや完全さは、個人の意志や能力の成就と、人類の状況の改良とが交差するところに実現するものなのだと指摘する。

> 地位の選択にさいしてわれわれを導いてくれなければならぬ主要な導き手は、人類の幸福であり、われわれ自身の完成である。これら両方の利害がたがいに敵対的にたたかいあうことになって、一方が他方をほろぼさなければならないのだなどと思ってはならない。そうではなくて、人間の本性というものは、彼が自分と同時代の人々の完成のため、その人々の幸福のために働くときにのみ、自己の完成を達成しうるようにできているのである。
>
> 自分のためだけに働くとき、そのひとは、なるほど著名な学者であり、偉大な賢者であり、優秀な詩人ではありえようが、けっして完成された、真に偉大な人間ではありえない。
>
> ……われわれが人類のために最も多く働くことのできる地位を選んだとき、重荷もわれわれを屈服させることはできないであろう。なぜなら、その重荷は万人のための犠牲にすぎないからである。またそのとき、われわれは、貧弱で局限された利己主義的な喜びを味わうものではない。そうではなくて、われわれの幸福は数百万の人々のものであり、われわれの行為は、静かに、しかし永遠に働きながら生きつづけるのである。そして、われわれの遺体の灰は、高貴な人々の熱い涙によって濡らされるであろう[51]。

この論文には、寄せ集めの比喩の過剰な使用と並び、ヨハン・ハインリヒ・ヴィッテンバッハ〔ヨハン・フーゴ・ヴィッテンバッハの誤り〕や彼の信奉していたカント思想の影響をまたもや見出すことができる。もう一つ重要なのは、当時のドイツ文学に君臨していた人物、ヨハン・ヴォルフガング・フォン・ゲーテの影響である。彼の詩、小説、演劇、私的な対話集はいずれも、人類が追求する到達点としての完璧さや完全さについての理念を明確化したものであった。ドイツ語を話す教養ある者であればほとんどすべての人が知っていたゲーテの著作は、トリーアのギムナジウムの生徒たちにとって必読の書であった。校長のヴィッテンバッハはこの高名な詩人と面識があった。

この論文の特徴のもう一つは、個人的な成功例の選び方にある。マルクスがそうした例として挙げているのは、学者や哲人、詩人である。彼は軍人や行政官、商人、あるいは法律家――これらはいずれも、彼の社会階層に属するプロイセンの若者たちが辿り着こうと躍起になっていた到達点であった――には言及していない。このうち最後に挙げたのは父が選んだ職業であり、当時はマルクス自身も自らの将来に考えていた職であった。それに対して、彼が列挙した知的、芸術的な仕事は、ヴィッテンバッハの影響を反映したものであった。ヴィッテンバッハはこれらすべてを体現しており、その存在はトリーアという慎ましやかな舞台に高く屹立していた――もっと大きな中央ヨーロッパの知的世界にあっては、この舞台にさほど大きな重要性がなかったとは言え。人類の状態を改善する手段としての知的探究の追求という命題は、マルクスの生涯をつうじて何度も繰り返されたが――共産主義的政治と人間性のための共産主義的情熱は、系統だった学問である科学《ヴィッセンシャフト》に基礎を置かねばならないというのが彼の持論であったことを思い出しさえすればよい――、この論文には、その最初のナイーブで思春期の青年らしい表現を見出すことができる。

二つの卒業論文がマルクスの公式な知的教育という側面を示したものだとすれば、卒業には、彼の非公式な政治的側面を暗示する、もう一つの特筆すべき点がある。マルクスがギムナジウムを卒業した年、プロイセン当局は、破壊的な政治潮流に立ち向かうにあたりヴィッテンバッハは無能、あるいは無気力だとして辟易し、確固たる保守思想の持ち主であったヴィートゥス・レルスという名の古典教師を同校の共同校長に任命した。この人事は個人的な侮辱であると同時に、政治的な態度表明でもあった。マルクスはこれに同等の返礼をもって応じた。彼は新しい共同校長を鼻であしらい、レルスに卒業の挨拶をするのを拒んだ。このような行動をとった級友は、マルクスの他には一人しかいなかった。一八三五年十一月に大学進学のためにマルクスがトリーアを去った直後、レルスの祝宴が開かれた。この会に出席したハインリヒ・マルクスは、この右寄りの教師が明らかに自分の息子の振る舞いに怒りを抱いているのを知った。ハインリヒは、カールはレルスの元を訪問したが留守だったのだと語り、レルスを宥《なだ》めようとした。宴の席で、ハインリヒはヴィッテンバッハとも顔を合わせたが、彼はレルスの昇任という侮辱に、明らかに意気消沈していた。ハインリヒは彼を慰撫しようともし、カールが彼を称賛し心酔していると伝え、それを聞くとヴィッテンバッハは目に見えて元気になった。(52)

祝宴でのハインリヒ・マルクスのこの二つの行動は、彼の息子の人生の初期の大部分を総括したものであったのかもしれない。カール・マルクスは、身分制社会のヨーロッパにおいてユダヤ・「ネイション」を取り巻いていた制約と束縛に満ちた環境からの脱却を模索する家庭に生まれ、そのなかで成長した。このような状況にあって、家族は啓蒙主義の教養を生活の基盤にしようとした。すなわち、世界に対する合理主義的なアプローチや理神論的信仰、人間の平等と基本的権利への信念、生産的市民からなる共同体にあって自らもそのような市民であろうとする熱意に。ハインリヒ自身の経験が示すように、このような生き方へと至る道程は紆余曲折に富み、困難に溢れ、妥協に満ちたものであり、ちっぽけで周縁的な都市であったトリーアの住民にはいかんともし難い戦争と革命の転変に左右されるものであった。

この道を辿って、ハインリヒは最初はフランス人にして皇帝ナポレオンの支持者となり、次いでプロイセン人にしてプロテスタントとなったが、いずれにせよ、トリーアのカトリックの信仰厚い社会環境からは距離をとった。彼はささやかな富と社会的尊敬を手に入れた。しかし、カジノ・クラブでの合唱や、あるいは息子がヴィートゥス・レルスにひじ鉄砲を喰らわせた一件のような事態が起こると、良きプロイセン人であることと啓蒙主義の教義の支持者であることとを対峙させるような厄介が表面化した。おそらくはハインリヒとカールの個性の違いであり、あるいはひょっとすると単に用心深く控え目な中年の家父長と、性急な思春期の青年の違いかもしれないが、前者は酒を飲んだ時に、後者は素面の時にプロイセン支配への懐疑を露わにした。

一八三五年には、カールは父よりも確実に向こう見ずであった。しかし、彼が政治的に父より急進的であったのか、また一貫して、かつ根本的にプロイセン君主政に反対しようとしていたのか、それとも単に一時的に特定の問題についてのみ反対していただけなのかという疑問もあるかもしれない。おそらく当時はまだそこまで急進的ではなかったというのが正解であり、トリーアのギムナジウムに在籍していたもう一人の生徒で、後に革命家となったルートヴィヒ・ジーモンと比較すると、そのことがはっきりしよう。ジーモンはマルクスの一歳年下であったが、一八三六年にアビトゥーア取得のために課せられたドイツ語の論文は、祖国への愛について書けというものであった。この論文において、ジーモンはただドイツのみが自分の祖国であり、プロイセンは決してそうではないと主張した——この主張は、プロイセン君主政に対する根本的な拒絶であり、カトリックのトリーアで支配的であった雰囲気に合致していた。ハインリヒにもカールにも、この段階に足を踏み出す用意は少しもなかった。

ジーモンとの比較は、もう少し展開できる。ジーモンは一八四八年の革命家であり、一八七二年に客死するまで、フランスとスイスでの亡命生活においても革命的な見地を貫きとおした。しかし、ジーモンの革命思想は、一七八九年のフランス革命のジャコバン派のそれと大体のところは同じであった——すなわち、国民主義的、共和主義的、民主主義的で、おそらくは社会改革を夢想しているが、資本主義や私的所有に敵対しているわけではないことは間違いなかったのである。亡命の間、ジーモンは銀行家として働いた(53)。カール・マルクスもまた革命家になった。マルクスの革命への思想と熱情について議論する際にしばしば見過ごされる点であるが、彼はジーモンと、ジャコバン的傾向の多くを共有していた。しかし、マルクスの革命観には経済構造と所有関係の改変に関する要求が含まれていた。ジャコバン的な政治論と共産主義的な経済理論との結合に向かう道程は、紛れもなくプロイセン的な知的生活を経て実現したのであり、マルクスは大学での勉学のなかでその遭遇を経験したのである。一八三五年の秋には未だ、この出会いは将来の出来事であった。

章末注

（1）都市トリーアの歴史については、Heinz Heinen et al., eds., *2000 Jahre Trier*, 3 vols.（Trier: Spee-Verlag, 1985–96）; より簡便なものとして、Eric David, "Trèves: De la capitale d'empire à la ville moyenne; Une ville moyenne frontalière dans la perspective des occupations françaises successives," *Revue d'Allemagne* 26（1994）: 69–81.

（2）以下からの引用、Klaus Gerteis, "Sozialgeschichte der Stadt Trier 1580–1794," in *2000 Jahre Trier*, 3: 61.

（3）アンシャン・レジーム下のヨーロッパにおけるユダヤ人に関して最も一般的なものとして、David Vital, *A People Apart: The Jews in Europe 1789–1939*（Oxford: Oxford University Press, 1999）, 1–25; あるいは、Jonathan Israel, *European Jewry in the Age of Mercantilism, 1550–1750*, 3rd. ed.（London: Valentine Mitchell & Co., 1998）, 165–66.

（4）Cilli Kasper-Holtkotte, *Juden im Aufbruch. Zur Sozialgeschichte einer Minderheit im Saar-Mosel-Raum um 1800*（Hanover: Hahnsche Buchhandlung, 1996）は、

アンシャン・レジーム末期からフランス革命期にかけてのトリーアおよびその周辺のユダヤ人についての模範的なモノグラフィーである。

（5）Heinz Monz, *Karl Marx Grundlagen der Entwicklung zu Leben und Werk*（Trier: Nco-Verlag, 1973）, 215–18; マルクスの父方の家系図については、Manfred Schöncke, *Karl und Heinrich Marx und ihre Geschwister: Lebenszeugnisse—Briefe—Dokumente.*（Bonn: Pahl-Rugenstein Nachfolger, 1993）, 6–8. ザームエル・レーヴィは後にトリーアに移り住み、同地でラビになった。

（6）フランス占領下の二〇年間のトリーアについては、素晴らしい論文集と展示図録がある。Elisabeth Dühr and Christl Lehnert-Leven, eds., *Unter der Trikolore Sous le drapeau tricolore Trier in Frankreich—Napoléon in Trier Trèves en France—Napoléon à Trèves 1794–1814*, 2 vols.（Trier: Städtisches Museum Simeonstift, 2004）; 優れた概観を与えてくれるものとして、Michael Müller, “Die Stadt Trier unter französisscher Herrschaft（1794–1814）,” in Kurt Düwell and Franz Irsigler, eds., *Trier in der Neuzeit*, Vol. 3 of *2000 Jahre Trier*, 377–98. フランス統治下のトリーアについては、とくに出典を明記していない引用は、この二つの著作に基づく。

（7）以下からの引用、Hans-Ulrich Seifert, “Dialektik der Abklärung—Literarische Gegenentwürfe und deutsch-französische Wechselbeziehungen unter napoleonischer Herrschaft（unter besonderer Berücksichtigung der unveröffentlichten Korresondenz zwischen Charles de Villers und Johann Hugo Wyttenbach）,” in Dühr and Lehnert-Leven, eds., *Unter der Trikolore*, 1: 473.

（8）Gabriele B. Clemens, “Die Notabeln der Franzosenzeit,” in ibid., 1: 105–80.

（9）Elisabeth Wagner, “Die Rückführung des Heiligen Rockes nach Trier und die Heilig-Rock-Wallfahrt im Jahre 1810,” in ibid., 1: 419–32; Wolfgang Schieder, *Religion und Revolution. Die Trierer Wallfahrt von 1844*（Vierow: SH -Verlag, 1996）.

（10）以下からの引用、Kasper-Holtkotte, *Juden im Aufbruch*, 200.

（11）この見事な描写は、ibid., 190–433.

（12）以下からの引用、ibid., 383.

（13）Ibid., 341–44, 414.

（14）Heinz Monz, “Neue Funde zum Lebesnweg von Karl Marx’ Vater,” *Osnabrücker Mitteilungen* 87（1981）: 59–71; Schöncke, *Karl und Heinrich Marx*, 122–27.

（15）Luitwin Mallmann, *Französische Juristenbildung im*

Rheinland 1794–1814. Die Rechtsschule von Koblenz（Cologne: Böhlau Verlag, 1987）, 104–25; Schöncke, *Karl und Heinrich Marx*, 127–31.

（16）ハインリヒが法律を学んだという、ほぼ確実に誤っていながら複数の伝記で度々繰り返されてきた主張については、Kasper-Holtkotte, *Juden im Aufbruch*, 383, そして、Schöncke, *Karl und Heinrich Marx*, 123.

（17）Mallmann, *Französische Juristenbildung*, 122.

（18）プロイセン支配の最初の数十年と一八四八革命期のトリーアに関しては、Elisabeth Dühr, ed., *“Der Schlimmste Punkt in der Provinz”: Demokratische Revolution 1848/49 in Trier und Umgebung*（Trier: Selbstverlag des Städtischen Museums Simeonstift, 1998）; Manfred Heimers, “Trier als preußische Bezirkshaupstadt im Vormärz（1814–1848）,” in Düwell and Irsigler, eds., *Trier in der Neuzeit*, 399–419; そして Jonathan Sperber, *Rhineland Radicals: The Democratic Movement and the Revolution of 1848–1849*（Princeton: Princeton University Press, 1991）, 154, 181–83.

（19）Clemens, “Die Notabeln der Franzosenzeit,” in Dühr and Lehnert-Leven, eds., *Unter der Trikolore*, 1: 106, 178–79; Monz, *Karl Marx*, 160–68; Karl-Georg Faber, “Verwaltungs- und Justizbeamte auf dem linken Rheinufer während der französischen Herrschaft,” in Max Braubach, ed., *Aus Geschichte und Landeskunde: Forschungen und Darstellungen Franz Steinbach zum 65. Geburtstag*（Bonn: L. Röhrscheid Verlag, 1960）, 350–88.

（20）Schöncke, *Karl und Heinrich Marx*, 148, 153–61; Mallmann, *Französische Juristenbildung*, 176–78; Sperber, *Rhineland Radicals*, 38–39, 117–18; Jonathan Sperber, *Property and Civil Society in South-Western Germany 1820–1914*（Oxford: Oxford University Press, 2005）, 9–10.

（21）Suzanne Zittartz-Weber, *Zwischen Religion und Staat: Die jüdischen Gemeinden in der preußischen Rheinprovinz 1815–1871*（Essen: Klartext Verlag, 2003）, 63–74.

（22）Monz, *Karl Marx*, 243–45. およそプロイセンらしからぬことに、トリーアのプロテスタント牧師による洗礼記録が杜撰《ずさん》であったため、正確な日付は不明である。

（23）例えば、Jerrold E. Seigel, *Marx's Fate: The Shape of a Life*（Princeton: Princeton University Press, 1978）; より包括的には、Yuri Slezkine, *The Jewish Century*（Princeton: Princeton University Press, 2004）, 63, 83.

（24）Wilhelm Füssl, *Professor in der Politik: Friedrich Julius*

Stahl（*1802–1861*）（Göttingen: Vandenhoeck & Ruprecht, 1988）; Kasper-Holtkotte, *Juden im Aufbruch*, 432.

（25）Stefan Rohrbacher, *Gewalt im Biedermeier: Antijüdische Ausschreitungen im Vormärz und Revolution*（*1815–1848/49*）（Frankfurt & New York: Campus Verlag, 1990）, 94–156.

（26）Uri R. Kaufmann, "Ein jüdischer Deutscher: Der Kampf des jungen Gabriel Riesser für die Gleichberechtigung der Juden 1830–1848," *Aschkenas: Zeitschrift für Geschichte und Kultur der Juden* 13（2003）: 211–36.

（27）Kasper-Holtkotte, *Juden im Aufbruch*, 432; Schöncke, *Karl und Heinrich Marx*, 429–69.

（28）Schöncke, *Karl und Heinrich Marx*, 294–96, 342; *MEGA* 3/1: 290–91. ハインリヒの蔵書のなかで、彼がかつてユダヤ人であったことを示すものは、おそらくは誰の所有物とも明記されていない「ヘブライ人への手紙」のみである。

（29）Lucian Hölscher, *Geschichte der protestantischen Frömmigkeit in Deutschland*（Munich: C. H. Beck, 2005）, 215–18; Christoph Weber, *Aufklärung und Orthodoxie am Mittelrhein: 1820–1850*（Munich: Ferdinand Schöningh Verlag, 1973）; Wolfgang Schieder, *Religion und Revolution*.

（30）Schöncke, *Karl und Heinrich Marx*, 142.

（31）Jan Gielkens, *Karl Marx und seine niederländischen Verwandten*（Trier: Karl-Marx-Haus, 1999）, 32–63. 多くの伝記作家の主張とは異なり、ヘンリエッテ・プレスブルクの父はラビではない。〔実際は織物商人、金融業者にして、ラビであった〕

（32）Monz, *Karl Marx*, 229–30; Schöncke, *Karl und Heinrich Marx*, 4–5; Marian Kaplan, *The Making of the Jewish Middle Class: Women, Family and Identity in Imperial Germany*（New York: Oxford University Press, 1991）, 85–99.

（33）Schöncke, *Karl und Heinrich Marx*, 291, 300. 持参金と、結婚に際してのその役割については、Sperber, *Property and Civil Society*, 21–31; Kaplan, *Making of the Jewish Middle Class*, 93–98.

（34）Schöncke, *Karl und Heinrich Marx*, 358.

（35）こうした類の引用は、Gielkens, *Karl Marx und seine niederländischen Verwandten*, 33–34.

（36）*MEGA* 3/1: 292, 294–95; Monz, *Karl Marx*, 230–38.

（37）Schöncke, *Karl und Heinrich Marx*, 188; Kaplan, *Making of the Jewish Middle Class*, 64–81.

（38）家族に関する情報については、Monz, *Karl Marx*, 230–38. 乳母の習慣については以下を参照、Kaplan, *The Making of the Jewish Middle Class*, 48–49.

(39) Monz, *Karl Marx*, 255–58, Schöncke, *Karl und Heinrich Marx*, 166, 170, 175, 180, 188–91, 201, 209, 217–19, 221–24, 297; Jürgen Herres, "Cholera, Armut und eine 'Zwangssteuer' 1830/32: Zur Sozialgeschichte Triers im Vormärz," *Kurtrierisches Jahrbuch* 39 (1990): 161–203.

(40) 典拠は前掲文献および以下から、Gielkens, *Karl Marx und seine niederländischen Verwandten*, 105; Hans-Joachim Henning, *Das westdeutsche Bürgertum in der Epoche der Hochindustrialisierung 1860–1914*（Wiesbaden: Franz Steinver Verlag, 1972）, 51–52, 470–72.

(41) Wheen, *Karl Marx*, 8.

(42) Monz, *Karl Marx*, 297; *MEGA* 3/2: 471.

(43) Karl-Ernst Jeismann, *Das preußische Gymnasium in Staat und Gesellschaft*, 2nd ed., 2 vols.（Stuttgart: Klett-Cotta, 1996）.

(44) 以下からの引用、James C. Albisetti, *Secondary School Reform in Imperial Germany*（Princeton: Princeton University Press, 1983）, 47.

(45) Wilhelm Liebknecht, *Karl Marx zum Gedächtniß. Ein Lebensabriß und Erinnerungen*（Nuremberg: Wörlein & Co., 1896）, 38; *MEGA* 3/11: 380.〔『モールと将軍』大月書店、一九七六年、五五頁〕

(46) Monz, *Karl Marx*, 297–316.

(47) Ibid., 160–78.

(48) James Brophy, *Popular Culture and the Public Sphere in the Rhineland 1800–1850*（Cambridge: Cambridge University Press, 2007）, 100–02; Schöncke, *Karl und Heinrich Marx*, 230–31; Monz, *Karl Marx*, 135–37.

(49) *MEGA* 1/1: 449–52〔四〇―五一四〜五一七〕.

(50) Monz, *Karl Marx*, 173–74.

(51) *MEGA* 1/1: 454–57〔四〇―五一五、五一七〜五一九〕.

(52) Ibid., 3/1: 291–92; Monz, *Karl Marx*, 172–73.

(53) Christian Jansen, "Der politische Weg des Trierer Paulskirchenabgeordneten Ludwig Simon（1819–1872）gegen den Strom des nationalistischen 19. Jahrhunderts," in Guido Müller and Jürgen Herres, eds., *Aachen und die westlichen Rheinlande und die Revolution 1848/49*（Aachen: Shaker Verlag, 2000）, 279–308.

第2章 学生

一八三五年十月、大学生活を始めるためにモーゼル川をトリーアからコブレンツへと下り、それから蒸気船でライン川をボンへと北上した折、カール・マルクスは夜空の高みにハレー彗星を目撃したに違いない。神秘思想においては、彗星は大きな出来事の前兆である。もっとも、常に合理主義者であったマルクスであれば、占星術的な徴《しるし》と自分の運命の間にいかなる関連も否定したであろうが。一八三〇年代の中央ヨーロッパにおける大学生活の実態はこうした見方を補強するものであり、この新入生の将来の偉大な功業よりは、先行きの知れぬ長く曲がりくねった前途を暗示していた。法曹の道を歩み始めたプロイセンの若者は、検察官や裁判官に任命されるか、あるいは民間の弁護士業を開業する見通しが得られるまで、数年間にわたる大学での学究生活、無給の見習い勤務期間、そして二度の国家試験を体験しなければならなかった。一〇年間、あるいはそれ以上にわたり、学生や野心的な法律家は無収入でやりくりし、家族の支援を仰ぐこととなった。学生たちにとって、ギムナジウムや大学といった他の職業に就くための道もやはり同様に長く厳しく、消耗を強いられるものであった。[1]

中等教育や高等教育がドイツ諸邦で大いに拡充された十九世紀の最初の数十年間は、増加する卒業者を雇用するのに十分なだけのポストが政府によって用意されていなかった。一八二〇〜四〇年頃、プロイセンでは法学部を卒業して無給の地位にある者の数は三倍になったが、有給の国家の法職はたった二〇パーセント増えたにすぎなかった。この不均衡は中央ヨーロッパでは慢性的な問題であり、その後の二世紀間に定期的に繰り返されているが、卒業者と国家が彼らに供給する職との不均衡によって作り出された状況の厳しさは、おそらく一八三〇年代と一八四〇年代が最も甚しかった。ドイツ諸邦の経済発展が緩やかであったために、諸邦政府には卒業者に提供できる公職の数を増大させるだけの税収が欠けており、しかしまた民間部門もこの厳しい時代を乗り切るのに必死であり、十分な選択肢を供給しえなかった(2)。

カール・マルクスの法学修業は、長期にわたり彼を経済的に支援するよう、一家に迫った。ドイツの大学では二十世紀の初頭まで女子の入学が認められていなかったため〔ドイツ諸邦で最初の女子の学位論文提出の例は、一七五四年のドロテーア・エルクスレーベンの例。恒常的な女子の入学の許可は、一八九五年のハイデルベルク大学から〕、カールの姉妹たちは金銭的にも相当な額にのぼる別種の支援——ハインリヒ・マルクスの言い分では、これは「身の毛もよだつ」ほどのものであった——、すなわち良縁に恵まれるだけの持参金を与えられた。カールの弟ヘルマンは、ハインリヒがカールへの手紙で書いたところでは、「善良」ではあったが「もっとよい頭でな」く、大学に進学せず、その代わりにブリュッセルに行かせてもらい、商売の見習い修業についた(3)。

マルクスにとって思春期から大人への変化の時であった一八三五〜四二年は、志望の前途に待ち受ける多難と、そこに必然的に伴う実家への長い経済的依存に支配された時期であった。依存状態が続くという見込みだけでも、カールのように自己主張の強い青年にとっては十分につらく、家族との確執は避け難かった。家を離れて一年もたたないうちに、進路に立ちふさがるこの困難と家族との葛藤は大きくなり、爆発寸前にまで達した。

良きプロイセン臣民として、ハインリヒは息子をボン大学に送り込んだ。プロイセン政府はこの小さなライン都市――こんにちと同じく当時も、はるかに大きな北の隣人、ケルンの影に隠れていた――に一八一八年に大学を創設したが、これは政治的統合と和解の表現としてなされた措置であった。新たな支配者たちに懐疑と潜在的な敵意を抱いていたライン地方の中・上流階級出身の青年たちは、王国の中核地帯である東部諸州から来た、大半がプロテスタント貴族の学生たちとともに自己形成期を過ごすことで、未来の忠良な地域エリートの一員へと変貌していくものと期待されていた。実際には、――しばしば自由主義的であったり、民主主義的であったり、あるいはカトリック保守主義的であったりしたものの、反プロイセン的な政治意識を共有していた――ライン地方の学生たちとプロイセンの青年貴族のこの組み合わせは、プロイセンへの忠誠を創出するよりも、むしろ摩擦と憎悪をもたらした。

このような摩擦がボン大学でのマルクスの初年度を作り上げた。教授たちが証言しているように、彼は「勤勉に」講義を受け、文学や美学をめぐる諸問題についての議論を交わして自作の詩を書こうとする青年たち（ここには後に革命の指導者となる人士も幾人か含まれていた）の集まりである「詩人協会」に加わった。しかし、マルクスの主たる活動の場は、トリーアやライン地方南西部の諸都市出身の学生たちによる非公式なサークルという、学外の組織であった。この会のメンバーはボンの居酒屋で痛飲しては、他の学生たちとの乱闘に明け暮れていた。こうした学生の間でマルクスは「モール」〔北西アフリカのイスラーム教徒の呼称であるムーア人のこと〕のあだ名でとおっていたが、この呼び名は彼の浅黒い顔に由来しており、その後の人生をつうじて彼は友人や家族にこの名前で呼ばれることとなった。(4)

飲酒、乱闘沙汰、滑稽なあだ名――これらはいずれも、非政治的な思春期後半期の気晴らしのように見える。しかし、争いがトリーア出身の学生とプロイセン東部諸州出身の学生との間で繰り広げられたために、こうした行動には政治的な鋭さがつきまとった。政治的抑圧の時代には、この手の個々人の乱闘は大学生たちのみならず、ライン地方の住民のプロイセン支配への不満を表現したものであった。マルクスはトリーアの学生グループのリーダーの一人に選ばれ、刃傷沙汰における彼の役割は一八三六年の夏に最高潮に達した。彼はサーベルによる決闘——これはドイツの大学の古くからの伝統であり、こんにちなお行われることがある——を行い、中流階級のライン人の名誉を東部の貴族から守ろうとしたのである。[5]

カールが悪行を繰り返したために、父は彼が道を外れていると非難するようになった。ハインリヒはこの決闘に辛辣な言葉を浴びせている。彼は、息子が酒場にあまりにも頻繁に出入りしていることに対して警告を繰り返した。彼はカールに、家族の期待、〔そしてカール自身が抱いていた〕「おまえがいつかはおまえの弟や姉妹のささえになりえたらという希望」を思い起こさせようとした。彼はまた、カールの仕送りの使い道を——カールが使い込んだあまりに多くの金がどれほどの額に上るのかということではなく、その使途についての説明の仕方が無秩序ででたらめだということに関して批判した。

愛するカール、おまえの計算は、いかにもカールらしく〔原文はà la Carl。「アラカルトで、」「勝手気ままに」との掛け言葉〕、脈絡もなければ、締めくくりもない。もっと簡単明瞭に、それも数字だけをきちょうめんに欄に書きこめば、運算はきわめて簡単になるであろうし、学者にだって整理は必要なのだが、実務的な法律家の場合はことにそうだ。[6]

ハインリヒは、大学を替える必要があるという結論に達した。一八三五年~三六年の学期末に彼が明らかにしたところでは、「私は、私の息子カール・マルクスがボンで開始した法学と官房学の研究をベルリン大学で継続するために、来学期、同大学にはいることを彼に許可するばかりではなく、そのことは私の意志でもあります」[7]。ベルリンへの転学はカールの人生に大きな変化を刻みつけた。彼は家族から遠く離れ、一八四〇年代の終わりまで〔面倒な乗り継ぎをすれば、一八四七年には、ミンデン、マクデブルク経由でケルンからベルリンに行けるようになった〕、プロイセンの首都と西部諸州を繋ぐ鉄道がなかったために、乗合馬車で四日間の旅を要した土地へと移った。ボンの約二〇倍にあたる三〇万人の住民を抱えるベルリンは、ライン河畔の小さな大学町とは別世界であった。ベルリン滞在はマルクスにとって最初の大都市暮らしの経験であったが、こうした生活は彼のその後の生涯において異例ではなく、むしろ一般的なものとなっていく。

　ベルリンはその後の数十年で工業、商業、金融の中心となるが、当時はまだそうではなかった。蒸気機関を動力とする工場や工業労働者がある程度は存在していたものの、それらは小さな工房で骨折って働く多くの職人や、あちらこちらの街角で立ち仕事を求めることを政府に許可された、街角立ちん坊《エッケンシュテーアー》と呼ばれる日雇い労働者たちの影にかすんでいた。何よりもこの都市は王都であり、ヨーロッパ列強の一角をなす国家の政庁が置かれていた。そこには生き生きとした文化や芸術的な営みがあり、劇場やオペラ、バレエが人びとを手招きしていた。芸術に熱狂する者は、新たに建てられた素晴らしい美術館を訪れることができた。音楽の愛好者ならば、この町の有名な合唱団体、ジングアカデミーのコンサートに行ったり、ピアノの名手フランツ・リストの演奏を聴くことができた。辛辣な音楽批評家や演劇批評家、そして数を増しつつあった冷笑的ユーモアを持ち合わせた集団が、芸術的熱情の対象を品定めし、作り手や消費者の自負をこき下ろした。この都市の知的生活は変化に富み多様であったが、その中心は大学であった。ボン大学と同様、ベルリン大学は著しくプロイセン的な教育機関であり、その知的水準の高さ、そして勤勉で厳粛、学究的な雰囲気をもって知られていた。こうしたことが、ヤーコプ・ブルクハルトやセーレン・キルケゴールといった、ヨーロッパ中の好奇心の強い学生たちを魅了した。宮廷や国家官僚の存在こそがこの知的、文化的な開花を可能にしたのであるが、しかしそれゆえに、根本的に権威主義的であった支配体制と、独自の思想をもつ芸術家や思想家の集団の間に明確な緊張関係が作り出されることにもなった。

プロイセンの都に息子を送り込んだハインリヒ・マルクスは、大学とこの町の知的生活の勤勉かつ厳粛な側面に望みをかけた。カールはそこでならかつての野蛮な日々を忘れ、将来の目標に向けてしっかりと規律だった道を再開できるであろうと。とは言え、当然ながら、家族から離れていることや大都市での生活につきものの諸々のことが、ボンでの飲酒や乱闘沙汰、決闘、散財にとどまらぬ様々な誘惑を生み出し、ハインリヒの息子への期待を邪魔立てするように作用する可能性もあったが。

若きカール・マルクスがギムナジウムの生徒から成功した法律家になるまでの、そして青年から成人になるまでの途上の至るところに回り道や障害は潜んでいた――予想もしなかったことに、トリーアにおいて、マルクス一家の友人のヴェストファーレン家からそうしたものがもたらされた。ヨハン・ルートヴィヒ・フォン・ヴェストファーレンはプロイセンの上級国家官僚であり、トリーア県庁の参事官であった。彼とハインリヒ・マルクスは旧知の仲であった。彼らは同様の、自由主義的で立憲君主政を支持しつつも親プロイセン的な政治的見解を、そして啓蒙主義的プロテスタントの宗教的見解を共有していた。彼らは同じ社交クラブに頻繁に顔を出し――二人はともにトリーアのカジノの会員であった――、ヨハン・ルートヴィヒが監獄を管轄する地方官であり、またハインリヒが刑事訴訟も担当する弁護士であったことから、おそらくは仕事上の繋がりもあった。彼らの子供たちは幼馴染であった。ヨハン・ルートヴィヒの娘のイェニーはカールの姉のゾフィーの、またヨハン・ルートヴィヒの息子エトガルはカールの友達であった。長じて、この少年たちは一緒にギムナジウムに通った。

思春期のうちにいつかしら、カールの注意は幼馴染の姉へと向けられ、そして彼は求愛を始めた。

家族ぐるみの友達から恋人への変化は、円滑なものでも単純なものでもなかった。カールは情熱的で執拗な求婚者であり、イェニーは求愛に応じるのをためらった。彼女は自分も彼を憎からず思っていると告げて、彼の愛情表現に応えた――ドイツ語では、「私はあなたを憎からず思っているIch habe dich lieb」は、言葉遊びで「私はあなたを愛しているIch liebe dich」の逆の意味を表す。イェニーは後年、カールのしつこい態度と荒々しい愛の表明に怯えたと認めている。彼女は彼に根負けすること、自分の気持ちも同じだと認めること、自分が彼に夢中になってしまうこと、そして関係が続くうちに彼の自分への情熱が冷めていき、「冷静に自制的に」なった男性が愛する自分から立ち去ってしまうことを恐れていた。[8] それでも、一八三六年の夏、十八歳のカールがベルリンへの出立の前にボンから帰郷した時、彼女は彼の飽くことなき求愛に屈し、二人は婚約したのであった。

生涯に及ぶ互いの誓いとなったこの婚約は、これまで何度も、美しいうら若い女性にして「トリールでいちばん美しい娘」、「舞踏会の女王」にして「魔法にかけられた王女」である、令名高き貴族一家の出のプロイセン高官の娘と、毛むくじゃらで浅黒い肌をした、ユダヤの血筋を思わせる平民とが結ばれたというおとぎ話じみたロマンス――偏見と社会的地位の相違に対する、愛情と恋慕の類まれなる勝利――として描かれてきた。こうした説明はマルクス存命中から流布していた。一八八一年に妻が死去した際に、マルクスの義理の息子シャルル・ロンゲによってフランスの新聞『ジュスティス』に書かれた死亡記事は、以下のように語っている。「結婚は、障害なしにはすまなかった。じつに数々の偏見を克服しなければならなかったが、その最たるものはやはり人種的偏見であった。この名だたる社会主義者がユダヤ系出身者であることはご存知のとおりだ」。マルクスは自分とイェニーの娘に知らせを送り、鼻息荒く「この話は全部まったくの作り話だ。克服しなければならない偏見など存在しなかった」と述べたて、婿がいかにとんちきであるか、痛烈な意見を付け加えたものである。[9]

このマルクスの冷笑的な発言は一考に値する。ヴェストファーレン家とマルクス家の社会的な相違は一見して感じられるほど大きくはなかったであろうし、イェニーがカールの求愛を受け入れたのは、彼女自身の将来の展望を考慮に入れればより納得できる。カールとイェニーの関係には平凡ならざる面が幾つかあり、人間についてや男女のあるべき関係についての通念に対して、彼らは露骨に破壊的な反逆を行った。こうしたことが両家の縁談への疑義や反対を生みはしたが、その理由となったのは、カールのセム系の出自というよりも、彼の不確かな将来の方だったのである。

ヨハン・ルートヴィヒ・フォン・ヴェストファーレンはプロイセンの高官にして、政府に地位を認められた貴族であり、プロイセン領ライン地域に住む貴族を記載した公式の一覧表への登録を認められていた。[10] しかしより厳密に精査すると、プロイセン貴族かつ政府高官というこの姿はぼやけ、溶解し始める。

ドイツにおいて身分制社会の廃止が始まった十九世紀の初めの数十年間、貴族たちは最高の特権や権利をこの社会のなかで享受しつつも、集団を再編したり方向転換することで、地位の変化という脅威に応酬した。数世紀前まで血統を遡《さかのぼ》ることのできる最も名門の貴族たちは、「原貴族」（ドイツ語ではウーアアーデル Uradel）を自称するのを好むようになり、比較的近年になって授爵されたり官職に就いたことが貴族としての由来であるような「特許状貴族」（ドイツ語ではブリーフアーデル Briefadel）、あるいは「［国家］勤務貴族」（ドイツ語ではディーンストアーデル Dienstadel）との関係を一切拒否し、時には個人的に侮辱するようになった。[11] ヨハン・ルートヴィヒ・フォン・ヴェストファーレンは、まさにこうした二級貴族であった。彼の父〔フィーリップ・フォン・ヴェストファーレン〕が貴族の称号を拝受したのはヨハン・ルートヴィヒが生まれる六年前の一七六四年のことで、これは枢密秘書官としてブラウンシュヴァイク公爵〔侯爵の誤り。フェルディナント・フォン・ブラウンシュヴァイク＝ヴォルフェンビュッテル〕に仕えたことによるものであった。

貴族としての地位が二級であっただけではなく、過去に親ナポレオン的であった点でも、ヴェストファーレンは胡乱《うろん》な存在であった。彼は父と同じく、官僚としてのキャリアをブラウンシュヴァイク公国で開始したが、一八〇七年にこの公国が相当な規模のプロイセンの領土とともにウェストファリア王国――ナポレオンが一八〇七年に作ったドイツ国家で、弟のジェロームに統治が委ねられた――に編入された際に、ヴェストファーレンはフランス式の官僚に転身し、一八〇九年から一八一三年まで都市ザルツヴェーデルの県副知事を務めたのである。中央ヨーロッパにおけるナポレオン支配の崩壊の後、ナポレオンの下で官僚を務めた他の人びとと同様に、彼はプロイセンの国家官僚に採りたてられ、最初はそのままザルツヴェーデル、次いでトリーアに勤務したが、そこではプロイセン県庁の参事官以上の地位に昇進することはなかった。出世の道が断たれた理由は沢山あるが、その一つは間違いなく彼の政治的立場にあった。ハインリヒ・マルクスも含めたナポレオン時代の生き残りの多くの例にもれず、ヨハン・ルートヴィヒは、立憲君主政の理念を内包したリベラルな政治的主張に共感を寄せていた――こうした態度は、官僚としての栄達の見通しに有利に働きはしなかった。

　さらに、ヨハン・ルートヴィヒ・フォン・ヴェストファーレンは二度の結婚をしたが、相手の女性はまったくタイプが異なっていた。最初の妻であるリゼッテ・フォン・フェルトハイムは自分たちを原貴族と呼ぶようになり始めた古いプロイセン貴族の家門の出で、子供の出産による合併症の末、一八〇七年に亡くなった。五年後、ルートヴィヒは中流階級の家族の出身のカロリーネ・ホイベルと結婚したが、彼女の父親はかつてプロイセン軍の厩務の専門家である「厩舎長」を務めた人物〔ユーリウス・ホイベル〕であった。最初の結婚でもうけた子供たちは皆、ルートヴィヒの信心深い母親〔ジェーン・ウイシャト〕と、貴族であった彼の義理の親戚たちの影響を受けて育ち、宗教的覚醒運動の信奉者となり、政治的には保守的であった。カロリーネの子供たちでは、イェニーと弟のエトガルが両親に倣《なら》い、宗教的には合理主義者、政治的には左派になった。子供たちの間の相違という点では、リゼッテ・フォン・フェルトハイムの長男フェルディナントが一番際立っており、彼は一族の宗教的な傾向を継母への明確な敵意と結びつけた。一八四八／四九年革命の弾圧に続く一八五〇年代、イェニーはカールや子供たちと一緒に政治的亡命者としてロンドンで暮らすようになるが、この頃、腹違いの兄フェルディナントはプロイセンの内務大臣を務め、反動期の内閣のなかでも強硬派として鳴らしていた。

彼らの実際の性質がどのようなものであったかについての説明が同時代人の記録ではなく、老境にあったカール・マルクスが自らに忠実な娘エリナに送った簡単な回想によるものだとは言え（エリナの断言するところでは、当人たちの死後に両親のラブレターの大半が焼かれてしまい、当時の記録はほとんど残っていないとされているが、幾つかの断片だけは残っている）、ヨハン・ルートヴィヒ・フォン・ヴェストファーレンの生涯のこうした特徴を確認した時、一八二〇年代から一八三〇年代にかけての彼の家族とハインリヒ・マルクスの家族の親密な関係は、さほど異様なものとは思われない。カールはしばしば、ヨハン・ルートヴィヒが青少年の頃に自分に庇護を与えてくれたこと、一緒に散歩したり、シェイクスピアの著作を教えたりしてくれたこと、そしてこれが生涯にわたるシェイクスピア愛好の始まりとなったことを述懐している。後の義父へのこうした称賛については、これまでにもしばしば言及されてきた。その一方で、イェニー・フォン・ヴェストファーレンがハインリヒ・マルクスのことをどのように考え、愛し、称賛したかについては、これほど話題とならない。実際には、互いの父親に対する経緯と愛情は、マルクスとイェニーの関係にまつわるかなり興味深い感情的な輪郭の一つとなっているカールの感情生活の他の様々な側面においてと同様に、母親はそこから除外されている。ハインリヒの不調法でよそよそしい妻ヘンリエッテはヴェストファーレン家と折り合いが悪く、彼らもまた彼女に配慮を示さなかった。(12)

イェニーとの間で感情が深まっていったにもかかわらず、婚約期間中ずっと、カールは心配性で落ち着きのない恋人であり続け、イェニーの貞節への疑いを繰り返し口にし、あらぬ嫌疑をかけて決闘騒ぎを起こしかけ、彼女が手紙を書いてよこさないと文句をこぼした。手紙を書くのは大切なことであった。それと言うのも、彼がベルリン大学に出立する一八三六年の夏から、博士号を授与されてライン地方に戻ってきた一八四一年の夏までの、婚約してからの五年間に、この若い許婚たちが物理的に同じ町にいたのがたった一度きりだったからである――そしてこの逢瀬の最中、彼らは激しく喧嘩し、婚約破棄の寸前にまで至った。彼らの関係はほぼ完全に文通にとどまっており、時にはそれすらも途絶え、ただ互いの想像のなかにおいてのみ相手が存在するにすぎなかった。(13)

しかしそれでも、イェニーは婚約期間の七年間、カールに対して貞実であり続けた。結婚相手として申し分のない女性だと周囲から認知されていたにもかかわらず――カールの求愛の五年前、彼女はプロイセンの小尉〔カール・フォン・パンヴィッツ〕と一時期婚約していたことがあった――、彼女が問題のある人物に自らを捧げたのは、これまでは一般的に、それがただ真の愛だったからだとされてきた。これもまたおとぎ話の一部であり、ヴェストファーレン家のマルクス家に対する社会的優位の話と似たり寄ったりのものである。イェニーが町一番の美少女で舞踏会の女王だったという主張、あるいは魔法にかけられた王女だったなどという話は、言うまでもなく彼女の夫が出所であり、三〇年後に天然痘で彼女が死にかけ、顔にその痕《あと》が残るという一件があった後に、彼女を元気づけようとした時に語られたものである。イェニーは確かに魅力的な乙女であり、快活さや社交的な優雅さをもって知られていたが、カールの仲間たちのなかでは重苦しい沈黙に陥りがちであった。(14)

イェニーの置かれていた状況のある特徴が、カールと彼女の関係についてのほとんどの記述で看過されている。すなわち、国家がヴェストファーレンも含めたすべてのプロイセンの国家官吏に対して作成し保存していた機密の人事書類の一文には、「［彼には］財産がない」とはっきりと記されている。ヨハン・ルートヴィヒ・フォン・ヴェストファーレンは土地所有者、ジェントルマン的農場経営者、土地投機家になろうとしたがうまくいかず、十九世紀の最初の一〇年間で、家族から得た財産のうちの自分の取り分をすべて使い果たしてしまった。この失敗の後、彼と家族は国家官僚としての俸給、そして一八三四年の退職後はささやかな年金——その額はハインリヒ・マルクスの年収の四分の三にすぎなかった——しかあてにできなくなった。イェニーは十分な持参金を持てず、ゆえに人目を引くような立派な結婚相手を見つけられるあてはなかった。トリーア——ちっぽけで時代遅れで、坊主だらけと彼女が軽蔑していた町であり、「嘆きの地、ミニアチュア人間のいる古い司祭の巣」であった——のような町の古くからのエリートの一家の若者でさえ、結婚相手としてはけちのつけようがなかったのである。彼女にはかつての婚約者をとるという選択肢もあったが、彼は最下級の将校であり、明らかにかなり退屈な人物であった。[15]

　カール・マルクスという選択肢は問題含みで、先の見通しも怪しげであったが、彼には刺激的な一面があり、それが狭苦しく田舎臭いトリーアの枠にはまりきらない冒険的な将来を感じさせた。そしておそらくは、他の候補と比べてそれほど見劣りもしなかった。こうした打算的態度は、若い恋人たちに顕著な強いロマンティックな感情と相容れないものに思えるかもしれないが、イェニー自身は「いたって分別があり理知的な人」であり、「ときどき外的な事柄を、生活を、現実をあなた〔マルクスのこと〕に思いだしてもらい……愛の世界のなかで他のすべてのことを忘れ去り、そのなかにだけ慰めと至福とをみいだ」したいと考えていた。[16]

　二人の恋人の両親にとっては、こうした現実問題こそが気がかりであり、彼らには、若い二人の関係のとても風変わりで、ひどく反骨的なところが不安の種であった。カールは当時、まだ十八歳であった。彼に未来の花嫁を養う算段などなかった――そして、それだけの地位に就くまでの一〇年以上を無収入で過ごす予定であった。当時は、中流家庭出身の若者は家族を養えるだけの地位を得るまでは結婚すべきではないと固く信じられていた。イェニーのような出自の女性が若くして結婚するのは何ら珍しいことではなかったが、裕福で安定した、前途を約束されている年長の男性との結婚が望ましいとされていた。カールとイェニーの両親は確かにこのパターンに合致しており、ハインリヒ・マルクスとヨハン・ルートヴィヒ・フォン・ヴェストファーレンはそれぞれ、妻よりも十歳は年長であった〔ヴェストファーレンと最初の妻の年齢差は八歳である〕。自分より年上の女性と結婚する男性――カールはイェニーよりも四歳年下であった――はスキャンダラスな存在であった。それは、社会に受け入れられていた男らしさや男女の関係についての通念を脅かすものだったのである。共産主義の理論を公式化し、青年ヘーゲル派の急進主義的、無神論的な思想を吸収するよりもはるか前、カール・マルクスの求婚は十九世紀のブルジョワ社会に対する最初の反逆であった(17)。

多くの反逆と同様、この時の反逆にも躊躇《ちゅうちょ》の瞬間はあった。カール自身、尋常ならざる年の開きであることを痛いほど感じていた。イェニーとの関係と彼女の不貞とに対する不安と恐れは、イェニーがその抜群の分別と理知を用いて、自分のことを不似合いな相手だと感じるようになるのではないかという疑念から生じていた――彼にはロマンティックな感情の嵐を表現することができ、順調な時にはそうした感情を彼女のなかに呼び起こすこともできたにもかかわらず。常に現実的であったイェニーは、カールの前途が自分たちの婚約に困難をもたらすことを理解していた。残念ながら現存していないが、そのことを彼に思い出させるような彼女からの一通の手紙がカールに衝撃を与え、彼を神経衰弱の一歩手前の状態に追いやりさえしたのである。

当初は、カールの両親しか婚約のことを知らなかった。ハインリヒはこの若いカップルに協力的であり、息子がベルリンにいる間、仲介人の役を買って出さえした。ヘンリエッテは、この関係に本気で反対していたのではないにしても、ハインリヒよりは懐疑的であったように思われる。彼らの態度はおそらく、実際的であった自分たちの見合い結婚に裏づけされたものであり、ハインリヒは、息子の青臭く軽率な衝動やロマンティックな挙動が自分の人生には欠落していたことを後悔していた。一方で、ヘンリエッテはそれほど感心していなかったが、その理由はとりわけ、自分にあまり気遣いを示してくれない一家と関わり合いをもつことになったからであった。イェニーはこの知らせを自らの両親に伝えるのに乗り気ではなかったが、彼女の及び腰は杞憂であった。縁談を聞くと両親は喜んだ。とくに父は、マルクスの庇護に入るという娘の選択を聞いて大いに興奮し、「あのように優秀で高潔で特別な」青年との婚約に自分は「言葉にできないほど幸せだ」と口にした。

興奮したとは言え、ヨハン・ルートヴィヒは、カールとイェニーが結婚するのは何年も先のこと、前途洋洋たる義理の息子が確固たる地位を得て、自分の娘にそれまでと変わらぬ生活をさせてやれるようになってからのことと考えていた。彼はマルクスについての観察を、イェニーの腹違いの兄フェルディナントへの手紙に洗いざらい書いたが、フェルディナントはヨハン・ルートヴィヒの最初の妻の他の縁者たちと同様、将来の見通しのはっきりしない年下の男を選んだイェニーの常識外な選択に、言葉にできないほどの幸せを感じると言うには程遠かった。しばしば、カールのユダヤ系の出自がこのような懐疑的姿勢を生む理由の一端であったという推測もなされるが、保守的なドイツ福音主義者たちは、カールのようなキリスト教に改宗したユダヤ人に対して、決して敵対的な立場をとってはいなかった。彼らの主要な指導者の一人であったフリードリヒ・ユーリウス・シュタールは、まさにそうした改宗ユダヤ人だったのである。しかし、親類たちの絶え間ない反対は、婚約期間をとおして終始イェニーの生活に困苦を強いることになった。(18)

ベルリン大学での学生生活を始めた一八三六年の秋、婚約はただ、カールの職業選択に元々つきまとっていた困難をさらに厳しくするものでしかなかった。本当にイェニーと結婚するのであれば、おそらくはできるだけ早く安定した地位に就く必要があった。父はカールが自らの境遇を忘れるのを許そうとはせず、「夫〔スパーバーでは「男」〕にとっては彼がより弱い妻〔スパーバーでは「女」〕にたいして負っている義務以上に聖なる義務は［存在しない］」のであり、「おまえは事実によって次のことを示さなければならない。すなわち、おまえは、年は若くても、世間の尊敬に値し、それをまたたくまに獲得する男子であること……」を思い出させた。息子へのハインリヒの手紙は常に、カールとイェニーの婚約から生じるジレンマを、カールの男らしさに関わる問題としていた[19]。

しかしカールの行動は、彼が男らしく、世間の尊敬をまたたくまに獲得したりなどほとんどできなかったことを示しており、彼が法曹の道を進む速度は遅々たるものであった。父が望んだようにボン時代の大半を占めていた乱痴気と乱闘からは縁遠くなったものの、マルクスは法学修業の道からの別の気晴らしを見出した。彼はベルリンの生き生きとした文化状況に心奪われ、文学への強烈な関心を育み、ベルリン大学での最初のセメスターのかなりをロマンティックな詩作を寄せ集めた「愛の本」を書くのに費やし、それをイェニーに送った。彼は演劇や風刺小説、そして少しすると演劇批評を書こうと試み、――あまり成功したとは言えないが――その手の問題を扱う年報の出版を始めようと努めた。若い時分に書かれたこれらのうちの少なくとも一部は現存しているが（カールは至極もっともな不満を感じて、その大半を焼き捨てた）、その内容については言わぬは言うに勝るというものである。一点、有益なことを指摘できる。それは、イェニーに捧げられたこれらの詩はロマンティックではなかったが、――特定の個人に向けられた強い憧れや情熱の表現と、自然との霊的な交わりによって特徴づけられる――ロマン主義的ではあったという点である。生涯の大半をつうじて、マルクスは政治的理由と審美的理由の双方からロマン主義を軽蔑した。後年、彼はロマン主義的な詩作をしたのは若気の至りだったと断言したが、しかしここには、イェニーへの愛が彼の世界観にどれほど影響を及ぼしていたのかが露呈している[20]。

法学修業の道からの最大の逸脱は、哲学者ゲオルク・ヴィルヘルム・フリードリヒ・ヘーゲルの思想との出会いであった――それは独特の方法で、ボンで消費したビールと同じくらいにマルクスを酔わせ、イェニー・フォン・ヴェストファーレンへの愛と同じくらいの感情的刺激をもたらした。ヘーゲル思想の難渋さ、複雑さはよく知られている。それを十分に解説するには（少なくとも）丸々一冊分の紙幅が必要であり、以下では概括的な素描をするだけにして、この哲学者の思想のうち、マルクス当人の思想が登場する舞台を準備した諸々の部分を取り上げるにとどめたい[21]。

ヘーゲル哲学の出発点は、十八世紀ドイツの哲学者イマーヌエール・カントの思想の批判と発展にある。この二人のドイツ観念論の偉人はどちらも生涯独身を貫き、あたかも哲学の霊妙な世界と結婚したかのようであった〔ヘーゲルは一八一一年に結婚している〕。しかし、彼らの個性はまったく異なっており、カントは内向的で厳格であり、ヘーゲルは行動的で社交的であった。ヘーゲルは『精神現象学』を一八〇六年に完成〔出版は一八〇七年〕させるのに苦労したが、それは飲み屋の女との間に不義の子が生まれそうになったためであった。知的活動においても、カントの厳正で厳密な論法は、ヘーゲルの複雑で装飾的な哲学的定式化と対照的である。

啓蒙主義の経験主義的な認識論、すなわち、世界についての確かな認識は知覚をつうじてのみ獲得されうるという知的理解から多大なる影響を受けて、カントは、我々の感覚的知覚がこれらの感覚の対象、彼の言葉を用いれば「物自体」に対する確かな認識を与えてくれるということを何が保証しているのかに疑問を抱いた。彼が辿り着いた結論によれば、そのような保証はなく、我々は物自体を認識できるのではなく、ただ感官の特性と形式を研究することで、その結果として知覚とは別個に、それについての知識の「一定の」形式、すなわち、かの名高いアプリオリな総合判断を感得することができるのであった。

ヘーゲルは確かに、経験主義の限界についてのカントの観察に賛同はしたが、それが十分なところまで究められているとは感じなかった。カントの思想はなぜ、知覚の形式がたった一つしかなく、それが静的な形態をとると、そしてそのような形式が我々の知覚の対象から独立していると決め込むのか。むしろヘーゲルは、知覚の形式と知覚の対象を相互作用的なもの、あるいは「弁証法的な」——これはマルクス自身が自説を特徴づけるために採用した語であるが、彼は自分の後継者たちほどにこの語を頻繁に用いはしなかった——ものとして理解していた。ヘーゲルの思考法においては、知覚する主体は知覚の客体と相互に作用し、通常はこの相互作用が知覚の枠組みのなかで自己矛盾を導き出すゆえに、最終的に主体の知覚の形式と枠組みを覆すことになる。この自己矛盾が新たな枠組みを生み出し、さらにこの相互作用の過程が再び同じことを繰り返し、さらなるもう一つの知覚の枠組みに帰着するのである。思考する主体の知覚の枠組みと、知覚の客体との間で繰り返されるこの相互作用の結果として、ヘーゲルの断言するところでは、主体は最終的に知覚の客体を認識するようになるのであり、この知覚はかつては——自己自身から「外化された」、あるいは「疎外された」（これはヘーゲルの概念であるが、マルクスの思想において大きな役割を果たすことになる）〔「外化」の原語は、英語はexternalization、ドイツ語はEntäußerung。「疎外化」の原語は、英語はalienation、ドイツ語はEntfremdung〕——異質な他者と見なされてきたが、実際には自己自身が生み出したものの一部である。自己自身の外部にある客体に対する主体の意識は、究極的には自意識を拡張したものに転換されることになる。一体的に関連したこの過程がもたらすもう一つの結果は、個人的な知覚の主体が、その自意識を宇宙の一部、人類史をつうじて発展し、ヘーゲルが絶対精神と呼んだ自意識に到達する集合的な主体の一部として理解するようになるというものである。

マルクスも含めたヘーゲルの後継者たちがこの哲学理論をどのように活用したのかを理解するにあたり、二つの分枝がある。一つは、ヘーゲルは哲学を帝国主義のごとき知の一分野と見なし、哲学が他のあらゆる分野を包含し、哲学の方法と結論がそれらの他の知識の形式のなかで再生産され、またそれらを裏づけていると見なしたとするものである。こうした見方からすれば、最初の無自覚的な状態から、絶対精神の自己認識である絶対知へと至る知覚の形式の発展という知的過程が人類史の内部で起こり、自然世界を対象とした物理学や、あるいは法や政治や統治の理解のなかで、諸々の形式の論理的な発展が同じ道筋を辿って平行的に進行したことになる。系統的で組織だった知識の体系、ドイツ人が学問《ヴィッセンシャフト》と呼ぶあらゆる分野に、ヘーゲルは自らの哲学理論を見出した。そのような理解においてヘーゲルは非常な成功を収め、大きな影響力を及ぼすことになった。ヘーゲルの影響が巨大であった十九世紀の第二四半期には、ドイツの学問の相当部分——哲学のみならず歴史学や法学、政治理論、芸術史、言語学、オリエント学、そしておそらくはとくに神学——が、彼の理論的形式を用いていた。

二つ目の分枝は、第一の分枝を受け継いでおり、自らの哲学体系についてのヘーゲルの理解は自己証明的であったとする。こうした理解においては、ヘーゲルが自身の哲学を、哲学理論における人類の知性の最高の形式、歴史をつうじた体系的展開の極致として表現できたとすれば、彼の哲学がそれまでのあらゆる哲学的理論の最高点だと証明されたことになるのである。自己認識は、ヘーゲルと彼の後継者たちにとって、証明の最高の形式となった。

これらの理論の道筋はどれも、こんにちでは難解で曖昧模糊としており、恐ろしく抽象的に思えるが、ヘーゲルの同時代人にとっては強力な一撃を秘めたものであった。学問的な研究や著述のための手引きとなるにとどまらず、ヘーゲルの思想はほとんど宗教的な崇拝の対象にさえなった。とりわけ、合理主義を知的背景にもち、教条的に体系化された宗教に感情的な影響を受けなくなっていた若者たちはヘーゲルの思想に強く魅せられ、回心の体験を得て、自分たちが絶対精神の一部であると理解することにほとんど法悦にひたるがごとき喜びを感じた。ヘーゲル門下の一人であったヴィルヘルム・ファトケは、自らのヘーゲル思想の受容について兄にこう書き送っている。「神に対面したと言ったら僕の頭がおかしくなったと思うでしょう、でも本当なのです。超越的存在が内面に宿る人間は自らが無限の光明のなかに存する光源であり、互いに分かり合えるのです。……ああ、僕が至福に満ちていることを伝えられればよいのですが[22]」。

このような感情の噴出はマルクスの流儀ではなかったが、一八三七年十一月に父に書いた、ベルリン大学時代のもので唯一残された手紙は、彼もまたヘーゲル崇拝の礼拝者であったことを明らかにしている[23]。この手紙はヘーゲル的なレトリックを吹聴して始まる。

> まるで境界標のように、過ぎ去った時の前に立ちながらも同時にある新しい方向をはっきりと指し示す人生の時機があるものです。
>
> そのような移行点にあるとき、私たちは私たちの現に在る位置を知りえんがために、思想の炯眼をもって過去と現在を眺めざるをえないように感じるのです。まことに世界史自身、そのような回顧を好むのであり、そしてその場合その世界史そのものにしばしば後退と静止の観を呈せしめるものを注視するのですが、その間、世界史はじつは、己れを把握し己れ自身の、精神の、業《わざ》を精神的に透視するためにただ安楽椅子に身を投じるだけなのです。

手紙の冒頭部で早くも、マルクスはいかにもヘーゲル流のやり方で、己れ自身の意識に到達する精神の世界史的な業と自らを同一視している。より具体的なところでは、彼は父に、ベルリン大学での初年度の間の知的な成長について、そしてカントの思想を土台にした法哲学論を執筆するために払った努力について報告している。しかし、マルクスはヘーゲルによるカント批判を真似つつ、この努力が徒労に終わったことを説明している。なんとなれば、カント流の理解では「主観が事柄のあたりをうろつきまわり……勝手な分類［を持ち込んで］」知覚と分析が客体から独立していると仮定しているからであり、実際には、ヘーゲルが適切にも気づいたであろうように、「事物そのものの理《ことわり》が、それ自身のうちで相剋しているものとしてころがり続けていって、自身のうちに自身の統一を見いだすのでなければならないのです」。それからマルクスは、ヘーゲル主義との最初の出会いについて記している。「一つの幕がおり、私の至聖なもの〔スパーバーは「至聖な」を「ママ」としている〕はずたずたに引き裂かれていたのでして、新しい神々が置き入れられねばならなかったのです……」。ヘーゲルを「始めから終わりまで」知ることで、「今日の世俗〔スパーバーでは「世界」〕哲学〔に自分は〕……かえってますます固くそれに縛りつけられた……」。この霊感を受けた後、マルクスは「シュプレー川の……汚れた水のほとりの園庭を気が狂いでもしたかのように駆けずりまわったり、……ベルリンへむけて走って、立ちん坊のひとりひとりを抱きしめたく思ったりしたものでした」。彼は有頂天になった文体で、自分が何時間にもわたって手紙を書き、午前四時になってとうとう蠟燭が燃え尽きたと説明して、手紙を終えている。

父親に自らの魂を包み隠さずさらけ出した時、カールはこの手紙に対して荒々しく敵意に満ちた返答を受け取るとは、そしてその手紙が人生の危機の時代の始まりを告げるものになるなどとは、おそらく予想もしていなかったであろう。十二月九日に返信を書き始めた時、ハインリヒは息子の新たなヘーゲル信仰に自分が何を思ったのかを知らせる気分になれなかった。彼を怒らせたのは、息子が法学の代わりに哲学や文学に関心をもったことでも、あるいは近い将来、法律関係の職業ではなく学究の道に向かうと仄《ほの》めかしたことでもなかった。カールは父への長い手紙において、注意深く別の選択肢を保ち続けたし、ベルリン大学での在学期間全体をつうじて形式上は法学部に在籍し続けた。ハインリヒもまた、息子の前途になにがしかの変化が起こるのに反対してはいなかった。彼はカールの文学への関心を歓迎し、（イェニーとの婚約を考慮に入れれば必要なことであったが）そのことで他の野心的な法曹家たちよりも息子が早く昇進できるようになるかもしれないと考え、ワーテルローの戦いの記念日のためにプロイセンの名誉を称える頌歌を書くよう提案している。さらにハインリヒは、アカデミックな地位を熱望する息子の考えを受け入れようとさえした。[24]

　彼を激怒へ駆り立てたのはむしろ、息子が立派な一人前の男としての成長を見せなかったという、微妙な問題であった。カールは、「年下の男の運命に自分をしばりつけたときに……〔将来に〕大きな犠牲を払ったところのこの乙女の幸福のために自分自身を犠牲にするという、おそらくは自分の年齢からすれば大きすぎる、それだけにいっそう聖なる義務を引きうけて」いたのである。それなのに彼の振る舞いはどうだったであろう。ボンでは彼は「手におえぬ若者たちの手におえぬ首魁」であったが、ベルリンでの記録が示すところはもっとひどかった。「無秩序、知識のあらゆる分野での重苦しいさすらい、ほのぐらいランプのそばでの重苦しい沈思、ビールのグラスのそばでのしたい放題にかわって学者の寝巻を着たぶしょうひげをはやしてのしたい放題……そして、ここで、この気違いじみた、目的にそぐわない学問の仕事場で、おまえとおまえの愛する人たちをすがすがしい気分にさせる果実がみのるというのか、聖なる義務を果たすのに役だつ収穫がとりいれられるというのか⁉」。

　この手紙の中で初めて、ハインリヒはカールの金銭感覚を鋭く批判したが、その非難はカールの薄記の仕方のまずさに対してだけではなく、過度の浪費にも投げかけられた。もっとも、ここに至ってなお、批判の矛先はカールの浪費によりも、秩序や成長の欠落に向いている。

> 息子君は、最も金持の者でも五〇〇ターレルも使わないのに、私たちがちょっとした大金持でもあるかのように、すべての取り決め、すべての習慣に反して、一年間に七〇〇ターレル近くも自由に使っている。では、どうしたわけなのか？　彼が放蕩者、浪費家ではけっしてないということは、公正に認める。だが、一週間または二週間ごとに新体系〔スパーバーでは「新たな哲学体系」〕をあみだし、苦心して仕上げたまえの諸労作を引き裂かなければならない人が、どうして――と私はきこう――つまらないことにかかわりあえるか？　どうしてくだらない秩序に従えるか？　だれもがいつも金を使い、だれもが自分をごまかすが……そこですぐにまた新しい手形が書かれる。

最後に、ハインリヒは告発を以下のようにまとめ上げた。つまり、彼の息子は才能を無駄使いしており、その知性を前途に益するところのない無駄なやり方で消費している、と。「有能で天分豊かなわがカール」は自室で、哲学論議を思いついては打ち消し、「学識の影をひっとらえる〔ために〕」徹夜するのに明け暮れている。彼は講義に顔を出したり、試験のために席に着いたりはしていない。カールは、自分の将来に有利となる人脈豊富な有力者の門を叩けという父の助言に何ら耳を貸さなかった。つまるところ、カールは一家の期待を無駄にし、その物質的支援を無駄にし、ひとかどの人物となるために辿るべき道を外れたのである。ハインリヒは、一八三八年の復活祭休暇に実家に戻るよう、要はそれから物事のけりをつけなければならないのだと息子に命じて、手紙を締めくくっている。ハインリヒは手紙の冒頭で、自分が不機嫌なのは、一年近くにわたって悩まされている咳が止まらず治らないことに原因の一端があると認めている。その夏、彼は湯治のためにバート・エムスに滞在したが、薬効を得られなかった。ハインリヒにも、彼の咳を痛風によるものだと考えていた医者にも分かっていなかったが、彼を死に至らしめた結核は末期に達していた。この手紙を書いた一ヶ月後に彼は床に伏せり、そこから離れられなくなった。(25)

カールは一八三八年の復活祭休暇にトリーアに赴いたが、ベルリン大学での四年間で彼が実家に帰ったのはこの一回きりであった〔異説がある〕。カトリック信仰の根強いトリーアがキリストの受難の死と栄光に満ちた復活を祝っている間、マルクス一家は苦しみの只中に置かれていた。この帰郷はカールにとってつらいものであり、彼は悪夢に直面した。様々な意見の食い違いにもかかわらず愛し敬意を抱いていた父は、死の床に横たわっていた。一年半の離別の後のイェニーとの再会で心痛が和らぐことはなく、むしろカールの心理状態は悪化した。精神的な重圧の下でカールとイェニーはひどい喧嘩をし、彼は彼女を「冷酷な、月並みな娘」呼ばわりし、当時自分と同じベルリン大学の学生であった彼女の弟エトガルに文句を言ってやると脅した。愛する女性、そしてこれまで以上に必要としていた彼女の情緒的な支えとの絆をまさに断ち切らんとしていることに思い至り、間もなくカールは最悪の事態を避けるために謝罪した。しかし彼の憤怒の爆発は、自分への情熱的な愛情が冷却すればどうなるのかというイェニーの不安を助長し、その後の二人の関係に懸念をもたらした。この惨憺たる帰郷の後、カールはトリーアを一八三八年五月七日に立った。父は三日後に他界した。カールはベルリンに戻った直後に父の訃報に接し、エトガル・フォン・ヴェストファーレンがヘンリエッテ・マルクスへの手紙で報告したように、深く傷ついた。(26)

マルクスの伝記作家の多くは、マルクス自身が当時結核を患っていたと指摘し、「繰り返し血痰を吐いたこと」を理由に兵役不適格となった、一八四一年の徴兵の身体検査の結果をその証拠に挙げている。[27] もしこれが事実ならば、彼がその後四〇年にわたって生きながらえることはなかったであろう。おそらく、血痰の原因は肺炎か気管支炎であった――さもなくば、そもそも何の原因もなかったであろう。ハインリヒとヘンリエッテはどちらも、息子の身体的な疾患を強調する目的で、プロイセン軍部に提出する医者の診断書を調達したのである。息子を兵隊から守ろうという願望は、当時のドイツの上層中流階級の間では別段珍しくはなかった。青年の愛国的義務として兵役に就くという、比較的新しい観念の浸透は未だ遅々たるものであり、不承不承にプロイセン君主政に下ったライン地方の臣民においてはなおさらであった。ハインリヒがカールに勧めたように、プロイセンの軍事的栄光を称賛する頌歌を書くのと、実際にそのような栄光のために身を捧げるのは別問題だったのである。[28]

カールの健康が父の死に影響を受けていなかったとしても、彼の将来の計画や大志は確かに影響を被った。彼が心に描いていた前途はいずれも、十分な収入の一部で何年にもわたって息子を援助することのできる、健康な父親の存在を前提としていた。今や、こうした支援を受ける可能性は断たれた。マルクス一家はなおも、ヘンリエッテの持参金と相続金をはじめとする資産によって相応のゆとりを享受できた。夫の死の一〇年後、三人の娘たちに持参金をもたせた後になお、ヘンリエッテには年に一二〇〇ターラーという莫大な収入があった。[29] しかし、この額ではヘンリエッテや他の子供たちに加え、カールをこれまでどおりに支援するには十分でなかったであろう。結果的に、カールは相続、すなわち父親の遺産のうちの自分の受け取り分に考えを巡らせることとなった。

父が逝去した時、カールは未成年者であったが〔当時、カールは二十歳になっている〕、ナポレオン法典は（十九世紀後半のフェミニストたちの激しい怒りを招いたように）未亡人を自分の子供の後見人として認めていなかった。そのためカールは、ハインリヒ・マルクスの同僚の一人であったトリーアの弁護士ヨハン・ハインリヒ・シュリンクを官選の後見人とした。シュリンクは、自らの相続分のために圧力をかけてくる息子と、失費が生じるのを嫌がる未亡人との間を取り持つという、厄介な仕事を引き受けることになった。シュリンクは信頼に足る後見人であり、ベルリンに赴いて直接カールに会い、彼の不満に耳を傾けさえしてくれた。シュリンクの仲裁で暫定的な解決が成立した可能性は高そうである。カールはヘンリエッテから、おそらくは博士号を得るための費用として一八三八年に一六〇ターラーを受け取り、さらに九五〇ターラーを父の財産に対する自分の取り分と引き換えに、そして彼女が死去した際の取り分の前払いとして受け取った。(30)

未亡人と子供たちが遺産をめぐって合意を得られなかったこと、あるいはヘンリエッテとカールが辿り着いたのが暫定的な解決にすぎなかったのは、取り立てて珍しいことではない。こうした事態はいずれも、ナポレオン法典の下での十九世紀の家庭の財産整理の特徴を示している。しかしこの件が人並みでなかったのは、マルクスが婚約していたという状況、そしてマルクス家とヴェストファーレン家のこの関係が事態にさらなる感情的要素、それも悪意ある要素をもたらした点であった。暫定的な措置についての議論の際に、カールは後見人をつうじて母に、然るべき資金なしには学業を全うできず、イェニーは自分を拒否する他なくなるだろうと伝えた。ヘンリエッテにとって息子に金を貸すことは、夫の死後に弔問を拒否し、カール・マルクスの弟ヘルマンの訪問を謝絶して自分をあからさまに鼻であしらってきた、ヴェストファーレン家との関係を続けることを意味していた。「……あんたは決して家族のために道徳的な犠牲を払わないでしょう、私たちがあんたのためにいつもそうしたようには……あんたは私たちにお返しをしてはくれないでしょう、私たちはいつもあんたに寛容を示し、あんたのために苦しんできたのに」と、ヘンリエッテはカールに語っている。(31)

母親との緊張関係が高まった代わりに、カールはベルリンでの残りの遊学期間に十分なだけの金を得るのに成功した。父の死後、彼の経済状況はさらに悪化したのに、以前と同様の無軌道で自堕落な生活が続いた。一八三八年から一八四〇年にかけて、彼は何度も仕立屋や生地屋、書籍商からつけで買い物をしたが、返済のあても意思もなかった。彼にしてやられた債権者たちは、マルクスがベルリンを離れた後になってなお、大学の学生懲罰制度をつうじて金を回収しようとし続けた。(32)

こうしたやり方はどれも、金銭問題にその場限りの解決をもたらしたにすぎず、彼がゆくゆくは実入りの良い揺るぎない地位を得るだろうという仮定を前提としていた。ある程度までは世の中の経済の動向のゆえに、しかしおおよそのところはマルクスの知的、政治的な急進主義のゆえに、そうした地位は一度として現実のものとはならず、かくして一八三八年から一八四一年にかけての場あたり的なやり口はその後の四半世紀に及ぶ定石となった。彼は母親や母親の親族から金を借りることで、乏しい収入を埋め合わせた。彼は自分の遺産相続分について彼らと口論した。彼は足りない分を、文筆稼業から得られる不定期な収入や、金を貸すかくれるかしてくれる人びとから得られるあれこれの資金で満たした。

当然ながら、一八三八年のカールにはそのような先々のことを予見できなかった。しかし、より短期的には、彼は個人的な軌道修正と漂流の時期を経て、父の死という精神的、経済的打撃と折り合いをつけた。彼は法学部の講義に顔を出さなくなり、徐々に法律職に就く計画を放棄していった。少なくとも一八三九年の一時期、彼は自らとイェニーの名誉を守ることに夢中となり、ベルリンのとある知人、おそらくはイェニーの義兄ヴェルナー・フォン・フェルトハイムとの決闘に備えた。彼はイェニーの最初の短期間の婚約の件でカールを侮辱したのであった。イェニーや彼女の弟のエトガル、そしてフェルトハイムの婚約者の従兄弟のエードゥアルト・フォン・クロージク〔二人は、カールとフェルトハイムの共通の友人であった〕は、二人の青年が二〇歩離れてピストルを手に対峙するのをやめさせようと、一丸となって力を尽くした。(33)

次第に、マルクスは自分の人生を新たな段階へと進めるために奮闘するようになった。学問の世界で職を得ようと考えた彼は、最初は幾分とりとめのないやり方ではあったが、博士論文の準備を開始した。この論文は、ヘーゲルの理論を古典哲学についての考察に適用したものとなる予定であった。古代ギリシャ哲学者の著作に耽溺する一方、ヘーゲルの思想体系が彼に吹き込んだ恍惚の感と畏敬の念は、博士論文の主題を選択したり、断片的なテキストにヘーゲルの哲学的発展の概念を適用するという、はるかに困難な作業を前に萎え始めていった。この苦闘に強い影響を与えたのは、彼にヘーゲル主義哲学を紹介した人びとであった。

哲学者ヘーゲルがコレラの流行で一八三一年に他界したため、若干年長の同時代人の幾人かとは違い、マルクスは彼を直接に体験することはできなかった。しかし、死去するまでの一三年間にわたってベルリン大学の教壇に立っていた間に、ヘーゲルは学派を形成し、門弟を集め、お膝元のベルリンがとくに多かったものの、ドイツの他の地域にも同様に多くの門弟を得た。この弟子たちこそが、マルクスを師の思想の神秘へと誘ったのである。

幾分過小評価されているが、マルクスに影響を与えた一人として重要なのが、ベルリンの法制史教授エードゥアルト・ガンスである。ハインリヒ・マルクスとも似たところのある個人的背景――彼は教授資格を得るためにユダヤ教からプロテスタンティズムに改宗した――をもつガンスは、衆目を集める弁論家であり、大学の講堂を学生のみならず教養ある一般公衆たちで満たした。彼は法と政治の発展に関するヘーゲルの見解をやや左翼的に再解釈し、憲法に保障された市民の自由や議会政治といった、師自身が意図的に曖昧にしていた諸問題を公然と支持した。中央ヨーロッパの知識人の大部分と異なり、ガンスはフランス人たちと私的にも知的にも良好な関係を取り結んでおり、著名な自由主義的知識人にして、草創期の北米共和国における民主主義の実践についての透徹した分析をもってこんにち最も知られるアレクシ・ド・トクヴィルとも交友関係があった。ガンスはまた、フランスの初期社会主義者であり、産業の私的所有に代わる集団所有や自由市場に代わる計画経済の思想を発展させたサン＝シモン主義者に注目した最初のドイツ人の一人でもあった。彼は手工業者と新たに登場した労働者階級の状態について、サン＝シモン主義者たちと関心を共有していたが、社会主義者たちの理念もギルド制度の復活というヘーゲルの観念もともに拒否し、その代案として、労働者の生産組合を提唱した。

マルクスはガンスの講義を聞き、ガンス教授はマルクスが勤勉に出席していることに気づいた。そこで語られた思想は若きマルクスに明らかに強い印象を与え、『共産党宣言』に記される文章の相当部分が、ほとんどそのままガンスの著作に由来している。ガンスはマルクスの修業時代の師であり、助言者であった。もし彼が一八三九年に四十二歳〔四十一歳という説もある〕で脳卒中により他界しなければ、マルクスの生涯はまったく別の道を辿ることとなったであろう(34)。

そうなる代わりに、大学卒業後の計画を規定した個人的な交友関係と同様に、哲学者や神学者、そしてフリーランスの知識人たちの緩やかに結ばれた集団、同時代人たちが青年ヘーゲル派と呼んだ集団から、マルクスに大きな知的影響がもたらされることとなった(35)。部分的には大学に、しかしまたかなりの部分でより広範なベルリンの文化状況に関わりながら、彼ら青年ヘーゲル派は深遠かつ深刻な知的思索を騒がしいボヘミアン的生活スタイルと組み合わせたが、このやり方はマルクスの目には極めて魅惑的なものに映り、彼は急進的な政治的立場へと引っ張り込まれていった。この青年ヘーゲル派の若さとは、まずもって年齢のことを意味していたが、少なくともそれと同程度に、政治性やイデオロギーを意味してもいた。一八三〇年のフランスでの革命後にヨーロッパの政治的語彙に取り入れられた「青年」という語は、政治的急進主義やそれを支持する個人が一七八九年のフランス革命の偉大なる日々に対する懐古的追想から前向きの変革願望へと移行していったという、世代的な変化を指すものであった。この変遷を示す先駆的な例は、イタリアの革命家ジュゼッペ・マッツィーニによって創設された秘密結社「青年イタリア」であり、マッツィーニはイタリア半島のみならず大陸全土で民主主義的、共和主義的な急進主義を代表する指導者となった。中央ヨーロッパのなかでもマルクスの出身地にもっと近いところで登場したのは、文学上の運動であった「青年ドイツ」で、その最もよく知られるメンバーは詩人のハインリヒ・ハイネであったが（ハイネとマッツィーニはともにマルクスの人生において一定の役割を果たすことになる）、彼らの社会批判の書は、新たに創設されたドイツ連邦によって一八三五年に公式に禁止された。この中央ヨーロッパの諸国家の国家連合は、ナポレオンの戦争を終結させたヴィーン会議によって一八一五年に創出され、最終的にはプロイセンの支配するドイツ帝国に帰着したドイツ統一戦争の結果として、一八六六年に破壊された[36]。

　青年ヘーゲル派の急進主義は、あらゆる学問《ヴィッセンシャフト》に自らの哲学の方法論と結論を適用しようとするヘーゲルの企図がドイツの学究生活の中心をなす一学問《ヴィッセンシャフト》のために実践された時に出現した。その学問とは、プロテスタント神学である。この企てを始めたのはヘーゲルであったが、しかしその結果は両義的であった。ヘーゲルの神学は、宗教的正統主義の一形態と見なされうる。精神が対象を自分とは異なるものとして知覚する発展的な段階は、人間的なものとは切り離された、それとはまったく異なる旧約聖書の神に関連させることができよう。対象を自意識の一形式、そして絶対精神の一部としての自らそのものとして知覚する精神は、三位一体というキリスト教的観念に一致しよう。しかし、ヘーゲルの思考にはより異端的な、別の諸側面がある。人間による神の認識は神自身の認識であるという彼の主張や、あるいは神は神の被造物に他ならないという議論には、汎神論の疑いをかけられかねない響きがあった。こうした考えは、とりわけドイツのボーン・アゲイン派のプロテスタントにとって重要な意味を有していた、個人的な神という理解に対立するものであった。ヘーゲルによる神学の哲学への統合はまた、哲学は宗教において信じられ想像されている真理の概念的な把握を主張していると彼が宣言した際にも、敬虔主義者の疑念を招くことになった。個人的に感得された信念が自らの信仰の中心を占めており、それが人間的な判断よりも確実に重要であったキリスト教徒たちにとって、これはもう一つの潜在的な危険思想であった。

　青年ヘーゲル派は、ドイツのプロテスタントの間で十八世紀以降進展していた合理主義の思想、とりわけこんにち聖書の高等批評――歴史的史料としての旧約聖書と新約聖書を検討し、そこに描かれた古《いにしえ》のパレスチナの事件や生活についての描写のうち、実際の出来事と思われるものと、後年の解釈や神話的な脚色とを判別しようとする試み――と呼ばれる学問研究を合成することで、ヘーゲル主義神学の隠されていた危険性を現実のものにした。青年ヘーゲル派で最初にこの神学的な風潮を生み出したのは、テュービンゲン大学を出て一時プロテスタントの牧師をしていたダーフィト・フリードリヒ・シュトラウスであり、彼はヘーゲルや彼の学徒たちの授業を受けて自身の神学研究を深めようとベルリンを訪れた。シュトラウスの『イエスの生涯・緒論』（一八三五年）は、イエスの生涯についての福音書の物語は事実ではなく、ローマ支配下のパレスチナに生きたユダヤ人たちの願望や信仰、思惑を投影した創作物であり、彼らの集団的な自己意識を外化させ疎外化したものだと断言した。この学術的大著は、教養ある公衆の生活の上に、箴言《しんげん》をちりばめた爆弾のごとく投下され、正統主義者からは怒りに満ちた非難を、そして信奉者からは熱烈な称賛を巻き起こした[37]。

　いかにもヘーゲル風なシュトラウスの初期の考察はさらなる展開をみたが、ベルリン大学の神学講師ブルーノ・バウアーの批判を受けもした。『ヨハネの福音史批判』（一八四〇年）や『共観福音史家の福音史批判』（一八四一年）〔三巻本で、出版年は一八四一～四二年〕においてバウアーは、キリスト教の正典を作り話の形式をとった集団意識の外化とするシュトラウスの説明は、宗教的な自意識の重要性を看過していると切り捨てた。曰く、福音の物語の作者たちは、神話を人間の自意識の表現に変換しているのだ、と。青年ヘーゲル派によるとどめの一斉射撃は、バイエルンの哲学者・神学者ルートヴィヒ・フォイエルバッハによって行われた。彼の『キリスト教の本質』(一八四一年)は、シュトラウスとバウアーの考察を一般論に転化したものである。フォイエルバッハにとって、あらゆる宗教、とりわけキリスト教は、疎外された人間の、類としての自己についての自意識の表現であった。例えば、超越的な神性の特徴とその無限の愛や正義、慈愛は、フォイエルバッハによれば、類としての人類の最良の要素であり、神話的な至高の存在に帰せられるもの――ヘーゲル派の用語では外化と疎外――であった。

一八三〇年半ばから一八四〇年半ばまでの一〇年弱のうちに、青年ヘーゲル派は知的な思索、神学的な論争、政治的な闘争の波に押し流され、体制内派《インサイダー》から体制外派《アウトサイダー》へ、穏健派から急進派へ、有神論者から無神論者へと変貌していった。マルクスはまさにこの波に洗われた多くの青年ヘーゲル派知識人の一人であり、そしてこの波は彼の思想と行動、さらには私的な生活を形成していった。

宗教についての研究を開始した当初、青年ヘーゲル派は高等批評に先鞭をつけた神学者たちと同じように、後年の加筆による聖書のメッセージのなかから本来の、そして真のキリスト教的テキストを選《よ》り分けるという、すぐれてプロテスタント的なやり方で、自分たちの信仰を強固かつ純粋なものにしようとした。彼らの学問的研究と文学的表現は、信仰を完全に弱体化させるという意図せざる結果をもたらし、一八四〇年代初めには青年ヘーゲル派の多くが率直かつ公然たる無神論者となった。しかし神から人間への超越感覚の移転が含意されていたために、多くの場合、彼らの無神論には宗教的な鋭敏さがあった。自らの思想を「人神主義《アンスロポシーイズム》」とするルートヴィヒ・フォイエルバッハの説明や、「私の宗教は無宗教だ」という彼の宣言は、青年ヘーゲル派の無神論の敬虔さをよく示している。(38)

青年ヘーゲル派の政治的進路は、彼らの宗教的進路に並行していた。当初、彼らは自分たちの思想をプロテスタント的敬虔を強化したものと考えたが、少なくとも彼らのうちのプロイセン人たちはそれに飽き足らず、自分たちの思想を、君主政を擁護し、その最良の伝統と思想を明確に表現したものと考えるようになった。青年ヘーゲル派の組織面での指導者で彼らの機関誌『ハレ年報』の編者であったハレ大学の教育学の私講師アルノルト・ルーゲは、「プロイセンはプロテスタント国家であり、その原則は光明と学問である」と明言した[39]。

プロイセンとプロテスタンティズム、宗教的合理主義、そして啓蒙という連関は、ハインリヒ・マルクスのプロテスタンティズムへの改宗を取り巻いていた知的な連鎖、そして若きカール・マルクスが成長を遂げた精神的環境を想起させる。ハインリヒと同様、青年ヘーゲル派にもこの連関を支持する然るべき理由があった。ヘーゲル主義がプロイセン国家の公式の哲学であったといった主張は多分に誇張に満ちているものの、長きにわたりプロイセンの宗教・教育問題大臣を務めたカール・フォン・アルテンシュタインはヘーゲル思想の影響を受けており、これを信奉する人びとの官僚的な後見人となっていた。諸々の点で十九世紀初頭のプロイセンの自由主義的な諸改革の時代の遺物と呼べる人物であったアルテンシュタインの影響は、一八三〇年代には徐々に消えてゆき、彼が青年ヘーゲル派に与えることのできた庇護は一八四〇年の死とともに終りを告げた。この年はまた、宗教的覚醒運動の強力な支援者である新君主フリードリヒ・ヴィルヘルム四世が即位した年でもあった。結果的に、プロイセン政府の文教政策は確実に、ヘーゲルや彼の支持者たちの理念に敵対的な方向に向かっていった。青年ヘーゲル派は左派陣営に移行することでこれに応え、プロイセンの自由主義的な反体制派と提携して、ますます民主主義的・共和政的な思想を標榜するようになっていった[40]。

政治的、宗教的な発展はいずれも、青年ヘーゲル派の将来の見通しを大いに悪い方向へと変えていくことになった。彼らはドイツの大学に教授職を得ることを熱望しており、その多く——そこにはルーゲやバウアー、フォイエルバッハが含まれていた——は既にアカデミズムの階梯の第一歩に足をかけ、私講師という地位を得ていた。同時進行していた青年ヘーゲル派の思想的急進化と政府の政策の保守化によって、彼らの願望が成就しないことが決定的となった。十九世紀中葉のドイツの大学には、無神論者や民主主義者の居場所はなかった。青年ヘーゲル派は一人として大学に職を得られなかった。彼らはフリーランスの物書きかジャーナリストといった、経済的に不安定な職業に就くことを余儀なくされた。ある者は、芸術家やボヘミアンの一団に加わることに前途を見出した。またある者は左派の政治活動家となり、一八四八年革命の挫折を経て、残りの生涯を亡命生活に費やした。青年ヘーゲル派、そして彼らのうちでも独特の道を辿ったマルクスは、ドイツにおける知的血脈のなかの、失われた世代となったのである。[41]

通常、青年ヘーゲル派のなかでカール・マルクスに最も重要な影響を与えたと目されるのが、ルートヴィヒ・フォイエルバッハである。マルクスの生涯と思想についてごく曖昧な知識しかもたない人であっても、彼の「フォイエルバッハに関するテーゼ」、とりわけよく知られる最後の第一一テーゼ、「哲学者たちは世界をたださまざまに解釈してきただけである。肝腎なのはそれを変えることである」は耳にしたことがあろう。これらのテーゼは、マルクスが多岐にわたる大量の読書を元に作り出した膨大なメモとコメントの山の一部をなすものである。生涯をつうじて、彼は決してこれらのテーゼを出版しようとも、広範な公衆に知らしめようともしなかった。それらは彼の死後にようやく、マルクスの著作物の遺言執行者として振る舞ったフリードリヒ・エンゲルスがおびただしい書きものの中から見つけ出したことで刊行された。マルクスは確かにフォイエルバッハの著作を読み、評価したが、両者は一度も直接に対面しなかったし、何らかの知的、政治的な計画を協力して行うこともなかった。

実際のところ、フォイエルバッハは協働を開始しようというマルクスの働きかけをきっぱりと拒否したのである。(42)

マルクスに影響を与えた人物として、さらに重要でありながら見逃されがちなもう一人の青年ヘーゲル派が、ブルーノ・バウアーである。これは何ら驚くべきことではない。なぜなら、聖人のごときフォイエルバッハとは対照的に、バウアーは不愉快な性格の人物だったからである。同時代人たちは彼を知的な日和見主義者と見なした。彼は保守的なヘーゲル主義者、ダーフィト・フリードリヒ・シュトラウスに対する猛烈な批判者、そしてヘーゲル主義哲学と宗教的正統主義との和解を主張する旧約聖書に関する著作の著者として、知的・学問的キャリアを開始した。数年のうちにバウアーは左派へと立場を大きく変え、青年ヘーゲル派のなかでも最も急進的な位置をとり、公然たる無神論者にして共和政の代弁者に宗旨替えをした。バウアーには、卑しげな人物だという悪評もあり——シュトラウスはバウアーが自分と見解を同じくするようになってもなお、バウアーの初期の極めて敵意に満ちた論駁を決して忘れなかった——、おまけに傲岸で傍若無人であった。ヘーゲルの時代が終わった後の彼の知的、政治的針路も、評判をほとんど好転させはしなかった。一八五〇年代から一八六〇年代にかけて彼は保守化し、次第に激烈な反ユダヤ主義者に変貌し、中央ヨーロッパにおける人種主義的反ユダヤ主義の創始者の一人となった。(43)

マルクスに対するバウアーの知的影響が一体どの程度のものであったのかについては様々な議論があるが、両者の密接な私的関係、そしてマルクスが青年ヘーゲル派の交流関係に加わるにあたってバウアーが果たした大きな役割に疑問の余地はない。マルクスが一八三七年の夏に初めて青年ヘーゲル派に遭遇したのは、彼がベルリンのヘーゲル主義者たちのグループである「ドクトル・クラブ」の一員となった時のことであり、このグループの指導者こそ、マルクスが父に伝えたように、「バウアー講師」であった。演劇批評の年報を発行する計画に際してマルクスのパートナーとなったのは、バウアーの義弟アードルフ・ルーテンベルクであった。このグループの集いにおいて、しばしばマルクスとバウアーは他の連中から離れて哲学問題を論じ合った。バウアーと、彼の弟でやはりベルリンの青年ヘーゲル派のグループの一員であったエトガルの家を、マルクスは頻繁に訪れた。マルクスがベルリン大学で法律の勉強を放棄した後に受けたたった二つの講義のうちの一つは、ヘブライの預言者イザヤについてのバウアーの講義であった。

青年ヘーゲル派に対して好意的であった宗教・教育問題大臣フォン・アルテンシュタインによる理解ある公的措置の最後の一つが、バウアーに一八三九年にボン大学のプロテスタント神学の講師の地位を与えるというものであったが、教授職を得ようというバウアーの願望にとって、ボン大学はベルリンよりも有利に思われた。ベルリンを去った後、バウアーはマルクスと長期にわたり書簡のやり取りを続けた（残念なことに、マルクス側の書簡は残っていない）。バウアーは、マルクスがボンに来て自分と一緒に活動するための計画を立て始め、博士論文を書き終えるよう励まし、講師職への就任条件に関するボン大学の規則を伝え、マルクスが教鞭を執ることのできる幾つかの授業を提示しさえした。周囲の人びとはマルクスをバウアーの弟分と見なしたが、これは外れてはいなかった。(44)

しかしボンでバウアーと一緒に行動する前に、マルクスは博士論文を完成させなければならなかった。彼が執筆していた論文のテーマ――それは、こんにちの学問の区分では哲学史という分類に属するであろう――は、ギリシャの哲学者デモクリトスとエピクロスの著作に見られる自然哲学の比較に関するものであった。(45)博士論文の長々しい論考に分け入ることは避けるが、この論文からは、大学での学問生活の最後の時期のマルクスの私的、知的展開の様相を読み取れる。

学位論文は、明らかに学術的な側面を有していた。マルクスの博士論文は修正主義的である。同論文において彼は新たな、それまでとは異なる解釈を展開し、長らく支配的であった学問的主張を覆そうと試みたが、これは紛れもなく、聖像《イコン》破壊主義者の青年ヘーゲル派が期待しそうな姿勢であった。従来の学術的見解では、アリストテレス後のギリシャの哲学者たちは彼の模倣者《エピゴーネン》であり、取り上げるほどの価値はなく、エピクロスの原子論は、先行する哲学者デモクリトスの元々の思想のより低次元に焼き直したものにすぎなかった。マルクスはこれとは反対に、エピクロスの原子論が独自のものであり、最初のデモクリトスの主張よりももっと重要であり深遠であることを示すために、先行研究への反証を試みる。

　彼の手続きはまさにヘーゲル主義そのものである。エピクロスの思想が人類の知的発展と自己認識の過程における前進を代表していると論じながら、マルクスは以下のように結論づける。

> したがって、エピクロスにあっては、原子論は、すべてのその矛盾をはらみながら、自己意識の自然学として、すなわち、抽象的な個別性の形式のもとで絶対的原理であることを知っているところの自己意識の自然学として、最高の帰結にまで遂行され完成されているが、この帰結は、原子論の解消であり、普遍的なものにたいする意識的な対立である。これに反し、デモクリトスにとっては、原子はたんに経験的な自然研究一般の普遍的に客観的な表現にすぎない。したがって、原子は、彼にとっては純粋な抽象的なカテゴリーにとどまり、経験のエネルギーにみちた原理ではなくてその結果であるようなひとつの仮説、それゆえ、それ自身実現されることなしにとどまるとともに、実際の自然研究がそれによってさらに規定されることのないような、ひとつの仮説である。(46)

マルクスが打ち出したヘーゲル主義的な論点には（ドイツ語の表現にはっきりと見て取れる、不明瞭でぎこちない言い回しもまたヘーゲル主義的である）、過去の知的潮流における、人間の自己意識の弁証法的発展の哲学的形態についての理解が含まれている。エピクロスの思想はマルクスにとって、自己意識の弁証法的運動についてのヘーゲル主義の理解により近く、自己の矛盾を解消しているがゆえに、思考し知覚する主体が認識の対象を分別はするものの、本来的に対象との繋がりをもたないデモクリトスの非弁証法的な概念よりも高度な思想の段階にあった。二人の古代ギリシャ思想家のこの対比は、ヘーゲルのカント批判と似てなくもないが、マルクス自身は師ヘーゲルの従順な学徒であることを示した。より正確に言えば、マルクスは、自らが真の青年ヘーゲル派、自身の師にして助言者のブルーノ・バウアーにより再解釈されたヘーゲルの学徒となったことを明らかにした。なんとなれば、マルクスが結論で展開しているのがヘーゲルの言明した精神ではなく、ブルーノ・バウアーの示唆した人間の自己意識だからである。同様に、ヘレニズム時代のギリシャ哲学者を自己意識の弁証法的発展の頂点として描き出したのも、バウアーであった[47]。

　マルクスの置かれていた状況のまったく別の側面が、「わが親愛な父のごとき友……ルートヴィヒ・フォン・ヴェストファーレン氏に」対する博士論文の献辞に浮き彫りになっている。この献辞には、阿諛《あゆ》追従《ついしょう》の文章がたっぷり含まれている。曰く、「［ヴェストファーレンに］子のごとき愛情のしるしとして献げる」、「かくしゃくたる老翁……を賛嘆すること」、「イデアリスムスが空想ではなく、真理であるということの、生きた、まのあたりの証拠（argumentum ad oculos）」云々。こうした発言のうちのどの部分が、マルクスを娘と結婚させることへのヴェストファーレンの同意を確実にしようと狙ったものなのか、そしてどの部分が少年時代の後見人に対するマルクスの強い敬愛の念を反映しているのかを知るのは難しい――もっとも、この二つのモチーフが対立関係にあると考える理由は一切ないが。

この献辞にはまた、政治的、そして宗教的・哲学的な論争の要素も含まれている。ブルーノ・バウアーの後を追いながら、マルクスは「当代のあらゆる進歩を熱情と真理の熟慮とをもって迎えいれる、……退嬰的な幽霊どもの投影の前でも、当代のしばしば暗黒な曇天のまえでも、ついぞ逡巡したことがない」ヴェストファーレンのあり方を称賛している。「進歩」や「暗黒な」（ドイツ語の finster《フィンスター》。不吉《シニスター》という意味合いも含まれている）は、ドイツの自由思想家たちが自分たちの思想や、篤信な敵たちの態度を表現するのに使う符牒であった。こうした語を用いることで、マルクスは青年ヘーゲル派が一般的に行っていたように、自由思想家の仲間たちへの支持を宣言したのである。

この博士論文の序論において、マルクスは自由思想の擁護からさらに一歩踏み込み、より鋭利でより果断なやり方でそれを明言した。彼は、「哲学〔自身〕の告白」は「プロメテウスの告白」であると断言した。彼は原文のギリシャ語のままプロメテウスの言葉を引用している（もちろん、教養あるドイツ人にとってはそれを理解するのに何の苦労もなかったであろう）が、その訳文は「端的にいえば、すべての神々を私は憎む」というものであった。この告白はまた、彼が繰り返すところでは、「人間の自己意識を最高の神性とは認めないすべての天上および地上の神々にたいする、〔哲学〕自身の宣言である。自己意識と並ぶものはだれもおるまい」[48]。ここでさらに、マルクスはバウアーに倣い、青年ヘーゲル派の思想のさらなる急進化に追従するが、この急進化は、プロテスタント神学を純化し正当化しようとする試みからそれを笑いものにするところへと、そして十戒の一神教の主張についての皮肉に満ちた言及に明らかなように、自由思想から無神論へと達する。

博士論文が完成し、どこかへ提出しなければならなくなった。エードゥアルト・ガンスが他界し、ブルーノ・バウアーが去った後、ベルリン大学は確実に、ヘーゲル思想、とりわけ自由思想的で無神論的な青年ヘーゲル派によるその変形に対してより敵対的になっていた。いずれにせよ、博士論文を完了させる頃には、マルクスはもはやベルリンの学生ではなかった。彼の修学期間は規定の四年間を超過しており、期間の延長を申し込まなかったために、彼は大学から除籍されたのである。マルクスは代わりに、イェーナ大学に博士論文を提出することに決めた。イェーナは、博士論文の受理と承認に一定期間の在籍も学位申請者本人の出席による公式の審査会も求めない、ドイツで唯一の大学であった。こうした理由から、同大学は学位授与にかかる費用が最も安かった。[49] 敵意ある論者はしばしば、マルクスの博士号を通信販売で買える学位のごときものとして描き出しているが、これは随分と不当である。イェーナは名声の高い大学であり、こんにち言われるところの学位製造所《ディプロマ・ミル》ではなかったし、教授団が承認した博士論文は、学術的キャリアに対する真剣な熱意をもつ人物による、相当な学殖と知識のなせる業であった。一八四一年四月十五日、イェーナ大学は正式にマルクスに学位を授与した。

　博士号を手に入れて、マルクスは一八四一年六月にライン地方に戻った。彼はドイツの西の果ての地に個人的な用件があった。すなわち、イェニーとの長きにわたる婚約の件、そしてハインリヒ・マルクスの財産の最終的な処分という家庭の事情である。また同時に、就職の問題もあった。マルクスは自らのキャリアの始まりを予定していたボン大学にブルーノ・バウアーを訪ね、哲学者にして神学者、より正確に言えば、哲学者にして反神学者として、再びバウアーの歩んだ道に従おうとした。しかし、こうした計画の一切が水泡に帰したことで、トリーアとボンでの滞在はたった数ヶ月のものとなった。マルクスの生涯は予想もしなかった変転を経験し、この変転は学問と難渋な知的探求の舞台から彼を永遠に締め出し、百家争鳴のジャーナリズムと政治的論議という、まったく別の世界へと導いていくことになる。

章末注

（1）Christina von Hodenberg, *Die Partei der Unparteiischen. Der Liberalismus der preußischen Richterschaft 1815–1848/49*（Göttingen: Vandenhoeck & Ruprecht, 1996）, 103–28; Jeismann, *Das preußische Gymnasium*, 2: 340–42.

（2）Hodenberg, *Die Partei*, 105–07; Sperber, *Rhineland Radicals*, 70–72.

（3）*MEGA* 3/1: 301〔補巻一－五三四〕.

（4）*MEW* 35: 466.

（5）Peter Kaup, "Karl Marx als Waffenstudent: Burschenschafter an seinem Lebensweg," *Darstellungen und Quellen zur Geschichte der deutschen Einheitsbewegung im neunzehnten und zwanzigsten Jahrhundert* 15（1995）: 141–68; Brophy, *Popular Culture and the Public Sphere*, 216–52.

（6）*MEGA* 3/1: 293, また、296–97〔四〇－五四八～五四九〕.

（7）Ibid., 3/1: 299〔補巻一－五六一〕.

（8）Ibid., 3/1: 319–20, 331, 337〔補巻一－五五三〕.

（9）*MEW* 35: 241–42〔三〇－五二一、三五－二〇二〕.

（10）ヴェストファーレン家については、Monz, *Karl Marx*, 319–45および、Lutz Graf Schwerin von Krosigk, *Jenny Marx Liebe und Leid im Schatten von Karl Marx*, 2nd ed.（Wuppertal: Staats-Verlag, 1976）, 161–216を参照。以下の叙述の大半はこれらに依拠している。

（11）William D. Godsey, Jr., *Nobles and Nation in Central Europe: Free Imperial Knights in the Age of Revolution 1750–1850*（Cambridge: Cambridge University Press, 2004）, 50–71; Heinz Reif, *Westfälischer Adel 1770–1860: Vom Herrschaftsstand zur regionalen Elite*（Göttingen: Vandenhoeck & Ruprecht, 1979）, 188, 551 n. 35.

（12）*MEGA* 3/1: 332–33, 347–78.

（13）Ibid., 3/1: 331, 740; 以下を参照、396.

（14）Ibid., 3/1: 337–38; *MEW* 30: 643.

（15）*MEGA* 3/1: 332〔補巻一－五四九～五五〇〕; Schwerin von Krosigk, *Jenny Marx*, 26–30; Monz, *Karl Marx*, 330.

（16）*MEGA* 3/1: 306, 338〔補巻一－五五二～五五三〕.

（17）Karen Hausen, " '... eine Ulme für das schanke Efeu.' Ehepaare im Bildungsbürgertum. Ideale und Wirklichkeit im späten 18. und 19. Jahrhundert," in Ute Frevert, ed., *Bürgerinnen und Bürger: Geschlechterverhältnisse im 19. Jahrhundert*（Göttingen: Vandenhoeck & Ruprecht, 1988）, 85–117.

（18）*MEGA* 3/1: 45, 300–04, 306, 318–20, 347–48;

Schwerin von Krosigk, *Jenny Marx*, 39; Heinrich Gemkow, "Aus dem Leben einer rheinischen Familie im 19. Jahrhundert. Archivalische Funde zu den Familien von Westphalen und Marx," *Jahrbuch für westdeutsche Landesgeschichte* 31（2008）: 498–524.

（19）*MEGA* 3/1:301, 303〔補巻一-五三四、五三六〕.

（20）Ibid., 1/1: 483–703; 3/1: 9–17, 318; Manfred Kliem, *Karl Marx und die Berliner Universität 1836 bis 1841*（East Berlin: Humboldt Universität, 1988）, 26–29.

（21）ヘーゲルと彼の後継者たちに関する膨大な文献のなかでもとりわけ有益な著作は、John Edward Toews, *Hegelianism: The Path Toward Dialectical Humanism, 1805–1841*（Cambridge: Cambridge University Press, 1980）.

（22）以下からの引用、ibid., 91; トゥーズの、この点に関するすぐれた議論については、89–94.

（23）以下に所収の書簡。*MEGA* 3/1: 9–18〔四〇-三～一〇〕.

（24）Ibid., 3/1: 17, 303–06, 309–10, 315–17; Kliem, *Karl Marx und die Berliner Universität*, 16.

（25）*MEGA* 3/1: 311, 315, 323–30〔四〇-五六五～五六六、五六八〕.

（26）Ibid., 3/1: 331; Gemkow, "Aus dem Leben," 520–21.

（27）Monz, *Karl Marx*, 233; Kliem, *Karl Marx und die Berliner Universität*, 33; McLellan, *Karl Marx*, 27–28; *MEGA* 3/1: 360.

（28）*MEGA* 3/1: 297, 330; Ute Frevert, *A Nation in Barracks: Modern Germany, Military Conscription and Civil Society*, trans. Andrew Boreham and Daniel Brückenhaus（Oxford: Berg Publishers, 2004）, 50–56.

（29）Gielkens, *Karl Marx und seine niederländischen Verwandten*, 138–40.

（30）Kliem, *Karl Marx und die Berliner Universität*, 20, 25.

（31）Sperber, *Property and Civil Society* 21, 36–37; *MEGA* 3/1: 347–48.

（32）Kliem, *Karl Marx und die Berliner Universität*, 65–66.

（33）Ibid., 54–55; Schwerin von Krosigk, *Jenny Marx*, 217–19; *MEGA* 3/1: 338.

（34）Hans Günther Reissner, *Eduard Gans: Ein Leben im Vormärz*（Tübingen: J. C. B. Mohr, 1965）; Reinhard Blänker, Gerhard Göhler, and Norbert Waszek, eds., *Eduard Gans（1797–1839）: Politischer Professor zwischen Restauration und Vormärz*（Leipzig: Leipziger Universitätsverlag, 2002）.

（35）青年ヘーゲル派に関しては、上記のトゥーズの著作と並び、Warren Breckman, *Marx, the Young Hegelians and the Origins of Radical Social Theory: De-*

throning the Self（Cambridge: Cambridge University Press, 1999）、そしてとくに、Wolfgang Eßbach, *Die Junghegelianer. Soziologie einer Intellektuellengruppe*（Munich: Wilhelm Fink, 1988）.

（36）Eßbach, *Die Junghegelianer*, 30–31、そして、n. 48.

（37）Marilyn Chapin Massey, *Christ Unmasked: The Meaning of* The Life of Jesus *in German Politics*（Chapel Hill: University of North Carolina Press, 1983）; Franz Courth, "Die Evangelienkritik des David Friedrich Strauß im Echo seiner Zeitgenossen. Zur Breitenwirkung seines Werkes," in Georg Schwaiger, ed., *Historische Kritik in der Theologie: Beiträge zu ihrer Geschichte*（Göttingen: Vandenhoeck & Ruprecht, 1980）, 60–98.

（38）Peter C. Caldwell, *Love, Death and Revolution in Central Europe: Ludwig Feuerbach, Moses Hess, Louise Dittmar, Richard Wagner*（New York: St. Martin's Press, 2009）は、フォイエルバッハの知的世界についての素晴らしい入門書である。

（39）以下からの引用、Heinz-Herman Brandhorst, *Lutherrezeption und bürgerliche Emanziaption: Studien zum Luther- und Reformationsverständnis im deutschen Vormärz*（*1815–1848*）*unter besonderer Berücksichtigung Ludwig Feuerbachs*（Göttingen: Vandenhoeck & Ruprecht, 1981）, 72.「光明」はドイツの自由主義プロテスタントの間のキーワードであり、合理主義思想と啓蒙思想に対する彼らの支持を示す語であった。

（40）Ibid., 73–90; Stephan Walter, *Demokratisches Denken zwischen Hegel und Marx. Die politische Philosophie Arnold Ruges*（Düsseldorf: Droste Verlag, 1995）, 99–143.

（41）Eßbach, *Die Junghegelianer*, 66–78.

（42）*MEGA* 3/1: 58–60, 416–20〔三–五〕.

（43）驚くべきことに、完結したブルーノ・バウアーの伝記は未だに存在しない。しかし、彼の思想とマルクスとの関係に関しては、Zvi Rosen, *Bruno Bauer and Karl Marx: The Influence of Bruno Bauer on Marx's Thought*（The Hague: Martinus Nijhoff, 1977）; Ruedi Waser, *Autonomie des Selbstbewußtseins. Eine Untersuchung zum Verhältnis von Bruno Bauer und Karl Marx*（*1835–1843*）（Tübingen: Francke Verlag, 1994）; Junji Kanda, "Die Feuerbach-Rezeption des jungen Marx im Licht der Junghegelianismus-Forscshung," in Ursula Reitemeyer, Takayuki Shibata, and Franceso Tomasoni, eds., *Ludwig Feuerbach*（*1804–1872*）*Identität und Pluralismus in der globalen Gesellschaft*（New York: Waxmann Münster, 2006）,

105–15; そして、Petra Linzbach, "Die konservative Orientierung Bruno Bauers nach 1848," in Lars Lambrecht, ed., *Osteuropa in den Revolutionen von 1848* (Frankfurt: Peter Lang, 2006), 169–81.

(44) *MEGA* 3/1: 17, 335–36, 340–46, 349–50, 352–59〔四〇－一一〕; Waser, *Autonomie des Selbstbewußtseins*, 11, 84; Rosen, *Bruno Bauer*, 127; Wheen, *Karl Marx*, 256–57.

(45) *MEGA* 1/1: 9–91; これについての論評は、Peter Fenves, "Marx's Doctoral Thesis on Two Greek Atomists and the Post-Kantian Interpretation," *Journal of the History of Ideas* 47 (1986): 433–52.

(46) *MEGA* 1/1: 58〔四〇－二三七〕.

(47) Kanda, "Die Feuerbach-Rezeption des jungen Marx," 106–07.

(48) *MEGA* 1/1: 11–14〔四〇－一八七～一八八、一九〇〕.

(49) Kliem, *Karl Marx und die Berliner Universität*, 60–62, 80–81.

第3章

編集者

一八四一年のマルクス二十三歳の帰郷は、成年時代の始まりであった。マルクスを取り巻く私的環境と当時の政治的動向は、彼の願望や希望の一部を拒否し、一部を満たしながら、この始まりを困難で不安定なものにしていった。帰郷後すぐに遺産相続の見通しがなくなった彼には、何の資産も収入も残っていなかった。マルクスが学問の世界に足がかりを得ようとしていたまさにその頃、ヘーゲル主義哲学とプロイセン国家の関係は終焉に向かっており、マルクスの師で、政治的盟友にして親友でもあったブルーノ・バウアーが一八四二年三月にボン大学講師の職をお払い箱になったことで破局が告げられた――これはバウアーのみならず、彼の弟分にとっても、学問的な前途の途絶を意味した。この間、三年の不在を経てマルクスと婚約者の私的関係は一変し、良好になったが、ただカールに財産と収入のあてがないために、結婚の見通しはこれまで以上に厳しくなった。マルクスは、この困難な状況から抜け出す方法を発見した。それは、多くの青年ヘーゲル派と同様に哲学から政治活動へと転身し、官職で禄を食《は》むことに望みをかける代わりにプロイセン国家の転覆を熱望する側に宗旨替えするというものであった。

マルクス一家がトリーアの公証人の元を訪れ、一八四一年六月二十三日にハインリヒ・マルクスの遺産分与の書類を作成したことで、相続に対するカールの期待に終止符が打たれた。ハインリヒの財産を綿密に合算し、ヘンリエッテの持参金と彼女の家族からの相続金を差し引き、残額である「共同財産」を未亡人と子供たちで分割した結果、生存している子供に総計三六二ターラーずつが贈与された。マルクスは既に九五〇ターラーを母親から借りていたため、父の遺産から何も与えられなかった――大学教育にかかったさらなる費用は遺産の取り分から控除されなかったものの。(1)

マルクスはこの家族の資産の分割を、苦々しげな口調で描写している。「私の家族はめんどうなことをいって私を手こずらせ、自分たちは裕福な暮しをしているのに、一時はそのために私をきわめて重苦しい状況にさらしました」と、彼は青年ヘーゲル派の仲間の一人であったアルノルト・ルーゲに書き送っている。彼は、そうした「私的な雑事」なるものの内容をもっと詳しく説明しようとはしなかったが、ルーゲへの次の手紙〔前出のルーゲへの手紙は一八四二年七月九日付で、次に引用されるルーゲへの手紙は一八四三年一月二十五日付であるが、マルクスはその間の一八四二年十一月三十日付でもルーゲに手紙を送っている〕では、「私は自分の家族と仲たがいし、私の母が生きているかぎり、自分の財産には権利がありません」と明らかにしている。(2)法律上、マルクスの恨み言に正当な根拠はなかったし、ベルリン大学で相続法の講義を受講していた彼はそのことを承知していたであろう。未亡人と子供たちの間で行われたハインリヒ・マルクスの遺産分与は、細心の注意を払ってナポレオン法典の規定に則って行われており、カールの借金は相続分を上回っていたのである。カールは母親が遺産を隠しているのではないかと疑い続けたが、彼の怨嗟は、ルーゲへの二通目の手紙が示しているように、母の死後に自分が受け取るはずの財産の前借りを頼んで、断られたことによるところが大きかった。カールの疑念と憤懣は、自分の持参金と資産を固守し、子供たちには自らが公平と思うやり方でなにがしかを分け与えようという母の決意と対をなしており、母や存命中の弟や姉妹との関係をいつまでも毒々しいものにした。(3)

一八四一年に行われたハインリヒ・マルクスの遺産分与の結果、さしあたり十分に食べていける職に就くまでの当面の間、カールは母親の施しに頼り続けねばならなくなった。

就職の道はブルーノ・バウアーとボン大学をつうじて得られるように思われたので、ライン地方への帰郷後の最初の一年の大半をマルクスはこの大学町で過ごし、学問の世界に職を得ようと努め、ポスト・ドクターが執筆する学位論文で、教授職への必要条件として提出を求められる教授資格申請論文《ハビリタツィオン》に備え、論理学の講義の構想を温めた。バウアーは、マルクスとの共同編集で哲学関連の雑誌『無神論文庫』を新たに刊行する計画を立てていた。この計画はかなりまで進展し、出版を引き受けてくれそうな出版社との接触が始まり、青年ヘーゲル派のサークルはこの大胆な計画に色めき立った。雑誌の刊行はまったくの不首尾に終わったが、バウアーのもう一つの計画、皮肉っぽく『無神論者にして反キリスト教徒ヘーゲルにたいする最後の審判のラッパ』と題したパンフレットは日の目を見た。ボーン・アゲイン派のキリスト教徒を装いつつ、バウアーはかの偉大な哲学者その人を、青年ヘーゲル派の破壊的な無神論思想の源泉と難じてみせた。マルクスは、このパンフレットの共著者だという誤解を受けた。彼はただバウアーの、おそらくは敬虔な中世への称賛で満たされたドイツ・ロマン主義を糾弾するために企図された、ヘーゲルとキリスト教芸術に関する著作の出版計画を引き継ごうと勤《いそ》しんでいただけであった[4]。

この攻撃的な無神論的態度は、スキャンダルを巻き起こすことを計算したものであり、こうしたやり方は青年ヘーゲル派の好んだ知的、政治的戦略であった[5]。マルクスとバウアーの挑発が学問的な前途についての彼らの思惑と両立しえたのか、また、『無神論文庫』の編集が野心的なプロテスタント神学の教師にとって正しいやり方であったのかは、同時代人たちと同様に我々からしても疑問視せざるをえない[6]。事態の重大さを飲み込んだバウアーは、慎重な立場をとるようマルクスに勧めた。マルクスがベルリンにいて博士論文を仕上げていた時分に既に、バウアーはこの若き信奉者に向かって、プロイセン政府の最高位の官僚たちに自分の立場を説明してほしいと説いていた。彼は、ボンで個人的に会話する相手や話の内容に注意を払うよう警告した。最終的には、彼はマルクスに、博士論文をもっぱら学術的用語だけで仕上げ、攻撃的な無神論を掲げた序文を削除するよう、なんとなれば、そうしないと「貴君を長期的に教授職から引き離そうとする連中に武器」を与えることになるのだから、と忠告した、「今は駄目だ！　後に、貴君が教授の地位を得たあかつきには……自分の望むかたちで自分の望むことを何でも言えるのだ」(7)。

バウアーはしかし、自分自身はこうした忠告に従う気がないことを明らかにした。マルクスが大学で彼とともに一仕事するためにライン地方に帰ってきたまさしくその時に、バウアーは自らをプロイセン政府と繋ぐ架け橋を焼き落としていた。バウアーの決心の背景には、長きにわたり宗教・教育問題大臣を務めてきたカール・フォン・アルテンシュタインと国王フリードリヒ・ヴィルヘルム三世が一八四〇年に死去したことによる、国政の変化があった。老王はプロイセンの大学や役人のうちのヘーゲル主義者たちに寛容を示そうとしてきたが、自身は根っからの保守主義者にして権威主義者であった。当初、後継者であるフリードリヒ・ヴィルヘルム四世がどのような態度をとるのかは世に知られていなかった。彼は先王よりもリベラルだろうと思われていた。斜に構えたものの見方をするバウアーでさえもが、当面は判断を留保することにした。プロイセンの新たな為政者が覚醒運動の信奉者にしてロマン主義的な文化理念の支持者であり、一七八九年以前の身分制社会の心酔者であることが明らかとなるのに時間はかからなかった。こうした態度のどれもが、ヘーゲルの後継者たちに有利には作用しなかった。新たな宗教・教育問題大臣ヨハン・アイヒホルンは、主君の理念を忠実に執行した(8)。

反ヘーゲル主義への転換という公的政治のこの右旋回は、挑発行為を強めるようバウアーの背中を押しただけであった。ベルリンに戻って国費を受けて教会史を研究し、神学部から哲学部へ転任することを受け入れるか、あるいは教会史の教授職を斡旋することさえ考えてもいいといった、アイヒホルンが提示した妥協的解決案に対して、バウアーが首を縦に振ることはなかった。その代わりに彼は大臣に、『共観福音史家の福音史批判』を神学教授への任命の要請とともに送りつけた。アルノルト・ルーゲに書き送ったように、彼が満足を得られるのはただ、「教授として認めてもらい、聴衆に無神論の体系を論じる時」だけであった。バウアーは無神論者であったが殉教者となる道を求め、最終的に一八四二年三月にプロイセン政府によって講師の職を解かれたことで、この願いを成就した。それはしかし、この一件に関する官僚側の提案と大学側の提案との対立が新聞に漏れて、ドイツの知識人階層の間に途轍もない醜聞を巻き起こしてからのことであった。[9] 別れの号砲代わりに、バウアーはマルクスの協力を得て、公の場での無神論的挑発を敢行した。一八四二年のちょうど復活祭の時に二人は、ボンからの小旅行の行き先として人気のあった近郊のゴーデスベルク村を訪れ、ロバを借りてその背にまたがり、村中をギャロップして、イエスのイェルサレム入城のパロディを演じた――この出来事はボン近傍の人口に膾炙《かいしゃ》するところとなり、自らの個人的、政治的格闘について書いた数年後の著書で、バウアーはこれを大いに喧伝した。[10]

バウアーはその後、自らを強くアピールしようとベルリンに帰った。確実に実現の見込みは小さかったが、彼はなお大学に地位を求めるだけの正当な権利があると思っていたようである。当時官職の途を邁進《まいしん》していたフェルディナント・フォン・ヴェストファーレンからマルクスが聞いたところでは、こうした了見は公権力にしてみれば大いに厄介なものであった。[11] 極めて長期にわたるプロイセン君主政と啓蒙思想との複雑で問題のある関係――ハインリヒ・マルクスの出世と息子の大志にとって中心的な位置を占めていた関係――は終末に至った。青年ヘーゲル派風、無神論風に急進化した啓蒙主義には、身分制社会を渇望する信心深い保守主義者たちに統御されたプロイセン国家と調和し共存することはできず、両者は互いに不倶戴天の敵でしかなかった。

バウアーが免職され、ベルリンへ出立したことで一人取り残されたマルクスは、ボンには誰も友人がいなかった。この町での生活を耐え難く感じ、彼はライン最大の都市であった近傍のケルンに居を移そうと思案して断念した。その表向きの理由は、「そこでの生活は僕には騒がしすぎたためであり、親友全員のせいでよりよい哲学に到達することができないため」であった。[12] かつてマルクスが四年半を過ごしたベルリンはケルンの四倍の大きさであったものの、騒がしさや友人たちが問題になることはなかった。おそらくは、ここには別の動機があった。ケルンの生活費はボンよりも高かったし、マルクスの懐具合はかなり厳しかったのである。彼の私的なジレンマとより高次の政治的潮流は、等しく望ましからざる方向に向かっていた。

書簡のやり取りが続き、互いのことがほとんど想像のなかの存在でしかなかった五年間を経て、カールとイェニーは一八四一〜四二年に直接に対面した。ベルリンから帰って以来、カールが大半の時間をボンで過ごしたため、またトリーアからボンまでは蒸気船で二日間の旅路であったため、彼らは常に一緒にいたわけではなかった。それでも、ベルリンから戻って最初の六週間、そしてイェニーの父が他界した一八四二年の冬から春にかけて再び六週間、さらにその年の夏にも短期間、彼はトリーアにいた。二人はその前の一八四一年の夏にも、イェニーの方がケルンの北に位置するノイスにいる家族の友人を訪ねるためにライン川を下った際に会っていた。この時カールに書いた手紙の中でイェニーは、母親が「外にも内にもおしとやかに」するために、弟のエトガルの付き添いなしにカールと会うことを禁じたと伝えている。

> ああ、私の愛しい人、なんて私の魂に重くのしかかるの、何百ツェントナー〔一ツェントナーは一〇〇ポンドで、約四五・四キログラム〕もあるみたい！　外にも内にもおしとやかに!!——ああ、私のカール、私の愛しいただ一人の人、カール！
>
> それでも、カール、私には見えるわ、何もおそれない、目をしっかりしっかり閉じれば、あなたの幸せそうにほほ笑む瞳が見える——あなたにもカール、見えるでしょ、そう考えると私は幸せです——あなたにとってのすべてであるために、今あなた以外の誰のものでもないの。ああ、カール、自分のしたことをよく分かっているわ、全世界の前で蔑まれても、私は全部分かっているしうれしくて喜びに満たされているの、あの時を世界中のどんな宝物とも取り替えようとは思わない。あれは私の最高の喜び、きっと永久にそうだわ。なおも長いことあなたと離れて暮らさなければならないことを思う時だけ、またもやつらさや惨めさに完全に取り囲まれてしまうの、そんな時は抑えきれず我を失ってしまうわ。(13)

歴史家が乙女の秘密を暴こうとするのは無粋かもしれないが、この文章から——慎み深く、言葉少なく、婉曲に満ち、カールの詩にも似てロマン主義的な格調高い慣用表現によって書かれてはいるが——若いカップルが性的関係を結んだということ以外に何を読み取れようか。時と場所についての記述がないが、これをただ一度の、あるいはせいぜいのところごく稀にのみ繰り返された出来事と推測してよいのかもしれない。二人は大抵は付添人を伴って会っていたし、イェニーは妊娠しなかったのであるから。

それでも、彼女のとった行動は注目に値する。十九世紀前半のドイツでは婚前交渉は何ら異例のことではなかったし、実際のところ、非嫡出子の出生率の上昇、そしてそれ以上に頻繁であった妊娠による結婚という人口学上の証拠が示唆するように、婚前交渉は増加していたものと思われる。しかし、こうしたやり方は労働者階級や田舎の住民、そしておそらくはベルリンのごく少数のボヘミアン的な芸術家や知識人たち（なかんずく彼らのうちの青年ヘーゲル派）の専売特許であった。それは、厳格な地方都市に住むプロイセンの国家高官の深窓の令嬢には、ほとんど想像も及ばぬような行為だったのである。(14)

イェニーが——「全世界の前で蔑まれて」——やんごとなき淑女の貞淑の規範《カノン》をことごとく犯したとすれば、きっと彼女はカールへの愛と献身の印としてそのようなことを行ったに違いない。「あなたにとってのすべてであるために、今あなた以外の誰のものでもないの」——、長きにわたる離別の果てに、二人の婚約はほとんど架空のものになっていた。カールが十九世紀のメロドラマに登場する卑劣漢であったなら、あるいはもっと散文的な言い方をすれば、十九世紀の父権に関する訴訟の被告のような人物であったなら、おそらくは不貞な女性ともはや一緒にやっていけないといった類の数語を選り抜いて、イェニーの元を離れたであろう。カールはしかし既にイェニーに身を捧げており、それは婚約の時以来変わっていなかった。肉体関係はこの約束に変化をもたらさなかったが、深く愛する女性との結婚を可能にするだけの職を得ていないがゆえの葛藤をいや増した。イェニーが本音を示した手紙で指摘したように、彼女にとって「なおも長いことあなたと離れて暮らら」すのを余儀なくされるのは苦痛であったが、カールが実入りの良い職を得ないことには二人は一緒になれなかった。ブルーノ・バウアーが罷免され、カール自身も学問の世界へ参入する見通しが潰えたことで、離別は無期限に引き延ばされるかのように思われた。

マルクスが選んだ打開策は、彼以外の青年ヘーゲル派たちも当時追求していたものであった。すなわち、彼は学者としてプロイセン国家に奉仕する道を断念し、よりにもよって、この国家に敵対する独立の文筆家になった。一八四二年の前半、彼は多数の論文を書くとアルノルト・ルーゲに申し出たが、それらの一部は、ブルーノ・バウアーとともに六ヶ月前から執筆していたものであった。『ハレ年報』がプロイセン当局の弾圧を受けたルーゲは、『ドイツ年誌』という新たな雑誌名で、プロイセンの管轄を逃れてザクセン王国のドレスデンで出版を再開した。マルクスの生涯において不愉快な慣例となっていったことであるが、彼が実際に約束どおりに執筆した記事はたった一つにすぎない。しかもそれは締切りをかなり過ぎてからであった。出版スケジュールの一切がマルクスの遅筆によって混乱させられたが、ルーゲは極めて辛抱深くマルクスに対応した。この忍耐は、マルクスの才能と能力を、原稿の執筆を待つに値するだけのものと認めた証しであった。マルクスは家庭の問題を言い訳にしたが、自分の時間が別の発表の場、より手ごろな執筆のはけ口となった、当時ケルンで刊行されたばかりの『ライン新聞』に奪われていることも認めた(15)。

この新聞とマルクスとの深い縁は、彼の知的、私的、そして政治的な成長の結節点であり、彼の来し方と行く末を繋ぐ架け橋であった。この新聞への参加は、彼を思索の人から行動の人へと——より正確に言えば、活動家の趣きのある学徒から学究的な趣きのある行動者へと——変貌させた。これが彼を共産主義思想との出会いに導き、共産主義者としての彼の自己定義の大枠を作り上げた。マルクスの『ライン新聞』での仕事、とくに非公式な編集者として働いた一八四二年十月半ばから一八四三年二月半ばまでの嵐のごとき四ヶ月間〔同紙の発禁処分(三ヶ月の猶予期間が与えられた)がプロイセン政府によって閣議決定されたのは一八四三年一月二十一日、マルクスが編集職から退いたのは同年三月十七日〕は、三つのそれぞれまったく毛色の違う読者層に印象的なやり方で自らの存在を知らしめるための、激烈で生産的な試行錯誤の時期であった。そうした読者の第一は青年ヘーゲル派であり、より広く言えば、中央ヨーロッパ一帯の知識人たちであった。彼らに対してはマルクスは単なるブルーノ・バウアーの弟分であることをやめ、己の名をもつ文筆家、論争家となった。第二の読者層はプロイセンの公権力であり、彼らに対してはマルクスは破壊的なトラブルメーカーとなり、迫害と弾圧の然るべき対象となった。マルクスとプロイセン王国は天敵同士となり、この関係は彼が死ぬ時まで続くこととなる。最後にマルクスは、ライン地方の中心都市ケルンの有力な住民たち――この都市に新たに出現した共産主義者たちや急進的共和主義者たちのみならず、穏健な自由主義者たち、そして周縁的なボヘミアン的知識人たちのみならず専門職の人びとや商人、銀行家、商工会議所に所属する人びと――の力強い承認を得た。

そうした承認はいずれも、否定的で敵意に満ちた類のものでさえもがマルクスを大いに称賛しており、困難な日々を経て彼を世上に知らしめることとなった。彼は明らかに、論争的なジャーナリスト、十字軍のごとき新聞編集者となったことに喜びを感じていた。その後の二〇年間、糊口を凌ぐための、そして政治参加のための取り組みの中心をジャーナリストとしての活動が占めることとなった。それは副業にして生業であり、また公共の福祉を促進せんという熱望でもあった――ジャーナリズムは、マルクスが一八三五年のアビトゥーア論文で明確に主張した職業選択の前提条件を満たしていた。父や教師たちから吹き込まれたカント的な観念論よりももっと厳しく、物議を醸すようなやり方で実践されたとは言え。

『ライン新聞』は幾つかのきっかけが重なった結果、創刊された。その第一は、一八三七年に最大の競争相手を買収することでライン地方最大の都市で独占的な地位を得ていた新聞、『ケルン新聞』に対抗しようというジャーナリスティックな問題であった。一八四〇年には対抗的な新聞、『ライン一般新聞』の創刊が試みられ、プロイセン当局から出版の認可を得たものの、これは不調に終わった。『ケルン新聞』の対抗馬となるはずであったこの新聞は退屈で、読者も少なく、何より財政困難の状態にあった。資金が底をつくと、編集者たちはもっと儲かりそうな新しいことを試み、株を売り出して必要な資金を得ることで計画を実現するという、新たな資金調達の仕組みを利用しようと提案した。(16)

一八四一年の半ば、彼らはケルンの裕福な一族の出の若き法律家ローベルト・ユング〔ゲオルク・ゴットロープ・ユングの誤り〕に接触し、自分たちの計画をもちかけた。青年ヘーゲル派の支持者であったユングは、若く急進的なもう一人の知識人、裕福なユダヤ人商人・製糖業者の息子、モーゼス・ヘスの協力を引き出した。ユングと同様、ヘスは株式によって資金を調達する新聞という案に好奇心をそそられた。この計画はまた、彼がジャーナリスティックな職業に対して抱いていた個人的関心にも合致していた。青年ヘーゲル派の反教権主義的で無神論的な態度を批判していたヘスは、社会主義者あるいは共産主義者であり（当時の人びとは大抵、この二つの語を互換的に用いた）、アンリ・ド・サン＝シモンやシャルル・フーリエに追随するフランス人たちの思想を信奉するようになった最初のドイツ人の一人であり、私的財産が破棄され、集団所有に代置された社会を構想していた。こんにちでは、共産主義者が無神論の反対者となるのは奇妙に思えるかもしれないが、初期の共産主義は宗教的なオーラに覆われていた——一般的に、風変わりな霊性への信仰というかたちをとってはいたが。こうした信仰は、父の厳格な正統派ユダヤ教を拒否し、実際に改宗することなしにキリスト教の教理教説を賛美するに至ったヘスには、揺るぎ難い真理であった。株式会社に関わりをもつ共産主義者というのはさらにいっそう奇妙に見えるかもしれないが、一八四〇年代には、社会主義者たちにとって、こうした事業形態を私的所有や家族所有から集産主義への一歩と見なすことは何らおかしなことではなかった。(17)

ユングとヘスはこの提案に情熱的に飛びつき、投資家を集める仕事に取りかかった。株式会社を設立するのに法的な障害があったため、彼らは最終的には、類似の事業形態である合資会社《コマンディートゲゼルシャフト》を選ぶことにした。これは、コモン・ローにおける有限責任組合員《リミテッド・パートナー》のように、大半の投資家は自己の投資に責任を限定されているが、少数の無限責任組合員《ジェネラル・パートナー》はそれ以上のリスクを負うというものである。無限責任組合員となったのはユングと、ケルンの銀行家ダーゴベルト・オッペンハイム、そして新聞発行人で書籍商のエンゲルベルト・レーナルトの三人であった[18]。

投資家たちの素性は、新聞発行の背後にあった第二の問題を反映している。すなわち、ケルンのエリート層内部の相違という問題を。投資家の多くはケルンに住む富裕なよそ者たちであり、彼らはよそから移り住んできた先進的な起業家たちで、このライン地方の大都市の従来の習わしに動揺を与えていた。こういった投資家たちには、『ケルン新聞』を、ケルンの地付きの連中、都市行政と胡乱で自己本位な繋がりを保持していると目される一派の声を代弁しているのだと見なす傾向があった。この一派を指す表現として、「私党《クリュンゲル》」という、こんにちなお用いられるケルンの方言もあった。よそ者たちの多数は、工業家の息子であったグスタフ・メーヴィッセンや、銀行家で商工会議所の会頭であったルードルフ・カンプハウゼンのようにプロテスタントであり、つまりはドイツでも指折りのカトリック優勢の都市の一つに居住しているという点でも外部者であった。こうした宗派的な力学が、登場したばかりの『ライン新聞』に対するプロイセン政府の態度が決定されるうえで作用した。当局は、潜在的な競争者が『ケルン新聞』を暗に攻撃することに何ら不都合を感じていなかった。なぜなら、『ケルン新聞』は親カトリック的で、反プロイセン的見解に好意的だという評判だったからである。プロイセンが派遣したケルンの県知事は実のところ、この新たな事業への最初の投資家の一人であった[19]。最後に、創刊予定の新聞は政治路線をめぐる問題も抱えていた。『ライン新聞』を後押しする資本家たちは政治的には自由主義者であり、プロイセン君主とその国家官僚による恣意的な法運用と権威主義的な統治の終了を望んでいた。そうした見地からすれば、貴族の特権もまた、一七八九年以前の身分制社会の残滓《ざんし》であった。こうした体制に代わるものとして彼らが思い描いていたのは、根本規範となる法的文言が基本的な市民的自由を保障し、法の下での平等権を宣言し、(男性の)有産者によって選出された立法府が確立されている立憲君主政であった。一八四〇年代前半は、プロイセン王国中で——とりわけ彼らの牙城であったライン地方において——自由主義者たちが立憲運動を激化させた時代であった。こうした自由主義的資本家たちは、私有財産の廃止を推進するなどという政治的意見が実現されるのに一役買おうとする新聞には何らの利も見ておらず、ゆえに編集長になろうとするヘスの願望を拒否した。ヘスの個人的な奇矯ぶり——彼は妄想癖が強く、そのうえに不平屋の悪評が高かった——は、彼の将来への大志に有利にはならなかった。株主たちはヘスではなく、ドイツで最も著名な経済学者にして卓越した自由主義的政治人であったフリードリヒ・リストに白羽の矢を立てた。しかし、彼は足を痛めて療養中であり、この申し出に応じられなかった。リストの代わりにこの地位に就任したのは、経済通のジャーナリスト、グスタフ・ヘーフケンなる人物であった。

ヘーフケンは無能な編集者であることを露呈したが、彼の問題はお粗末なジャーナリズムの技術のみならず、新聞の後援者たちとのイデオロギー的な食い違いにも現れていた。ケルンは経済的な中枢であるとともに河川交通の要地であり、ドイツの産品と大西洋世界の産品の中継点としての地位に経済基盤を置く商業都市であり、ドイツ西部の他の地域とは対照的に、工業は比較的小規模であった。この都市の経済人たちに人気があったのは、リストが支持し彼の信奉者のヘーフケンが編集方針の中心に据えようとしていた保護貿易思想ではなく、自由貿易の方であった。自らの編集方針を追求するうちに彼は株主と無限責任組合員の双方と喧嘩し、かくして一八四二年一月の創刊からたった数週間しか編集長の職に居座ることができなかった。[20]

ヘーフケンが辞任を公表したきっかけは、彼がブルーノ・バウアーの書いた記事の掲載を嫌がったことにあった。ヘーフケンの辞任によって、無限責任組合員のローベルト・ユング〔ゲオルク・ゴットローブ・ユングの誤り〕に率いられた青年ヘーゲル派が同紙を引き継ぐ道が開かれた。ヘーフケンの後に編集者となったアードルフ・ルーテンベルクは、ベルリンの青年ヘーゲル派にしてブルーノ・バウアーの義弟であった。ユングが「我々の最も称賛すべき協力者」と呼んだバウアーは、編集方針の転換にこれ以上ないほどに激しく興奮し、同紙が自らの無神論的信条を表現する場となることを望んだ。アルノルト・ルーゲも他の急進的ヘーゲル主義の支持者たちと一緒にこの新聞に寄稿し始めたが、彼らのなかには、ベルリンでの学生時代にマルクスにヘーゲル主義を紹介してくれた「ドクトル・クラブ」のメンバーが多数含まれていた。[21]

マルクスの『ライン新聞』への執筆を可能にしたのは、こうした緊密な人的関係であった。一八四二年の春と夏に著した二つの長大な論文〔第一の論文「第六回ライン州議会の議事」は一八四二年四月執筆、『ライン新聞』に五月に掲載。第二の論文「『ケルン新聞』第一七九号の社説」は一八四二年六月二十九日〜七月四日執筆、『ライン新聞』に七月に掲載〕が、マルクスの公共圏へのデビューとなった。そこには、彼がギムナジウムで受けた古典教育と、ベルリンの大学で学んだヘーゲル主義の理論的影響が表出している。少なくとも、論文の内容と同じくらい印象的なのは、その文体——怒気に満ち、冷笑的で論争的な、それまでのマルクスの文章には見られなかった特徴——である。この変化は、大きく見れば青年ヘーゲル派、なかんずくバウアーの影響を全面的に反映したものであり、彼らが激化するプロイセン君主政との闘争に挺身したことの賜《たまもの》であった。マルクスは、青年ヘーゲル派風の文体に、嫌味っぽい愉楽に満ちた類推と、実際的で反観念論的でほとんどシニカルなまでの政治観を特徴とする、まったく異質な独自のひねりを加えた。この二つの特徴は、彼の最後の政治的著作にまで及んでいる。

二つの論文のうちの最初の、より長文で多大な反響を呼んだ論文は、出版の自由を扱っている。マルクスは出版の自由に敵対する人びとを厳しく糾弾し、彼らの主張を古めかしい身分制社会や、そうした社会を維持しようとする権威主義的なプロイセン国家、そしてこれを擁護する知的潮流に結びつけた。批判と否定にふける一部の青年ヘーゲル派、とりわけバウアーとは違って、マルクスの意見には広範な自由への賛辞の一部として出版の自由を称賛するという肯定的要素も含まれており、彼はプロイセン君主政の本質への反対をはっきりと主張していた。[22] これは青年ヘーゲル派の典型でもあるが、マルクスの批判のみならず肯定も、反プロイセン的言辞によって出来上がっていた。これは青年ヘーゲル派の典型でもあるが、ここには彼が都市トリーアで育ったことも反映されている。

マルクスはプロイセン政府への痛罵をもって議論を始め、半官的新聞の『プロイシッシェ・シュターツ・ツァイトゥング』を――幽霊を真に受け、感じ、信じている――子供のごとき知的水準を象徴する存在として描き出した（幽霊に関する文章は重要である。幾分改変された形式で『共産党宣言』にも登場するからである）。プロイセン当局をやっつけてからマルクスは、論文の主題である、先般閉会したライン州議会における出版の自由についての議論に注意を向ける。この議会の本質が、マルクスのさらなる攻撃の対象となる。この無力な州レベルの似非《えせ》立法府はプロイセン政府によって一八二〇年代にこしらえられたものであり、身分制社会の枠組みに沿って議員が選出され、審議や投票が行われており、議員はそれぞれ州内の高位の貴族、下位の貴族、都市市民、農民を代表していた。こうした構成は、一七九四～一八一四年の二〇年間のフランス統治によって異なる社会集団間の法的区別が取り払われていたライン地方ではまったくもって不人気であった。一八四〇年代まで議会での審議は非公開とされ、自分たちの選出した議員たちが何を議論したのか、あるいは討議中の議題にどのような投票を行ったのかについて有権者が文字どおり一切分からなかったために、議会の代議的性格は損なわれていた。この議会はまさしく、自由主義者の熱望する立憲的議会のパロディとも呼ぶべき存在であった[23]。

マルクスは、議事録の公表は政府によって「議会の手」に委ねられていると主張する、下層貴族代表の演説者について論じるなかで、実効力を備えた立法府や、憲法による出版の自由のような基本的人権の保障に対する自由主義の熱望を、身分制社会に対する自由主義の敵意と向かい合わせる。マルクスによれば、これは——出版の自由という——基本的権利を、州議会という身分制社会の議会の特権のなかに取り込み、改変してしまうものであった。「公民は、権利を特権にならせようとはおもわない。従来の特権者にくわえて、さらに新しい特権者をふやすようなことを、彼らは一つの権利とみなすことができるであろうか?」これに続き、彼は皮肉たっぷりにこう付け加える。「この演説者の言葉によって判断すれば……州民こそ、州議会議員の特権を州民自身の唯一の権利と考えるべきだというのである〔スパーバーでは「州は州議会の特権を自分自身の権利と見なすべきだというのである」〕。それなら、なんらかの官吏階級や貴族の特権や、あるいは僧侶の特権をも、どうして同じように考えないのか![24]」ここでマルクスは、出版の自由をフランス革命によって高らかに宣言された普遍的な人間の権利の一つと規定し、その敵対者をプロイセン国家の追従者や時代遅れの身分制社会の代弁者として糾弾している。

マルクスはさらに、出版に敵対する思想を知的文脈のなかに据え、そうした思想を芸術的ロマン主義やその中世への懐古趣味の影響を受けた政治的思想の一例とする。

騎士身分出身のわが演説者は、州議会議員の高い英知とか、彼らの中世的な自由や自主性とかについての公準を展開するさいには、ほとんど喜劇的なまでの真剣さと、ほとんど陰気なまでの威厳と、宗教的とさえいえる熱情とでそれをおこなったのであるが、出版の自由の問題にくると、その彼が、州議会の高い英知から人類のありふれた愚鈍に転落し、さきに推奨したばかりの特権身分の自主性と自由から、人間本性の原理的な不自由と非自主性とに転落するのをみて、事情を知らないものは驚くであろう。だが、われわれは、今日ふんだんにみられるキリスト教ふうに騎士的な、現代ふうに封建的な原理、つまりロマン主義的原理の一姿態に出会ったからといって、驚きはしない。(25)

ヘーゲルの血脈を継承して、彼はロマン主義的思想家を、自由を個々の社会身分の特権と見なし、「人間の本質、理性一般とむすびつ〔け〕ないで、いいかえればすべての個人に共通なもの」としないその認識を理由に論難する。こうした議論は、ヘーゲル哲学の影響を受けた、フランス革命の普遍的な人権思想の一亜流であった。

マルクスはまた、ライン州議会における出版の自由の支持者たち、とりわけその主唱者であったケルンの銀行家ハインリヒ・メルケンスを批判する狙いも込めて、出版の自由は普遍的人権だと主張しする。メルケンスは出版の自由を、職業の自由の副産物として説明することで擁護していた――新聞を創刊する自由は、ギルドの制約をはねのけて仕立屋の作業場を開く自由と同様のものである、と。マルクスはメルケンスの考えの実際的なところを称賛し、好意をもってそれを、思考の領域では変革をもたらしたが社会と政治の現実には何ら働きかけるところのないドイツの知識人の大半の非現実的な企図と比較する。この尊大で実際的な立場は、マルクスの後の著作の中心を占めることとなる。しかし彼の、実践的な銀行家と非実践的な知識人との意地の悪い比較論は、メルケンスの主張を是認はしない。

むしろまったく反対である。マルクスは皮肉に満ちた反駁を彼に向ける。おそらくはキリスト教芸術についての未完の著作に記されて、そのままになっていた観察を持ち出して。「レンブラントは、聖母をオランダの農婦の姿でえがいた。わが演説者としても、自由を、彼のしたしんでおり、熟知している姿でえがいてならないわけがあろうか？」(26) 職業の自由と出版の自由は、マルクスが続けるところでは、より広範で汎用的な自由の個別事例に他ならない。しかし、「統一をみて差異をわすれるというのは、そればかりか、ある一つの特定の種を他のもろもろの種の尺度、規範、領域とするというのは、なんというひどい誤りであろう？もし、自由の他のもろもろの種が、自分自身を捨てて、自由のある一つの種の家来であることをみずから宣言する場合にだけ、後者が前者をがまんするというなら、これは、自由のその一つの種の不寛容である」(27)。マルクスはさらに一般化して、州議会における出版の自由の擁護者は、この点では出版の自由への反対者たちと同様に、出版の自由がより広範な普遍的人権の一例であるということを理解しておらず、ただそれを限定的な狭い文脈において見ることしかできていないのだと結論づけている。

　マルクスは出版の自由の制限を強く批判し、出版の自由の積極的な側面を強調しながら、ヘーゲル主義の議論と鮮やかな類推や皮肉な余談を組み合わせて、自由な出版への賛辞を述べる。

> 自由な出版は、いたるところにひらかれた国民精神の目であり、自分自身にたいする一国民の信頼の具現であり、個々人と国家および世界とをむすびつける、ものをいう紐帯であり、物質的闘争を聖化して精神的闘争とならせ、この闘争の粗野な物的な姿を理想化する文化の具現である。自由な出版は、一国民が自分自身にたいしておこなう率直な懺悔であるが、告白に罪をあがなう力があることは、ひとも知るとおりである。自由な出版は、一国民が自分自身の姿をうつしてみ

る精神的な鏡であるが、自己観照こそは知恵の第一の条件である。それは、物質的なガス灯よりも安い値段で、どんなあばら家にでも売りこまれる国家精神である。それは、全面的・偏在的であり、全知である。それは、たえず現実の世界から沸きだして、ますます豊かな精神となって、新しい生命をあたえつつ現実世界に還流してくる理念世界である。[28]

この議論は、ヘーゲル主義的な流儀で、自由な出版を国民精神の具現化――その精神から疎外化されて具現化したのではなく、自らをあるがままに知るもの――として描き出している。このヘーゲル思想の先鋭的な改変版はまた、冷笑的ではあるが真摯な、自由な出版を、全面的でどこにでも遍在する全能の神性なるものの属性、ヘーゲル哲学における神性なるもの、すなわち絶対精神とする説明のなかで展開されている。そして、自由な出版が国民精神を具現化したものであるがゆえに、マルクスは、ヘーゲルが絶対精神のために用意したのと同じ超越的な地位に国民を据える。出版に対するマルクスの称賛は、民主主義や人民支配への賛美、[29]そしてさらには極めて権威主義的なプロイセン国家に対するより強力な攻撃への賛美へと変わっていく。

この論説がユングやルーゲといった青年ヘーゲル派の仲間たちに好意的に受け止められたのは驚くにあたらないが、この記事はさらに幅広い賛意を得た。オットー・カンプハウゼンは兄のルードルフに手紙を送ったが、プロイセンの国家官僚としての栄達の道を歩み始めていたオットーは、「ライン州議会の「出版の自由に関する」議事についてのこの称賛すべき記事の著者は誰でしょう。ケルン選出の議員たちはどう言っているのでしょうか」と尋ねている。プロイセンの内務大臣〔グスタフ・フォン・ロホー〕もやはり、否定的であったとは言え、強い印象を受け、この一文を国家に向けられた破壊的な攻撃として非難した。[30]

マルクスが『ライン新聞』に書いた第二の、最初のよりもかなり短めの論文はもっと防衛的な調子で、青年ヘーゲル派の無神論という厄介な問題を扱っている。[31] この論文を書くきっかけとなったのは、無神論的な文章を活字化する競合相手を非難し、宗教感情への攻撃を禁じる検閲を求めていた『ケルン新聞』の見出し記事であった。巧妙にも、『ケルン新聞』は出版の自由を守る手段として、検閲への支持を標榜しつつ、青年ヘーゲル派の行きすぎた反宗教的態度が出版の自由という大義に害をなしていると断罪していた。この主張に対するマルクスの応酬は、出版の自由に関する論文の時以上に技巧的であった。マルクスは、ケルンやライン地方のカトリック住民に不人気なプロイセン政府を攻撃するだけで済ますわけにはいかなかった。彼はまた、カトリックの宗派感情を慰撫しなければならなかった。当の本人がこの問題に鋭く気づいていた。記事を書き終えた直後、彼はアルノルト・ルーゲにこう書き送った、「ラインでは宗教的党派がもっとも危険な党派です。最近では反対派は教会の内部で反対することに慣れすぎてしまいました[32]」。

　マルクスは、「プロテスタント神学が哲学者たちをにくむ」のは、「カトリックの教義をキリスト教の教義とみなした」シュトラウスやフォイエルバッハにプロイセン政府が反対したからだと明言する。換言すれば、無神論よりもむしろ親カトリック的な態度こそが、プロイセン政府やその神学上の代弁者たちと青年ヘーゲル派の間の問題なのであった。聖アウグスティヌスに言及し、ナポレオンの敗北に続いて出現したヨーロッパ各国の反革命的同盟である神聖同盟への参加を教皇〔ピウス七世〕が拒否したこと――したがって、カトリックという宗派上の理由から保守的な各国政府を支持する必要がまったくないこと――を指摘した後で、マルクスは、アイルランドの保守主義者と同じく特殊なキリスト教信仰に好意を抱いていたドイツの保守主義者が好んだ表現、「キリスト教国家」について説明しようとする。当時のライン地方のカトリックの間でよく用いられていた類推であったが、彼はライン地方のカトリック教徒を、プロテスタントのイギリス政府に弾圧されているアイルランドのカトリック教徒とちょうど同じ存在、プロテスタントのプロイセン政府に抑圧されている存在として描き出している。マルクスの示唆するところでは、様々な信仰に同権を付与するや否や、国家はもはやキリスト教的ではなくなるが、その代わりに哲学的になり、「理性的自由の実現〔という〕……哲学がはたしている仕事」となる[33]。

マルクスは潜在的に敵愾心を抱く読者にアピールするように、自らの政治的、哲学的な原則を修正し、再定義しようとしていた。青年ヘーゲル派の無神論を控え目に評価し、その代わりにライン地域のカトリックの読者層のために、保守的な――かつプロテスタントの――プロイセンへの反感を強調し、さらに、こうした読者のために、青年ヘーゲル派に敵対する人びとの真意を論難した。これはまさしく、青年ヘーゲル派の急進主義者のために路線転換を暗に示した、大がかりな政治的パフォーマンスであった。別の言い方をすれば、この論文はもっと大きな政治的計画を担う者――例えば新聞編集者――の考えを反映していた。

一八四二年の夏までに、『ライン新聞』にはもっと敏腕な編集者が必要となろうことがますます明白になった。反体制的な立場の新聞を出版するという冒険は、いや増すプロイセン政府の敵意に晒されるようになった。既にベルリンで警察の監視下にあった、名うての青年ヘーゲル派のルーテンベルクが新編集長になる予定だという知らせは内務大臣を激怒させ、大臣は、ルーテンベルクが新聞のために働くのを許すような状況にはないと言い放った。かくして、公式には出版者が編集者の地位を兼ねることとなり、ルーテンベルクは秘密裏に仕事を行うところとなった。一八四二年の五月、内務大臣は「フランス的な自由主義思想を喧伝」し、『ハレ年報』の不信心と、現代の哲学がキリスト教信仰に代置されるなどという意見を公言［している］……青年ヘーゲル派のプロパガンダの重要な機関紙」になっていることを理由に、『ライン新聞』を即刻発禁処分にするべきだと要求していた。ケルン県知事〔カール・フォン・ゲルラッハ〕とライン州知事はともに、教養ある公衆、なかでも同紙の見解を共有してはいない人びとにまで悪印象を与えることを懸念し、こうした苛烈な措置への反対を表明した。彼らは、裕福な投資家たちが編集方針を穏当なものにしようとしているし、さもなければ赤字の埋め合わせに音をあげて『ライン新聞』を消滅させようとしていると指摘した。最終的にプロイセンの中央政府は、論調が変わるか、新聞が完全に廃刊になるのを十二月まで待つことに同意した。(34)

こうした当局の側の計算には根拠がなくもなかった。『ライン新聞』の読者層は創刊以来着実に増えていった。新聞購読の主たる方法であった郵便購読は、一八四二年の最初の三ヶ月間に二六四部であったのが、九月末にはほぼ四倍の一〇二七部になっていた。これは相当な数字であるが、惜しむらくは、この新参者の競争相手をはるかに凌ぐ八五〇〇部の発行部数を誇る『ケルン新聞』の影に隠れていた。後者の優越はとりわけ、投資家たちの大半が居を構えていたケルンでまさに顕著であった。投資家たちは、『ライン新聞』の創刊から六ヶ月のうちに投資額の四分の三が消耗されたのに、購読数二五〇〇部という損益分岐点になお程遠かったために、自分たちの金の心配をし始めていた。(35)

この状況について、通常の説明では、アードルフ・ルーテンベルクが無能なアルコール依存症であったことに責が帰せられている。こうした否定的意見の大半は、ルーテンベルクの後任者であったマルクスその人から発せられたものであり、彼は完全に客観的な証言者というわけではなかった。(36) ルーテンベルクはひどい酒飲みというもっぱらの噂であり、そのためにプロイセン陸軍士官学校の地理学の教官の地位を失ったと言われていた。しかし、彼には彼なりの功績があった。発行部数の増加である。ルーテンベルクは特派員を増員するという仕事に着手したし、原稿整理に長けた編集者であった。

もっとも、彼が提供しなかったものに、新聞の知的方針を強力に打ち出すという点があった。彼は、自分では単独の記事を一度も書かなかったし、その編集方針はまずもって、ローベルト・ユング〔ゲオルク・ゴットロープ・ユングの誤り〕や、ヘーフケンの辞任後に法律に関わる活動をやめて新聞に復帰したモーゼス・ヘスに左右されていた。(37)

ヘスとユングはともに、マルクスの支持者であった。ヘスのマルクス評は極めて高かった。二人は、マルクスがライン地方に帰った一八四一年の夏にボンで知り合った。この出会いの後、ヘスはマルクスを「私のアイドル……彼は最も奥深い哲学的真摯さを最も鋭利なウィットと結びつけた。ルソーやヴォルテール、ドルバック、レッシング、ハイネ、ヘーゲルが一人の人間になっているのを想像してください……それこそがマルクス博士なのです」と描いた。ユングの称賛はここまで熱狂的ではなかったが――よくそうならずに済んだものである――、ベルリンの青年ヘーゲル派の一員で、マルクスに『ライン新聞』で働くよう勧めたエードゥアルト・マイエンからの手紙に記されていた賛辞を、マルクスに伝えた。(38)「マルクスはすぐに前進し、本当に内に秘めているものを見せてくれるのではないでしょうか」。

マルクスが一八四二年十月半ばに『ライン新聞』に雇い入れられた背後には、おそらくはヘスとユングの存在があった。しばしば伝記作家が断言しているのとは違い、マルクスは編集者としてルーテンベルクの後任になったわけではない。雇用契約――これが、イェニーと結婚できるようになるために仕事を必要としていたマルクス本人にとっても大いに歓迎すべきものであったことは間違いない――を交わした当時、エンゲルベルト・レーナルトが公式の編集長の地位に残留していたし、ルーテンベルクは原稿整理編集者、フランス語の新聞記事の翻訳者として同紙の仕事を続けていた。ヘスとユングは、自分たちの編集上の役割を強化するためにマルクスを迎え入れた。すなわち、マルクスは出版の自由についての記事で示した才能を発揮して、より活発で行動的な編集方針を提示し、発行部数が上昇し続けるための手助けをし、新聞の財政を立て直すよう投資家たちを説得してくれるであろうと期待されていたのである。

編集メンバーに加わったマルクスは確かに精力的に活動したが、ユング、そしてとりわけヘスの思惑は外れた。マルクスの編集案は、一八四二年の八月ないし九月にダーゴベルト・オッペンハイムに送られた、まるで就職志望書のごとく読める手紙の中で既に明らかにされていた。マルクスは、新聞の論調を穏当なものにしようと目論んでいた。青年ヘーゲル派の「国家憲法についてのごく一般的な理論的論究」は一掃されるべきである、なぜなら、青年ヘーゲル派の政治的急進主義、そしてそれと一体的に結びつけられた無神論思想とによって、「立憲的制限のなかで一段一段と自由をたたかいとるために骨の折れる役割を負った多数の、しかもきわめて多数の自由思想的な実際家たち」、――換言すれば、新聞を財政的に支え、新聞の存続のためにその支援が不可欠なケルンとライン地方のブルジョワ自由主義者たち――が遠ざけられてしまっているからである、と。論調の穏当化は、「検閲の強化と、さらに新聞の弾圧すら」もたらされる危険を回避するという、プロイセン官憲への対応のためにも必要であった。マルクスが記したところでは、これは急進主義的な反対派の立場をとったかつての新聞、雑誌が陥った運命であった。曰く、こうした仕事を強化するには、新聞のために働くジャーナリストたちに指図を与え、記事の論調を著者任せにしない、強力な編集の手腕が必要であった。(39)

編集者の一員に任命されると、マルクスは早速計画を実行した。彼は自由主義的ブルジョワたちの一群の歓心を買おうと精を出し、商工会議所の会頭ルードルフ・カンプハウゼンにプロイセン政府の鉄道建設に関する財政措置を批判する記事を書かせ、傑出したケルンの自由主義者である内科医ハインリヒ・クレッセンには市政改革に関する一連の記事を書かせるのに成功した。マルクスは、ルーテンベルクが雇い入れたジャーナリストの一人で、学生時代には急進的であったものの、この頃にはもっと穏健な政治的方向に向かいつつあったカール・ハインリヒ・ブリュッゲマンと緊密に協力しながら仕事を進めた。マルクスと協働して、ブリュッゲマンは自由貿易を強力に擁護し保護主義を非難する多くの記事を書き、そうした主張によって、かつては顕著であった優柔不断や迎合主義とは対照的な、『ライン新聞』の明確な立場を打ち出した。この自由貿易の擁護は、マルクスが編集に携わっていた時期の『ライン新聞』が標榜した最も重要な社会的、経済的な主義主張であり、マルクスに強い印象を残した。[40] 共産主義者になってからもなお、彼は自由貿易の信奉者であり続ける。

『ライン新聞』の青年ヘーゲル派色を弱めようというマルクスの取り組みは、青年ヘーゲル派の集団で無神論を掲げ、支持者に向けてキリスト教教会からの離脱を呼びかけていたベルリンの「自由人」〔「ドクトル・クラブ」が発展してできた団体〕の在り方――あるいはその在り方と思われていたもの――をめぐって、大学時代の友人たちや、後見人であったブルーノ・バウアーとの衝突をもたらした。このグループの態度、そしてベルリンの酒場で痛飲するような流儀を世人の眼前に晒すやり口は、一八四二年の夏には既に『ライン新聞』にとって破廉恥なものとなっており、この年の十一月、青年ヘーゲル派の発起人の中心人物アルノルト・ルーゲは、「自由人」のディレッタント的態度と、ドイツに政治的変化をもたらすために必要な道徳的真摯さの欠如を非難した。マルクスはこれに心底から同意し、同様の思いから、ベルリンの青年ヘーゲル派の「革命的ロマン主義、彼らの自身の才覚への沈溺、彼らの胡乱な名声窺い……」を糾弾する書簡の公表に踏み切った。[41] マルクスとルーゲはともに、ブルーノ・バウアーには自分たちの批判の矛先が向かわぬよう願っていた。このようなおふざけに加わるにはバウアーは鋭敏すぎると踏んでいたからである。しかし、バウアーは「自由人」と行動をともにしており、マルクスにとげとげしく不機嫌な返答を書いてよこした。将来バウアーと協働しようというマルクスとルーゲの目論見が間違いなく不調に終わるであろうことが明らかとなり、この仲違いから二年を経ずして、マルクスはバウアーのことを「私の年来の——だがいまはむしろ疎遠になっている——友人……」と呼ぶことになった。(42)

確かに、この決裂には各人の個性が絡んでいた。バウアー、ルーゲ、そしてマルクスはいずれも激しやすい性格で、すぐに腹を立てた。しかし、「自由人」についての論争は、青年ヘーゲル派の仲間内にあった、何が急進的なのかという問題についての、より広範にわたる根本的な意見の相違であった。「自由人」にとって、急進主義とは生活スタイルや社会的因習の拒否に関わっており、これらはいずれも、無神論を公言することで証明されるものであった。他方でマルクスやルーゲにとっては、急進主義は政治的変革に関するものであった。そして、彼らは青年ヘーゲル派の宗教的正統主義に対する批判を拒否するわけではなかったが、無神論を公の場では控え目に扱おうとし、正統主義を助長し強化する社会的、政治的状況への批判へと移行しようと模索していた。この相違は克服できないものではなかったし、二つの陣営を渡り歩くことも確実に可能であったが——マルクスの将来の友であり協力者であるフリードリヒ・エンゲルスは「自由人」の一員であった——、急進主義をめぐる二つの方向の分裂と離反が拡大していくのは、誰の目にも明らかであった。(43)

マルクスにとって編集業のなかでも最も扱いづらく、一番うまくいかなかったのは、プロイセン政府への対応であった。彼の試みた穏当な路線でさえもが当局を刺激した。新たな、親自由貿易的な編集方針の一環として、同紙はロシアの経済的保護主義に対する攻撃を公にし、これがいかにプロイセンの利益を損なっているかを指摘した。政府はこの記事を、プロイセン王の友人にして同盟相手であるツァーリへの攻撃と見なした。(44)『ライン新聞』に対する当局の容赦ない姿勢は、自己抑制を知らぬマルクスの気性に火をつけることにしかならなかった。州議会における木材窃盗取締法に関する討議についての二つの記事が州議会制度への敵意に満ちていたために、怒り狂った州知事はこの破壊的な編集者を首にするよう求めた。マルクスが新たに編集の任にあたっていたことを知らなかったために、知事はただルーテンベルクを責めたて、ルーテンベルクは正式に職を失った。[45]

　マルクスはまた、プロイセンの検閲官を罠にはめるという策を実行した。こういった検閲官は大抵は大学教育を受けていない中級官吏であり、『ライン新聞』に掲載された記事を理解するのに難儀していた。彼らはまったく当たり障りのない記事を発禁処分にし、もっと破壊的な記事が公になるのを許したり、自身の検閲を通過した記事を根拠に同紙を非難するといった奇妙な立場に政府を追いやったりしていた。問題をよく理解していたマルクスは、意地悪くこれを強調する行動をとった。無邪気さを装って、彼は同紙の担当検閲官であった警察参事ラウレンツ・ドレシャル――知的能力の点で、マルクス一派に太刀打ちできるような人物では到底なかった――に、一体誰が州議会を攻撃する記事を書いたとお考えかと問うた――この辛辣なもの言いはすぐに、ケルン周辺で口の端に上るところとなった。マルクスはより開けっぴろげな挙にも出た。彼はある時、ドレシャルにゲラを提出するのを拒否し、ドレシャルが州知事の晩餐会を退出して、マルクスのアパートにゲラの提出を求めるために出向かねばならないように仕向けた。マルクスは窓から、ゲラはない、なぜなら新聞は明日は発行されないのだからと大声で応じ、公衆の面前で検閲官に恥をかかせたものである。[46]

　マルクスはこうした罠をもっと高度な次元で使い続け、州知事に一杯食わせた。彼は知事の非難に応えて、『ライン新聞』の公式の編集者レーナルトの名前で、新聞の新たな方針を親プロイセン的な試み、「プロイセンが残りのドイツに先がけてあゆむ進歩の道をきりひらくお役に立つ〔もの〕」と説明した。同紙は親フランス思想の喧伝からはかけ離れており、「フリードリヒ・ヴィルヘルム四世の政府にとってたぶん好ましくないとはいえないドイツ的自由主義」を呼び起こした、と。マルクスが続けるところでは、実際、彼の新聞は初めて「北ドイツの精神を、プロテスタントの精神をライン州や南ドイツに導きいれた……」〔原文では「プロテスタントの精神を」の部分は鉛筆で消されている〕。曰く、『ライン新聞』は無宗教的ではなく、むしろ「教会の教説」に立ち向かったマルティーン・ルターの足跡に従ってきたのであった〔ルターへの直接の言及箇所は、提出稿では消されている〕。こうした見解は、青年ヘーゲル派が一八三〇年代半ばに支持していた、プロイセン国家の進歩的役割とヘーゲル主義哲学との密接な関係についての思想を引き合いに出したものとされる。ボーン・アゲイン派の思想に帰依する新君主が進歩とヘーゲルの双方を批判し、青年ヘーゲル派が共和主義者か無神論者となった四〇年代においては、こうした見解には挑発の意味があった――そして同時代人はそのことを十二分に理解していた(47)。

マルクスが具体化した新たな編集方針は、素晴らしい成功を示した。発行部数の増加に拍車がかかり、一八四三年初めには購読者は三三〇〇人に達し、損益分岐点を十分に超えるに至った。発行部数についての朗報に励まされ、また新聞の新たな内容に魅せられて、投資家たちは増資の意志を表明した(48)。もっとも、マルクスの皮肉たっぷりで挑発的な姿勢が、プロイセン当局の態度を軟化させうるかどうか――これは新聞に関する彼の計画の中心要素であった――は別の問題であった。

本人の証言では、マルクスが「社会問題」、すなわち下層階級の状態についての議論にふれ、共産主義思想の淵源に辿り着いたのは、『ライン新聞』の編集者を務めていた時のことであった(49)。いろいろな意味で、この点に関するマルクス自身の回想を云々するのは難しい。マルクスはエードゥアルト・ガンス、そしてヨハン・ルートヴィヒ・フォン・ヴェストファーレンの導きでアンリ・ド・サン＝シモンの理論にふれていたが、初めて集中的に社会主義思想を学んだのは、ケルンで暮らしていた一八四二年秋のことであった。彼が社会主義と共産主義についての洞察を初めて刊行したのも、この町であった。森林盗伐の新法についてのライン州議会における討議と、自らの生地であるモーゼル渓谷の厳しい経済状況についての二種の連載記事で、マルクスは初めて経済問題、社会問題を出版物の中で扱った。しかしこれらの初期の討究や著述と、マルクスの後年の共産主義理論とを直線的に結びつけるのは、まったくの誤りであろう。

ほとんどの伝記が看過しているが、マルクスは自身の回想において、自由貿易と保護主義をめぐる議論が、経済学に関する自らの成長にとって重要な刺激となったとも述べている。この議論に際して『ライン新聞』の編集者としてとった、自由市場に同調する立場は、モーゼル渓谷のワイン農家やドイツ西部の田舎の下層民たちの労苦についての論調をも左右していた。マルクスは、彼らが置かれた状況の責任の大半は、――資本家やあるいは市場経済にではなく――プロイセン政府の政策や官吏たちの行動にあるとしていた。共産主義の諸項目についての初期の言及には、共感は少しもなかった。それどころか、当時の彼は共産主義にはっきりと反対していた。実際、マルクスが採用した共産主義は、一八四二年に学んだ共産主義の諸側面の大半に対する反発によって明確なかたちを与えられたのである。

モーゼス・ヘスは、この年の夏からケルンで、共産主義と社会問題に関する週一回の読書会を運営していた。そのメンバーは奇妙なほど多様な人びとからなっている。そこには、ローベルト・ユング〔ゲオルク・ゴットロープ・ユングの誤り〕のような青年ヘーゲル派や、後に共産主義の活動家となる内科医カール・デスター、プロイセンの砲兵将校フリードリヒ（フリッツ）・アンネケといった面々が顔を揃えていた。なお、デスターやアンネケとマルクスは、一八四八年革命に際して行動をともにすることになる。しかし、他の参加者たちはそれほど左寄りではなかった。そうした人物としては、工業家の息子で後に自由主義の政治的指導者となるグスタフ・メーヴィッセンが挙げられる。メーヴィッセンは当時ユングの友人であり、彼の妹と交際していた。あるいは、自由貿易を支持していたジャーナリストのカール・ハインリヒ・ブリュッゲマン（彼は一八四五年、自由主義的な政治的立場に移行した『ケルン新聞』の編集者に就任した）や、やはり後年ケルンの自由主義政治家となる弁護士のグスタフ・コンペス〔ヨーゼフ・ゲルハルト・コンペスの誤り〕もいた。商工会議所の会頭であったルードルフ・カンプハウゼンも、時折姿を見せていたと思われる。[50] マルクスは『ライン新聞』の編集業に着手するために一八四二年十月にケルンに居を移し、この討論サークルに参加した。彼らの読書の内訳は正確には分からないが、ヴィクトール・コンシデランやピエール・ルルー、ピエール・ジョゼフ・プルードンといった同時代のフランス社会主義者の著作の幾つかが含まれていたであろう。[51]

共産主義思想と最初に本格的に出会ったマルクスは、間違いなくネガティブな印象を受けた。彼は共産主義の主張を、自分が拒否したベルリンの青年ヘーゲル派の、生活スタイルを土台とする急進主義の一種と理解した。自分が編集者になる前〔次の引用は、一八四二年十一月三十日のルーゲ宛ての同じ書簡〕の『ライン新聞』に青年ヘーゲル派が発表した記事に対するマルクスの毒に満ちた解説は、以下のように主張している。「世界変革をたくらんだ無思想のなぐり書きをだらしない文体で（この連中が一度も勉強したことのない）無神論とか共産主義といったものとまぜあわせ……」〔スパーバーでは「世界変革で満たされたビールの泡、だらしない文体のからっぽの思想、無神論と共産主義（これはこれらの紳士諸氏が一度も学んだことがないしろものなのだが）が染み渡っている……」〕。編集者になると、彼は自分がもはやこうした記事を容認しないことを明らかにした。

> 共産主義や社会主義の教義を、つまり新しい世界観を付随的な劇評などのなかにもぐりこませることは不適当であるばかりか、不道徳だと私は思うし、もし共産主義が論じられるなら、まったく別の、もっと根本的な論評が必要だと、私は［ベルリンの青年ヘーゲル派に］はっきり言いま

した。さらに宗教のなかで政治的状態を批判するより、政治的状態の批判のなかで宗教を批判するよう、私は要望しました……もし哲学について語られるのであれば、「無神論」などという商号をかかげてふざけるのではなく、……むしろその内容を民衆のなかにもちこんでほしいと考えました(52)。

この懐疑的な態度は、マルクスの盟友で、共産主義思想を新聞へと潜り込ませようとしていたモーゼス・ヘスに向けられた非難であり、一八四二年十月十六日付の『ライン新聞』に掲載された、こうした思想に対するマルクスの初期の公的な評価を特徴づけている。これは、マルクスが編集者の地位を得て最初に書いた文章である(53)。この一文は、ドイツを代表する新聞であった『アウクスブルク一般新聞』を論争的な口調でこき下ろす。同紙は、共産主義を主張する二つの記事を掲載したことをもって、『ライン新聞』を批判していた。それらの記事の一つは、大型の共同住宅（一八四〇年代の社会的景観にあってはなお一般的ではなかった）に暮らすベルリンの労働者たちの貧困を扱っており、彼らの窮状を改善するための方策として、私有財産の廃絶を呼びかけていた。もう一つの記事は、ストラスブールで開かれた学術会議〔一八四二年九月二十八日～十月九日の第十回フランス学者大会〕について報告しているが、そこでは一人の演説者が以下のように主張していた。「今日における中間階級の立場は、一七八九年における貴族の立場と同じである。その当時には、中間階級が貴族の特権を要求して、それを手にいれた。今日では、無所有の階級が、いま牛耳をとっている中間階級の富への参加権を要求している」。

これらの記事の――労働者の境遇は私的所有の廃棄によってのみ改善しうるのであり、ブルジョワジーに対する労働者の革命が貴族に対するブルジョワ革命の論理的な継承者になるのだという――モチーフは、マルクスの後年の理論の核心をなすことになった。当時、彼は別の返答、より正確に言えば三重の返答を用意していたが、それらはどれも、改変しようとしていた従前の編集方針がもたらした結果を弁護しなければならないことに伴う当惑を露呈している。第一の返答は、二つの記事に示されている状況にのみ焦点を絞り、解決策についての議論は割愛している。マルクスの指摘によれば、プロイセンの保守主義者たちでさえもが認めるように、中間層はほとんどの西欧諸国で社会を担っており、そしてイギリスやフランスの労働者層はこの中流階級に自分たちの要求を突きつけている。彼はまた、ドイツの経済状況の厳しさに言及する。ただし、この指摘のために用いられる例は、共産主義者や急進主義思想の表現ではなく、むしろ、一八四〇年代のドイツの状況に対する自由主義者の批判の武器庫から借用した表現に他ならない――「ドイツには独立的な生活をいとなむ人間が乏しいということ、教養ある青年の一〇分の九は国家に彼らの将来のパンを乞いもとめているということ、わが国の河川は荒れほうだいにされており、河川交通は不振に陥っているということ、かつてはさかえたわが国の商業都市は昔のおもかげをしのぶべくもないということ……わが国の人口の過剰分はたよりなくさまよいあるき、異国民のあいだでドイツ人としての特性をうしないつつあるということ」。

第二の返答は、原告に対する逆告発となっている。マルクスの主張では、『アウクスブルク一般新聞』のパリ特派員は社会主義思想を提案していた。反動主義者たち――この穏健なバイエルンの新聞を不当にも極右になぞらえて、マルクスはこう呼んでいる――はギルドの復活を支持しているが、これは共産主義の観念であった。彼らはまた、不動産の分割に反対し、フランスの共産主義シャルル・フーリエの思想を支持しているのだという。この反論《トゥー・クウォクウィ》は、マルクスの主張のなかでも最も説得力に欠けるもののように思われる。

最も興味深く意外でもあるのは、第三の返答である。『ライン新聞』は、マルクスの議論によれば、共産主義に何らの「理論的な現実性」を認めておらず、ましてやその「実現」のためにいかなる努力も払わないであろう。彼は、理論が実践よりもはるかに不吉であるということを発見した。共産主義思想の「理論的な論述」〔スパーバーでは「知的な実行」〕は「本来の危険」となるであろう、なんとなれば、そうした思想は「われわれの知性を征服し、われわれの心情をうち従え」うるから。この危険に対処するためには、高名な共産主義者たちの著作を注意深く研究し、彼らの思想に「根本的な批判」を加えるべきだと彼は提案する。反対に、「［共産主義を導入するための］実践的な試みにたいしては、たとえそれが大量的な試みであるにせよ、……大砲でこたえることができる……」。たった五年後に『共産党宣言』を書くことになるこの人物は、共産主義的労働者の蜂起を鎮圧するために軍隊を動員すべきだと主張していたのである！

一八四二年におけるマルクスの共産主義の拒否は、当時の彼の社会的、経済的問題に対するアプローチの仕方を考えれば、輪郭がより鮮明となる。すなわち、これらの問題に対するヘーゲル主義的診断が、反プロイセン的な処方箋と一体となっているのである。マルクスの診断はとりわけ、森林盗伐に対処するための新法に関してライン州議会で繰り広げられた議論について書かれた二つの記事に明確に示されている(54)。

森林盗伐に対する、そして森林地を所有しない者によるその産物の横領に対する関心は、ドイツでは一八四〇年代に大いに広がっていた。一方では、保守的な人びとほど、こうした状況を犯罪の波、下層階級における道徳の崩壊と彼らの犯罪傾向の増大の証左として理解するようになっていた。他方で、一般的であったとは言えないが、明らかにもっと左派的な人びとは、過酷で非人道的な国家の森林行政の対応を糾弾するという反応を示した。トリーアのギムナジウムでマルクスと同窓であったルートヴィヒ・ジーモンは一八四〇年代の半ばにはトリーアで弁護士を務めており、法廷で熱烈にこの一連の論議を推し進め、森林法の違反者たちを擁護したことで一躍名を馳せ、劇的な政治遍歴を歩み始めた。[55]

マルクスの立場はこれとは異なり、自身の個人的体験と知的影響を反映していた。ベルリン時代の師であったエードゥアルト・ガンスの足跡を忠実に辿りつつ、マルクスは森林盗伐を、所有に関する法の特質の改変の結果と理解した。身分制社会においては、特権身分は特別に明記された諸権利を有していたが、貧民たちは明記されざる「慣習的権利」を行使して特定の木材、なかでも風で落下したもの――木から落ちて森に転がっている木の枝の類――をかき集めていた。こうした社会では、「中世の諸制度によくみられるよう」に、所有は「きわめてあいまいな性格」を帯びており、部分的には私有で部分的には共有であり、部分的には私法の対象で部分的には公法の対象であったがゆえに、この行為は容認されえた。フランス革命は、こうした法の性格を変革した。今や法は明文化され、編纂され、普遍的に妥当するものとされた。かくして、諸個人の所有権は一元的かつ完全に保証されることとなった。しかし、貧民が他人の所有する森で風による落下物を拾い集める権利のように、明文化されていない慣習的な諸権利はもはや無効となった。所有権の変化に関するマルクスのこうした理解はおそらく、父親の法律業についての知識を反映したものでもある。ハインリヒ・マルクスの顧客たちのなかにはトリーア近郊のタールファングの村人たちもおり、ハインリヒは彼らの、慣習的な用益権の保護という不首尾に終わった試みを弁護していたのである。[56]

マルクスはこうした変化を、人類史を理性の進歩的実現と見なすヘーゲルの表現によって描写した。旧体制の法の基礎をなしていたのは、個々の対象に対する経験的な認識から生じ、ばらばらに捉えられた、概念的には下位の分類形態である「悟性」であった。これとは対照的に、新たな法制度は、ヘーゲルが認識の系統的な仕組みとした「理性」を基盤としていた。「こうして、権利は、もはや慣習が理性的であるかどうかという偶然に左右されることはなくなり、権利が「明文化され法典に編まれた」

法律化され、慣習が国家の慣習となってしまうがゆえに、慣習自身が理性的なものとなるのである(57)〔スパーバーでは「理性的なものに基礎を置いているのである」〕」。

しかしこのようなポジティブな進歩は、貧者を寒々とした場所に置き去りにした（これは文字どおりそうであった。なんとなれば、集められた木は大抵、冬に暖を取るのに使われていたからである）。マルクスは効果的な類推を用いて、革命の過程で修道院の財産が没収、売却され、個人の財産に転換されたことを指摘した――そして革命家たちが「〔そうしたのは〕正しいことであった」、と。修道士たちは財産を喪失したが、代償を受け取った。しかし、修道士たちから慈善を受ける慣習的な権利を有していた貧民たちは、そうした代償を何ら手にしなかった。「一つの新しい境界線がもうけられ、彼らはふるくからもっていた権利からきりはなされてしまった(58)」。

こうした状況にあって、いかにすれば貧民に救いの手が差し伸べられようか。実際のところ、マルクスの論文は明確な回答を出していない。彼は皮肉を込めて、風で落下した誰のものでもないものをかき集めるのを重罪とするよう議会に提案する森林の所有者が「独占家」になっており、貧しい子供たちが木の実を集めたり売ったりするのを禁じていることを痛烈に批判する。森林の所有者が自分の所有地の樹木を収集した貧農を告訴すればいいのだという提案には、ほとんどそれに劣らぬほどの皮肉が込められているが、それというのも、本人も認めているように、木々を拾い集める人びとはとても貧しく、公民としての裁判を受けるための費用を工面できなかっただろうからである。貧民の窮状に関するマルクスのヘーゲル的分析は、この問題に何らかの解決を与えるというのには程遠い。

『ライン新聞』を編集している時期ということで言えば、マルクスの貧困問題に対する解答は一八四三年初頭に書いたモーゼル渓谷のワイン生産者の困窮に関する一連の記事に登場する。この地はマルクスの生まれた地域であり、ここに一家が小さな葡萄畑を所有していたため、彼は個人的にこの問題についてかなりの情報を得ていた。生産者たちはワイン価格の急落に直面していたが、これに関しては当時の人びとも後年の歴史家も、一八三四年のプロイセンによる全ドイツ的な「関税同盟《ツォルフェアアイン》」の創設によって、南ドイツのワイン醸造業者たちとの競合に向けてプロイセンのワイン市場が開放されたことにその原因を求めている。(59)

なるほど、マルクスは最初の記事でこうした見解を受け入れているが、しかし彼がとくに注意しているのは、政府と住民がそれぞれ思い描く原因が大きく隔たっているという点である。政府にとってそれは、ワイン生産者たちが一八三四年以前の保護された市場における前例のない高値によって、「未曾有の浪費」にふける暮らしをしていた報いであった。ワイン価格の下落とともに、市場淘汰が避けられなくなり、比較的貧しいワイン醸造業者はかつて享受した奢侈を、そしてまた土地を喪失した。これとは対照的に、会員の多くがトリーアの名士層から構成されていた「モーゼル＝ザール河畔ブドウ栽培奨励協会」の考えでは、この状況は、土地を開発し生産を向上させてきたワイン生産者たちの活力と進取の気性の結果生じたものであり、自分たちを外国との競争に晒し、市場が好ましからざる状況になっても重い税負担を減らさなかったプロイセン政府の施策の所産なのであった。協会員が断言したところでは、零細のワイン生産者のみならず、大小を問わずあらゆるワイン業者が苦しめられていた。

こうした状況についてのマルクスの論評は、政府の役人が公共善、すなわちプロイセン国家の住民の公益の代弁者をもって任じている点を特筆していた。彼らは、ワイン生産者たちが自分たちの特殊な私的利害を強く主張しているがために、彼らの意見を退けた。マルクスはここで、国家官僚は「普遍的身分」であり、社会全体の要求を理解している集団だというヘーゲルの洞察を引用する。マルクスはこの見解に真っ向から反対しているわけでないものの、役人たちは、自分たちが公共善によって規定されていると主張しているが、その公共善を自己と同一視しているのだという観察を示して、ヘーゲルの見解を修正する。公共善についての彼らの判断に対する批判は、私的な批判になっている。役人は「その地方がめぐまれた状態にあるかどうかという問題は彼がその地方をうまく統治しているかどうかという問題だと信じている」。役人たちはこの批判に相当な敵意をもって反発するだけではない。彼らはこうした批判を悪しきものと見なすであろう。自分たちの行政措置は正しく、問題はこの地域の住民にあり、彼らには変化する能力がないのだ、と。こうした観察には、マルクスの後のイデオロギー概念が萌芽している。すなわち、社会状況は個々人の思想を形成し、個々人は自らの属する社会集団の利益をさらに促進しようとするのである。

マルクスはプロイセンの役人の世界観について論じ、彼らがまさに社会一般の善を代表しているかのように見えながら、しかし集団的な私益のゆえにそうはできないのだと批判する。ワイン醸造業者の貧困拡大に、マルクス自身がいかなる対応策を提案しようとしたのかは定かではない。彼の提案は五回にわたる連載の最後に用意されていたが、プロイセン当局が最初の二回の記事の後にこの連載を禁止処分にしたからである。二番目の記事は、解決法がどのようなものであったかを窺わせている。曰く、自由な出版をつうじて、である。マルクスによれば、これは官僚制と私的な利害の間の第三の要素であった。「政治的ではあるが官側ではなく……市民的ではあるが、私的利害やその必要に直接まきこまれていない……出版の範囲内で、行政〔スパーバーでは「国家行政」〕も被統治者も一様に、彼らの原則や要求を批判することができるのである〔。〕……対等な公民的勢力としてであり、もはや個人としてでなく、知的力として」である。(60)

この主張は確かに本質的にヘーゲル主義的ではあるが、公衆の批判に抗《あらが》う自惚《うぬぼ》れた官僚に対する出版の力についての議論は、一八四〇年代の中央ヨーロッパの現状に対する自由主義者による批判の武器庫から持ち出されたものであった。特記すべきことにマルクスは、ライン地方の都市アーヘンの毛織物商人にしてこの地方の代表的な自由主義者であり、やはり自由主義者であったルードルフ・カンプハウゼンと協力関係にあった、ダーフィト・ハンゼマンの著作を引用している[61]。この点で、他の多くの人びとと同様、初期のマルクスの社会問題への言及からは、共産主義の観念に懐疑を抱き、なおも十九世紀の親資本家的で親自由貿易的な自由主義に即して社会問題、経済問題を考えていた人物像が浮かび上がってくる――多くの自由貿易主義的な自由主義者たちよりは貧者に同情的であったとは言え。そして、権威主義的なプロイセン支配に対する敵意が、社会的、経済的諸問題についての彼の解釈を彩っていたことは疑いえない。

プロイセンの役人が自分たちへの批判を個人的な問題として受け止めているというマルクスの観察は、あまりに先走っていた。『ライン新聞』に寛容を示そうと思っていた行政官の一人であったライン州知事のユストゥス・フォン・シャーパーは、かつてトリーアの県知事であった。彼は、モーゼルのワイン生産者たちについての記事の中でマルクスが行った、彼らの窮状の責任がプロイセン官吏にあるという指摘に激怒した。シャーパーの離反は、新聞を発禁処分にすべきだという声をかわす手だてが失われたことを意味していた。一八四三年一月二十一日〔本書のドイツ語版では三十一日、大月版では十九日〕に出された政令で、プロイセン当局は『ライン新聞』を四月初頭に出版停止とすると告知した[62]。

同紙の支持者たちは、戦わずして事の成り行きに従おうとは思わなかった。彼らは請願のために、多くはケルンの上流階級からなる一〇〇〇名の署名を集め、政令を撤回するよう当局に訴えた。確かに、地元の市民たちのなかで強い繋がりをもつ私党《クリュンゲル》のメンバーは署名を控え、ケルンの大部分の敬虔なカトリック教徒も、彼らの宗派感情におもねろうとするマルクスの試みにほだされることはなく、やはり署名しなかった。しかし、ケルンのエリート層の大半から相当な支持が得られたのは、権威主義的なプロイセン支配に反発するというマルクスの路線に彼らが賛同した証しであった。[63]

一八四三年二月十三日〔大月版では十二日〕に開かれた臨時の株主総会で、感情が高ぶるなか、投資家たちは今後の方針を討議した。議論の中心は、マルクス当人と、彼に代表される反プロイセン意識であった。無限責任組合員であるユングとオッペンハイムは、他の数人の発言者に支持されて、マルクスの方針への賛同を求めた。彼らの考えでは、新聞を廃刊にする方が、プロイセン政府の顔色を窺って論調を穏当なものにするよりもましであった。投資家の過半は、消極的ながらそれとは逆の道をとった。すなわち、物議をかもす編集者を更迭して、政府に変心を促すことに期待をかけたのである。皮肉なことにこれは、無神論と共産主義を『ライン新聞』の紙面から追放し、アードルフ・ルーテンベルクを公権力の生贄にした際にマルクス自身が既に試していた戦略であった。しかしこのマルクスの戦略の再演は、一度目の試みほどに成功しなかった。編集陣を交替させるというケルンからの大規模な請願も、株主たちによる国王への直接の特別請願も、そして株主たちによってベルリンに送り込まれた代表団も何ら成果を得られず、新聞は廃刊となった。[64]

マルクスは株主総会に参加したが、自己弁護をほとんどしなかった。この会合は、彼の個人的な弱さが白日の下に晒された最初の機会の一つであった。彼は偉大な雄弁家ではなかったのである。ごく親しい人びととの私的な会話においては、彼は力強くポジティブな印象を作り上げることができたら──ユングやヘスのような親密な信奉者たちに対してだけではなく。『ライン新聞』へのプロイセンの最後の検閲官であったサン゠ポールは知的に洗練された人物であり、マルクスの思想と個性に大いに感銘を受けた。しかし、ろれつの回らぬきついライン訛りの語り口では、マルクスが多数の聴衆を前に同様の好印象を引き出すことは叶わなかった。[65]

編集者の地位を失ったために、ベルリン大学での学業を終えた時以来の葛藤が再びマルクスの仕事と私生活にもたらされた。プロイセン政府は彼の新聞を発禁処分にした。『ライン新聞』への投資家たちのなかにいた支援者は、彼を見捨てた。彼はまたもや職を失い、そのことがイェニーとの関係に軋轢《あつれき》をもたらした。しかし、『ライン新聞』の事実上の編集者として働いたマルクスの短くも嵐のごとき日々は、彼のジャーナリスティックな技量と編集者としての力量——友人に感銘を与え、また敵を激怒させる論争の才と、素晴らしい協力者集団を雇い入れる人選の才——を世に知らしめることとなった。

同紙が法規制に配慮して特殊な編集体制をとっていたために、広範な読者層の多くには、こうした能力はほとんど知られぬままであった。『ライン新聞』の発禁処分を決定したプロイセンの役人たちは、マルクスの破壊的な気質は青年ヘーゲル派一般、とくにアードルフ・ルーテンベルクに起因していると踏んでいた。皮肉なことに、まさに自分たちの決定について報じた新聞記事を読んで、彼らはプロイセン当局に対する厳しい攻撃の背後にマルクスがいたことを学んだ。(66) 他方でケルンの名望家たちの間では、マルクスは大きな好意的反響を呼んだ。彼らは『ライン新聞』の発禁後の厳しい時期にマルクスに経済的援助を申し出ようと金を出し合った。仕立屋で、後年、ドイツの初期共産主義運動の主導権をめぐってマルクスのライバルとなるヴィルヘルム・ヴァイトリングは、後に嘲《あざけ》りを込めて彼のことをこう語っている、「奴が影響力を有しているのは他の人びとのおかげだ。金持ちどもが奴を新聞の編集者にした、それだけのことだ(67)」。とげとげしさを除けば、ヴァイトリングの観察は適切であろう。全員が本当に金持ちだったわけではなかったものの、ケルンの中、上流層——端的に言えば、マルクスが後に攻撃することとなる上流社会のブルジョワ層——は彼の鮮烈で活力に満ちたジャーナリズムとその率直な政治的スタンスに魅せられ、一八四〇年代を通じて彼の行動を支持し続けることとなった。

彼らは五年後に、十九世紀中葉の中央ヨーロッパを大きな政治的渦に巻き込んだ一八四八年革命のなかで、マルクスに対するそのような見方を断固として表明した。一八四八年四月〔三月の誤り〕、ルードルフ・カンプハウゼンは国王によってプロイセンで最初の――そして最後の――自由主義的首相に任命された。彼はすぐに、出会った当時は『ライン新聞』の編集者であった血気盛んな若い男に、仲間に加わるよう打診した[68]。この時には、マルクスは、ジャーナリズムに初めて飛び込んだ際に支持していた自由主義と訣別していた。自由主義よりもはるかに急進的な目標に賛同して、彼は第二の、もっと大きいジャーナリスティックな冒険、すなわち『新ライン新聞』の刊行に着手していた。同紙は、五年前にこの都市で活動していたマルクスを知るケルンの名望家層に財政的な基盤を負っていた。

一八四二年～一八五二年の一〇年間は、マルクスのケルン時代であった。『ライン新聞』の編集者の地位を与えられた最初の時から、ケルン共産主義者裁判で仲間が逮捕され、告訴され、有罪宣告を受けた最後の時まで、この都市は彼にとって援助の源、活動の潜在的基盤であり続けた。〔この一〇年間〕一八四二～四三年の約六ヶ月間と一八四八～四九年の革命期の一五ヶ月を除けば、マルクスはケルンにもライン地方にも、そしてプロイセン、あるいはドイツ連邦のどの邦にも居を構えなかった。彼は外国生活を送る亡命者、流浪者であった。自らと公権力の双方から課せられたこの追放の歳月に、彼の知的地平は拡大し、政治的、社会的、経済的な視野は着実に急進化し、私的かつ政治的な同志たちの社会的環境《ミリュー》と政治的同志は根本的に変化した。しかし、こうしたことをすべて体験しながら、マルクスは決してケルンとの接触を失わなかったし、その後彼が歩む道の第一歩はこの町から始まったのである。

章末注

(1) Schöncke, *Karl und Heinrich Marx*, 307–09. 遺産に関する慣例については以下を参照、Sperber, *Property and Civil Society*, 36–63.

(2) *MEGA* 3/1: 28, 43〔二七–三五、三六〇〕.

(3) Gielkens, *Marx und seine niederländischen Verwandten*, 135–40; *MEGA* 3/2: 311–12, 365–67.

(4) *MEGA* 3/1: 353, 358, 751; Rosen, *Bruno Bauer*, 62–63, 128–31; Waser, *Anatomie des Selbstbewußtseins*, 27.

(5) Eßbach, *Die Junghegelianer*, 290–95.

(6) Arnold Ruge, *Zwei Jahre in Paris*, 2 vols. (Leipzig: Verlag von Wilhelm Jurany, 1846), 2: 55.

(7) *MEGA* 3/1: 342–43, 349–50, 352–53, 358.

(8) David Barclay, *Frederick William IV and the Prussian Monarchy, 1840–1861* (Oxford: Clarendon Press, 1995), 52–122; Wolfgang Büttner, "Friedrich Wilhelm IV im Blickpunkt zeitkritischer Vormärzliteratur," *Forum Vormärz Forschung* 10 (2004): 195–207; *MEGA* 3/1: 349–50.

(9) Eßbach, *Die Junghegelianer*, 124–31（以下からの引用、128）; Toews, *Hegelianism*, 308–19.

(10) Bruno and Edgar Bauer, *Briefwechsel zwischen Bruno Bauer und Edgar Bauer während der Jahre 1839–1842 aus Bonn und Berlin* (Charlottenburg: Verlag von Egbert Bauer, 1844), 192.

(11) *MEGA* 3/1: 25.

(12) Ibid., 3/1: 24, 26.

(13) Ibid., 3/1: 366–67.

(14) John Knodel, *Demographic Behavior in the Past: A Study of Fourteen German Village Populations in the Eighteenth and Nineteenth Centuries* (Cambridge: Cambridge University Press, 1988), 185–294.

(15) *MEGA* 3/1: 21–30; 370, 372, 375.

(16)『ライン新聞』の創刊と初期の展開については以下を参照、Edmund Silberner, "Moses Hess als Begründer und Redakteur der Rheinischen Zeitung," *Archiv für Sozialgeschichte* 4 (1964): 5–44と、Edmund Siberner, *Moses Hess: Geschichte seines Lebens* (Leiden: E. J. Brill, 1966), 1–102.

(17) Christopher Johnson, *Utopian Communism in France: Cabet and the Icarians 1839–1851* (Ithaca, NY : Cornell University Press, 1974), とくに、93–95; Edward Berenson, *Populist Religion and Left-Wing Politics in France, 1830–1852* (Princeton: Princeton University Press, 1984), 36–51; Silberner, *Moses Hess*, 7–9, 20–21, 23–28, 72–74.

(18) Joseph Hansen, *Gustav Mevissen: Ein rheinisches*

Lebensbild 1815–1899, 2 vols. (Berlin: Georg Reimer, 1906), 1:246.

(19) Ibid., 1:246; *RhBA* 1: 466.

(20) Götz Langkau and Hans Pelger, *Studien zur* Rheinischen Zeitung *und zu ihrer Forderung nach Handelsfreiheit und Grundrechten im Deutschen Bund* (Trier: Karl-Marx-Haus, 2003); *RhBA* 1: 15–16, 571–81; Hansen, *Mevissen*, 1: 250–51.

(21) Hansen, *Mevissen*, 1: 251–52; Hans-Martin Sass, "Bruno Bauers Idee der 'Rheinischen Zeitung'," *Zeitschrift für Religions- und Geistesgeschichte* 19 (1967): 321–32.

(22) この論文は一八四二年五月五～十九日の『ライン新聞』の各増刊号に掲載され、以下に再録された。*MEGA* 1/1: 121–69.

(23) *RhBA* 1: 844.

(24) *MEGA* 1/1: 134–35〔一一四七～四九〕.

(25) Ibid., 1/1: 139–40〔一一五三〕.

(26) Ibid., 1/1: 159〔一一五四、七七〕.

(27) Ibid., 1/1: 161〔一一七九〕.

(28) Ibid., 1/1: 153〔一一六九〕.

(29) Ibid., 1/1: 169.

(30) Ibid., 1/1: 991–92; *RhBA* 1: 344.

(31) これは一八四二年七月十、十二、十四日の『ライン新聞』の増刊号に掲載され、以下に再録された。*MEGA* 1/1: 172–90.

(32) Ibid., 3/1: 29〔二七一三五一〕.

(33) Ibid., 1/1: 182–88〔一一一一五～一一六、一一八〕.

(34) *RhBA* 1: 318, 324–26, 338–41.

(35) Ibid., 1: 353–54, 368 n. 1; *MEGA* 3/1: 374.

(36) McLellan, *Karl Marx*, 42; Wheen, *Karl Marx*, 36; *MEGA* 3/1: 30–32, 37.

(37) *RhBA* 1: 381 n. 1, 330–31, 341–42, 345–46, 361, 389; Silberner, *Moses Hess*, 106–08.

(38) Silberner, *Moses Hess*, 96; *MEGA* 3/1: 373.

(39) *MEGA* 1/1: 31–32〔二七一三五四～三五五〕.

(40) *RhBA* 1: 373, 388; Langkau and Pelger, *Studien zur* Rheinischen Zeitung, 30–94.

(41) Eßbach, *Die Junghegelianer*, 214–26（優れた説明である）; *MEGA* 3/1: 37–39, 379–83, 773.

(42) *MEGA* 3/1: 64, 386–87, 391, 406〔二七一三七〇〕.

(43) こうした分裂に関するマルクスの見解については、*MEGA* 3/1: 37–39.

(44) Langkau and Pelger, *Studien zur* Rheinischen Zeitung, 240–332.

(45) *RhBA* 1: 375–76, 389.

(46) Ibid., 1: 353 n. 1, 374–75, 389; Wheen, *Karl Marx*, 46; *MEGA* 3/1: 33.

(47) *MEGA* 3/1: 33–36, 250〔四〇―三一二〜三一三〕; *RhBA* 1: 389.
(48) *RhBA* 1: 368–69, 384, 397, 410.
(49) *MEGA* 2/2: 99–100.
(50) Hansen, *Mevissen*: 1: 264–66; Silberner, *Moses Hess*, 119–21; *RhBA* 1: 411.
(51) 以下を参照、*MEGA* 1/1: 240.
(52) Ibid., 3/1: 38〔二七―三五五〜三五七〕.
(53) Ibid., 1/1: 237–40, 1032–37.
(54) Ibid., 1/1: 199–236〔一―一二二〜一二五〕.
(55) Sperber, *Rhineland Radicals*, 76; Dirk Blasius, *Bürgerliche Gesellschaft und Kriminalität* (Göttingen: Vandenhoeck & Ruprecht, 1976); Heinz Reif, "'Furcht bewahrt das Holz.' Holzdiebstahl und sozialer Konflikt in der ländlichen Gesellschaft 1800–1850 an westfälischen Beispielen," in Heinz Reif, ed., *Räuber Volk und Obrigkeit* (Frankfurt-am-Main: Suhrkamp Verlag, 1984), 43–99; Bernd-Stefan Grewe, *Der versperrte Wald: Ressourcenmangel in der bayerischen Pfalz (1814–1870)* (Cologne & Vienna: Böhlau Verlag, 2004), 215.
(56) Heinz Monz, "Der Waldprozeß der Mark Thalfang als Grundlage für Karl Marx' Kritik an den Debatten um das Holzdiebstahlgesetz," *Jahrbuch für westdeutsche Landesgeschichte* 4 (1977): 395–418〔一―一三六〕.
(57) *MEGA* 1/1: 206〔一―一三四〜一三五〕.
(58) Ibid., 1/1: 207〔一―一三六〕.
(59) Ibid., 1/1: 296–318; Annette Winter-Tarvainen, "Moselweinkrise und Revolution von 1848," in Dühr, ed., "*Der schlimmste Punkt in der Provinz*," 439–51.
(60) *MEGA* 1/1: 313〔一―二〇九、二一五、二一八〜二一九〕.
(61) Alan Kahan, "Liberalism and Realpolitik in Prussia, 1830–1852: The Case of David Hansemann," *German History* 9 (1991): 280–307.
(62) *RhBA* 1: 399–400, 402–09, 472 n. 2, 489–90.
(63) Ibid., 1: 412–16, 422–25, 463, 468–69.
(64) *MEGA* 1/1: 434–43, 1171–81; *RhBA* 1: 471–72, 492–975, 503–05.
(65) *RhBA* 1: 473; Liebknecht, *Karl Marx zum Gedächtniß*, 35–36, 41.
(66) *RhBA* 1: 472–73.
(67) *BdK* 1:308.
(68) *MEGA* 3/10: 346.

第4章 亡命者

『ライン新聞』での経験からマルクスが得たのは、穏当さがプロイセン君主政と折り合うことはなかろうという教訓であった。当局を宥めすかそうとしても、苛立ちを覚えるだけであった。彼はアルノルト・ルーゲに次のように書き送っている。「自由のために下男奉公までおこない、棍棒のかわりに針で〔スパーバーでは「片手を背中に縛りつけた状態で」〕たたかうのではたまりません。ねこかぶり、愚鈍、粗野な権柄づく〔スパーバーでは「粗野な当局の愚鈍」〕、へいつくばり、ぺこぺこし、背を向けるわれわれの態度、それに屁理屈〔スパーバーでは「当たり障りのない言葉を探すこと」〕にはもううんざりしました」[1]。マルクスの望みは、自らの考えを語り、青年ヘーゲル派の間に浸透していた急進的で民主的、共和主義的な理念を表現することであった。彼のお馴染みのパターンであるが、急進主義を表明することは、急進主義の原因と結果を考察し分析することを意味した――かくして、なおいっそう急進的な表現がもたらされることになるのであるが。これは、プロイセンにおいては、そしてさらにはドイツ連邦の境界線の内側においても不可能であった。

多くの左翼の同時代人の例に倣い、マルクスは亡命者となり、検閲や口さがない読者を恐れずに自分の意見を表明できる場へ移動しようと決心した。『ライン新聞』の仕事が終わりに近づいてくると、彼は外国に然るべき場所を求め始めた。最初に思いついたチューリヒという案はうまくいかず、一八四三年一月にアルノルト・ルーゲの『ドイツ年誌』は、プロイセン政府から圧力を受けたザクセン王国で発禁処分となった。ルーゲは出版の場をドイツ国外に移し、マルクスを共同編集者として雇い入れるよう提案した。一八四三年の春に行われた話し合いの末、ルーゲはマルクスの熱心な賛同を得て、『独仏年誌』の刊行という、それまでとは幾分毛色の違う計画を実行することにした。同誌は、フランス語とドイツ語を話す急進主義者の協力関係を促進することを意図していた。マルクスはこの雑誌をストラスブールで出版したいと思ったが、ルーゲはパリでの刊行を主張した。同誌は、急進主義のドイツ人亡命者で十九世紀中葉の著名人であったユーリウス・フレーベルによってチューリヒから出版され、流通することになった。フレーベルはこんにちでは、幼稚園の創始者であるフリードリヒを叔父にもっていたことで最も知られている。年五五〇ターラーに執筆原稿ごとの報酬を加えた収入〔一号ごとに二五〇ターラーが追加された〕は高給とは言えなかったかもしれないが、マルクスには世間体を保つことはできた[2]。

これがマルクスにとって個人的に何を意味したのかは、一八四三年三月のルーゲ宛てのもう一通の手紙で語られている。この手紙で二人は、出版という冒険的事業について交渉していた。「われわれの契約がすんだらすぐに、私はクロイツナハに赴いて、結婚します……」。七年の長きにわたる婚約関係にずっとつきまとっていた問題が、ようやく解決されたのであった。マルクスは新妻を養うに足る地位を得た。新たな仕事は、紛れもなき天恵というわけではなかった。それと言うのも、とくにイェニーが祖国を離れることに気乗りしていなかったからであるが、彼女にしても結婚の機会には、今後起こりうるあらゆる困苦を引き受けるだけの値打ちがあった[3]。

ルーゲへの手紙で明らかにしているように、マルクスは結婚に際してトリーアに赴くつもりはなく、その代わりにナーエ川とライン川の交わる場所に位置する、トリーア北東の温泉町クロイツナハ

〔クロイツナハはナーエ川沿いであるがライン川沿いとは言えない。また、トリーアの北東というよりも東方に位置する〕に行く予定であった。この町には、父の死後、イェニーと彼女の母が住んでいた。結婚式の一週間前、カールとイェニーは公式の婚姻前契約書にサインをしたが、この簡素な一枚きりの文書には三つの条項が盛り込まれていた。その第一は、夫婦の共有財産を確定しており、これはナポレオン法典の基本的な規定を繰り返したものであった。対照的に、第二の条項はこれらの規定を改変したものであり、配偶者が相続財産を得た場合に、自分だけの財産にはせず、将来の遺産相続を夫婦の共有財の一部にすることを明言していた。これはイェニーへの譲歩であった。なんとなれば、カールには母親から遺産を相続する見込みがあったのに対して、イェニーにはそのような遺産を将来得るあてがなかったからである。最後の条項は、未来の配偶者となる二人のうちの一方が結婚前に作った借金に対する責任を別々のものとし、夫婦の共有財産にこの負債を負わせないと宣言していた。これも、五年前に父が死去して以来借財を重ねてきたカールが行った譲歩であった。イェニーは、おそらくはカールに夢中であったとは言え、明らかに自分たち二人の将来の生活については醒めた目で実際的に考えていた——もっとも、婚約した当初から彼女はずっとそうであったが。ブルジョワの結婚の典型であるが、あらかじめ財産関係を明確にしたことで結婚が可能となった。一八四三年六月十九日、まずナポレオン法典に則った市民婚が執り行われ、その後でクロイツナハのプロテスタント教会で宗教的な結婚式が挙げられた(4)。

新郎夫婦は短いハネムーンに旅立ち、ライン川をドイツ諸邦の西南のはるか果てへと、そしてスイスへと遡った。二週間で彼らはイェニーの母親から貰った現金を使い果たしてしまったが、この金はカールが新たな仕事を始めるまでは使い切らないでおくはずのものであった。一般的には、彼らはホテルの部屋に金を置き忘れ、友人や知人たちがそれを持ち去ってしまい、返さなかったのだと言われている。伝記作家によって何度も繰り返されてきたこの逸話は、カールとイェニーの長女が三〇年後に父親の友人であった婦人科医ルートヴィヒ・クーゲルマンに語り、彼が自分の娘のフランツィスカに伝えたところを彼女が書き記すという、二重の間接的説明を根拠にしている。繰り返し語られてきたところでは、この話には後年の金銭問題の不吉な予兆という意味があり、この金銭問題は、懐具合を顧みない夫婦の奢侈な振る舞いの結果、その後も絶えず結婚生活の悩みの種となったとされてきた。しかし、何年にもわたって繰り返された語りのなかで水増しされた描写を取り除くと、多少異なる状況が浮かび上がってくる。そもそも、イェニーの母親は娘に十分な持参金、若い夫婦に持続的な収入をもたらすような相当額の資産を、当時の良家の結婚に際して望まれたほどには持たせることができなかったのである。イェニーは、立派な花嫁ならば当たり前に持参する調度品——リネン類や家具や銀食器——を受け取ったものの、銀製品はほとんどが質が悪く、時代遅れになっているか、単に使い古されたものであった(5)。

ハネムーンの後、夫婦はクロイツナハに戻り、十月半ばにパリに発つまで、イェニーの母や弟のエトガルと同居した。家族のすぐ傍《そば》で暮らしたところで、新婚夫婦が第一子をもうける妨げとはならなかった。イェニーは一八四三年八月の初め頃には妊娠した。結婚当初の数ヶ月、マルクスはベルリンからボンに移り住んで以来準備してきた知的作業に取り組む時間の余裕も得た。この仕事はある面で、マルクスの情報処理の仕方を特徴づけるものとなっている。つまり、テキストを読み、詳細な抜粋録を作成するというやり方である。無論、スキャナーやコピー機、マイクロフィルムはおろか、タイプライターが普及する以前の時代には、膨大な抜書きこそが情報を獲得し蓄積するための唯一の方法であった。しかし、マルクスはいつでも異常なほど膨大なノートをとり、大抵の場合、その量は当座の計画に必要な量をはるかに超えていた。温泉町クロイツナハにあった驚くほど上質な公立図書館は、この町の有力者たちによって、湯治に訪れた富裕で教養ある多数の客人たちの便益に供するために建設されたものであった。マルクスはこの施設を十分に活用し、ヨーロッパの主要国やアメリカ合衆国の歴史についてメモをとり、またモンテスキューやマキャヴェリ、ルソーの著作といった政治理論の古典を渉猟した(6)。

読書と並行して、マルクスは執筆も行い、ヘーゲルの『法の哲学』を批判した論文を『独仏年誌』に載せる用意をした。たっぷり一年以上にわたって、マルクスは師の政治学に関する主著への批判を執筆する案を練ってきた(7)。この草稿は、マルクスの比較的大きな知的労作の大半と同様についに完成をみなかったとは言え、彼の最初の理論的な試みであり、『ライン新聞』の編集業の後の、そしてパリに行き、この大陸ヨーロッパの巨大な都で様々な知的、政治的邂逅を体験する前の彼の思索のあり方を示すものである。『ヘーゲル法哲学批判』〔『ヘーゲル法哲学の批判から』、『ヘーゲル国法論批判』とも〕はまずヘーゲル主義的な、とくに哲学者ルートヴィヒ・フォイエルバッハに影響された、政治的問題についての考察から始まるが、この問題は『ライン新聞』編集時のマルクスが論じていたものであった。

フォイエルバッハは、ダーフィト・フリードリヒ・シュトラウスやブルーノ・バウアーと同じく、青年ヘーゲル派の哲学者、神学者の一人であり、神性についての人間の理解には、――外化、空虚化、疎外化の過程によって――集合的な人類の特性を想像上の至高の存在へと投影しようとする企図が含まれているのだと主張していた。この宗教批判をヘーゲルの思想そのものにまで拡大するフォイエルバッハとバウアーの理解によれば、自然と人類の歴史の推進力である絶対精神というヘーゲルの観念は、青年ヘーゲル派が宗教のうちに見出した、想像上の存在に集合的な人類の特性を投影しようとする企図とまさしく同様のものであった。フォイエルバッハがバウアーや他の青年ヘーゲル派と違っていたのは、神性に関する宗教的な思索とヘーゲルの絶対精神の観念との双方において何が疎外されているのかをめぐる理解に関してであった。すなわち、フォイエルバッハがただ意識あるいは自意識のみならず、その自然的、物質的——あるいは彼の好んだ言い方では「感覚的」——な存在としての人間という類、つまりは人類が疎外されているとした点で。換言すれば、フォイエルバッハは唯物論者であり、人類の存在をとりわけ性的な関係において形成されたものと見なすことで、いかにも生物学風の唯物論を提唱していたのである。(8)

マルクスは、フォイエルバッハに心酔していた最中にさえ、その自然主義的唯物論には懐疑的であり、フォイエルバッハは「自然についてはいやというほど言及しながら、政治についてはほとんど言及していない」と切り捨てた。(9)しかし、彼はヘーゲルの存在論に対するフォイエルバッハの批判に、ヘーゲル政治学を批判するうえで有効と思われる方法を見出した。フォイエルバッハは、ヘーゲルが主部と述部を混同していると主張していた。曰く、歴史の主体としての絶対精神は、類としての人類の諸特徴を述部としている、しかし実際には、絶対精神の諸特徴を生み出しているのは類としての人類なのだ、と。マルクスのヘーゲル批判は、こうした主張に沿ったものである。すなわち、ヘーゲルは絶対理念を主部とし、国家と社会をその述部として説明したが、実際の因果関係はそれとは反対なのだ、と。

こうした論理展開は晦渋で抽象的に思われるかもしれないが、マルクスは哲学的議論を政治的主張の正当性を示すために用いている。彼は、ヘーゲルは政府の形態と機能をイデアの発展から引き出しているが、これがどれほど君主の権力を賛美し、土地貴族の社会的、政治的地位を高め、国家官僚の権威を強化しているのかを明らかにしている。マルクスは、ヘーゲルが君主を憲法に規定された行政府の長たる統治権力としてではなく、「絶対理念という主体」を具現化した存在を意味するものとして捉えて、「統治権力を君主［から］発する」ものとしていることに皮肉を浴びせている。彼はかなりの紙幅を割いて、ヘーゲルが、貴族に相続が限定された所領、そして上院で特別に議席を占める彼らの権利に関して、いかに「家族の自然な原則」をその主張の根拠にしているのかを論じ続ける。そして、ヘーゲルが国家官僚の特権的地位を哲学的に導き出すことにも、同様の皮肉が向けられている。(10)

こうした議論は、『ライン新聞』の編集中に書いた論争的な著述を知的にいっそう精巧にしたものであり、政治的な標的を絞り込んだことで、共和主義や民主主義への共感を示している。とは言え、ここに彼の後の思想の主たる論点が欠如していることは確かに目を引く。『ヘーゲル法哲学批判』は政治経済学にも、労働者階級にも、あるいは社会主義にも一切ふれていないのである。

未来に対するマルクスの見解については、民主主義の特性を論じた長々しい文章の中にその片鱗を見出すことしかできない。そのような人民主権体制は共和政として存在するが、しかし共和政は君主政とは対照的に、「抽象的国家形式」にすぎない。むしろ、マルクスが明言するところでは、民主主義は「現存的、現実的にも、それの現実的根拠である現実的人間、現実的国民のなかへつねに連れ戻されていて人間自身、国民自身の業《わざ》として定立されている」統治の形態である。民主的な統治体制の確立は、単に然るべき国制の問題にとどまらず、同時に国家と社会の関係の問題となる。彼の観察によれば、君主政と共和政の双方において、自己の利益——「所有、契約、夫婦関係、市民社会」——に関係した私的な徒党としての諸個人と、国家との間には対照性が存在している。後者は私的生活を「組織する形式」であり、それを調整する普遍的で有効な法を広めるが、そうした私的生活が保有しているのと同じ内容は欠いており、諸個人の生活の個別的、私的利害と、抽象的思考である国家の普遍的立法との間に対比を作り出している。純正の民主主義は「普遍と特殊との真の一体性」となり、そこにおいて国家は「国民の〔一つの〕特殊な定在形式」となる。近代のフランスの著述家たちが示唆するところでは、かくのごとき統治体制においては、——私的、特殊的利害に対して普遍的かつ一般的な利害の側に立つ形態としての——国家は「亡くなる」であろう。この亡くなるというのは、アナーキズムが言うように文字どおり消え失せるということではなく、そのなかでは国家が「もはや全体的なものとして通用しない」、すなわち、もはや市民社会の私的利害に対立しないような環境が創出されるということであった。

マルクスは、自らの言葉の一つにヒントがあるにもかかわらず、そのような民主的国家を創出するのにいかなる社会的変化が必要となるのかを明確にしなかった。「所有等々、約言すれば権利と国家との全内容はわずかの相違点はありながらも北アメリカにおいてプロイセンにおけると同じである」(11)。この比較を、共和政は抽象的な国家の形態であり、民主主義に必要な内実を欠いているというマルクスの発言と繋げてみると、民主主義についての彼なりの構想が見えてくる。それは、現存する所有関係のある種の変更を——当時はまったく不明確であったとは言え——求めるものであった。

民主主義についてのこの極めて特殊な言及の背後には、少なくとも三つの、それぞれにかなり異なった知的な衝動がある。その第一は、間違いなくヘーゲル主義、すなわち普遍性と特殊性の融合が絶対精神の観念に不可欠だとする考え方である。しかし、これは青年ヘーゲル派の宗教批判によって修正された、ヘーゲルの改変版である。マルクスがまさにフォイエルバッハを政治的にして論じたところによれば、神性が人間性の主要素の表現を外化し疎外化したものであるのと同様に、政府は人間性の本質を疎外化し外化したものであった。フォイエルバッハの無神論的宗教は、かつては神性に帰された特性を人間性に再刻印することを必要としていた。同様に、マルクスの論じる民主政においても、公的な利害、普遍的な公益は、もはや社会に敵対し対立する国家の排他的な所有物とはならない。その代わりに、市民社会の特殊で私的な利害が普遍的な公益を同時に表現するような体制が出現することとなるのであり、その理由は、これらはともに民衆、つまりは民主政の基礎の現れだからであった。

マルクスは、その内部で国家が「亡くなる」であろうこの体制を「近代のフランス人たち」のものとしたが、ケルンで研究したフランス社会主義者についての言及はできるだけ遠回しに行っている。(12)おそらく、マルクスの思想にはフランスを淵源としているものがもう一つある。それは、十八世紀の思想家ジャン＝ジャック・ルソーである。ルソーの『社会契約論』からの抜書きにマルクスが書き込んだ太い黒線は、一般意志のなかでの私的利害の結合についてのルソーの説明を強調している。(13)特殊と普遍の結合や、民主主義体制における市民社会の私的利害と国家の一般利害の結合といったマルクスの思想は、ヘーゲル主義的な形式で表現されているものの、ルソーの観念とも共通性がないとは言えない。

『ヘーゲル法哲学批判』の大部分は、より知的な言葉と哲学的な形式によって書かれてはいるものの、マルクスが既に『ライン新聞』の記事の中で表明していたことの繰り返しで成り立っている。当時まだ新たな名称を思いつかず、ただ「民主主義」と呼んでいたもののために国家と社会を改変しようとして、マルクスがさらに突っ込んだ議論をしているのは、この草稿の一部分でしかなく、そしてその部分は複数の知的な情報源の折衷に基づいている。ジャン＝ジャック・ルソー、ルートヴィヒ・フォイエルバッハ、そしておそらくは一八四〇年代のフランスの社会主義者ヴィクトール・コンシデランという組み合わせは、確かに折衷的と呼ぶのにふさわしいであろうし、議論は曖昧で不正確なままにとどまっており、いかにすれば新たな社会的、政治的秩序が実現するかについて、内容も詳細も、あるいはいかなる理念も欠いている。こうしたものはすべて、パリに滞在していた一年半の間に姿を現すこととなる。

マルクスに先立つこと二ヶ月前の一八四三年八月、アルノルト・ルーゲはモーゼス・ヘスを伴って、自分たちの雑誌の第一歩を踏み出すために、パリを訪れた。この移住にかけていた期待についてルーゲが後に述べた文章は、フランスの首都がドイツ人の亡命急進主義者たちに及ぼしていた魔法のような魅力を説明している。「旅路の末に、我々は雄大なパリ渓谷に辿り着いた。そこは新しいヨーロッパの揺籃の地にして、世界史が沸騰する大きな魔法のやかんであり、外へとしばしばあぶくが溢れ出しているのだ」。これほどに有頂天になった表現こそ用いなかったが、マルクスもまた、大陸きっての大都市に魅力とやりがいを感じていた。

　この都市は巨大であった。ルーゲは、パリで一番標高の高いモンマルトルの丘の頂《いただき》に立ち、果てしなく広がる都市の眺望を眼前にした時のことを次のように回想している。「我々はそれを一望のもとに収めることができなかった、都市の広がりは我々の周囲を取り巻き、半円をなしており、その端は両方とも視界の外側にあった。……我々の眼前にあるのは、見渡す限りすべてパリだった……」[14]。人口一〇〇万の大台に迫るパリは、トリーアやケルンといったドイツの地方都市を数桁上回り、マルクスの学生時代に三〇万の人口を数えたベルリンをもはるかに凌駕していた。

　単に住民の数にとどまらず、文化的、知的生活の豊穣さと多様さにおいて、中央ヨーロッパのどの都市も大フランスの首都に肩を並べることはできなかった。コメディ・フランセーズでかけられる古典作品から、ヴィクトール・ユーゴーやジュール・ミシュレのロマン主義の作品や、マルクスが高く評価したオノレ・ド・バルザックの写実主義の作品、通り《ブルヴァール》の劇場でもてはやされる文学的形態、マルクスは酷評したが感傷的な小説家で大成功を収めたウジェーヌ・シューに至るまでのあらゆる種類の文学がそこには溢れていた。芸術の世界もまた、ルーヴル美術館の古典的巨匠から、クールベのようなアヴァンギャルドの写実主義者、ドーミエの強烈な政治風刺の漫画や風刺画といった多彩ぶりであった。

　ドーミエの作品は、マルクスとルーゲのパリ移住の主たる理由を示している。すなわち、ナポレオン戦争における敗北にもかかわらず、この都市は、なおも大陸で最も豊かで、最も力強く、最も影響力のある国家の首都という役割を担っていた。一八三〇年七月における革命的パリ市民の路上の騒擾の後にフランスに敷かれたいわゆる七月王政は自由主義的立憲王政であり、市民の基本的自由をある程度保障していたが、それらの自由は、マルクスが『ライン新聞』においてプロイセンへの導入を唱えて叶わなかったものであった。一八四〇年代にはフランス政府はそれまでよりも幾分保守的な方向に向かい、政治思想の自由な表明に幾つかの制約を加えていたものの、それでもこのかつてよりは制限された政治的議論のための環境は、プロイセンの検閲や権威的官僚制とは大違いであった。パリには、保守主義者から、親政府、反政府それぞれの自由主義者、急進的民主主義者と共和主義者、平和主義のフーリエ主義的社会主義者、革命的共産主義者までのあらゆる左右両翼の政治的スペクトル——従来とは異なる政治的次元に突入しようと主張していた集団を度外視するとしても——がひしめき合っていた。これらの諸見解の支持者たちのいずれもが、定期刊行物や議会での討論、合法的な結社や秘密結社、公的集会や私的会合において、自分たちの意見を率直かつ明確に主張していた。政治的議論の活力やフォーラムだけではなく、そうした議論が表明されていた社会組織についても、パリはプロイセンの上をいっていた。かつてマルクスは青年ヘーゲル派の知識人の小グループに名を連ね、その後の『ライン新聞』の編集時代にはもっと大人数の、しかし著しく上流ブルジョワ的なケルンの名士たちと関わっていた。パリでは彼は労働者の政治活動家に出会い、非合法的な秘密組織に属する職人や合法的な共済組合員たちとともに居酒屋で時間を費やした。

パリは大陸全体の首都であった。ヨーロッパ中の政治的亡命者がこの町で群れをなしていたが、ここでは彼らは自分の思想を自由に表明することができ、公的政治に影響を及ぼして、故国に評判を届かせようと望むことさえできた。イベリア半島やイタリア、ポーランド、ロシア、さらには後にルーマニアの中核地帯となるドナウ両公国のモルドヴァとワラキアから来た左派や自由主義者たちは皆、パリの政治的風景の一部であった。マルクスとロシア人たちとの接触の模様は、とくに詳しく記録に示されている[15]。

パリでの生活によって、マルクスは他の国から来た急進主義者と密接に交わるようになったが、亡命者になったことで新たな、そしてしばしばそれまでとはまったく異なるドイツ人たちとの交流がもたらされた。彼らはパリにいた外国人の集団のなかでも最大の存在であり、一八四〇年代の半ばには計約六万人〔二万〜五万人程度であったという説もある〕、つまりパリ住民の一七人中一人にのぼった。フランスの首都に住んでいた多くの反体制的なドイツ知識人たちのなかには、青年ヘーゲル派をはじめとして、マルクスがベルリンやケルンで会ったことのある人びとが含まれていたし、さらには新たな知人たちの集団もいた。よく知られる例を二人挙げれば、まず高名な詩人、文学者のハインリヒ・ハイネがおり、彼は自由主義と、さらに急進的な見解との間で政治的に揺れ動いていた。もう一人のアウグスト・ルートヴィヒ・フォン・ロハウはかつて学生時代には急進主義的であったが、後に一風変わった自由主義者となり、有名な「レアルポリティーク」なる語を作りだした人物であった。パリのドイツ知識人たちのなかには、ヤーコプ・フェネダイ、ゲルマン・モイラー、アウグスト・ヘルマン・エーヴァーベックといった、古参の左翼で急進的な秘密結社で長年活動した、歴史的にはそれほど知られていない人物もいた[16]。マルクスは彼らのサークルにも出入りすることとなった。

こうした年季の入った左翼は、仲間の知識人とよく交流しており、他の政治グループとも付き合いがあったが、しかし彼らはまた、まったく異なる環境《ミリュー》のメンバーと社会的背景を共有してもいた。すなわち、パリのドイツ系住民のうちで堅固な多数派をなしていた渡り職人たちとである。彼らは中央ヨーロッパで職にありつけなかったために、フランスに来ていた。当時のパリの仕立職人、靴職人、家具職人――この三つは最も数が多く、しかしまた最も賃金が安い手工業種であった――の約三分の一がドイツ人であった[17]。こうした手工業者たちが、エーヴァーベックやフェネダイのような知識人に率いられた秘密結社の会員の大半を占めていた。大陸全体に散らばった仲間の職人たちと同様、彼らは、自分たちのプロレタリアート的状況、なかんずく失職の原因となる疾病の危機から身を守るために、相互扶助組織に参加した。そしてフランス人の同業者たちと同じく、彼らは実際的かつ折衷主義的で、体系的とは言えないやり方で社会主義や共産主義の思想に接し、大抵はギルド制度の記憶から導き出された漠然とした理解による集団作業場の観念を、聖書を土台とした神学的に怪しげ公正や平等の観念と混ぜ合わせていた[18]。

一八四三年の秋から翌年末にかけてのマルクスの知的発展の諸要素――とくに、共産主義者としての未来の理想的政体の再定義、当時の代表的な経済学者の著作の検討と自らの新たな世界観へのそれらの編入、政治的変革の牽引者としての労働者階級への自己の同一化、フォイエルバッハ的な青年ヘーゲル主義の再解釈、労働の過程の強調――はどれも、ヨーロッパをリードする首都での個人的体験をつうじて明晰さを得た。もっとも、マルクスは決してパリで見知ったすべてのこと、すべての人を受け入れたわけではなかった。年齢を重ね経験豊富になり、若く激しやすい学生であったベルリン時代よりも社会的責任が増して、マルクスはパリで遭遇した新たな知的、政治的潮流を評価したり、何を拒絶するべきかを決めたりするにあたり、青年ヘーゲル派の教理を受容した一八三七年当時よりもはるかに分別がついていた。それでもなお、パリ生活がマルクスの将来設計に大きな役割を果たしたという印象は拭い去り難い。

カールとイェニーは、一八四三年十月の十一日か十二日にパリに到着した[19]。一六ヶ月間の滞在中、彼らは流行の先端を行くサン・ジェルマン街のヴァノー通りで居を転々とした。当初、彼らはアルノルト・ルーゲや急進主義的な詩人ゲオルク・ヘルヴェーク、そして彼らの妻たちと同居した。幾分無邪気に、この生活形態が社会主義者のコミューンとして描かれることがあるが、これはルーゲの「ちょっとした共産主義」という皮肉交じりの描写に欺かれている。共同のアパートで料理人と家政婦を共有し、あらゆる食料品を注文して取り寄せることで買い物を不要にするというルーゲの計画は、まずもって亡命者たちが「もっと安上がりな生活」をできるようにすることを念頭においたものであり、金のかかるこの町ではこれは大事なことであった。妻たちの諍いが間もなく共同生活に終わりをもたらし、マルクス夫婦は転居したが、移転先はたった一区画先の別のアパートであった[20]〔ヴァノー通り二三番地から三一番地へ、その後さらに三八番地へ引越した〕。

マルクス夫妻の到着直後にルーゲが病を患ったため、マルクスは『独仏年誌』の編集の責任を負わねばならなくなった。彼はこの仕事に『ライン新聞』の編集で示したのと同等のエネルギーを費やしたが、得るところははるかに少なかった。『年誌』のフランス語の部分は、ルーゲとマルクスがパリの数多くの左翼サークルを回ったにもかかわらず、フランス人の寄稿者を確保できなかったために、消滅してしまった。当時の教養あるあらゆるヨーロッパ人の例にもれずフランス語を難なく読めたにもかかわらず、彼らはフランス語を話すのは不得手で、自分たちの考えを理解してもらうのは難しかった。

先にパリにいて彼らよりも流暢にフランス語を話したモーゼス・ヘスに通訳として協力を得ていたことを考えると、言葉だけが問題だったのではなかった。政治的、知的な相違もまた、協力関係を困難にしていた。彼らドイツ人編集者が会ったフランス人社会主義者のほとんどは、自分たちの新たな社会をもたらす手段として政治的行動をとることを拒否し、その代わりに、破壊活動や革命的闘争を必要としないコミューンの自発的な形成を思い描いていた。こうした社会主義者たちはまた、自分たちの社会的、経済的計画を宗教的な用語によって理解していた。すなわち、共産主義はキリスト教の理想を忠実に実現するものとして理解されていたのである。急進的で無神論的なドイツの知識人たちはプロイセン当局と揉めている破壊分子であり、フランスの社会主義者たちとまったく馬が合わなかった。こうした障害を悟って、編集者たちは詩人のアルフォンス・ラマルティーヌや弁護士のアレクサンドル・ルドリュ＝ロランといった、七月王政に反発する急進勢力の指導者のなかでも非社会主義的な人びとへと視線を移していった。なお、この二人は一八四八年革命で指導的役割を果たすこととなる。しかし、彼らからは何の協力を得られなかった。フランスの左翼のなかには、おそらく亡命者の急進主義者に共感を抱くことになったであろう一群の人びとも存在してはいた。彼らは公然たる革命家であり、反教権主義を含むジャコバン主義の遺産への訴えを、広がりつつあった社会主義の教理への関心と結びつけた。もっとも、アルマン・バルベス、ルイ＝オギュスト・ブランキといったこの手のフランスの指導的な革命的陰謀家たちは、暴動を扇動しようとしたことで投獄されていたため、協働は不可能であった(21)。

『年誌』にフランス人の執筆者を募ろうとする努力が水泡に帰したとは言え、マルクスは一八四四年二月の末には、合併号を出せるだけの数のドイツ人寄稿者と協働することができた。この合併号は、最初にして最後の号となった。ルーゲは『ライン新聞』の例に倣って雑誌の出版への協力者を求めたが、投資家を得られなかった。『独仏年誌』は、財政的にはルーゲとフレーベル（マルクスも参加を要請されたが、彼にはこの事業につぎ込む元手がなかった）の協力関係に支えられていたが、深刻な資金不足の状態にあった(22)。一歩でも躓《つまず》けば、事業は崩壊しかねなかった。出版物がドイツに流入するや直ちにプロイセン当局が没収すると、ユーリウス・フレーベルはこの雑誌に見切りをつけ、マルクスとルーゲには代わりとなる人物を見つけられなかった。出版の試みが失敗すると、計画者たちの間で口論が勃発した。ルーゲとヘスは、未着となった記事の前金として前者が後者に払ったわずかな金額をめぐり、ひどい口論を繰り広げた。ルーゲはマルクスには、少なくとも一部を現金ではなく『年誌』の現物で支払った――この経済学の実例問題を、マルクスは過《あやま》たず理解した。かくしてマルクスとルーゲは激しく言い争い、互いに絶縁状を突きつけてしまった。表向きは、彼らの問題は、『年誌』サークルのもう一人のメンバーであったゲオルク・ヘルヴェークの浮気（彼はフランツ・リストの元愛人と関係をもった）をめぐってのものであり、ルーゲはヘルヴェークの不道徳を公然と非難したが、マルクスはこれに応じて、ヘルヴェークの問題多き私生活が彼との政治的協働の妨げになるべきではないとした[23]。

この出来事は、とくにマルクスにとっては手痛かった。扶養家族の数が増えている最中に起きたからである。イェニーは一八四四年五月一日に娘を出産した。両親はこの子をイェニーと名付け、すぐに家族内では「イェニーちゃん《イェニーヒェン》」の呼び名でとおるようになった。イェニーは生後六週間の娘を連れて、トリーアからクロイツナハに居を移していた母を訪ねた。母娘がトリーアに到着した時、おそらく、当時の乳幼児死亡の最大の原因であった恐ろしく質の悪いオートミールの粥《かゆ》を与えられる以外に何の世話も受けていなかったせいで、娘は半死の状態にあった。主治医は、赤ん坊に乳母が必要だという診断を下し、そのために昔から一家に仕えていた奉公人の娘〔パルベルンのグレートヒェン〕が雇われた。イェニーは、家事の手伝いと多少のフランス語ができるこの乳母を伴って、パリへ戻ることとなる。

トリーアで「だれよりも上品」〔スパーバーでは「もう一度誰よりも上品」〕になるために最新のパリのファッションを着込み、娘を見せびらかして、イェニーは大きな成功を収め、すぐにかつての知り合いたちが皆、定期的に彼女の元を訪れるようになった。彼女の方も「重い足どり」を運んで、義理の母に会いに行った。しかし驚いたことに、ヘンリエッテ・マルクスとの面会はこの上なく良好なものとなった。ヘンリエッテは息子の地位についての知らせに喜び、義理の娘を愛想よく受け入れたが、これは過去の経験からすれば注目すべき変化であった。イェニーはカールへの手紙に、「成功、または私たちの場合にはむしろ成功のみせかけがもたらしているもの、私はそれをこのうえなくみごとな手練で維持することができます」と記している。(24)

彼女とカールを大いに喜ばせたことに、ケルンのカールの支持者たちが彼らを支援し、一〇〇〇ターラーという相当な額を工面し、彼に送金してくれた。「個人的に、あなたが私たちの共通の大義のために払った犠牲を補てんするために」。この活動を指揮したケルンの自由主義者ハインリヒ・クレッセンは、マルクスをアイルランド民族主義者の有名な指導者ダニエル・オコンネルに比した。オコンネルの支援者たちは彼のために「国民的募金」を集め、そのおかげでオコンネルはすべての時間を政治活動に捧げることができたのであった。このように、マルクスを共産主義へと導くことになった研究活動がケルンのブルジョワたちによって金銭的に支えられていたことは、『ライン新聞』の編集に際してマルクスが残した力強い印象、そして彼が同地で得た名声を示すさらなる証左である。(25)

『独仏年誌』が商業的試みとしても政治的参入としても失敗であったとは言え、第一・第二合併号のためにマルクスが著した二つの論文は、彼の世界観の発展の重要な段階を示している。そのうちの一つ、「ヘーゲル法哲学批判序説」は、青年ヘーゲル派の宗教批判はそれ自体が目的となるべきではなく、社会状況、政治状況についての批判をもたらすべきだと論じている。そのように論じつつ、マルクスは初めて、自らの思い描く政治的、社会的変革をいかに実現するかについての理論を展開し始めている。二つ目の論文、「ユダヤ人問題によせて」は、ブルーノ・バウアーの同名の書への書評としてまとめられたもので、青年ヘーゲル派に対する批判であり、またマルクスの共産主義思想を初めて公式に定式化したものとなっている。[26] この一文における経済批判とユダヤ人の法的、社会的立場についての議論の接合は、マルクスは反ユダヤ主義者だという長らく繰り返された非難――この非難には反ユダヤ主義とユダヤ人についての時代錯誤的な観念が内包されている――を生み出した。

「ヘーゲル法哲学批判序説」は、宗教は集団的な人間の疎外の表現だという青年ヘーゲル派の考えを肯定することから始まる。しかしマルクスによれば、ここで言う人間とは、「人間の世界のことであり、国家社会〔スパーバーでは「国家、社会」〕のことである。この国家、この社会が倒錯した世界であるために、倒錯した世界意識である宗教を生みだすのである」。疎外された人間存在の表現としての宗教は、こうした存在に対する抗議であり、また同時にこうした存在のための気休めである。マルクスの有名な――ブルーノ・バウアーからの借用である――表現では、宗教は「民衆の阿片」である。[27] それゆえ、マルクスの断言によれば、哲学による宗教批判、無神論的生活スタイルを広めようというベルリンの「自由人」の連中の試みは不十分である。必要なのは、宗教によって疎外されることで明確となる、社会的、政治的状況に対する批判である。哲学によってかつて「人間の自己疎外の神聖な姿が仮面をはがれた」のであれば、今や「神聖でない姿での自己疎外の仮面をはぐこと」が必要であり、「天上の批判は、こうして地上の批判にかわり、宗教の批判は法の批判に、神学の批判は、政治の批判にかわる」のである。

こうした批判は、ドイツの現状――絶対主義的国家、身分制社会、ロマン主義的知識人、古代のゲルマン種族や中世への熱狂者たち、そのような状況を正当化する歴史法学派の法律家たち――が一七八九年の革命以前のフランスと瓜二つであるのに思い至ることとなる。フランス革命後、フランス、イギリスをはじめとする西欧各国が、基本的市民権、法の下での平等、選挙による強力な権限を有する議会に特徴づけられた立憲王政に移行したが、ドイツ諸邦では一七八九年以前の状況が継続しており、それは古臭く時代錯誤な、旧体制のパロディであった。『ライン新聞』の編集をしていた頃、マルクスは平和的で漸進的な方法でこうした状況を改変しようと思い描いていた。しかし、今や彼は、旧体制の除去にはフランスでの例と同様、革命が必要であるという結論に達した。この論文で用いられている多くの簡潔な言い回しの一つが表現するところでは、「批判の武器は……武器の批判のかわりをすることはできない」のであった。

ドイツにおける一七八九年の再演は、ただ単に一八四〇年代の革命後のフランスと同様の諸状況をもたらすだけだとマルクスは続ける。パリに着いてからこのかた、マルクスは知的にも私的にも革命後の秩序に敵対し、その多くの社会的、経済的、政治的欠陥を糾弾する人びとと接触してきた。彼の提言によれば、ドイツの革命はさらに前進せねばならない、単にドイツを「近代諸国民の公式水準に」高めるばかりでなく、「これらの国民の次の将来である人間的な高さにまでも」引き上げるために。そのためには、過去の革命を超克する必要があり、事実上、十八世紀のフランスのようにドイツを十九世紀の諸革命の先頭に立たせる必要があるが、ここでの主張にはそれが道徳的要請であるかのような響きがあり、若干のナショナルな自尊心が混入している。しかし、いかにしてこのドイツ革命が実現すべきかを論じるマルクスの議論の最終部は、そのような道徳上の要請を取り去り、逆説的にもその退嬰的性格を強調することで、ドイツの前衛的な立場を力説してさえいる。

マルクスは、「普遍的人間的な解放」をもたらす「ラディカルな革命」は、ドイツにとって「空想的な夢」ではないと断言した。むしろそれは、一七八九年と一八三〇年のフランスの革命を模範とした、もっと穏やかな「政治的な革命」という選択肢であった。この断言の根拠として彼が挙げている事柄は、社会階級についてマルクスが自らの理論を公表した最初の例と言える。マルクスの見解では、政治的革命のためには、市民社会のなかの一階級が自分たちの解放を市民社会の普遍的な解放に重ね合わせることが必要とされる。彼は、一七八九年のフランス革命に関してはブルジョワジーに革命的役割を求めたが――これは彼が読んだフランスの社会主義者の著述家の受け売りであった――、同時代のドイツ人でそれに相当する人びとが同じ役割を果たせるとは認めない。ドイツのブルジョワ層は、市民社会の普遍的な利益を代弁するのを拒否したが、彼らは国家官僚や貴族、王族を含む多くの社会的、政治的集団の一つにすぎず、いずれも自分たちの特殊利害を推し進めるために相互に競い合っているのであった。こうした批判は、出版の自由について書かれた『ライン新聞』の記事を強く連想させる。当時の彼は、ライン州議会の様々なグループが出版の自由を市民的自由の普遍的な表明というよりも、特殊利害と見なしていることを非難していた。

『ライン新聞』に掲載された、森林盗伐に関する記事の中では、マルクスは何らかの革命的階級を規定できなかったが、今や彼はその主たる基準を手に入れた。すなわちそれは、重荷を背負い、厳しい条件の下に置かれ、既存の社会経済的、政治的仕組みのなかで活動する可能性を強く制限された階級であり、あらゆる現存の条件の完全なる転倒によってのみ解放に達することのできる階級であった。その実現は、

> ラディカルな鎖につながれた一つの階級の形成のうちにある〔スパーバーでは「形成を通してである」〕。……市民社会の一階級、あらゆる身分の解消であるような一身分、その普遍的苦悩のゆえに普遍的性格をもち、なにか特殊な不正ではなしに不正そのものをこうむっているためにどんな特殊な権利も要求しない一領域、……ドイツの国家制度の帰結に一面的に対立するのではなくその前提に全面的に対立する一領域、そして結局、社会のあらゆる領域から自分を解放し、それを通じて社会の他のあらゆる領域を解放することなしには、自分を解放することのできない一領域、ひとことでいえば、人

間の完全な喪失であり、したがってただ人間の完全な回復によってだけ自分自身をかちとることのできる領域、こういった一つの領域の形成のうちにあるのである〔スパーバーでは「形成を通してである」〕。社会のこうした解消をある特殊な［社会］身分として体現したもの、それがプロレタリアートである。(28)

この一節において、労働者階級は歴史の背後で活動する勢力として、また歴史の主体として姿を現す。それはヘーゲルの絶対精神、バウアーの人間の自己意識、そしてフォイエルバッハの人間の類的本質の後継者である。マルクスは、労働者階級を政治的な理由から発明したと言えよう。すなわち、権威主義的なプロイセンの統治との葛藤に満ちた戦いから現れた願望を現実化するために。しかし、彼の政治的な理由づけをかたちにしたのは、ヘーゲルの絶対精神の発展の宇宙的統合を人間と物質に見出そうとした青年ヘーゲル派の哲学的取り組み、そしてフランスの、革命後の秩序に対する急進主義者や社会主義者の批判であった。現実の労働者階級やその苦しみ、行動、希望、思想とのマルクスの個人的な接触が、革命の望みをこの階級のうちに見出した時についに始まったのである。

論文は、マルクスの哲学的、政治的な願望と労働者階級との間の繋がりを明確に表現することで結論づけられている。「ドイツ人の解放は人間の解放である。この解放の頭脳は哲学であり、それの心臓はプロレタリアートである。哲学はプロレタリアートを揚棄することなしには実現されえず、プロレタリアートは哲学を実現することなしには揚棄されえない」。最後の言葉は、『独仏年誌』の計画を表現したものであった。「ドイツの復活の日は、ガリアの雄鶏の蹄鳴によって告げしらされるであろう」。来るべきフランスの急進的革命は、ドイツの内乱を導くことになろう。あるいはおそらくは、マルクスがトリーア生まれの一人物であることから想像されるように、革命的フランス政府による新たな革命戦争は、一七九〇年代の革命の経緯に沿って、ドイツに革命的変化を招来するであろう。

このさらに急進的な革命、そしてその後にもたらされる「普遍的人間的な解放」の内容は曖昧なままであった。マルクスが『独仏年誌』に発表した別の論文「ユダヤ人問題によせて」は、この点を解き明かし、資本主義の終焉を含めた人類の解放についてのマルクスの理解を初めて明らかにしたものである。その中で軽蔑を込めて資本主義とユダヤ人を同一視したために、彼はしばしば反ユダヤ主義者と見なされている。マルクスの擁護者たちにとって、この告発は厄介な問題であり続け、彼らは当惑した様子でこの論文の周りを右往左往してきた(29)。二十世紀のドイツ史、そしてナチスの「ユダヤ人問題の最終解決」に光を当てようとしてこの論文を読むというほとんど避け難い誘惑が、論文の議論全体につきまとう問題である。この文章を執筆していた時のマルクスの心中にあったものを理解するためには、それを二十世紀の全体主義体制や大量虐殺、そして人種主義的反ユダヤ主義から引き離すこと、そして一八四〇年代の本来の文脈――とりわけ、自由主義プロテスタント神学者や青年ヘーゲル派の哲学者たちのこの問題に関する思想と結びついた「解放」、ユダヤ人への法的同権の付与をめぐる論議――に置き直す必要がある。

マルクスが書いた論文は、一八四三年に書かれたブルーノ・バウアーの二つの著作〔『ユダヤ人問題』と『現代のユダヤ人とキリスト教徒の自由になりうる能力』のこと〕を論難したものである。バウアーはそれらの著作で、ユダヤ人の解放に反対していた。このバウアーの二つの著作は大きな論争を巻き起こし、マルクスの評論は、彼自身が近しく見守っていた、より大きな論争のなかの小さな一部をなしていた(30)。バウアー当人の立場は、少なくとも一見したところ、ユダヤ人の解放という問題とは無関係のように見える。中央ヨーロッパにおけるユダヤ人の解放に対する反対は、大半が政治的、宗教的な保守主義者からのものであったが、彼らは、個々のドイツ諸邦と、より広いドイツの民族性との双方を、神によって啓示されたキリスト教の原理が深く染みついたものと見なしており、そうした原理を拒否するユダヤ人にはキリスト教徒と同等の市民ないし臣民になることは不可能であり、ドイツ国民の一員となることも一切できないと考えていた。神聖なるキリスト教の啓示とそれを明らかにするキリスト教的神性との双方を、人間性の自意識の疎外化された表現として認識していた青年ヘーゲル派は、ユダヤ人の解放を支持するものと予想されていたことであろう。

バウアーは、ヘーゲル主義的な宗教解釈を受け入れながらも、しかしそれとは反対の立場をとる。彼の断言によれば、キリスト教はその神性、その外化され疎外化された人類の自己意識を人間イエス・キリストに見ているために、最高次の形態において人類の自己疎外を示している。キリスト教が「人間つまり意識を万物の本質として」理解しているという事実についての神学的な省察は、最終的に啓蒙、そして、解放に結びつく、宗教における人間の自己疎外についてのヘーゲル主義的批判に至る。バウアーが続けるところでは、これとは対照的に、ユダヤ人は宗教的に「斎戒沐浴、日日の食物の宗教的な選択と浄化〔といったい〕……自然的な欲望の充足」に「つとめ」るあまり、そもそも人間とはなにかという問題には考えが及ばなかったのである。ユダヤ人は自己の利益をひたすらに追求する特殊な集団である。彼らの安息日《サバト》の儀式はただ彼らだけのためにあり、彼らは安息日に「キリスト教徒の使用人もしくは隣人」に自分たちの仕事をさせたり、あるいはキリスト教徒の従業員に商取引をさせることを何とも思っていない。バウアーはこの点を論じるにあたり激しく興奮し、ユダヤ人の宗教的態度を「狡猾な感覚的エゴイズム」、「醜悪かつ不快」、「偽善」と描写している。(31)

バウアーが強く主張するところでは、この特殊主義的、自己中心的な宗教的態度が、ユダヤ人をいつか市民となりうる可能性から引き離しているのである。ユダヤ人による、これとは異なる見解の根拠となるような行動でさえも——バウアーははっきりと、ユダヤ人がナポレオン支配に対するドイツ民族主義の蜂起に加わったというガーブリエール・リーサーの主張に言及している——、彼らに然るべき資格を認める助けとはならない。なぜならば、そのような行動には、浄化の儀礼を定めたユダヤの戒律の恣意的な免除が含まれており、それ自体偽善的だからである。バウアーによれば、ユダヤ人は「国家公民であり、普遍的な人間関係のなかで生活するにもかかわらずユダヤ教徒であり、またユダヤ教徒であり続ける。しかも彼のユダヤ的な偏狭な本質が結局はその人間的かつ政治的な義務にうちかってしまうのである(32)」。

バウアーにとってキリスト教は、たとえそれが人間の自己疎外を表現したものだとしても、少なくとも人類の解放に至る一段階であった。他方で、ユダヤ教は潜在的に人類の解放と両立できないというだけでなく、歴史的に死を迎えていた。この結論は、自由主義プロテスタントの神学者たちの間で、すなわち青年ヘーゲル派を生み出した知的環境《ミリュー》において度々口の端に上った解放に反発する議論を、ヘーゲル主義的、急進主義的に焼き直したものであった。こうした自由主義的神学者たちには、ユダヤ人がイエスの神性を容認しなかったのだからユダヤ教は劣等宗教だと論じることはできなかった。なぜならば、これらの神学者たちもまた、イエスの神性を受け入れられなかったためであった。彼らはむしろ、ユダヤ教が倫理的にキリスト教よりも劣位にあるとした。ユダヤ教は特殊主義者のものであり、選ばれた民だけに限定されており、普遍的にはなりえなかった。ユダヤ教においては、良心を確認することや道徳的な意思決定よりも、儀礼的実践の履行が重視されていた。ドイツの自由主義プロテスタントは、二十世紀になっても何度もこの不当な対比を繰り返すこととなる。十九世紀中葉のユダヤ人解放に関する議論のなかで、こうした神学的な立場は政治化し、ユダヤ人の経済的実践を私利に走り不道徳的で搾取的なものと非難したり、自己中心的で特殊利害的な信仰と結びついた諸個人には、もっと広範な政治組織体のなかで市民として行動し、自分たちと信仰を同じくしない人びとと協調していくことなどできないと主張するのに用いられた。このような判断基準とともに、ユダヤ人解放に対する自由主義からの批判に繫がっていった。[33] かくのごとき態度は、ハインリヒ・マルクスがその人生のかなりの部分にわたり格闘した問題、すなわち、身分制社会における一つの「ネイション」であるユダヤ人に、この社会の終焉後にいかなる場所が与えられるのかという問題に対する一つの解答であった。

ハインリヒにはこれが難問であったのに対して、自由主義プロテスタント神学をその本来の形態と青年ヘーゲル派による世俗化版との双方で学んだ息子には、ユダヤ教が歴史的には進歩に乗り遅れ、倫理的には劣位の宗教だという理解を受け入れるのは難しいことではなかった。マルクスは一八四三年にアルノルト・ルーゲに手紙を送り、とくにバウアーの態度について言及するなかで、「イスラエルの信仰は私にはいとわしいものです」と書いている。しかし、この見解からマルクスが引き出した政治的な結論は、バウアーや、解放に反対する自由主義者たちの態度の対極にあり、ユダヤ人の同権を明確に是認していた。[34] ユダヤ人問題についてのこの論文でマルクスは、ユダヤ人への同権の付与とまったく同じ論法から、社会が共産主義者の求めるところに向けて改変されるべきであるという要求が導き出されることを示唆している。理解に苦しむ結論のように思われるかもしれないが、これは、マルクスがクロイツナハで行った現代史と社会についての研究や、『独仏年誌』の別の論文で明らかにした宗教への態度、そしてフランス革命によって創出された世界を超越するような未来の空間をなす社会的、政治的秩序を構築しようとする努力とが結合した結果であった。

ユダヤ人の解放についての自らの見解を示すために、マルクスが持ち出したのは予想外の典拠である。すなわち、アレクシ・ド・トクヴィルのアメリカ合衆国についての著述であった[35]〔書名は示されていない〕。このフランス人旅行者の観察では、かの国では雑多な宗教が咲き誇っており、それらはいずれも世俗国家から分離されていた。この「ユダヤ教やキリスト教からの、一般に宗教からの国家の解放」は、マルクスの主張では、「ユダヤ人やキリスト教徒の、一般に宗教的人間の政治的解放」を意味する。近代的で啓蒙主義的な公共心を重んじる無神論思想との宗教的な類似性という観点から解放を理解していたバウアーとは対照的に、マルクスは無神論の実現を政府の世俗化のうちに見ていた。マルクスの説くところでは、あらゆる宗教の信者の市民化を可能にすることで政府が政治と公的領域に関して宗教を廃棄するのは、政府（ここでマルクスは再びはっきりとアメリカ合衆国を引き合いに出している）が男子普通選挙権の導入によって政治において財産の役割を廃棄するのとまったく同じことであった。(36)

無論、マルクスは一八四〇年代のアメリカ合衆国が無神論の国だと主張しているわけでも、共産主義の国だと主張しているわけでもない。まったく反対に、彼はトクヴィルに忠実に従いながら、私的生活において宗教と所有はいずれも極めて強力な要素だと記している。マルクスの見解では、市民社会の特殊存在――異なる宗教、異なる社会階級、それに伴い量のうえでも種類のうえでも異なる資産――は、民主的国家の普遍的な立場と対照的であり、後者においてはすべての市民が法の下で平等であり、すべての者が投票権を有している。もしマルクスがユダヤ人の解放は民主的国家の創出の一部であり、そうした国家を目指すうえでの重要な一歩であるというところで議論を止めていたなら、誰も彼を反ユダヤ主義者と非難できなかったであろう。しかしながらマルクスは、普遍的な公共の利益を代弁する民主的で共和的な国家をも含めて、国家を、資産や個々の将来性の点でまったくばらばらな社会階級からなり、様々に異なる個人や集団が自己の特殊な利害を追求する市民社会と対比させることで事足れりとはしない。むしろ、こうした諸状況は、刊行、未刊行を問わずヘーゲルの法哲学についてて記した論考の中で説明されているところによると、マルクスが克服しようと模索していた人間疎外の一形態なのであった。

これこそが、マルクスが「政治的解放」と「人間的解放」の間に持ち込んだ区別であった。後者は、市民社会内部における人間の自己疎外を廃棄し、さらにはフランス革命の急進思想を超克する、「ユダヤ教からの人間の解放」であった。フォイエルバッハの表現を用いながらマルクスは、自分が関心があるのは宗教としてのユダヤ主義ではなく、自分の実生活における「現実の……ユダヤ人」なのだと宣言する。バウアーの敵意に満ちた意見を繰り返しながら、マルクスはユダヤ人の「現世的基礎」は「実際的な欲望、私利」だと説明する。ユダヤ人の「現世の祭祀」は「きたない商売」であり、貨幣が「現世の神」である。「きたない商売からの、貨幣からの解放が、したがって実際の現実的なユダヤ教からの解放が、現代の自己解放であるだろう」。

ユダヤ人は資本主義と同一視されてきたが、マルクスは逆に、資本主義をユダヤ人と同一視する。エゴイズムと実際的な必要がユダヤ人の原則だとして、それはまた市民社会の原則でもある。こうした原則は貨幣として表現され、「貨幣は、人間の労働と存在とが人間から疎外されたものであって、この疎外されたものが人間を支配し、人間はこれを礼拝するのである」。この疎外化されたユダヤ人の世界は、「市民社会の完成をもってその頂点に達する。ところが、市民社会はキリスト教的世界ではじめて完成される。……このようにして、ただモーゼ五書やタルムードのなかばかりでなく、現在の社会のなかに、われわれは、今日のユダヤ人の本質を、……たんにユダヤ人の偏狭さとしてではなしに、社会のユダヤ人的偏狭さとして、見いだすのである〔スパーバーでは「今日のユダヤ人の本質を……たんに偏狭で限定されたユダヤ人の存在として見いだすのではなく、ユダヤ人を偏狭で限定された社会の存在として、見いだすのである」〕」。こうした状況の終了は、マルクスが示唆するところでは、社会が「ユダヤ教の経験的な本質であるきたない商売とその諸前提」の廃止に成功した時、「人間の個人的＝感性的存在とその類的存在との衝突が廃止されてしまう」時に実現する。この論文の最後の一文は以下のとおりである。「ユダヤ人の社会的解放は、ユダヤ教からの社会の解放である」[37]。

この論文においてマルクスは、ユダヤ教を倫理的に劣位の宗教とする見解、そしてこの宗教が日常生活にもたらす実際的な帰結についての、自由主義プロテスタント神学者や青年ヘーゲル派の論者たちの主張を明確に支持している。彼らと異なりマルクスは、こうした表面的な道徳の欠落をユダヤ人に市民権を認めない理由と見てはいない。その代わりにマルクスは、ユダヤ人の解放を十八世紀のフランス革命やアメリカ独立革命において発展した普遍的人権の実現と理解し、政治や社会、経済の大半を理解するに際して行ったように、これらの諸権利をヘーゲル主義の用語によって解釈している。

マルクスは、このようなネガティブなユダヤ人像を、資本主義を糾弾するための方便として用いた。後の反ユダヤ主義者の大半の例とは異なり、彼は資本主義、あるいは資本主義の最悪の側面をユダヤ人と同一視したりはしなかった。とは言え、マルクスは資本主義をユダヤ人の経済実践から現出したものだと見なしていた。この見解は、彼の最初の経済学関連の論文であるいわゆる「パリ草稿」をはじめとして、この時期の他の著作にも登場する。そこでマルクスは、資本家たちを、客から金を巻き上げるために飽くことなく新商品を発明しようとしていると批判している。彼の意見では、資本家にとって、「どんな生産物といえどもそれはみな、他人の本質であるところの彼の金を自分のもとへおびき寄せようとするために用いられる餌《えさ》であり、どんな現実的あるいは可能的な必要といえどもそれはみな、蠅を黐竿《もちざお》へ引き寄せるにちがいない弱みである」。資本家は自分の製品を売ることで金を得ようとし、「病的な欲情を彼のうちに起こさせ、彼のどんな弱みをも窺い知る」。こんにちであれば、かかる非難は広告資本主義や消費資本主義の見地から分析されるかもしれないが、消費社会の時代よりもはるか昔の十九世紀半ばの中央ヨーロッパにおいては、こうした攻撃は大抵はユダヤ人の行商人や金貸しに向けられたものであり、彼らはまさに、「可能な限りのあらゆる無用で無益な欠陥だらけの品を……彼らに供給する……」というやり口で、得意先の貧農たちから搾り取っていると非難され

ていたのであった。(38)

資本主義をユダヤ人の創造物、しかしユダヤ人に限定されたものとするのではなく、キリスト教徒が「ユダヤの」資本主義的やり口を継承した時に頂点に達したものとする見方は、同時代人の多くに共有されていた。モーゼス・ヘスは、『独仏年誌』のために貨幣に関する論文を執筆し、ユダヤ人、貨幣、そして資本主義についてマルクスが自身の論考で明らかにしたのとそっくりの意見を開陳した。ヘスの論文は『年誌』には掲載されなかったが、マルクスはこれをユダヤ人問題についての論文を書く前に読んでいた。ヘスはまた、アルノルト・ルーゲに、資本主義の廃棄と新たな共産主義社会の創出に続いて、「少しばかりの……有産者、頑迷な銀行家、ユダヤ人、資本家、土地所有者と領主ども」をギロチンにかけることが必要となるだろうと語っていた——これはユダヤ人と資本主義的社会秩序との大胆な同一化である。マルクスのもう一人のパリでの知人、ハインリヒ・ハイネは、ドイツの商業の卓越せる中心地であったハンブルクを、「洗礼を受けていたり、受けていなかったりするユダヤ人たち（私はハンブルクに住む全ユダヤ人のことを言っているのだが）……」の住む、「こすっからい商人《あきんど》の町」と描写している。(39)

マルクス、ヘス、そしてハイネはいずれも、ユダヤ教信仰から離れていたとは言え、ユダヤの出自を有していた。マルクスはしばしば自己嫌悪的なユダヤ人として描かれるが、ヘスやハイネも同様であったとは言い難いであろう。なんとなれば、ハイネはユダヤ的なるものに対して冷笑的で、そこから距離をおいていたし、対してヘスは原初的なシオニズムの支持者になったからである。(40)一八四〇年代の彼ら三人はいずれも、ユダヤ人がまずもって宗教的な関係の見地から、あるいは身分制社会のなかの一つの「ネイション」の構成員として理解されていた時代に生きていたと考える方が妥当であろう。この世紀の後の時期になると、ダーウィン主義思想の台頭とともに、ユダヤ人を共通の血統を有する生物学的に識別される集団、すなわち「人種《レイス》」と見なし、本人の意思によらずにその構成員が決定されるのだとする観念が支配的になった。しかし、一八八〇年代や一八九〇年代の知的パラダイムを四、五〇年前に当てはめるのは不適切であろう。十九世紀中葉におけるユダヤの規定によれば、マルクスは三人のなかで最も非ユダヤ的であった。彼は幼少時に洗礼を受け、プロテスタントの宗教教育を受けていた。対照的に、ハイネは青年となるまで洗礼を受けず、ヘスは家族のユダヤ教正統派と絶縁したものの、最後までキリスト教徒にならなかった。

マルクスによるユダヤ人と資本主義の同一化は確かに、後の労働運動や社会主義運動が抱え込んだ反ユダヤ主義的態度に武器を提供することとなったが、ユダヤ人問題に関する論文は彼の思想のもう一つの側面を明らかにしており、そちらの方がマルクス当人の政治的期待にとっていっそう重要であった。マルクスは、ユダヤ人が市民としての同権を獲得すべきだと信じていた。彼らの解放は勝ち取るに値する目標であり、民主的な政治秩序の重要な指標であった。彼はまた、民主主義的、共和主義的秩序から共産主義的秩序へと進む運動のなかで、ユダヤ人の解放に対する敵対者がユダヤ人を市民として不適格だとするためにまずもって用いていた、不快なユダヤ的特性が社会から除去されることになると信じてもいた。ここにはある程度まで、マルクスの初期の民主主義的、共和主義的な政治目標と、後の共産主義的なそれとの乖離が見られる。この乖離はユダヤ人問題についての論文に限定されるものではなく、『共産党宣言』で明言される彼の政治的期待にも及んでおり、一八四八年の革命から一八七一年のパリ・コミューンに至るまでの政治的変革に向けた、彼の取り組みにもつきまとうこととなる。

アルノルト・ルーゲとの決裂の後、マルクスはパリで政治的に独り立ちすることになった。数ヶ月後、彼は私的にも独りの身となった。妻が幼子《おさなご》のイェニーを伴ってトリーアに赴き、母親の元に長期間滞在したからであった。イェニーは、性的な誘惑が多いことで悪評高い町に夫を残したのを多少不安に感じていたが、これは杞憂であった。[41] 彼女の不在中、カールは自分の政治活動を続行し、経済学の書物を貪欲に読み進め、自らの共産主義思想を発展させた。彼が出会った重要な人物は、コーラスガールではなく、フリードリヒ・エンゲルスであった。

マルクスは『年誌』の破綻後も、それまでと同じサークルに出入りしていた。彼はパリに住むドイツ人の知識人と交際を続け、その幾人か、なかでも彼らの指導的な存在であったハイネを、ルーゲとの対立において味方につけるのに成功した。[42] マルクスはまた、フランス人社会主義者や、他の国々から来た急進主義的な亡命者たちとの接触を求めた。彼がロシア人のアナーキスト、ミハイル・バクーニンに初めて出会ったのは、まさにこの時期であった。数十年後、二人は犬猿の仲となるが、敵対意識はおそらくは初期の友情の記憶によって増長されていた。

マルクスはまた、ドイツ人職人たちの秘密結社との繋がりも深めた。一八四四年八月、彼はルートヴィヒ・フォイエルバッハに、こうしたグループのリーダーたちが夏の間、週に二度、フォイエルバッハの『キリスト教の本質』からの抜粋を支持者たちに向けて声高に読んで聞かせていると伝えている。マルクスはおそらくは、無神論思想が急進的な職人たちの間に広まることを支持していたであろうが、自分から率先してそうなるようにしたのかどうかは定かではない。それと言うのも、秘密結社の指導者の一人のヘルマン・エーヴァーベックが熱烈なフォイエルバッハ信奉者であり、ついには『キリスト教の本質』のフランス語訳を出版したからである。しかしながら、秘密結社の内密の会合についてのマルクスの知識は、彼らとの関与の深まりを示唆している。[43]

一八四四年の初め、週刊のドイツ語雑誌〔実際には週三回発行の新聞であった〕である『フォアヴェルツ！』がパリで創刊された。元々の創刊者は、奇矯な舞台監督とプロイセン警察の密偵という胡散臭い二人の人物〔前者はハインリヒ・ベルンシュタイン、後者はアーダルベルト・フォン・ボルンシュテット〕であった。しかし一八四四年の春には、秘密結社の指導者たちや、マルクスをはじめとするその他の左派知識人たちが編集方針にもっと大きな影響を及ぼすこととなった。この小規模な出版物が多少なりとも『独仏年誌』の代わりとなることを期待しつつ、マルクスは社会主義的な編集方針を採用するよう促した。それもあって彼は、中央ヨーロッパにおける労働者階級の蜂起の最初の例であるシュレージエンの織工の蜂起に関する一文を『フォアヴェルツ！』に投稿し、プロレタリアートを政治的変革の牽引車にするという見解を繰り返す機会を得た。

カール・マルクスとフリードリヒ・エンゲルスが初めて私的に対面したのは、シュレージエンの織工蜂起に関するマルクスの論文が発表された二、三週間後の、一八四四年八月二十三日のことであった(44)〔実際には一八四二年十一月に初めて会っているが、この時の出会いは不調に終わった〕。この邂逅から生涯にわたる政治的、私的な協力関係が生まれ、回顧のなかではその親密さゆえに二人は常に一緒に描かれてきた。いわば、マルクス&エンゲルスTMと。この表現は、似ても似つかぬ二人の奇妙な親密さをそれなりに示している。具体的に言えば、一方は長身で色白であったが、もう一方は短軀で浅黒かった。一方は実際的できびきびとして金儲けに長けていたが、もう一方は抽象的思考の領域に耽溺《たんでき》し、慢性的に手元不如意の状態に陥っていた。一方は実業家の息子であり、もう一方は法律家の息子であった。一方はプロテスタントであったが、もう一方はユダヤ人の出自を有しており、後の人種思想の時代に強調されたように、一方は北方系の、そしてもう一方はセム系の血統を継いでいた。こうした相違、個人的気質の対照ぶりが共通の大義において克服されていく模様は、ほとんど弁証法的とすら言えるかもしれない。共通の大義は親密な友情によって確固たるものになっていき、彼らを共産主義のダモンとピュティオス〔ギリシャ神話に登場する無二の親友〕にした(45)。

マルクスの生涯に関するよく知られた諸々の特徴と同様、この二人の生涯に及ぶ結びつきは最初の出会いの時から必然的であったとする描写は、半面においてのみしか真実ではなく、二人の私的、政治的な相違をシャツにアイロンをかけて皺《しわ》をとるようにして消し去り、後年の両者の関係を、知り合った最初の頃にまで投影しようとしている。マルクスとエンゲルスの初対面については、充分な情報がない――それは、おそらくはこの出来事の重要性を考えると意外なことであろうが、当人たちの手になる、たった三段落分の回想にすぎない。二人はどちらも回想録を書くような柄ではなかった。その他の証言は公にされてこなかった。マルクスの死後、娘のエリナとラウラは、マルクスがエンゲルスを批判している手紙を破棄した。さらに、これ以外の手紙は数十年にわたり隠匿され続け、二十世紀末になってようやく新全集の中で公表された[46]。細かく検討すると、二人の最初の出会いは、知的かつ政治的な協働の時代のきっかけとはなったが、それから事態がずっと順調に進んだわけはなさそうである。初対面から数年間、二人は別々のやり方で物事を進める時間の方が長かったし、周囲の人びとはマルクスの最も親密な協力者はケルンの友人たちだと思っていた[47]。マルクスとエンゲルスの関係は一八五〇年代初めに二人がともにイギリスで政治亡命者となった時になって初めて、真に打ち砕き難いものになった。彼らの対照的な個人的特質のある部分、とりわけ実務的な稼ぎ役エンゲルスと無一文の理論家マルクスという特質が完全に開花することとなったのも、それからのことであった。したがって、この初対面を、必然的に半永久的な協力関係をもたらした、正反対の人間のほとんど奇跡的な結びつきと理解するよりは、いかなる衝動が二人を相見《あいまみ》えさせることになったのかを考える方がより有益であろう。

この出会いの主導権はエンゲルスの側にあった。彼は一八二〇年にケルンの東約三五マイル〔約六〇キロメートル〕のライン対岸にあるヴッパー渓谷の中心都市バルメン〔バルメンはケルンの北東にあり、ライン川沿いではない〕に、フリードリヒ・エンゲルス〔父〕の息子として生まれた。この父は、中央ヨーロッパの産業化の第一線を走っていたこの地方でも抜きん出た存在の織物製造業者であった。[48] こんにちと同様、当時のヴッパー渓谷は飛び抜けて熱烈なプロテスタンティズムの幾つかの宗派の本拠地であり、エンゲルスの父親は信仰復興運動のドイツ版である覚醒運動の熱心な平信徒で、啓蒙主義や、マルクスが教わった合理主義的宗教、そしてまたこの地域で優勢であったカルヴァン派正統主義に対抗する姿勢をとっていた。ギムナジウム卒業後の青年期に商売の見習いのために北ドイツの港町ブレーメンに送り込まれたエンゲルスは、信仰の危機に陥り、青年ヘーゲル派の著作を読んだことで、これにさらに拍車がかかった。ダーフィト・フリードリヒ・シュトラウスの『イエスの生涯』を読んで彼がとった、聖書の直解主義やドイツの信仰復興運動に対する冷笑的な観察に満たされたおびただしい数のメモが保存されているが、これらはエンゲルスの敬虔から無信仰への転向の証左となっている。[49] 合理主義的、啓蒙主義的信仰から青年ヘーゲル派の無神論への移行が知的には大きな激動となったものの、個人的には順調な道を歩んだマルクスとは対照的に、エンゲルスにとってこの移行は家族、とくに父親という、自らのよって立つ世界との痛切な断絶を意味していた。

保守的で敬虔なエンゲルスの家族は、マルクス家が息子のプロイセン軍での兵役に対して抱いた疑問を何ら感じることがなく、エンゲルスは一八四二年に砲兵隊の士官候補生として兵役を務め、ベルリンで軍務に就いた。兵士であることが性に合っていた彼は、生涯にわたり、安楽椅子に坐せる戦略家でとおした。後年、マルクスの仲間内での彼のニックネームは「将軍」となった。ベルリンにいる間、エンゲルスは「自由人」の常連であり、『ライン新聞』に幾つかの記事を書き、ブレーメン時代に始めた不定期なフリーランスのジャーナリスト稼業を続けた。[50] 一年間の兵役の終了後、彼はヴッパー渓谷に戻り、ケルン滞在中にモーゼス・ヘスと出会い、共産主義の長所を理解させられた。

エンゲルスの父は彼を、マンチェスターでの取引相手たちのところで商いの訓練をさせる目的で、そしてまた危険な無神論者のドイツの友人たちから引き離す目的で、イギリスに派遣した。父親の目論見は、意に反して悪い結果をもたらした。マンチェスター滞在はただ、若きエンゲルスの急進主義や共産主義への共感を強固にしただけであった。マンチェスターは同時代人の表現では「綿都」であり、産業革命のグローバルな象徴にしてその中心地であった。プロイセンの首都にもこのイギリスの製造業主体の地方都市と同数の住民が住んではいたが、ベルリンの知的で文化的な魅力に満ちた諸々のもの――王宮、大学と科学アカデミー、オペラ・ハウスやジングアカデミー――に対して、マンチェスターを特徴づけていたのは何百もの蒸気力を用いた紡績工場であり、排気ガスが煙と煤煙で出来上がった濃い雲となって町を覆っていた。この巨大な工場設備は途方もない量の富を、しかしまた大規模な惨状をも生み出していた。工場経営者や銀行家、綿問屋業者たちが郊外に構えた別荘と、近隣の工場労働者のスラム地区――狭く、汚れ、下水が溢れ出し、昼なお暗く、塵芥に覆われた街区――との好対照は、富を受け取る集団と悲惨を受け取る集団がそれぞれまさに誰なのかを白日の下に晒していた。マンチェスターは労働者階級の困苦の町であると同時に労働者階級の闘争の町であり、イギリスの急進勢力であったチャーティストがこの都市で金権政治の支配を糾弾し、男子普通選挙権を要求していた。労働組合の組合員たちは、賃金や労働環境の改善に日々努めていた。社会主義者たちは社会全般にわたる全面的な変革を掲げていた。エンゲルスがこの町を訪れる一年前〔同年（一八四二年）の誤り〕には、点火栓引き抜き運動〔一八四二年ゼネスト〕――ゼネストと暴動、そして労働者階級の現状に対する憤怒の暴発が組み合わさった出来事――が起こり、この町の工場プロレタリアートが蜂起したが、大量動員された軍隊によって鎮圧されて終わっていた。

エンゲルスは既成の秩序に抗するこの町の数多くの政治的反発者と就業時間後に交際しながら、愛人で後に伴侶となるメアリ・バーンズという名のアイルランド移民の工場労働者、家事奉公人をつうじて、労働者階級の生活への非公式の入場券を見つけ出した。彼は自らの経験を本にしようと決心し、貧富の差を強調し、資本家の富を生産する工場労働者の貧困と搾取の概略を明らかにした。これが『イギリスにおける労働者階級の状態』である（一八四五年にドイツ語版が出版された〔ドイツ語版が原著であり、英訳版は一八八七年出版〕）。マンチェスター時代に、エンゲルスは『ライン新聞』に投稿し続けた。この繋がりが縁となって、彼は政治経済学に関する一文を『独仏年誌』に執筆した[51]。マンチェスターからの帰路、彼はパリに立ち寄り、自分の著述を掲載してくれた新聞、雑誌の編集者〔マルクスのこと〕と会ったのである。

この対面は予想以上の成功に終わった。エンゲルスはマルクスの元に一〇日間滞在した。彼らは、もっぱら生活スタイルばかりを重視するブルーノ・バウアーの急進主義を批判する本を共同執筆しようと計画した。しかし、彼らの協働は純粋に知的なものだったわけではない。独身のエンゲルスと、妻子がトリーアにいてやもめ状態のマルクスは、夜ごとケ・ヴォルテールのカフェを訪れた。ドイツや他のヨーロッパ諸国出身の亡命者の急進主義者たちと会っていたために、この楽しみ事は政治的な先鋭さを帯びたものとなった。この集いに参加した一人がミハイル・バクーニンであり、彼はフランスの共産主義的労働者の会合にエンゲルスを連れ込んだ[52]。

マルクスとエンゲルスは極めて良好な関係を築いたが、それは彼らの双方の特有の事情や状況がうまく合致していたためであった。マルクスにとって、エンゲルスはそれまではまったくいなかったタイプの協力者であった。この時まで、かなり若くして大学での学業を開始したマルクスは、主として自分よりも年上の経験豊富な人びとと仕事をしてきており、ガンスやバウアー、ヘス、ユング、クレッセン、カンプハウゼン、そしてハイネといった面々は、マルクスに知的な機会と職業上の機会を提供してくれた。そうしたパトロンの最新の例がアルノルト・ルーゲであり、彼はあからさまにマルクスを自らの弟子と見なしていた。個人的、政治的な反目の後、ルーゲは失望をも露骨に表し、かつて

の弟子から忘恩の態度を受けたと考え、嫌悪の念を募らせているのを隠そうとしなかった。(53)

エンゲルスとの関係はこれとは正反対であった。彼はマルクスより二歳年少で、マルクスより経験も人脈も乏しく、悪名高き『ライン新聞』の編集者〔マルクスのこと〕を手紙や人づてに探し出した――この話もまた、マルクスが同紙の編集者の地位にあった数ヶ月間に残した印象をものがたっている。エンゲルスは弟子となり、マルクスは師となり、その後幾年にもわたりこの役を担うという、新たな機会を得たことを心愉しんだ。長期にわたるマルクスの政治的協力者のもう一人が、一八四八年の革命家にしてドイツ労働運動の創始者の一人であるヴィルヘルム・リープクネヒトであった。彼は一八五〇年代のロンドン亡命時代に、いかに「五歳か六歳年長のモールは、われわれ『若僧』にむかって、自分が男ざかりだという優越感をいだいてい」たのかを追想している。(54)

マルクスとの協働はエンゲルスに、突出した資本家である織物業商人、経営者になるための見習い中の共産主義者、ボーン・アゲイン派のキリスト教徒の家庭に暮らす無神論者という、いや増す実存的ジレンマから逃避するチャンスをもたらした。最初の対面の後にバルメンから送られたマルクスへの手紙は、このジレンマを雄弁に証言している。そこでは、ヴッパー渓谷とケルンでの共産主義の進展について、意気軒昂たる報告がされている。しかし、エンゲルス自身の個人的な生活は惨めなものであった。「おやじの工場で」働いた数日後には、「格別にいやなのは、ただ単にブルジョワであるだけではなく、そのうえに工場主であり、実際にプロレタリアートに面と向かっているブルジョワであるということだ」。エンゲルスの親共産主義的な態度によって、「おやじのあのひどい宗教的狂熱が再び呼び起こされ」た。エンゲルスの父や親類は皆、急進思想を抱いた反抗的な若者に対する反応として、「信心深い悲痛な顔つき」で彼を取り囲んだ。エンゲルスはマルクスに次のように書き送っている。「僕の『たましい』のこのキリスト教的狩り立ての意地わるさは君には想像もつかないことでしょう」[55]。共産主義と無神論への忠誠が権威主義的な父との抜き差しならない関係を悪化させ、自分より年上で経験を積んだマルクスの助けを得られればそのような忠誠を守り通せるという見通しが、ますます不寛容に傾く家庭環境から脱出する道を与えてくれることになった時、若きフリードリヒ・エンゲルスの人生の私的側面と政治的側面が一つの方向へと収斂していくこととなったのである。

『独仏年誌』の失敗からフランスを追放されるまでの九、一〇ヶ月間、マルクスの苦心と労力の大部分が、経済的、哲学的諸問題に関する執筆活動に捧げられた。この「パリ草稿」、別の名を『一八四四年の経済学・哲学手稿』は、マルクスの存命中は未刊行のままにとどまり、日の目を見たのは彼の死後五〇年を経てのことであった。第二次世界大戦後に抄録が広く翻訳されるようになると、これらの文章は激しい学問的議論の中心対象となった。一方の陣営はこの草稿を、より教条主義的で実証主義的な後年のマルクスとは好対照の、広範な実存的、哲学的問題に関心を抱いていた「青年マルクス」を示す一例と見なしたが、彼らはこうした初期の問題関心はもっと狭小な経済的問題や断固たる階級闘争の擁護に覆いつくされるか、代置されたのだと見なした。別の陣営はこうした時間的な推移に同意しないわけではなかったが、後期のマルクスに真のマルクスを見出し、そうしたマルクスの論理的洞察は、もっと曖昧模糊として過度にヘーゲル主義的、実存主義的であった初期の思想が克服されたことを示しているとした[56]。

省みるに、こうした議論はいずれも、東側陣営の（疑似）共産主義体制についての多種多様な意見や、一九六〇年代に新たな生活スタイルを探求していた人びとによって焚きつけられたものであり、さほどマルクス自身の思想に光を投じるものではない。青年期と老境のマルクスの間に区別を設ければ、彼の知的営為のなかに一貫しているヘーゲル主義的観念へのこだわりを看過することとなる。「パリ草稿」が実存主義的に理解された疎外に関わるとする理解は、これらの草稿の極めて一面的な読み方によってのみ成立しうるものであり、経済問題に関する広範にわたる議論を見逃している――確かに、この部分は一九六〇年代に大いに流布した刊行抄録から大抵は除外されているが。むしろ、この草稿を包括的に考察すれば、マルクスが十八世紀後半から十九世紀前半にかけての代表的な経済学者たちの著作を読んで、それを自身の市民社会批判や共産主義的変革の擁護に取り込んだことが明らかになる。

草稿は豊富で多岐にわたる問題を扱っているが、それらの諸問題は常に密接に関連しているわけではなく、そこには人類の創造に関する唯物論的な憶測やシェイクスピアの貨幣思想についての議論、さらにはヘーゲルの哲学的著作に対する長大な唯物論的、フォイエルバッハ的批判といったものが含まれている。(57) しかしながら草稿の核心部分は、マルクスがパリで、政治経済学の古典たるアダム・スミス、ジェームズ・ミル、デイヴィッド・リカード、ジャン＝バティスト・セーを（イキリス人の著作はフランス語訳で）初めて読んだことが土台となっている。ウジェーヌ・ビュレのような正統派経済学に対する初期の社会主義的批判を幾つか目にしていたにもかかわらず、マルクスのノートや草稿の中のそれに対応する引用の大部分は、資本主義に好意的な主流派の経済学者たちからのものであった。(58) マルクスがそれらから引き出した結論は、プロレタリアートの状況について極めて悲観的な見方をしていた。

古典経済学者たちの説く利潤の三つの源泉――労賃、資本の利潤、地代――を比較して、マルクスは、これらのうちで労賃が最も上昇しにくく、ほとんどの場合、生存ぎりぎりの水準まで低減すると結論づける。彼はこの展開を、一連の様々な方法で説明している。例えば、食料価格は賃金とともに変化する傾向があるので、賃金の購買力は変化しないといった観点から。あるいは、資本家は最大の利潤が得られるところへ投資先を変えるが、労働者は一般に一つの特定の職業に固定されていて失業に脅かされるといった観点から。そして、資本家は農業部門への実質的な支払いという負担を労働者に転嫁することができるという観点から。マルクスはこの静態的な分析を動態的な考察によって徹底させており、アダム・スミスを引用して、「社会の富が下り坂にある」時、「労働者の階級ほどむごく苦しいものは他にない」とする[59]。マルクスは、社会の富が増大すると資本家たちが労働者を獲得するために競合し、賃金が上昇しうるが労働時間も増加し、労働者は消耗し、その寿命が縮まるということを確認している。また、彼の指摘では、社会の富は機械化や工場労働の増加、分業の促進、資本の集中によって増大するが、その結果として資本家の数は減少し、かつての資本家は労働者になり、こうしたことすべてが、こんにち言うところの国内総生産の成長が労働者にもたらす好影響を逆転させるであろう。再びアダム・スミスを引用しながらマルクスは、やがて経済成長が終わりを迎えて停滞状態になれば、労賃も利潤も低くなり、収入の大半は地主に流れ込み、労働者は生存ぎりぎりのところまで賃金を減らされ、過剰人口は死に絶えるだろうと記している。「そういうわけで、衰えていく社会状態においては労働者はどんどんみじめになっていくし、上り坂の状態においてはみじめさは複雑であるし、とことんまででき上がった状態においてはみじめさはそのままずっと変わらない[60]」。

マルクスが当時の主導的な政治経済学者たちの著書から引き出した予測は、彼らの見解のネガティブな側面を強調するきらいはあるが、スミスあるいはリカード自身によって得られた結論と根本的に違ってはいなかった。こんにちの、大抵は（少なくとも自由市場の働きに介入しなければ）将来的に経済が成長し好況が進展すると想定している、永遠に楽観主義的な経済学者たちとは異なり、十九世紀の初頭や中葉の政治経済学は「憂鬱な科学」であり、没落していく未来、あるいはせいぜいのところ停滞する未来――とくに下層階級にとって――を予見していた。そのような未来は、自由市場によってもたらされる生産性や能率性の最大化をもってしても、到来を遅らせることはできても回避はできないものであった。この点についてマルクスは、生存ぎりぎりのところまでの賃金の低落、利潤と利率の低下と結びついた資本の集中の進行、そして地主の国民所得に占める取り分の増加といった悲観主義的な見解に関して当時の政治経済学と意見を異にしていたのではなく、むしろその支配的、正統的な見解を表明していた。(61)

マルクスの悲観的予測は、産業化についての見解を固めるうえでの一助となってくれた、より非正統派的な同時代人への態度に表れている。その人物とは、ドイツ人の急進主義者であったヴィルヘルム・シュルツである。シュルツはルーゲやフレーベルの友人で、一八四三年に出版された彼の『生産の運動』――この題名だけでも、経済学についてのマルクスの見方を思わせるものがある――は「パリ草稿」に、まず間違いなく『独仏年誌』に発表された経済学に関するエンゲルスの論文よりも大きな影響を与えた。(62) 数十年後、『資本論』を執筆するなかで、マルクスはシュルツの著作を相も変わらず称賛している。シュルツは力強く刺激的で精緻な分析で、イギリスにおける工場制の発展、そしてこれと並行して起きた国民生産の拡大が、工場労働の結果として生じた労働者階級の窮乏化や身体の畸形化《きけいか》をどれほど進行させたかを説明し、労働者たちの生活環境が良好になっていることを統計学的に証明しようと試みる人びとを詭弁家と糾弾した。彼は、(マルクスに大きな衝撃を与えたのであるが)よしんば労働者の実質賃金が上がったところで、彼らの困窮の度合いは相対的に増大すると断言した。その理由は、国民所得に占める労働者の分け前が低下するためであった。(63)

しかし、機械化が労働者たちの行わねばならない厳しい肉体労働の分量を減らすという主張については、マルクスはシュルツに従わなかった。マルクスは、労働者が協同組合を設立すれば彼らの状況が改善される助けになるかもしれないというシュルツの示唆も一顧だにしなかった。マルクスは、青年ヘーゲル派の無神論へのシュルツの攻撃や、彼の宗教的に盛り立てられた社会的、政治的改革の呼びかけにも、少しも同意しなかった。[64] シュルツの書をあれこれと取捨選択して読み、同書のどちらかと言えば一部分をなしているにすぎない最も沈鬱な文章を選び出すことで、マルクスは——自由市場の働きに干渉する改革への懐疑と、自由市場の経済活動の究極的な終焉という陰鬱な描写との双方において——主流の政治経済学者たちの見解に対して根本的な賛意を表明したのである。

マルクスは、主流派の経済学者たちが経済発展の「法則」を考案したものの、「これらの法則を把握すること〔スパーバーでは「概念化すること」〕」をしていない、「ということは、どのようにしてこれらの法則が私的所有の本質から出てくるか〔スパーバーでは「展開してくるか」〕を示してみせることをしていないということである」と批判する。本質からの概念化と展開はともに、知的ディシプリンを一つの哲学体系の一部として理解しようとするヘーゲルの企図の基礎である。フォイエルバッハによる唯物論的な再定義を自分なりのやり方で用いたものだとは言え、これが『経済学・哲学手稿』の哲学に関する部分でマルクスがヘーゲルから継承したものであった。

マルクスによれば、政治経済学は「労働者は富を生産すればするほど、彼の生産が力と広がりを増せば増すほど、それだけ貧しくなる。……物の世界の価値化に正比例して人間の世界の非価値化は進む。労働はただ商品を生産するだけではない。それはそれ自身と労働者を一つの商品として生産」することを明らかにしたのだという。[65] マルクスは、社会の富の増大とプロレタリアートの貧窮化という相互に連関したこの社会的プロセスを、三重の疎外として哲学的に解釈した。

疎外の形態の一つは、労働者の、彼らの労働によってもたらされた産物、商品、資本からの疎外《エントオイセルング》であり、これらは労働者とは異質なものとなり、彼らに対する支配力を有することによる。経済におけるこの過程は、「宗教において」も同様だとマルクスは記しており、宗教とは想像上の神性のうちに本質を疎外し、この神性に自らを従属させる人間性なのだとする、青年ヘーゲル派による批判を繰り返している。曰く、「労働者が対象を生産すればするほど、所有しうるものはますます少なくなるし、彼の産物であるところの資本の支配下にますます落ちていく」。

労働者が自分たちの労働による生産物から疎外されるだけではない。労働そのものの過程も疎外されていく。二十世紀と二十一世紀には間違いなく、この「疎外された労働」は、流れ作業による労働のような、機械的に同じことを繰り返す単調な労働について言及したものと理解されがちである。言うまでもなく、一八四〇年代には流れ作業は存在していなかったし、ミュール紡績機や多軸紡績機を扱う繊維業労働者のような反復労働の初期的形態について、マルクスは直接の知識を持ち合わせていなかった。なんとなれば、彼がパリで一緒に活動していた労働者は熟練の職人たちであり、蒸気機関のない小規模な工房で働いていたからである[66]。マルクスはむしろ、生産物が疎外され外化されるがゆえに、労働の過程は疎外され外化されると主張した。曰く、労働は「外在化〔外化〕の活動」であった。彼は続ける。「労働者の活動は彼の自己活動ではない。それは他人に属し、彼自身の喪失なのである」。さらにマルクスが批判するところでは、シャルル・フーリエによる「水平化され、細分化され、それゆえにまた不自由な労働」への非難は、資本主義社会におけるあらゆる形態の労働への拒否ではなく、単に「特殊な仕方」への拒否にすぎない。フーリエの概念は、疎外された労働を退屈で、未熟練で、反復的な作業と見なした同時代人たちの理解と変わらないように思われるが、しかしマルクスは、とくに労働の過程の疎外化を十分に理解していないとして、この概念を否定する[67]。

マルクスが政治経済学の様々な結論から診断した疎外の第三のものは、人間という「類存在」、換言すれば「類的本質」（ドイツ語の Gattungswesen《ガットゥングスヴェーゼン》）の疎外である。これは、労働による生産物の疎外や、労働の過程の疎外よりも、もう少し神秘的な観念であった。当時のマルクスの著作にしばしば見受けられることであるが、この観念は、青年ヘーゲル派の宗教批判、神性に対する人間の観念に関する、疎外され外化された存在についてのルートヴィヒ・フォイエルバッハの思想、そしてヘーゲルの絶対精神の概念に由来していた。マルクスはフォイエルバッハの概念を再解釈し、「パリ草稿」の執筆がかなり進んだ一八四四年八月にフォイエルバッハに手紙を書き、彼の著作は「社会主義に哲学的基盤」を提供したのであって、「人類の概念、それこそ社会の概念」だと語っている(68)。

「疎外された労働は」、とマルクスは宣言する、「人間から類を疎外する。それは人間にとって類生活を個人的生活の手段たらしめる。……生活活動、生産的生活そのものは一つの必要、つまり肉体的存在の維持の必要を満たすための一つの手段としてのみあらわれる(69)」。これは、一年前に『ヘーゲル法哲学批判』において、市民社会における個人や諸家族の個別の目的を国家の普遍的な目的と対比した際に確立した見解をさらに発展させたものであった。資本主義制度の下では、個人の労働は、社会として解される人類の諸利益から疎外される。それは、こうした人類の諸利益を表現してはいない。疎外された労働は、とマルクスは続ける、「人間の人間からの」疎外である。すなわち、それは人間社会から切り離された労働である。

この改変された特殊と普遍の区別を引きながら、マルクスはさらに、フォイエルバッハの人類の類的本質、類的存在の概念を、肉体的な生殖のための愛情に取り込まれたものから、生産労働によって成り立つものへと改変した。「まさに対象的世界の加工〔スパーバーでは「操作と変換」〕においてこそ人間ははじめて現実的に、一つの類存在であることの実を示す。この生産は彼の活動的な類生活である」。草稿の後の部分でマルクスが指摘するところでは、「産業の歴史と、それの既成の客観的なあり方は人間的本質諸力の書が開披されたもの……であることがわかる」。マルクスは、社会における人間存在の基礎が集団的で協同的な労働にあるという思考を発展させ、モーゼス・ヘスによって提起された見解のうちの自然の生産物に関する部分を、政治経済学の古典的著作に光を当てた再解釈へと改変した。「パリ草稿」で初めて表明されたこの概念は、生涯にわたってマルクスの哲学的、歴史的、経済的分析の中心的な位置を占めることになる。(70)

共産主義は、マルクスが「パリ草稿」で示した理解によれば、私的所有に由来する労働の三重の疎外を廃絶する。私的所有の廃棄の結果を論じながら、マルクスは「無考えな共産主義」や共産主義の「動物的な形式」、女性の共有（共産主義者たちが女性を男性の集団所有物にしたがっているというのは、一八四〇年代以降、保守主義からの共産主義に対して行われた告発のよくある形式であった）からは注意深く距離を保った。むしろ、彼の共産主義はもっとヘーゲル主義的であり、哲学的な要素を含んでいた。

> 人間的自己疎外としての私的所有のポジティヴな廃棄、したがってまた人間による、また人間のための人間的本質の現実的獲得としての〔共産主義〕。……この共産主義は……人間と自然との、また人間と人間とのあいだの相剋《そうこく》の真の解消、現存と本質とのあいだの、対象化と自己確証とのあいだの、自由と必然とのあいだの、個と類とのあいだの、抗争の真の解消である。それは解かれた歴史の謎〔スパーバーでは「歴史の謎に解決を与えるもの」〕であって、自らがこの解決であることを知っている。(71)

マルクスの共産主義は、ヘーゲルの絶対精神を唯物論的な形式にしたものであった。それはまた、ヘーゲル批判のなかで政治的理想として描き出された「民主的」国家を、政治経済学についての読書をつうじて焼き直したものでもあった。歴史の難題に解決を与えるものとして共産主義を描き出したように、マルクスはこの民主的国家を、「解かれたあらゆる国制の謎」〔スパーバーでは「あらゆる国制の謎に解決を与えるもの」〕と呼んでもいる。共産主義においては、民主的理念についての初期の説明においてと同様に、特殊な個人的活動と普遍的な人類の活動の区別は廃棄されることとなる。

社会と社会的存在についてのマルクスの理解は、急進化したパリの労働者たちとの経験に影響されていた。彼は、共産主義の労働者たちの会合が将来の共産主義社会をいかに予感させたのかを、強烈な筆致で論じている。

> 共産主義的職人たちが団結するとき、彼らのまず目的とするところは教説、宣伝等々である。しかし同時にまたそのために彼らは一つの新しいもの、つまり団体を必要とすることになるのであって、手段とみえるものは目的となったのである。この実践的運動のいとも輝かしい成果は、フランスの社会主義的労働者たちの集まっている情景のうちにまざまざとみることができる。喫煙や飲食などはもはや結合の手段あるいは結合させる手段として存在するのではない。団結や結社や、それ自体また団体的結合を目的とする話合いだけで彼らは十分なのであり、四海同胞は彼らにあっては空文句などではなくて、真実なのであって、人間のけだかさが、労働によって鍛えられた人々の姿からきらきらとわれわれの目に迫ってくる。[72]

明らかにロマンティックな色合いを帯びた、秘密結社の会合についてのこの説明は、マルクスによる労働者階級の創造が新たな段階に達したことを示している。「ヘーゲル法哲学批判序説」における描写に見られるように、今や労働者とは革命的な政治変革に不可欠な手段であるというだけでなく、その社会的実践をもってマルクスの思い描く未来の社会的、政治的秩序を体現する集団であった。プロレタリアートの性格と歴史的重要性についての発展的な理解のうちに示されたこのような前進は、社会主義的労働者との対話や、政治経済学者の著作の渉猟といった、パリでの体験を反映したものであった。

『経済学・哲学手稿』の著述のプロセスはマルクスの思想を明確化し、彼に今後の知的な予定表《アジェンダ》を突きつけることとなった。思索の始まりにではなくむしろ終わりになってまとめられた草稿の序言においてマルクスは、小文を連続して書いて、フォイエルバッハ版のヘーゲル哲学とも言うべき「法、道徳、政治等々」を批判する予定であることを明らかにしている。彼は、一連の批判を政治経済学についての小品から始めるつもりであった。一八四五年初頭、マルクスは『政治学および国民経済学の批判』なる書を執筆する契約を、ダルムシュタットの左翼系の出版業者カール・ユーリウス・レスケと結んだ。ケルンの知人たち、そしてヨーロッパ中のドイツ語話者の社会主義者たちが、この計画中の本に並々ならぬ関心を抱いていた。[73]

十九世紀中葉のヨーロッパのブルジョワ社会と資本主義社会の諸側面を、経済学から始めて様々に批判する書を出版するというこの構想は計画倒れに終わり、マルクスは残りの生涯を賭けてこの計画を追求することとなった。自分が手をつけた仕事を達成するのに苦労し、長期的な目標からしばしば道を逸れるような物書きには、これは難しい任務であった。マルクスが、最初の政治経済学に対する批判を越えて進むことは決してなかった。一八五〇年代や一八六〇年代の経済学に関する調査や著述は、膨大でついに未完で終わった『資本論』において絶頂に達する。この書の副題は「経済学批判」であるが、これは元々の批判的計画の第一段階を表現したものであった。

この計画が一八四五年にようやく遅々としたスタートを切ったからといって、マルクスの仕事上の習慣のみにその責めが負わされるべきではない。むしろ、敵対者たちを苛《さいな》もうとするプロイセン君主政の長い手が、その司法権限が及ぶ範囲の外側にまで伸びてきたことに原因はあった。プロイセン当局はマルクスの出版者（レスケはプロイセン国外のヘッセンに居を構えていた）に脅しをかけ、マルクスが著作の中の政治的な内容の調子を弱めるよう要求させ、最終的には契約を完全に反故にするよう強いた。この行動はマルクス個人を敵視するという方針に基づいていた。さらに厄介なのは、パリ駐在プロイセン公使のアルニム伯〔ハインリヒ・フリードリヒ・フォン・アルニム＝ハインリヒスドルフ伯爵〕がとった、同地のドイツの急進主義者たち一般に狙いを定めた行動であった。アルニムは、反プロイセン的な著作を出版している一団を追放するようフランス政府に求めた。穏健自由主義のフランス首相〔当時、ギゾーは外務大臣であった。ただし、事実上の首班ではあった〕、フランソワ・ギゾーは保守的政府の要求に屈することを望んでいたわけでも、出版の自由についての彼らの態度を支持していたわけでもなかろうが、フランスの急進主義者と社会主義者たちの敵対者という立場から、彼らと同様の意見をもって首都をうろつき回る外国人たちを抱え込んでいるのをちっとも快く思っていなかった。長い交渉の末、ギゾーは五人のドイツ人に退去命令を出すことに同意した。この五人とは、『フォアヴェルツ！』の創刊者たちや当時の編集者たちであり、また同様に、廃刊になったものの明確に反プロイセン的であった『独仏年誌』の編集者のマルクスとルーゲであった〔他の三人は、ベルナイス、ボルンシュテット、ハインリヒ・ベルンシュタイン〕。フランス内務省は実のところ、マルクスに退去命令を出すにあたり彼の居所が分からず、そのためマルクスは他の活動家からこの命令のことを聞き、自発的に警察に出頭した。パリで快適に暮らし、歴史と政治経済学の研究に邁進し、左翼系のドイツ語新聞に執筆し、そしてフランスの自由主義政府が反動的なプロイセン政府のうちに屈することなどなかろうと信じていたマルクスは、退去命令を本気にしていなかった。かくして彼は落胆しつつ、一週間のうちにこの国を去らなければならないことを悟ったのであった。[74]

一八四五年一月末、マルクスは、ケルンの彼の信奉者の一人でパリにマルクスを訪問中であったハインリヒ・ビュルガースと連れ立って、フランスを離れベルギーに向かった。二人で郵便馬車で北フランスを通過する時、ビュルガースは、マルクスが「克服しようとしてできなかった」、「物思いに沈んで消沈したムードをかき消すために」歌を歌った方がよいと思った。[75] カールが追放に意気消沈したのなら、パリでの一家の生活の後始末をするために残された妻はストレスを受け、怒りに駆られていた。二度目の妊娠期間に入ったばかりのところで、幼い娘のイェニーの面倒を見ながら、妻のイェニーは町を駆けずり回り、借りていたアパートの敷金を取り戻そうとして無駄骨折りに終わり、同様に成功の見込み薄なのは明々白々であったが、家族で使っていた家具を競売で売りさばこうとした。「これらはこの政府、ギゾーの破廉恥行為の素晴らしい結末だわ」と、彼女はカールに不平をぶちまけている。[76]

イェニーの怒りには、カールの失望と同様に容易に合点がいくが、夫がプロイセンの公権力の標的にされたのは、彼の政治的地位が上昇した証拠でもあった。誰が新聞の編集方針に責任を有しているのかがはっきりしていなかった『ライン新聞』の廃刊の時とは違い、プロイセン官憲は今ではマルクスを国家の敵と見なしていた。彼がプロイセンの領土に足を踏み入れたら直ちに逮捕するよう通達が出された。[77] これに飽き足らず、プロイセン政府は、パリ駐在公使の要求から窺えるように、マルクスがプロイセンの直接支配の圏外にあってもなお、彼を窮地に追いやり、害しようとしていた。

マルクスには、もはや亡命者として安穏と生活していくことは叶わなかった。大陸に留まり、自らの知的、政治的活動を継続しようとするのであれば、プロイセン政府の転覆を目指して闘わねばならなかったであろう。このような反プロイセン的な言動をいかにしてパリでの一六ヶ月の間に培った親共産主義的言動と調和させるのかという問題が、フランス追放後のマルクスの人生の四年半、すなわち彼の最も直接的で激烈な革命行動の時期を支配することとなる。

章末注

（1）*MEGA* 3/1: 43〔二七一–三六〇〕.

（2）Ibid., 3/1: 43–44, 389, 393, 399–400, 406, 412, 538–39; Walter Grab, *Dr. Wilhelm Schulz aus Darmstadt. Weggefährte von Georg Büchner und Inspirator von Karl Marx* (Frankfurt: Büchergilde Gutenberg, 1987), 234–48; Paul Nerrlich, ed., *Arnold Ruges Briefwechsel und Tagebuchblätter aus den Jahren 1825–1880*, 2 vols. (Berlin: Weidmannsche Buchhandlung, 1886), 1: 295–96, 301, 303, 307, 310–12.

（3）*MEGA* 3/1: 44, 397〔二七一–三六一〕.

（4）Monz, *Karl Marx*, illus. 19; Helmut Elsner, "Karl Marx in Kreuznach 1842/43 Daten—Personen—Kreuznacher Exzerpte," in Marion Barzen, ed., *Studien zu Marx's erstem Paris-Aufenthalt und zur Entstehung der* Deutschen Ideologie (Trier: Karl-Marx-Haus, 1990), 110–37; Schöncke, *Karl und Heinrich Marx*, 843–47.

（5）Franziska Kugelmann, "Kleine Züge zu dem grossen Charakterbild von Karl Marx," in *Mohr und General*, ed. Institut für Marxismus-Leninismus, 3rd ed. (East Berlin: Dietz Verlag, 1970), 297; McLellan, *Karl Marx*, 62; Wheen, *Karl Marx*, 52; *MEGA* 3/3: 690.

（6）マルクスがつけていた記録、いわゆるクロイツナハ抄録は以下に収録、ibid., 4/2: 9–278.

（7）Ibid., 3/1: 22.

（8）Caldwell, *Love, Death and Revolution*, 28–31.

（9）*MEGA* 3/1: 45〔二七一–三六二〕.

（10）Ibid., 1/2: 54–58, 96, 114–19; 同様に、1/2: 8–9, 11, 14–15, 40, 88–89, そしてとくに、125–26.

（11）Ibid., 1/2: 30–33〔一–二六三〜二六五〕.

（12）以下の編者のコメントを参照、ibid., 1/2: 633–34〔一–二六四〕.

（13）Ibid., 4/2: 96.

（14）Ruge, *Zwei Jahre in Paris*, 1:4, 47.

（15）以下を参照、Gerhard Lippold, "Marx und die Tolstois in Paris," *Beiträge zur Geschichte der Arbeiterbewegung* 45 (2003): 9–26.

（16）Birgit Bublies-Godau, "Parteibildungsprozesse im vormärzlichen Exile: Die deutschen Auslandsvereine in Paris," そして、François Melis, "August Hermann Ewerbeck—Vermittler demokratischer sozialistischer und kommunistischer Ideen zwischen Frankreich und Deutschland im Pariser Exil," いずれも以下に所収、*Forum Vormärz Forschung* 10 (2004), 87–147、そして以下の各所、268–95.

（17）Lloyd S. Kramer, *Threshold of a New World: Intellectuals and the Exile Experience in Paris, 1830–1848* (Ithaca

& London: Cornell University Press, 1988), 25–27をはじめとする各所。

(18) Wolfgang Strähl, *Briefe eines Schweizers aus Paris 1835–1836*, ed. Jacques Grandjonc, Waltraud Seidel-Höppner, and Michael Werner (Vaduz: Topos Verlag, 1988).

(19) これに関しては、マルクスのパリ時代についてとくに明記していない場合には、Jacques Grandjonc, "Zu Marx' Aufenthalt in Paris: 11. October 1843–1 Februar 1845," in Marion Barzen, ed., *Studien zu Marx' erstem Paris-Aufenthalt und zur Enstehung der* Deutschen Ideologie (Trier: Karl-Marx-Haus, 1990), 163–212.

(20) *MEGA* 3/1: 412; 以下を参照、Wheen, *Karl Marx*, 62; McLellan, *Karl Marx*, 73.

(21) Grandjonc, "Zu Marx' Aufenthalt," 178–202.

(22) *Ruges Briefwechsel und Tagebuchblätter*, 1:313–15, 327, 343, 352.

(23) Grandjonc, "Zu Marx' Aufenthalt," 181–82; *Ruges Briefwechsel und Tagebuchblätter*, 341–45, 349–54, 358; *MEGA* 3/1: 426–27, 432–33; McLellan, *Karl Marx*, 89.

(24) *MEGA* 3/1: 428–31〔四〇一五七八～五七九〕.

(25) Ibid., 3/1: 426–27, 432–33, 437–38, 440–42. 数ヶ月後、ケルンのマルクス支持者たちは約一一五ターラーに相当する八〇〇フランを追加で送金した。

(26) これらの論文はそれぞれ以下に所収、*MEGA* 3/1: 170–83そして、141–69.

(27) Rosen, *Bruno Bauer and Karl Marx*, 140–41〔一一四一五〕.

(28) *MEGA* 1/2: 181–82.〔一一四一六～四二八〕.

(29) 二つの厳しい批判として、Dagobert Runes, ed., *A World Without Jews by Karl Marx* (New York: Philosophical Library, 1959), そして、Paul Lawrence Rose, *Revolutionary Anti-Semitism in Germany from Kant to Wagner* (Princeton: Princeton University Press, 1990), 295–305, 他の多くの文献はここに依拠している。わずかな当惑した弁解者たちのなかには以下も含まれよう。McLellan, *Karl Marx*, 78–79; Wheen, *Karl Marx*, 55–57; そして、Allan Megill, *Karl Marx: The Burden of Reason* (Lanham, MD: Rowman & Littlefield, 2002), 142–48.

(30) Bruno Bauer, *Die Judenfrage* (Braunschweig: Druck & Verlag von Friedrich Otto, 1843); そして、Bruno Bauer, "Die Fähigkeit der heutigen Juden und Christen, frei zu werden," in Georg Herwegh, ed., *Einundzwanzig Bogen aus der Schweiz* (Zurich & Winterthur: Verlag des Literarischen Comptoirs, 1843), 56–57;

Nathan Rotenstreich, "For and Against Emancipation: The Bruno Bauer Controversy," *Leo Baeck Institute Yearbook* 4 (1959): 3–36. この議論についてのマルクス自身の関心は以下に示されている。*MEW* 2: 91–95, 99–104, 112–25.

(31) Bauer, "Die Fähigkeit der heutigen Juden," 59–61〔「現代のユダヤ教徒とキリスト教徒の自由になりうる能力」(良知力編『資料ドイツ初期社会主義』(平凡社、一九七四年)所収)、二八一〜二八二頁〕.

(32) Ibid., 57〔「現代のユダヤ教徒とキリスト教徒の自由になりうる能力」、二七八頁〕.

(33) ユダヤ人解放への反対については、Dagmar Herzog, *Intimacy and Exclusion: Religious Politics in Pre-Revolutionary Baden* (Princeton: Princeton University Press, 1996), 53–72; Reinhard Rürup, *Emanzipation und Antisemitismus* (Göttingen: Vandenhoeck & Ruprecht, 1975), 56–64. 当時の著名な自由主義プロテスタント神学者の例として、Heinrich Paulus, *Die jüdische Nationalabsonderung nach Ursprung, Folgen und Besserungsmitteln* (Heidelberg: Universitätsbuchhandlung von C. F. Winter, 1831); この著作の英語への抄訳は以下で確認できる。http://germanhistorydocs.ghi-dc.org/sub_document.cfm?document_id=436(二〇〇九年三月十三日閲覧)。後年の自由主義プロテスタントの神学的な態度については、Uriel Tal, "Theologische Debatte um das 'Wesen' des Judentums," in Werner E. Mosse and Arnold Paucker, eds., *Juden im Wilhelminischen Deutschland 1890–1914* (Tübingen: J. C. B. Mohr, 1976), 599–632. こうした態度は、バウアーを独特なかたちでとは言え忠実に模したものである。*Die Judenfrage*, 9, 11–12, 17, 21, 31–35, 37–38, 40–41, 43, 46–47, 52.

(34) *MEGA* 3/1: 45–46 に所収の書簡、〔二七一－三六三〕.

(35) マルクスはトクヴィルの『アメリカのデモクラシー』について言及しているが〔書名は示していない〕、直接に引用しているのは、トクヴィルの著作協力者であったギュスターヴ・ド・ボーモンの著作である。ボーモンの小説『マリ』はこんにちではまずもって、アメリカ社会における宗教についての説明によってよりも、奴隷制と人種的関係についての議論によって知られている。

(36) *MEGA* 1/2: 147–48〔一－三九〇〕.

(37) Ibid., 1/2: 164–69〔一－四〇九、四一一〜四一四〕.

(38) *MEGA* 1/2: 279–80〔四〇－四六八〜四六九〕; Margit Naarmann, "Ländliche Massenarmut und 'jüdischer Wucher.' Zur Etablierung eines Stereotyps," in Ludger Grevelhörster and Wolfgang Maron, eds.,

Region und Gesellschaft in Deutschland des 19. und 20. Jahrhunderts (Vierow: SH-Verlag, 1995), 128–49, 144からの引用。

(39) Silberner, *Moses Hess*, 184–92; Ruge, *Zwei Jahre in Paris*, 1:34–35; Michael Werner, "Börne, Heine Gans: Drei deutsch-jüdische Intellektuelle zwischen Deutschland und Frankreich im Spannungsfeld von Akkulturation, Politik und Kulturtransfer," in Blänker, Göhler, and Waszek, eds., *Eduard Gans*, 46.

(40) Siegbert Prawer, *Heine's Jewish Comedy: A Study of His Portraits of Jews and Judaism* (Oxford: Clarendon Press, 1983); Silberner, *Moses Hess*, 388–427.

(41) *MEGA* 3/1: 440–41.

(42) *Arnold Ruges Briefwechsel*, 1: 352–53, 362–366; *MEGA* 3/1: 264. マルクスとハイネの関係の近さは誇張されるべきではない。以下を参照、Jeffrey L. Sammons, *Heinrich Heine: A Modern Biography* (Princeton: Princeton University Press, 1979), 260–65.

(43) *MEGA* 3/1: 65, 484, 489–90, 496–97; Melis, "August Hermann Ewerbeck," 277–78; *Arnold Ruges Briefwechsel*, 1:359, 382.

(44) *MEGA* 1/2: 445–63, 555–66; Ruge, *Zwei Jahre in Paris*, 1:145–46; Jacques Grandjonc, *Marx et les communistes allemands à Paris 1844* (Paris: François Maspéro, 1974).

(45) Liebknecht, *Karl Marx zum Gedächtniß*, 6, あるいは、Lafargue, "Persönliche Erinnerungen an Karl Marx," in *Mohr und General*, 342から、こうしたイメージが作られたことを確認できる。

(46) Grandjonc, "Zu Marx' Aufenthalt in Paris," 199–200; McLellan, *Karl Marx*, 256; *MEGA* 3/1: 506–08, 513–15.

(47) マルクスとエンゲルスの別離の認識についての初期の例は以下を参照、*MEGA* 3/2: 336.

(48) 最近のエンゲルスの伝記であるTristram Hunt, *Marx's General: The Revolutionary Life of Friedrich Engels* (New York: Henry Holt & Co., 2010)は上質な入門書であり、優れた解釈を示している。

(49) *MEGA* 2/1: 388–433.

(50) Ibid., 3/1: 339–60, 425–26.

(51) *MEGA* 3/1: 437–50, 467–94; Edgar Bauer, *Konfidentenberichte über die europäische Emigration 1852–1861*, ed. Erik Gamby (Trier: Karl-Marx-Haus, 1989), 57; さらにとりわけ、Hunt, *Marx's General*, 74–112.

(52) Grandjonc, "Zu Marx' Aufenthalt," 199–202.

(53) *Arnold Ruges Briefwechsel*, 344, 351, 354.

(54) Liebknecht, *Karl Marx zum Gedächtniß*, 36〔『モールと将軍』、五二頁〕.

(55) *MEGA* 3/1: 262, 272–73〔二七一一八、二六〜二七〕.

(56) こうした理解に沿った膨大な文献から幾つかを挙げれば、Bertell Ollman, *Alienation: Marx's Conception of Man in Capitalist Society*, 2nd ed. (Cambridge: Cambridge University Press, 1976); István Mészáros, *Marx's Theory of Alienation*, 3rd ed. (London: Merlin, 1972); あるいは、Louis Althusser, *For Marx*, trans. Ben Brewster (New York: Pantheon Books, 1969).

(57) この草稿は以下に所収、*MEGA* 1/2: 189–444; 問題の文章は、273–74, 284–85, 292–306, 319–22, 397–418, 435–37, 439–44.

(58) 経済学者たちの著作の抜粋は以下に所収、ibid., 4/2: 301–579.

(59) Ibid., 1/2: 195, 871–72〔四〇一三九二〕.

(60) Ibid., 1/2: 202〔四〇一三九四〕.

(61) 以下を参照、Eric Roll, *A History of Economic Thought*, 4th ed. (London: Faber & Faber, 1973), 184–92, 201–11; Terry Peach, *Interpreting Ricardo* (Cambridge: Cambridge University Press, 1993), 104–31.

(62) Wilhelm Schulz, *Die Bewegung der Produktion. Eine geschichtlich-statistische Abhandlung*, ed. Gerhard Kade (Glashütten in Taunus: Verlag Detlev Auvermann, 1974). 同書は一八四三年にスイスで出版された原著を再版したものである。シュルツと彼のマルクスに対する影響については、Grab, *Dr. Wilhelm Schulz*, とくに、257–91.

(63) 以下を参照、Schulz, *Bewegung der Produktion*, 60–68, また、*MEGA* 1/2: 333–36.

(64) Schulz, *Bewegung der Produktion*, 69–72, 172–78.

(65) *MEGA* 1/2: 234–35〔四〇一四三〇〜四三一〕.

(66) エンゲルスはマンチェスター時代の後、確かに度々織物工場の労働者たちについての知識を得ていたが、『独仏年誌』に掲載された彼の経済学に関する論文は、機械化された生産に大いに熱狂し、機械が導入された労働のネガティブな側面については何も語っていない。

(67) *MEGA* 1/2: 238–39, 387〔四〇一四三二、四三四〜四三五、四五四〕.

(68) Ibid., 3/1: 63〔二七一三六九〕.

(69) Ibid., 1/2: 240〔四〇一四三六〕.

(70) Ibid., 1/2: 241–42, 271〔四〇一四三七〜四三八、四六三〕; Zvi Rosen, *Moses Hess und Karl Marx* (Hamburg: Hans Christians Verlag, 1983), 137–58.

(71) *MEGA* 1/2: 263〔四〇一四五五〜四五七〕.

(72) Ibid., 1/2: 289〔四〇一四七五〕.

(73) Ibid., 1/2: 325–26, 701; 3/1: 458, 465, 490, 492, 503,

514, 532; 3/2: 200, 265, 270〔四〇一–三八七〕.

(74) Ibid., 3/1: 516, 851–52; Grandjonc, "Zu Marx' Aufenthalt in Paris," 202–03.

(75) 以下からの引用、François Melis, "Heinrich Bürgers," in Helmut Bleiber, Walter Schmidt, and Susanna Schötz, eds., *Akteure eines Umbruchs: Männer und Frauen der Revolution von 1848/49* (Berlin: Fides-Verlag, 2003), 145.

(76) *MEGA* 3/1: 453–54.

(77) Ibid., 3/1: 434.

第5章

革命家

マルクスとエンゲルスが出会いの後に満喫した陽気なパリの夜の歓楽は、ブリュッセルにはなかった。同時代の観察者たちは、ベルギーの首府がどれほど「夜もとても早いうちから静か」であったのかを記している[1]。歓楽はさておき、無理矢理にパリからブリュッセルへの移動を強いられて、マルクスは周縁の地へ、大陸の政治的、知的な中心地から、ずっと独立を保てるかどうかも覚束ないままの新参の小国の王都へ追いやられたかのように思われた。しかし、ブリュッセルは一瞥《べつ》しただけでは気づかなかったような可能性を与えてくれた。このベルギーの首都は、三年にわたりマルクスの住み家となり、一八四二年〔マルクスがベルリン大学を退学したのは一八四一年〕にベルリン大学を離れてから一八四九年に難民としてロンドンに落ち着くまでの間で、最も長く居を構えた場所となった。ブリュッセル時代は革命家マルクスの見習い時代であり、組織の面でも、知的、政治的な面でも、一八四八～四九年の革命の波乱に満ちた政治変化のなかで役割を果たすための準備期間であった。あらゆる見習いと同様、ここには過てる歩み、困難な修練、そしてひどい紆余曲折もあった。しかし、マルクスが革命の技術を習得し、政治状況が好転すると、この見習い期間の値打ちが明らかになった。

パリの大きさには及ばなかったとは言え、一八四〇年代に一五万人の人口を擁したブリュッセルは、少なくともしっかりとした都市世界を形成してはいた。フランスの首都と同様、そこには、一定数の亡命知識人や多数の職人たちからなるドイツ人のコロニーがあった。やはりパリのように、大陸中の急進的で自由主義的な政治的亡命者たちがブリュッセルに活路を見出していた。見事な王立図書館は、哲学や政治経済学に関するマルクスの研究に便宜を与えてくれた。何より、ブリュッセルはケルン、パリ、ロンドンというマルクスの政治活動の三つの拠点と簡単に行き来できる位置にあり、これは決定的な利点であった。確かに、パリにあったような社会主義者の交流の場は欠けていた。ある同時代人が記したところでは、ブリュッセルでは「ランタンを使って社会主義者を探さなければならなかった」[2]。しかし、一八三〇年のオランダからの独立に際して諸々の市民的自由を完全に保証した憲法が作成されたベルギーでは、カトリックの保守主義者、自由主義者、そして急進主義者たちの誰もが公然と、そして精力的に自分たちの見解を喧伝していたのであった[3]。

ブリュッセルでのマルクスは、パリで始めた活動を継続し、発展させた。課題の一つは、ドイツ人手工業者たちの急進主義的な秘密結社との繋がりを深めることであった。マルクスはまた、『独仏年誌』の方針に沿った、亡命者の政治的な定期刊行物を再刊する計画のために、根気強く働いた。彼の知的な取り組みは、政治経済学についての計画中の著作や、エンゲルスやモーゼス・ヘスとの共同執筆で、『ドイツ・イデオロギー』として知られることになる、ドイツの急進主義の傾向に関する未完の政治的、哲学的論評も含めて、先述の出版計画と密接に結びついていた。マルクスはまた、亡命者であるとベルギー人であるとを問わず、他国の政治的急進主義者と会って交流したが、これは革命以前の時期の彼の活動の頂点である、一八四七年末に設立されたブリュッセル民主主義協会への関与に繋がった。

ブリュッセルでのマルクスの活動はかつてのパリでの取り組みと同様のものであったが、しかしいっそう激烈で闘争的であることが明らかになっていった。ドイツ人亡命者たちの主たる秘密結社の政治綱領を作成し、革命的な方向を示そうと奮闘したことで、彼は後に初期労働運動の指導者たちとなる人びとと衝突した。マルクスの理論的な発展は、青年ヘーゲル派や社会主義的知識人に対する怒りと皮肉に満ちた批判から生まれたのである。こうした批判が公刊されると、私的、政治的反目を招き、論戦を巻き起こし、忠実な追従者と厳しい敵対者の双方が作り出された。激しさを増すこうした論争はマルクスの家庭生活、とりわけいつもぎりぎりの状態にあった金銭面に影響を及ぼし、その結果、金を工面してやりくりするのが更に難しくなった。途絶えることを知らぬ経済的困窮は、一八四五〜四七年にヨーロッパが経験した経済危機によって厳しさを増し、私事にあってはマルクスの癇症《かんしょう》を悪化させ、政治的、知的試みにあっては論争を激化させ、かくしてさらなる問題が作り出されることとなった。一八四七年には、ヨーロッパの政治的状況とマルクスの個人的状況は、ともに危機の様相を示す。

一八四五年の夏、イェニーが二人目の子を身籠ってトリーアの母の元を訪ねている間、マルクスは、ブリュッセルで落ち合ったエンゲルスと一緒にイギリスへ旅立った。(4) この旅行の第一の目的は、構想中の政治経済学批判のための調査を行うことにあり、大半の時間がマンチェスターで費やされた。ブルジョワの夢と資本家の悪夢という、この町の二つの側面のどちらをエンゲルスが友人に見せたのかは分からない。我々が知りうるのは、彼ら二人がマンチェスターの公立図書館に一緒に座り、イギリスの政治経済学の著作を勉強していたことである。マルクスの広範な読書は、十七世紀の政治経済学の先駆者ウィリアム・ペティやチャールズ・ダヴェナントのみならず、同時代人のジョン・ステュアート・ミルにまで及び、マルクスは国際交易に関するミルの主張について、ノートに「麗しきナンセンス」と書き残している(5)。

ブリュッセルへの帰路、二人はロンドンに数週間滞在し、そこでエンゲルスはマルクスに、自分がマンチェスターで働いていた時分に知り合ったイギリス人やドイツ人の急進主義者たちを紹介した。このドイツ人たちは、数百人の急進的な熟練工と数名の知的な指導者たちからなる、亡命ドイツ人の秘密結社の代表格である義人同盟〔一八三六年にパリで結成された、初のドイツ人共産主義組織。「正義者同盟」とも呼ばれる〕のメンバーであった。会員たちは、労働者にせよ教養ある人びとにせよ、ロベスピエールの思想と似通ったジャコバン的急進主義と、パリで流行していた社会主義の様々な変種との間で揺れ動いていた。マルクスはパリにいた頃からこのグループと協力し合っていたが、同組織のなかでも最も断固たる意志をもった指導者や活動家は一八三九年のフランスの共和主義者たちの蜂起の試みに関与し、この国から亡命してロンドンに移り住み、政治的アジールを与えてくれた大いにリベラルなイギリス政治の恩恵に浴していた。急進主義の指導者たちはロンドンで秘密結社の新支部を組織し、同組織は一八四〇年代半ばまでに〔ヨーロッパで〕最も大規模にして最も活動的となり、この手の集団のヨーロッパ全体での中央委員会のような役割を果たしていた。彼らはまた、活動を活発化させ新たな会員を獲得するために、ドイツ労働者教育協会を創設した。秘密結社とは対照的に、この組織は開かれた公的な集団であり、最盛期には七〇〇人の会員を擁して盛況を誇る一大組織となり、親睦や娯楽、成人教育、そして健康を損ねたり失業中の者の支援のための相互扶助の基金を提供した(6)。

こうした職人の諸組織は、三人のドイツ人指導者の三頭制《トロイカ》で運営されていた。そのうちの二人、靴職人のハインリヒ・バウアーとケルン出身の時計職人のヨーゼフ・モルは、自身も熟練工であった。三人目の、彼らのなかで最も有力であったカール・シャッパーは、十九世紀前半のヨーロッパに登場した、それまではまったくいなかった社会的タイプ、すなわち職業革命家の一例であった。一八三〇年代初頭にギーセン大学の学生として急進的な政治行動に初めて参加した後、一八三三年から三九年にかけて彼は、ドイツ、スイス、フランスでいずれも失敗に終わった三つの陰謀や革命的暴動に関与し、このうちの最後の件によってロンドンに亡命した。長身でがっしりとした体格をしており、人目を引く黒い口髭をたくわえたシャッパーは、いかにも行動の人に見えた。彼は政治的アジテーションのために生きており、革命を唱える職人たちとパブで何時間も費やし、法に触れない範囲で、公的集会で熟練した雄弁を用いて、同様の主張を行った(7)。

レーニンをはじめ、二十世紀には無数のマルクス主義活動家たちが職業革命家の証明として、途切れることなきひたむきな陰謀やアジテーションを熱心に実践したが、マルクスは決してそのようなことをしなかった。マルクスの仕事上の立居振る舞いも学問的な関心も、さらには家庭への献身や家族が彼に行った金銭的な要求も、職業革命家の条件に合致していない。しかし、こうした革命家との出会いがマルクスに、自らの政治的願望の中心をなす社会集団との欠くべからざる関わりをもたらしたのである。

シャッパーの政治的人脈は、ドイツの職人たちの一団にとどまらなかった。彼は、ヨーロッパの指導的な急進民主派にして、暗躍する破壊集団の飽くことなき組織者であったジュゼッペ・マッツィーニと交流していた。シャッパーはまた、亡命中のフランス人急進主義者たちとも緊密に協力し合っていた。彼の率いる労働者教育協会の会員の大半はドイツ人であったが、そこにはスカンディナヴィア人やオランダ人、スイス人、イタリア人といった様々な民族も含まれており、オスマン帝国内のブルガリア諸州の一地方出身のムスリムである「真正トルコ人」さえもが一人いた。おそらく最も重要であったのは、イギリスの急進派、チャーティストとの繋がりであった。彼らは、「人民憲章」によってイギリスの民主的政府が保障されるべきだと訴える声と、多少なりとも社会主義的要素を帯びていた労働者のアジテーションとを結びつけた。シャッパーから直接に、あるいはエンゲルスを経て、マルクスはこうしたロンドンの急進主義者たちの多くと知り合い、そのなかには後に長期にわたる政治的同志となったアーネスト・ジョーンズもいた。

イギリスの急進派は、ヨーロッパ各国の左翼勢力、少なくともロンドンに住む様々な国からの亡命左翼の糾合に関心を抱いており、カール・シャッパーはこれを強力に支持していた。ロンドン滞在中、マルクスとエンゲルスは「民主主義者友愛協会」の創設の準備に加わった。ただし、この組織が実際に設立されたのは、彼らがベルギーに帰った直後の一八四五年九月のことであった。イギリス旅行を行ってからの二年間、マルクスの政治活動は、義人同盟のドイツ人急進主義者や、民主主義者友愛協会を指導するイギリス人急進主義者に焦点を絞ったものになる。(8)

一八四六年の早い時期に、マルクスとエンゲルスは、共産主義通信委員会を創設し、ヨーロッパ中の共産主義者のネットワークを作り上げようと決心した。彼らは、ドイツ諸邦をはじめとする大陸全土の通信員たちが各地の活動について情報を送ってくれて、これに対して自分たちはブリュッセルの中央事務局から共産主義理論や政治経済学に関する回状や報告書を送付するという構想を抱いていた。彼らのネットワークは主にドイツ語話者の共産主義者たちから成っていたが、二人はイギリス人との交流を求めたり、パリの最も高名な社会主義思想家の一人でマルクスと個人的な面識のあったピエール＝ジョゼフ・プルードンを味方に引き込もうとするなど、国際化のための努力も払った。

こうした取り組みはすべて、代表者たちが顔を合わせて政治網領を考えるための会議を準備するというところに向かっていた。彼らが目標としていたこの会議は、これまで、ある時は共産主義的なものとして、またある時には民主主義的なものとして説明されてきた——しかし、こうした区別をする必要はない。なんとなれば、共産主義は民主主義の現代的形態だと、エンゲルスが公言していたからである。会議の出席者がドイツ人だけであったのか、それともヨーロッパ各国の代表者が含まれていたのかは判然としない。民主主義者友愛協会がこの計画に引き込まれ、一八四七年に組織の屋台骨を提供するようになるにつれて、会議は明らかに国際的で民主主義的な方向に進むこととなった。(9)

　通信委員会の組織化の試みは不首尾に終わった。この取り組みは、マルクスの個人的な仲間の枠を越えることが一度もなかった。ドイツの共産主義者からの通信が時折あったが、彼らの報告はおおよそのところ、落胆させられるようなものであった。つまり、支援者が不足しており、マルクスとエンゲルスはこの計画を支援するだけの金を得られなかったのである。かくして、彼らはこの計画がぞんざいで、実行の仕方もまずかったことを悟った。ブリュッセルから出される理論的、経済的問題を扱った回状に至っては、たった一度実現しただけであった。この回状は、ニューヨークに住む亡命ドイツ人共産主義者、ヘルマン・クリーゲへの攻撃となっていた。回状の非難が激烈であったために、通信員たちはマルクスとエンゲルスの打ち出した政治的論点に賛同したものの、彼らのやり口が度を逸した敵意に満ち、不快極まるものだと感じた。(10)

　マルクスとエンゲルスは、様々な問題を抱えながらも組織作りに尽力した。社会主義や共産主義への関心はドイツ、なかんずくプロイセン王国の西部諸州で広がりつつあり、これらの地域では一八四〇年代半ばに、共産主義思想を信奉する一連の定期刊行物が出現した。例えば、彼らの出身地であるライン州には『社会の鑑《かがみ》』や『ライン社会改革年報〔ライン年誌〕』が、また隣のヴェストファーレン州にはさらに生彩に富む『ダス・ヴェストフェーリッシェ・ダンプフボート』と題するメディアがあった。マルクスとエンゲルスはともにこうした雑誌に時折寄稿したが、彼らは自前の、自分たちが私的に統制する『独仏年誌』のような雑誌を保有して、これを出版検閲の手の届かない外国で出すことを切望していた。彼らはこの雑誌を、フランスやイギリスの社会主義者たちの著作のドイツ語訳を叢書で出版していた出版社から刊行しようと思い描いた(11)。

こうした目論見を抱いていたのは、マルクスとエンゲルスだけではなかった。彼らの背後に控えていた第三の人物がモーゼス・ヘスであり、彼は一八四五年の秋にパートナーの女性とともにブリュッセルにやってきて、マルクスの隣家に滞在していた。三人はそれぞれ直接に交際したことがあり、例えば、エンゲルスはマルクスとパリで出会うちょうど一年前にヘスと会っていた。『社会の鑑』はエンゲルスとヘスの協力関係によって、マルクスの関与なしに始まったものであった。「マルクス、ヘス、エンゲルスの三羽烏」は、共産主義に反対していたドイツの民主主義者カール・ハインツェンの記したところでは、対等な関係に基づく作業集団を結成した。パリのヘルマン・エーヴァーベックやカール・ルートヴィヒ・ベルナイス、あるいはイギリスのヴィルヘルム・ヴァイトリングやゲオルク・ヴェールトといったドイツ人急進主義者たちからの手紙では、彼ら三人は一まとめにされて語りかけられており、共同事業の仲間と捉えられている。エーヴァーベックはある手紙の中で、「私は常にあなた方全員に向けて手紙を書いています」と記している(12)。

ヘスは、出版の計画にとって決定的に重要な位置を占めていた。それは、彼が雑誌の創刊や著作の出版のことを熟知していたためであった。そもそも、ライン地方の二つの社会主義的な定期刊行物は、彼の手になるものであった。『ダス・ヴェストフェーリッシェ・ダンプフボート』をも支援してくれていた、共産主義に好意的な鉄工所所有者のユーリウス・マイアーとリネン卸売り業者のルードルフ・レンペルという二人のヴェストファーレン地方の資本家と、新たな出版計画に対する財政的な支援についての交渉したのはヘスであった。この話はうまくいきそうに思われたが、一八四六年六月に完全にご破算となった。事の次第を余さず知るのは難しいが、ヘス自身の説明では、マイアーおよびレンペルとの重大な合意はまったくの口頭によるものであり、関係者全員がお互いの話を自分に都合よく聞き取っていたようである――そして、自らの願望と現実を混同しがちであったヘスの傾向を思えば、この結果は驚くに足らない[13]。

計画の破綻を聞いて、マルクスは怒りを抑えることができなかった。ケルンの友人たちは、マルクスの重度の気管支炎の原因が、おそらく彼の興奮と欲求不満にあると見た。病の床から抜け出すと、マルクスは激怒した調子の手紙をマイアーとレンペルに送り、彼らの契約上の義務違反をなじった――ヘスの主張を真に受けて。二人のヴェストファーレン人はともに怒気を帯びた言葉でこれに応じ、仲違いの話はすぐに左翼サークルに知れ渡るところとなったが、これはマルクスに不利なかたちで広まり、友人や協力者の幾人かが彼から遠ざかっていった。パリのドイツ人急進主義者たちの態度について説明しながら、ヘルマン・エーヴァーベックはマルクスにこう告げた。『党』は人民の敬意を失った」、と[14]。

マルクスは出版業者を探し続けたものの、話をもちかけられた印刷業者たちはプロイセンの官憲を恐れるか、あるいは叢書が商業的な成功を収めることができるかどうかに疑念を抱いた。そして大抵の場合、この二つの懸念は結びついていた。一八四七年には彼は、株の発行で資金を得て、『ライン新聞』の路線を引き継ぐような政治経済学の定期刊行物を発行するという、別の計画を追求していた。一八四八年革命の勃発でより直接的な政治行動をとる機会が得られた時にも、マルクスは投資してくれそうな人びとをさらに口説いていた[15]。

出版の計画に注いだ労力、そして邪魔立てされた際に露わにした怒りからして、マルクスはそこに相当な重要性を感じていたに違いない。これらの刊行予定の出版物は教養ある富裕な読者層を対象としており、義人同盟の急進的な亡命手工業者たちとの付き合いとはまったく相容れないものであった。ブリュッセルに移り住む前からマルクスは、革命へとますます傾斜していく自らの理想にとって、社会集団としてのプロレタリアートが鍵になることに気づいていた。彼の理論において労働者階級が占める地位の中心性と重要性はいや増す一方であり、ブリュッセル時代にその根拠がさらに精緻に理屈づけられていった。しかし、労働者階級へのあらゆる関与にもかかわらず、彼はなおブルジョワジーとの関係を求め続けた。この二つの傾向はともに、マルクスが一八四五〜四七年に単独あるいは共同で執筆した代表的な理論的著作に極めて明瞭に示されることとなる。

哲学と社会理論、経済理論に関する三つの重要な著作、『聖家族』、『ドイツ・イデオロギー』、そして『哲学の貧困』は、マルクスのブリュッセル時代に結びついている。これらに関する批評では、共産主義思想を明確化しようとするマルクスのパリでの初期の実験的な試みから、ブリュッセルでの著作や『共産党宣言』での十分に練り上げられ、激烈に表現された諸見解へと至る道筋が直線的に描かれがちである。確かに、マルクスのブリュッセルでの著作に一本の直線を引くことはできるが、それはその実際の内容の相当部分を無視することによってのみ可能である。そこにはとりとめのない多くの論争が含まれており、青年ヘーゲル派の知識人をはじめとする共産主義思想家たちを時に痛烈に、時に疑念に満ちた様々な鋭い議論で糾弾している。ほとんどの場合、こうした論争は自己完結的であった。別の見方をすれば、それらは密かな自己批判のかたちをとっており、マルクスはそこで、自分自身がかつて掲げた思想を他人が表明するのを批判することで、自らの理論的な発展を推し進めている。

三つのうち最初の著作は実際にはパリで書かれたものであり、一八四四年十二月には出版者〔ヨーゼフ・リュッテン〕の手に渡っていたが、出版に至ったのはマルクスがブリュッセルに到着した直後のことであった。同書は公式にはエンゲルスとの共同執筆となっているものの、冒頭の数章を除けば、全体をマルクスが書いた。[16] ウィットに富み、しかし生硬な書名、『聖家族　別名　批判的批判の批判――ブルーノ・バウアーとその伴侶を駁す』には、生活スタイルに基づく急進主義でもって啓示宗教への批判を強調していた青年ヘーゲル派への攻撃の主たる論点が示されていた。この著作は、バウアーと彼の支持者たちがベルリン〔正確には、シャルロッテンブルク。同市は一九二〇年にベルリンに併合された〕で創刊し、プロイセン官憲によって廃刊を余儀なくされるまで約一年にわたり存続した『アルゲマイネ・リテラトゥール＝ツァイトゥング』の記事に対する敵意に満ちた論評というかたちをとっていた。

マルクスとエンゲルスは確かにこの記事の中に批判すべき点を多数見つけ出し、筆者たちが英語やフランス語をドイツ語に正確に訳せていないことや、修飾語を過剰に用いていること、十八世紀のフランスの唯物論者やフランス革命の政治力学を誤解していることなどに嘲笑的な批評を浴びせた。多岐にわたる議論がかなりの長さで続くが、マルクスに関して一つだけ言及するならば、彼はユダヤ人問題についてのバウアーの著述を三回にわたって非難しているが、自分では『独仏年誌』でこの問題について語った以上のことをほとんど何も述べていない。この著作を読んだマルクスの友人たちは、手当たり次第の批判と、度を越えた、時に執拗なまでの瑣末な揚げ足取りという印象を受けた。[17]

同書はドイツの論壇各誌で広く取り上げられた。評者たちは、この本の著者はルートヴィヒ・フォイエルバッハの信奉者だという見方で一致していた。彼らは総じて、両者のニュアンスの違い、すなわち、マルクスがフォイエルバッハの思想を政治化し、労働者を念頭に置いたものにしようと企図していたことを見抜けなかった。『聖家族』には、資本主義における労働者を人間の自己疎外の一例とする文章が幾つか含まれており、未刊の「パリ草稿」で縷々論じられているテーマのごく簡潔な概略が述べられている。フォイエルバッハの「現実的人間主義」の擁護者を自任するマルクスは、バウアーの「思弁的観念論」を難じ、政治的、社会的、経済的状況を観念の展開、あるいは人間の自己意識の展開として説明する彼の理解が、政治闘争や社会構造、経済構造を表現する人間の物質的状況に目を向けていないと非難した。フランス革命と社会主義に言及しながらこの点を示した後で、マルクスは議論を敷衍《ふえん》する。ヘーゲルの絶対精神を宗教的な自己疎外の一形態と批判するフォイエルバッハを継承しつつ、マルクスは、バウアーが人類史における推進力を自己意識に帰していることを宗教の一形態として論じている——あるいは、皮肉っぽく、「宗教的救世主はついに批判的救世主、すなわちバウアー氏として実現している」と述べている(18)。

ここには辛辣さが込められているが、それはバウアーが自らの無神論を誇りにしていたからである。マルクスは、バウアーの思想を「キリスト教的=ゲルマン的」とこき下ろし、彼をプロイセンのフリードリヒ・ヴィルヘルム四世やその取り巻きのボーン・アゲイン派のキリスト教保守主義者と同列に並べて、批判を強める。もとより、彼らはバウアーの学問的キャリアを破壊した人びとに他ならなかった。バウアーの思想を彼らのそれと根本的に同じものとして描き出すというのは不公正な批判であり、——マルクスが強く、そして正当にも反対していたやり方であったにもかかわらず——政治的に左派寄りの人物に保守主義の教義を塗りたくろうとするものであった。この時期の論争において、マルクスは繰り返しこの戦略を用いている。

パリで執筆された『聖家族』は、著しくフランスびいきである。貴族に対するブルジョワジーの勝利、そして資本主義的な社会制度や経済制度の出発点というフランス革命像——これはフランスの社会主義者や急進主義者たち、さらには自由主義者や穏健派までもが繰り返し提起していた思想であった——は、マルクスの政治観、そして彼の青年ヘーゲル派批判の核心をなしていた。彼は、青年ヘーゲル派が経済概念を思弁的に扱ったことと、フランスの社会主義者が所有、価値、賃労働の性質に関して行った研究とを不当に対比したが、ここにはフランス的な理論化に対する愛好が示されている。マルクスは、ピエール＝ジョゼフ・プルードンの『財産とはなにか』をその有名な「財産、それは盗奪である」という断言とともに、自分の時代において、一七八九年のフランス革命に影響を与えた文書の一つであったアベ・シェイエスの『第三身分とはなにか』と同じ値打ちをもつものだと論じてさえいる。[19] この比較は、労働者がブルジョワジーの支配を廃止することとなる未来の社会主義革命と、ブルジョワジーが封建貴族の支配を終了させたフランス革命との並置という、マルクスの根本をなす政治観念の初期の一形態であった。

ブリュッセル時代のマルクスの二つ目の主たる理論的成果は一般に『ドイツ・イデオロギー』として知られるが、新全集を渉猟した人びとが微に入り細をうがって論証しているように、そのような著作は一切存在しない。[20] 書名としての『ドイツ・イデオロギー』は、二巻本の著作の第一巻を出版に持ち込めないと伝えた、一八四七年にマルクスが編集者に送った手紙にただ一度登場するにすぎない。現存している草稿では、「イデオロギー一般、とくにドイツ・イデオロギー」という一節が、一つの章の題名を示している。

書名についてのこうした詮索は、瑣末で衒学的に見えるかもしれない。しかし、これは重要なことである。なぜなら、『ドイツ・イデオロギー』として知られる複数の草稿は、知的に一貫性をもった単一の企画ではなかったからである。これらの草稿は一八四五年末から一八四六年の初頭にかけて書かれ始め、執筆作業は最終的に一八四七年半ばに放棄されるまでの間、首尾一貫しないやり方で書き進められ、共著者を得ては別れ、様々な異なる見解や出版の段取りについての提案を取り込みながら進展した。この仕事は、マルクス、エンゲルス、そしてヘスの協同作業として始まった。そこには、『聖家族』の路線に沿った、青年ヘーゲル派内の急進派に対する批判が盛り込まれる予定であり、復刊を計画していた『独仏年誌』に連載記事として掲載され、公表されるはずであった。原版で強調されているこの部分は、計画をつうじて維持された。とりわけ、青年ヘーゲル派のある人物〔シュティルナーのこと〕に対する批判は膨大な量に達した。

草稿が厚みを増してくると、マルクスはこれを本にしようと考え始め、さらには二巻本にしようと思うようになった。第一巻は、青年ヘーゲル派への辛辣な批判となるはずであった。そして第二巻も同様に、独自の社会主義思想を喧伝していたドイツの知識人の一団、「真正社会主義者」への痛烈な攻撃となる予定であった。モーゼス・ヘスは様々なかたちで真正社会主義者たちの知的リーダーを務めており、ゆえにマルクスとエンゲルスとヘスの協力関係をもって始まった計画は、ヘス自身の思想に対する激しい攻撃をもって終わった。マルクスに社会主義を紹介し、そして彼の初期の社会主義観念に強い影響を与えたのがヘスであったために、真正社会主義者に向けられた弾劾は密かな自己批判のかたちをとった。二巻本での出版を計画していた草稿は一八四六年と一八四七年に方々に送られたが、マルクスは出版先を見つけられなかった。真正社会主義者のカール・グリューンを攻撃した第二巻からの短い抜粋が一八四七年に『ダス・ヴェストフェーリッシェ・ダンプフボート』に掲載されたが、これがマルクス存命中に世に出た唯一の部分であった〔内容上一致しているものは他にも出ている〕。

同書の最初の方は一八四五年の秋に執筆され、唯物論、言い換えれば『聖家族』でのフォイエルバッハ風の議論が継続されている。ここでは、「ライプツィヒ宗教会議」が描写されており、この宗教会議で「聖ブルーノ」（ブルーノ・バウアーのこと）は、異端者である『聖家族』の著者、分離主義者のルートヴィヒ・フォイエルバッハと、その一派であった異端者モーゼス・ヘスを論難したとされている。この章の題名は楽屋落ちになっている。それと言うのも、実際に一八四五年にライプツィヒで、多くは政治的に左派寄りであったドイツのプロテスタント諸分派——大半はユニテリアン——

による宗教会議が開かれていたのである。[21] この例が示しているように、『ドイツ・イデオロギー』は互いによく見知った知識人の小さなサークルのために書かれた作品として始まっており、カール・シャッパーをはじめとするロンドンの共産主義者のドイツ人職人たちとの関係を構築した後も、マルクスがこのグループに関与していたことを裏づけている。

この作品はその後、一八四五年末から一八四六年初頭にかけて奇妙な変転を遂げた。マルクスとエンゲルスはますます、バウアー一派の思想に狙いを定めていった。その一人がヨハン・シュミット――一般的には、ペンネームのマックス・シュティルナーの名で知られている――であり、この人物はとくに、辛辣に宗教を批判して、生活スタイルに基づく急進主義を主唱したことで評判を得ていた。フェミニストのマリー・デーンハルトとシュティルナーの結婚式は意図的にスキャンダラスな見世物となるように仕組まれており、結婚と宗教の繋がりを拒否していた。式は教会ではなくシュティルナーのベルリンのアパートで行われ、茶話会に来たかのごとく振る舞い、式次第に何の関心も払わない出席者たちに祭司は困惑させられた。挑発的な婚礼に続き、シュティルナーは同じくらい挑発的な書を世に問うた。『唯一者とその所有』は、英語では一般に、『自我とその所有』という、かなり杜撰な翻訳で知られる。共産主義たち、そしてより政治的志向の強い青年ヘーゲル派を激怒させたことであるが、同書の著者は、エゴイズムこそが最高度の倫理的原則となるべきだと明言する。曰く、個人の知的、身体的能力は財産の所有権と同様のものであり、真の社会的、政治的変革はただ個人の意識の転換をつうじてのみ可能であるがゆえに革命は無用である、と。[22]

マルクスとエンゲルスはシュティルナーに取り憑かれ、元々は「ライプツィヒ宗教会議」のほんの一部であったはずの彼に関する部分は膨れ上がり、完全に収拾がつかなくなった。彼らはシュティルナーの無知を強く非難し、彼の資本主義への共感を糾弾し、そのベルリン訛りを笑いものにしたが、そうした文章は次第に異様なまでの長さになっていった。現存する『ドイツ・イデオロギー』の原稿の大半はシュティルナーを扱っている――それはドイツ語版の草稿の五一七ページの約六五パーセントに相当し、間もなく〔シュティルナーの死は一八五六年のことである〕無名のうちに世を去ったまったく二流の人物に執拗な注目が注がれている。出版された『ドイツ・イデオロギー』は、シュティルナーへの批判をほぼすべて省いているきらいがあるが、初めて大部のマルクス伝を書いたフランツ・メーリングによって、この書物は「超論争」であり、「つねに、せんさくだてと文字拘泥癖におちいり、そのなかにはじつにくだらぬ種類のものもある」とされ、この判断がこれまで広く共有されてきた(23)。

とくに青年ヘーゲル派の間で一時的にせよ大きな反響を呼んだシュティルナーの作品の特徴の一つは、人間の類的本質についてのフォイエルバッハの観念に対する批判であった。フォイエルバッハが、神性とは類的本質を想像上の存在へと投影したものだとしたのに対して、シュティルナーはフォイエルバッハの類的本質、そして人間性の観念は総じて、個人としての人間を別の想像上の存在へと投影したものなのだと応酬した。マルクスとエンゲルスはシュティルナーの主張を否定したが、彼らはシュティルナーを批判すると同時に、フォイエルバッハの観念に弱点があることを理解した。シュティルナーに関する章には次第に、フォイエルバッハを批判する長いくだりが登場するようになる。ついに一八四六年の春、マルクスとエンゲルスは、フォイエルバッハに関する原稿を「ドイツ・イデオロギー」という副題で独立した章として切り離すことに決め、この副題が、未刊行の仕事が公にされた際の表題となった。マルクスが自分とフォイエルバッハの思想の違い（それまでは短く曖昧に説明されていただけであった）を明瞭、明確にしたのは、この章においてである(24)。

マルクスとエンゲルスは、人間の根本的な特徴を経済活動の面から描き出す。「ひとは人間を意識によって、宗教によって、そのほか好きなものによって動物から区別することができる。人間自身は彼らの生活手段を生産しはじめるやいなや動物とは別なものになりはじめる……人間は彼らの生活手段を生産することによって、間接に彼らの物質的生活そのものを生産する」[25]。人間を人間足らしめるものは集団的な生産であり、自分たちの生存条件を自然から獲得するための共同作業であるという思想は、既に「パリ草稿」に登場している。マルクスとエンゲルスはここで、生産の三つの要素を強調することでこの思想を肉付けした。三つの要素とは、生産の諸力、すなわち技術および経済組織と、分業化、そして所有の形態のことである。これらの生産の三要素が結びついて、社会諸階級が生成されるのである。

　この物質的生産は、マルクスとエンゲルスによると、思想、文化、法の諸形態、そして政治を決定づけるものである――これらはすべて、イデオロギーという概念の下で結合する。それらについての詳細な説明は、諸々の経済的状況よりも思想の方を歴史を動かす力と見なしているという青年ヘーゲル派に対する従前からの批判を踏襲している。しかし、ここでの説明は、生産者としての人間という説明と同様、かつてより具体的に、そしてはるかにはっきりと定式化されている。

> 諸観念、諸表象の生産、意識の生産はさしあたりはじかに人間たちの物質的活動と物質的交通――現実的生活の言語――のうちへ編みこまれている。……一民族の政治、法〔スパーバーでは「法の政治」〕、道徳、宗教、形而上学等々の言語のうちに現われるような精神的生産についても同じことが言える。……したがって道徳、宗教、形而上学およびその他のイデオロギーとそれらに照応する意識諸形態はこれまでのように自立的なものとはもはや思われなくなる。……意識が生活を規定するのではなくて、生活が意識を規定する[26]。

経済活動、つまり「生活の物質的条件の生産」は、歴史を動かす力として、ヘーゲルの絶対理念やバウアーの無限の自意識、そしてフォイエルバッハの歴史の原動力としての人間の類的本質といった考え方を受け継ぐものである。そこから、歴史の他のあらゆる側面が疎外され偽装されたかたちで現れるのである。

　この章のかなりの部分が、人類の歴史——その大半は、古典古代から中世と近世を経てフランス革命、そして十九世紀中葉へと至るヨーロッパ史である——を、生産力、分業、所有における諸変化の観点から語っている。マルクスとエンゲルスは、歴史の針路は、これ以上発展すれば「ただ災いの因《もと》となるだけ」というところまで生産力が発展した状況へと向かうのだと結論づける。まったく同じ歴史的発展がまた、「社会のあらゆる重荷を担わねばならないだけ」の社会階級を生み出し、この階級はその社会的地位のゆえに革命が必要であるという認識を膨らませ、ついには支配階級に対して蜂起し、それを転覆するのである。[27]

　マルクスとエンゲルスは、この過程が自分たちの時代に起こり、これが共産主義社会の創出を導き出すと見ていた。共産主義とは、彼らの主張するところでは、イデオロギーではなかった。「共産主義はわれわれにとっては、つくりだされるべきなんらかの状態、現実が則《のっと》るべき「であるような」〔この補足は大月版による〕なんらかの理想ではない。われわれが共産主義とよぶところのものは現在の状態を廃止する運動のことである」[28]。生産の三要素について言えば、共産主義は当然ながら、私的所有の共同所有への代置を伴うものであった。この章で、マルクスとエンゲルスはまた、サン＝シモンのようなフランスの社会主義思想家たちに由来し、モーゼス・ヘス（この問題に関して、マルクス当人の思考の源になった可能性が極めて高い）によって明確化された、共産主義社会は工業化と資本主義的な世界市場の成長によってのみ実現可能であるという思想を導入している。換言すれば、共産主義は人類史全体のなかの一つの選択肢（これはマルクスの同時代たちの多くにとって馴染みの考え方であった）なのではなく、生産諸力の発展から実現するものであった(29)。

マルクスとエンゲルスが描く共産主義社会の概略においてとりわけ目を引くのが、共産主義は分業の廃棄を含むものとなろうという断言である。よく知られる一節において、彼らは力強くウィットに富む表現で、この見解を主張している。

労働が配分されはじめると、各人は自分に押しつけられるなにか特定の排他的な活動範囲をもつことになって、そこから脱《ぬ》け出ることができない……。彼は狩人、漁師、または牧者、または批判的批判者であるかであって、いのちの綱を失うまいとすれば、それをやめるわけにはいかないのである。ところが、各人がどんな排他的な活動範囲をももつことがなく、どんな任意の部門ででも腕をみがくことができる共産主義社会にあっては、社会が全般の生産を規制し、まさにそのことによって私に、今日はこれ、明日はあれをする可能性を与えてくれる。つまり狩人、漁師、牧者または批判者になるなどということなしに、私の気のおもむくままに、朝《あした》には狩りをし、午《ひる》すぎには魚をとり、夕《ゆうべ》には家畜を飼い、食後には批判をする可能性である(30)。

この断言はおそらく、諸個人が自らの労働に喜びを感じ、自らの最も気に入った仕事に従事するような社会を心に思い描いていたシャルル・フーリエから採用されたものであるが、こうした考えはしばしば懐疑的な批判を受けてきた。これが工業社会において要求される専門化と調和するのは困難に思われるし、またここには明らかに難題が内在している。すなわち、社会が生産全般を規制すれば、自分の思うままに行動しようという諸個人の願望と反目し合わないのであろうか。当のマルクスとエンゲルスは、自分たちの思い描く未来の共産主義者の職業のなかに批判的批判者、すなわち自分たちが草稿において無価値で無意味な稼業だと繰り返してきた活動を含めるという、皮肉な要素を主張に取り込んでいる。

フォイエルバッハについての章での分業に関する議論は、複雑かつ多面的であり、現存している草稿の不完全さを反映したものとなっている。幾つかの文章で、マルクスとエンゲルスは分業を労働者と資本家の階級的相違に結びつけており、そのため、分業の廃止は社会階級なき共産主義社会の創造と一体になっている。別の部分では、著者たちは、分業は、労働の生産物をそれを創り出した人びとから切り離し、彼らに敵対するものとすることに繋がると記している。個別特殊な諸個人と、彼らの結合によってもたらされる生産物との対照性は、共同の利益に対する願望に達し、「幻想的な共同態」である国家という形式のなかに、階級的な利害の相違と対立が存在することを隠蔽する。[31] この主張は、『ヘーゲル法哲学批判』で描かれた、市民社会における諸個人の特殊利害と国家に代弁される一般的利害が表裏一体のものになる新たな社会的、政治的秩序を出発点とする、マルクスの一連の思想の流れの一部に位置づけられる。分業の廃止とそれに伴う異なる社会諸階級と私的所有の廃止は、そうした秩序への切望を反復したものであり、彼の政治経済学に関する研究をつうじて、そして人間性についてフォイエルバッハの観念に向けられたマックス・シュティルナーの攻撃に対する論争をつうじて形成されたものであった。

フォイエルバッハに関するこの章で、マルクスとエンゲルスは確かに、人間の類的本質というフォイエルバッハの非歴史的な考えを批判している。しかし、重要なのは批判よりも、ポジティブな代案を提起することで彼らが遂げた成長の方であり、ここでの彼らの批判には青年ヘーゲル派に対する他の攻撃に含まれているような激情や怒気、諷刺が欠けている。原稿が先に進むと、親共産主義的なドイツ知識人である真正社会主義者が新たな批判の標的として登場するが、この箇所は、ドイツの自由主義を批判する（現存していない）部分の執筆計画に向かう、さらに明確な政治的転回を示している。(32)

真正社会主義者に対するマルクスとエンゲルスの非難は、青年ヘーゲル派への攻撃と並行していた。両グループは、社会的、経済的諸条件から生じる政治的闘争よりも知的な運動の方を歴史的過程の中心に据えていたが、マルクスとエンゲルスにすれば、彼らの思想は他のイデオロギーに自らを供じていた。(33)彼らの主たる標的となったカール・グリューンは、宗教と政治を「人間的本質」と見なし、そして「現実の生産」――すなわち経済と生産の構造――を無視しているとして非難された。グリューンをはじめとする真正社会主義者たちは、「人間」の解放と、宗教を人間の疎外と考えるフォイエルバッハの理論を受け継いで、疎外された状況からの「人間」の救済を社会主義運動の到達点と見なしていたために批判を受けた。(34)

マルクスとエンゲルスが最も怒りを掻き立てられたのは、ドイツの学問《ヴィッセンシャフト》は、フランスやイギリスで唱えられた共産主義や社会主義の教義を哲学的に真正かつ正確な論理へと転換するよう求められているという、真正社会主義者たちの主張であった。マルクスたちの目にはそれは、イギリス人やフランス人の経済批判や社会批判、そして彼らが提起した政治的処方箋を持ち出してきて、これらを概念的な展開の問題に還元するという、まったくの過誤に映った。真正社会主義は「プロレタリア的共産主義と、多少ともそれに近しいフランスおよびイギリスの諸々の党派や分派を、ドイツ的精神の天国および……ドイツ的心情の天国において輝かすこと〔スパーバーでは「歪曲すること」〕以上のなにものでもない」、と。(35)

青年ドイツ派の論者たちによる、夢見がちなチュートン人と活力に満ちて実践的な隣国人たちという不当な対比に乗っかって、マルクスとエンゲルスは、いかにしてブリタニアが大洋を統べ、いかにしてロシアとフランスが大地を維持し、しかしいかにしてドイツは「夢の天界」に異論の余地なき支配をふるっているのかについて、ハイネを引用している。何ら驚くに足らないが、マルクスとエンゲルスは非実用的な哲学に向かいがちなドイツ人のこの傾向を、経済的、社会的、政治的な立ち遅れや、近代的な産業、近代的な政治機構、十分に発展した社会階級、そしてより鋭い階級対立が欠けていた国家と結びつけている。ドイツの社会は未だに、イギリスやフランスの場合のようにブルジョワとプロレタリアートに分割されてはいなかった。ドイツ人の大半は小市民《クラインビュルガー》、すなわちプチブルであった。真正社会主義者についての議論で用いられたこの言葉は、マルクス主義者による政治的誹謗《ひぼう》としての長きにわたる用例の始まりを示している(36)。

もっとも、マルクス自身のかつての思考が、『ドイツ・イデオロギー』でプチブル的と非難されている思想と著しく似通っていた。「パリ草稿」でマルクスは、共産主義を、人間的本質の疎外状態からの回復として説明していた。彼は「ヘーゲル法哲学批判序説」で、将来の共産主義革命の心臓部はプロレタリアートだがその頭部は哲学だと宣言し、さらに共産主義の発展に対するドイツ哲学の利点について語ってさえいた。『聖家族』では、マルクスとエンゲルスは自分たちの見地を「人間主義」としていたが、これは真正社会主義者たちが採用したフォイエルバッハの表現であった(37)。

真正社会主義者に対する辛辣な批判は、外化と対象化の一種であり、ヘーゲル哲学において説明されている疎外の過程に似ていなくもない。それと言うのも、マルクスは自身のかつての思想を用いて、それらを他の思想家たちの上に覆いかぶせ、かくして自己を批判することなしにそれらの思想を否定しているからである。彼はこうした過程を後年の著作、とくに『ルイ・ボナパルトのブリュメール十八日』において繰り返すこととなる。このような形態の自己批判のみが、彼の個性の許すところであり、そして人類史の行く末を明らかにする人物としての面目を保つことを可能にしてくれたのである。

青年ヘーゲル派と真正社会主義者を批判したこの大部の草稿の作成によって、マルクスは執筆予定であった政治経済学批判を先送りせざるをえなくなった。辛抱強い出版者カール・レスケに語ったところでは、「自分の積極的〔大月版では「積極的」は太字〕発展をはかるまえにドイツ哲学やこれまでのドイツ社会主義に対する論争の書を先に出すことがきわめて大切だと思われたからです……私の経済学〔に〕……一般読者の目を向けさせるためには」(38)。一八四七年初頭、マルクスは経済学に回帰したが、『哲学の貧困』においてそれは、またもや一人の同時代人への批判的攻撃というかたちをとった。今度の相手は、ピエール＝ジョゼフ・プルードンであった。

一八四〇年代のフランスの指導的な社会主義理論家の一人（こんにちではプルードンは一般にアナーキストと見なされるが、当時の人びとは彼を他の社会主義者たちと同列に捉えていた）であったプルードンの有名な断言、「財産、それは盗奪である」は、ヨーロッパ中に彼の名を知らしめ、称賛をもたらし、そして彼を敵意の対象にした。名文句《ボン・モッツ》から学問体系へと発展したプルードンの最高傑作、『経済的諸矛盾の体系、または貧困の哲学』は、ヘーゲルの哲学を政治経済学の諸原則に適用し、そのことで政治経済学に内在する矛盾を明らかにしようとしていた。これに対するマルクスの反応は、プルードンの著作を皮肉たっぷりに改題し、彼による矛盾の発見を愚弄し、プルードンが政治経済学、とくにデイヴィッド・リカード――アダム・スミスの一番の継承者にして、資本主義を支持する経済学の主唱者であった――の学説を理解していないことを暴き出し、このフランス人がヘーゲルをもまた理解していないと断定するというものであった。

例えばプルードンは、商品の使用とその市場価値の間には矛盾があると主張した。彼によれば、収穫が多ければ多いほどより多くの食糧が生まれ、人間にとって有益となるが、食糧価格は下がることになる。マルクスは鋭く反駁し、価格は供給と需要の作用によって決定されるので、プルードンの説く矛盾は実際には何ら矛盾ではなく、そしてプルードンはただ供給を論じるばかりで需要については何事も語っていないと指摘した。もし需要が急激に増大すれば、供給の増加にもかかわらず価格は上昇するであろう[39]。マルクスはさらにその他の基礎的な諸概念の分析へと進み、労働価値説、分業と機械の使用、利潤の低下に相反して生じる地代の上昇、あるいは組合の組織化やストライキが潜在的に有するインフレ招来の効果のなかの矛盾に関するプルードンの説明に、痛打を浴びせている。これらの事例のそれぞれにおいて、マルクスは自らがリカードの基礎的な諸概念――生産に費やされた労働の総計による財の価値の決定、あるいは最大の土地生産性と最小の土地生産性との間の差異の見返りとしての地代――について熟知していることを、念入りに顕示している[40]。

批判の的にした人物のリカード理解に容赦なかったと言うのならば、プルードンのヘーゲル理解に対してはさらに容赦なかった。冷笑的な文章で、マルクスは経済的諸概念についてのプルードンの哲学的展開を戯画化した。

……非人格的な理性は……みずから自己を定立し、自己を対立させ、自己を合成するほかないのである。定立《ポジシオン》、対立《オポジシオン》、合成《コンポジシオン》。ギリシア語で言えば、定立《テーシス》、反定立《アンティテーシス》、総合《シンテーシス》である。ヘーゲル流の……おきまりの慣用語〔スパーバーでは「聖別定式書」〕……肯定、否定、否定の否定。……この方法を経済学の諸カテゴリーに適用すれば、……それら「経済学的諸カテゴリー」〔この補足は大月版による〕を純粋理性たる頭脳のなかからあらたに開花したもののように見せるところの、あまり知られていない一つのことばに翻訳された、だれでもが知っている経済学的諸カテゴリーが得られる……[41]。

定立《テーシス》、反定立《アンティテーシス》、総合《シンテーシス》〔テーゼ、アンチテーゼ、ジンテーゼ〕――これらは、ヘーゲルに対するプルードンの誤解を嘲るのにマルクスが用いた表現である——がマルクスの方法論の精髄と見なされるようになったのは、マルクス主義の歴史のかなり奇妙な特徴の一つである。

むしろ、プルードンのヘーゲル理解の誤りに関する主張こそが、マルクスの著作全体の中心的命題となっている。マルクスはエンゲルスとともにフォイエルバッハに関する原稿において作り上げたものの、刊行には至らなかった思想を活用し、プルードンが生産の現実的、物質的な諸条件についての経済学的理解よりも抽象的な哲学概念を優先していると非難した。プルードンの著作は、「ヘーゲルの使い古された文句」であり、「世俗史——人間の歴史——ではなく、聖史——観念の歴史——」なのであり、〔プルードンの考えによれば〕「人間は観念や永遠の理性が自己展開するために用いる道具にすぎません……この神秘な表現方法の幕を引き裂くならば、今度はプルドン氏が、経済的カテゴリーを自分の頭のなかで配列するさいの順序をわれわれに示すことになります」(42)。確かにマルクスは、プルードンが行った作業は、かつてヘーゲルが行ったのよりもはるかに貧相な知的カテゴリーの組み替え直しだと考えたが、経済学の理解において具体的な物質生産に抽象的な概念を優先させていたことへの批判には、プルードンの精神的な乱雑さに対する軽蔑が付随していた。

『ドイツ・イデオロギー』での主張と同様に、プルードン批判は一種の外化された自己批判であった。マルクスは、『ライン新聞』の編集者時代から『聖家族』の出版に至るまでずっと、自分はプルードンの思想の称賛者だとしつこく述べたてて、プルードンを自らの共産主義通信委員会に引き入れようとしていたのである。政治経済学に対してヘーゲル主義的な批判を提起しようというプルードンの計画は、マルクスが「パリ草稿」で試みたものと酷似していた。

『哲学の貧困』は、マルクスが一八四五年以来実現を誓ってきた政治経済学批判ではなかったものの、マルクス経済学の基本概念が示された端緒であり、使用価値や交換価値、生産様式といった事柄が初めてここに登場する。『聖家族』が、未刊行の「パリ草稿」でもっと冗長かつ複雑に定式化されていたマルクスの理論の概略をまとめて活字化したものであったのと同じように、『哲学の貧困』には、『ドイツ・イデオロギー』でのフォイエルバッハに関する章での一連の思想をもっと簡潔にして活字化した部分が盛り込まれている。

『哲学の貧困』は、ある面でマルクスのそれまでのあらゆる著作と一線を画している。マルクスは同書をフランス語で著したのである。彼は、自分がフランスの首都から追放される以前に出会ったパリの社会主義者や急進主義者たちのサークルの知的な重要性は極めて大きく、それゆえにそこに直接に入り込む必要があると見ており、著書をフランス語（ドイツの知識人たちは誰でもフランス語を読むことができたが、その反対はありえなかった）で書き、自分のフランス語の文体を完璧なものにするための助力を仰ぎ、出版費用に自腹を切った。出版者がマルクスから金を受け取ったのに、彼が望んでいたマルクスの目的は達せられずに終わった。意中の人たちの元にこの本が届かなかったために、パリの社会主義者の指導者たちに刊行書を無料で送付しなかったためである。同書は、ただ数冊がパリのドイツ人亡命知識人の間で回し読みされただけであった。(43)

マルクスは、クロイツナハとパリで温めたヘーゲルに対する唯物論的批判とヘーゲル以後の共産主義社会に関する見解を修正し、拡張した。彼はフォイエルバッハの人間の類的本質を、技術の諸段階に応じてそれぞれに異なる社会的、経済的組織の形式のなかで働く集団的な生産者としての人間たちという概念に代置した。これらの諸要素は相互に作用し合って、順々に、分業によって異質で対立する社会階級へと分割された社会を作り出す。共産主義の将来と、革命的なやり方でそれをもたらす労働者階級は、一七八九年のフランス革命の歴史、そして政治経済学の教理とはるかに緊密に結びつけられた――そしてそれらの教理に対して社会主義者が行った批判によりも、むしろその正統な擁護者、とりわけイギリスの経済学者デイヴィッド・リカードに結びつけられた。マルクスは、ますます辛辣さを増していった同時代人への一連の批判をつうじてこのような結論に達したが、そうした批判は暗黙のうちに自分自身のかつての見解に向けられたものでもあり、かつての彼の見解が現実的ではなく、また十分に実践的でもなかったということを示唆していた。自らの理論をもっと明瞭にして、主として急進的なドイツ知識人や、フランスにおける同様の人びとから成る公衆の注目を集めようとする努力は、ほとんど実を結ばなかった。それはある程度までは出版上の困難の結果であったが、しかしまた、自らの思想についての一貫した説明をかたちにする際のマルクス自身の問題によるものでもあり、そして――諧謔に富み鋭利で、しかしまた冗長で取り憑かれたような――激烈な論争を好む自己完結的な傾向の結果でもあった。この論争的な激烈さはまた、彼が一八四六年をとおして巻き込まれることとなった私的対立や政治的対立においても表面化した。

計画中であった、共産主義通信委員会やロンドンの共産主義者たちとの関係をつうじて支援を集めようというマルクスの取り組みはまた、かつての政治的同志との断絶に繋がった。好意的な観察者たちは、この断絶を、理論の明確化と活動の統一化に向かうにあたっての不可避な段階として描いている。敵対的な人びとは、マルクスの独裁的な傾向と、自分の提携者たちを子分に変えようという願望とが、こうした事態を引き起こしたのだと見なしている。確かにそのどちらも誤りではない。しかしこうしたことは何より、亡命中のドイツ人急進主義者たちの間で自己の地位を固めようとするマルクスの試みを反映したものであった。これらの亡命者たちは自身もまた外国に住み、プロイセンやオーストリアの政府の敵意の圧力に常に晒され、多くの場合、個人的、経済的に困難な状況にあった。こうした亡命急進主義者たちは、せいぜいのところ極めて緩やかに組織されていたにすぎず、政治活動は非公式な私的関係のなかで行われ、ゆえに政治的対立は常に個人的問題となって表出した。三つの重大な衝突が、一八四六年と一八四七年のマルクスの政治的歩みのなかで生じた。すなわち、フリードリヒ・エンゲルスおよびモーゼス・ヘスとの衝突、ヴィルヘルム・ヴァイトリングとの衝突、そしてカール・グリューンとの衝突である。

これらのうちの一つ目は、一八四六年初頭頃に起きたあまり知られていないエピソードである。これは個人的な侮辱行為、すなわちエンゲルスの愛人でマンチェスターの女工であったメアリ・バーンズに対するイェニー・フォン・ヴェストファーレンの侮蔑的な発言から始まった。イェニーはカールに、メアリ・バーンズのことを「陰謀好きで野心的な女、マクベス夫人」と書き送っており、敵愾心は露骨であった。二年後、マルクスとエンゲルスが和解してからずいぶんたっても、公的な行事の際に彼女は部屋の中でメアリとは正反対の席に座ると言って譲らなかった。対照的に、ヘスの妻でやはり労働者階級の出身であったジビレ・ペッシュにはイェニーはかなり好意的であり、ジビレはモーゼスと一緒にブリュッセルにいた数ヶ月間、多くの時間をマルクス一家とともに過ごした。なんと言っても、彼女はマルクスの子供たちの面倒をみるのを手伝った。しかし、ペッシュは怪しげな前歴のある人物であった。噂では、ヘスが彼女と会ったのは、彼女の働いていたケルンの売春宿を訪ねた時のことであった。ヘスは妻の出自や彼女に関する話を踏まえて、こうした問題によく気が回ったが、イェニーのメアリ・バーンズに対する態度を、身の程を知らぬ労働者に対する上流階級の軽蔑と見て取った。ヘスとエンゲルスはこの件についてマルクスに文句を言い立て、カールがしっかりした家父長として然るべき行動をとっておらず、妻の偏見に意見を合わせていると強く訴えた。

この諍いは間もなく政治的な仲違いに発展した。マルクスはケルンの友人たちに、エンゲルスには必要とされる理論的著述や自分たちが取り組んでいた哲学的批判を続行するだけの知的能力が欠けていると伝えた。この断定には、エンゲルスを彼の愛人のような「プロレタリアートの友」、あるいは「のっぽ野郎」とする、皮肉に満ちた発言がおまけになっていた。後者の表現は、エンゲルスをプロイセン人とする嘲笑的な非難であるが、その理由は、「のっぽ野郎ども」が、十八世紀のプロイセン国王のフリードリヒ・ヴィルヘルム一世が自らの軍隊のために徴募した六フィート〔約一八八センチメートル〕以上の兵隊を意味していたからである。マルクスはヘスについてもこれと同等の物言いをしており、彼を「スポンジ」、つまり実際的な政治活動をするだけの能力のない夢想家、精神主義者と表現している。ヘスが「頭の中でほとんど何の役にも立たないバラストを運んで回って」おり、彼が共産主義の「高位聖職者」になりたがっていると主張したのは、マルクスのケルンの友人のハインリヒ・ビュルガースとローラント・ダニエルスであった。しかし、彼らの批評は間違いなく、他ならぬマルクスの態度を反映したものであった。(44)

マルクスとエンゲルスは和解できたが、おそらくそれは、『ドイツ・イデオロギー』のために、マックス・シュティルナーに関する長大な章を執筆したことによってであった。「聖マックス」を批判することで、エンゲルスは自らの過去――「自由人」の仲間としてのシュティルナーとの友情関係と、（幾分奇妙なことに）共産主義の理論的基礎を提供してくれるものと感じていたシュティルナーの著作へのかつての熱狂の双方――を克服し、自らの哲学的能力がマルクスの満足するところまで達していることを証明できたのであった。(45)シュティルナーに関する章は、『ドイツ・イデオロギー』を構成する残りの原稿に比して分量の点で群を抜いているが、二人の友情を回復するという目的を果たすためであったと考えれば、これは合点がいく。

エンゲルスとは対照的に、ヘスがマルクスと和解することはなかった。ヘスはライン地方の社会主義的な定期刊行物に専念するためにブリュッセルを離れる用意をし、一八四六年三月の終わりに旅立ったが、この雑誌は間もなくプロイセン政府から発禁処分を受けた。ヘスとの絶縁は決して全面的なものではなかった。その後の数ヶ月――それどころかその後の生涯にわたって――のヘスの言動は、マルクスと提携関係を結んだり、彼に嫌悪を抱いたりを揺れ動くこととなった。しかし、一八四五年の終わりから一八四六年の初めにかけての両者の関係を特徴づけていた緊密な仕事上の結びつきは決定的に失われ、マルクス、ヘス、エンゲルスの三頭制がしかれていた短い時間が戻ることは永久になかった。

マルクスの第二の大きな衝突は、労働者階級の社会主義者ヴィルヘルム・ヴァイトリングとのものであり、これは第一の衝突よりもよく知られている。仕立て職人のヴァイトリングは外国で暮らすドイツ人職人たちの一人で、急進的な秘密結社に所属し、非正統的なキリスト教的霊感から編み出した曖昧模糊たる社会主義思想を展開していた。仲間の職人たちの多くと違い、ヴァイトリングは自らの思想を文章に残し、二冊の本――『自由と調和の保証』〔『調和と自由の保証』の誤り〕と『貧しき罪人の福音』――を著して、ドイツ人亡命者たちの間で名のとおった、影響力のある人物となった。社会主義思想を唱導したためにスイスで収監されたことで、彼の名声には殉教者の後光《ニムバス》が授けられた。

パリやロンドンの義人同盟と活動をともにした後、ヴァイトリングは、かつて自分について好意的な文章を書いてくれたことがあったマルクスと一緒に仕事をしようと、一八四六年にブリュッセルにやってきた。彼らの協力関係は間もなく、共産主義通信委員会のごく初期の会合があった一八四六年三月下旬に壊れた。この会議に参加したロシア人亡命者のパーヴェル・アンネンコフは、上座に陣取ったマルクスがヴァイトリングに鋭い質問を投げかけ始め、批判の調子をどんどん強め、どうやって自分の思想の正しさを証明できると考えているのかと問い詰めた様子を書き記している。ヴァイトリングは自己弁護に立ち、自分の扇動は悲惨と抑圧の只中にいる労働者たちに希望を与えていると主張した。しかし、マルクスはヴァイトリングの言葉を遮り、混乱した思想や疑わしげな希望を労働者の間でまき散らし、科学性《ヴィッセンシャフト》を欠いた考えを広めるのは、「空疎で心ない説教じみたざれごと」であり、抑圧されている人びとの破滅を招くだけだと言い返した。二人は議論を続けたが、マルクスはますます怒気を強め、テーブルを拳で叩き、立ち上がってこう叫んだ。「無知は何物をも救ったことがない」(46)。

このエピソードはしばしば、労働者の解放を目指していたマルクスが当の労働者に対して抱いていた軽侮、そして彼の反民主的で独裁的な傾向を示す例として語られてきた。こうした主張は、当のヴァイトリングによって最初に提起されたものであり、彼は、マルクスが、労働者は信頼に値しないので共産主義運動の指導部から締め出して、ブルジョワ知識人たちに取って替えようと企んでいると万人に言い広めた。モーゼス・ヘスは会議に参加していなかったが、ヴァイトリングからこの件に関する手紙を受け取り、マルクスのヴァイトリングへの態度を「おぞましい」と表現し、これ以上マルクスと政治的に一緒にやっていくことはないと宣言した。いかにも彼らしいことに、ヘスは数ヶ月のうちに心変わりし、政治的和解を試み始めた(47)。

アンネンコフの回想に描かれていないのは、そもそもなぜヴァイトリングとマルクスがお互いを罵倒し合ったのかという点である。ヴァイトリングはヘスへの手紙の中で、自分たちの相違を説明している。曰く、マルクスは「目下、共産主義の実現について論じ合うべきことは何もないだろう。つまり、ブルジョワジーが最初に支配権を握らねばならないのだ」と主張した、と。これは、共産主義の開始を資本主義産業の発展と結びつけるという、マルクスがこの時期の理論的な著述において熟考していた問題であり、共産主義は人類の歴史をつうじていつでも実現可能だというヴァイトリングの思想とは対極をなしていた。この問題はロンドンの共産主義者たちの間でも論じられたが、彼らは容赦なくヴァイトリングの見解を切り捨てていた。ヴァイトリングがマルクスやエンゲルスと一緒に仕事しようとブリュッセルに向かったのは、新たな政治活動の場を見つけるためであり、義人同盟のかつての支持者たちが自分の思想と主導権の要求を拒否したためだったのである。(48)

ヴァイトリングは当時、私生活においても苦しい状態にあった。彼は破産して、マルクスから金を借りようとしており、日々の糧の面倒をみてもらっていた。通信委員会での対決後もなお、ヴァイトリングはブリュッセルに留まり、マルクスとエンゲルスと一緒に仕事をしようと試みた。この目論見が潰えると、彼らの元を去る金が必要となった。この費用はモーゼス・ヘスによって、ケルンのマルクスの友人たちから調達された。(49)

マルクスとヴァイトリングの争いは、物質的な援助や組織だった支持者を欠き、急進的な政治運動において支配的な地位を得るのに苦心していた亡命者たちの不安定な立場を反映していた。ヘスの動機もまったく同様であった。彼は、一種の公認教理を作り上げて他の意見を拒否しようというマルクスの主張に慄然としたと主張しているが、マルクスととてもうまくいっていたほんの数ヶ月前までは、ヘスは共産主義の政治プログラムの決定版を創出するというアイデアに大いに熱狂していた。(50)

黎明期の共産主義において支配的な地位に立とうというこうした悪戦苦闘は、三番目の、真正社会主義者カール・グリューンとの対立に際して最も明確になった。歴史家たちには無視されがちであるが、この対立は当時のマルクスの衝突のなかでも最大にして、最も有名で、そして最も物議を醸した。ここには、私的な嫌悪や政治的、知的な相違、そして個人的なライバル関係が渾然一体となっていた。つまらぬ意地悪さがこの対立の重要な要素をなしていたが、そこで取りざたされた問題は一八四八年革命の嵐のごとき政治状況において大規模に繰り返されることとなる。(51)

グリューンとの対立は、ブリュッセルに移った直後、教養あるドイツ人読者向けの入門書として書かれた、フランスとベルギーの社会主義者や共産主義者の運動に関する彼の一冊の著作〔『フランスとベルギーの社会運動』〕を読んだ時に始まった。マルクスはグリューンについて否定的な発言をし始め、奴は真面目な著述家ではなく、好事家、三文文士だと述べた。ヘスは実際にはこの点についてマルクスに同意しかけたが、それにもかかわらずグリューンに、これらの否定的な意見のことを伝えた。マルクスはただぶつぶつと文句を言うだけでは飽き足らなかった。彼は著述をつうじてグリューンを攻撃する用意をした。これは『ドイツ・イデオロギー』の真正社会主義者について言及した箇所に組み入れられ、最終的に、この作品のなかで刊行された唯一の部分になった。

グリューンとの対立は、マルクスが設立しようとしていた共産主義通信委員会支部の問題に深く織り込まれた。パリ通信員とならないかと誘った一八四六年五月のプルードンへの手紙には、グリューンを「現代諸思想を売り歩こうとしているぺてん文士、一種の山師……この寄生虫に気をつけてください」とこき下ろす追伸が含まれている。(52) この第一幕の後、エンゲルスが一八四六年八月にパリに派遣された。その目的は、表向きは共産主義通信委員会のパリ支部を設立することにあったが、実際にはこれは、同地の秘密結社に所属するドイツ人職人たちをグリューンと奪い合うための行動であった。

グリューンはしかし、ヴァイトリングのように不運ではなかったし、ヘスのように夢見がちで優柔不断でもなかった。彼は有能な著述家にして柔軟な政治家であり、マルクスに対抗するだけの用意と意思があった。パリに居ついてブリュッセルに亡命しなかった彼は、いやらしい個人的な阿諛もある程度用いて、プルードンに近づく競争に勝つことができた。プルードンは、グリューンについてのマルクスの警告をためらうことなく退け、貴君の提案する共産主義者のネットワークに参加して彼に協力するのは、グリューンが自分の『貧困の哲学』をドイツ語に翻訳するのに貴君が協力してくれた場合だけだと、マルクスに伝えた。(53) プルードンの示した条件に同意しなかったばかりか、マルクスは『哲学の貧困』を書くことでむしろ彼を攻撃し、この決断は当然ながら、かのフランスの社会主義者を怒らせた。プルードンは自分が持っていたマルクスの本に、「俗悪さと中傷、曲解、剽窃のかたまり」と注記し、プルードンの助言者にして彼のドイツ語圏への紹介者という評判を着実に広げていたグリューンに接近していった。グリューンは、パリに住む急進的なドイツ人職人たちをルーヴル美術館の見学に連れて行くなどといったやり口で、彼らをつうじて自分の地歩を固めるように事を進めた。エンゲルスは再三にわたって、グリューンの影響力と彼の支持者たちを退けるのに成功したと主張したが、その後にはグリューン派の盛り返しに対する苛立ちまじりの観察が続いた。エンゲルスのやり口は高圧的で、ある時には政治的に対立する職人たちと拳を交えて戦うこともあり、これはマルクスとの運動の後押しには少しもならなかった[54]。

グリューンは、社会主義の教理を掲げていたドイツの新聞『トリーア新聞』や、マルクスの旧来の敵であった『ケルン新聞』の紙面で攻勢に出た。彼はマルクスを、「知に関する税関吏にして国境警備官をもって自任する者」で、自分が認めた時にしか社会主義思想に入国許可を与えず、さもなければそうした入国許可を取り上げて世の中に出回らないようにしようとしている輩とこき下ろした[55]。フランス社会主義に関する自著を浅薄で俗悪だとするマルクスの非難に応えて、グリューンは小馬鹿にしたように、自分は少なくとも一冊の書を出版し、おまけに広く読まれているが、対してお前は何の大作もまとめ上げられていないではないかと書いている。『ケルン新聞』の小文で、グリューンは悪意と哀れっぽさを同時に備えた「ルートヴィヒ博士」（多少デフォルメされたマルクス）を、もじゃもじゃの髪でだらしない格好をした、家族を養うこともできない狂信者として描き出し、彼の革命教理は誠実なドイツ人職人たちを地獄に導くと断じた。

詳細に検討するならば、マルクスは政治的にいかなる点でグリューンに反発を感じていたのであろうか。『ダス・ヴェストフェーリッシェ・ダンプフボート』に掲載された論文は、グリューンの思想を青年ヘーゲル派や真正社会主義者の一例として扱っており、彼らの政治論は物質生産の具体的な諸状況にではなく、人間についての理想化された観念に基づいているとしていた。これとは異なる政治的主題が徐々に姿を現し、マルクスとエンゲルスの双方によって世間に発表された著作や私的な書簡の中で表明され始めた。それは、プルードンやグリューンが、国営銀行から資金を供与された労働者たちの協同組織を創出することで、革命なしに社会主義を導入して資本主義を廃絶しようとしているという考えであった。グリューン自身もしばしば同様にこの論争を演出し、平和的な改革という自分とプルードンの計画を、マルクスの暴力革命の要求と対比した。[56] 国家の援助を受けた生産者の協同組織をつうじて市場経済を廃止するというプルードンとグリューンの計画が、改革の名にふさわしいものであったかどうかは別問題であるが、しかし彼らの理念は、急進主義を生活スタイルにおける改変と見なす青年ヘーゲル派的理解と無縁ではなかった。両者には、政治の領域外での劇的な変化という考え方が含まれていたのであり、これこそが、マルクスが大いに問題だと思っていた思考であった。

イデオロギー的な相違だけでは、マルクスのグリューン攻撃の激しさを完全に説明することはできない。なぜならば、フランスとベルギーの社会主義についてのグリューンの著作には、マルクスと同意見のところも多々あるからである。グリューンはベルギーの自由主義体制を、市民的諸権利の保護を装いながら資本家による労働者の搾取を助長するものだと非難していた。彼は資本の集中やプロレタリアートの貧困化を論じていた。そして、自らの社会主義の計画に必要な資金を豊かな人びとから得ようとする、フーリエやその支持者たちの取り組みに批判的であった。グリューンは賃労働を廃絶し、そしてプロレタリアートが政治権力を奪取するよう呼びかけていた。彼は自らの社会主義を無神論に明確に結びつけていた。[57] 確かにこのグリューンの著書には、マルクスが否定したものが他にも数多く存在している。しかしマルクスは、グリューンのフォイエルバッハ的社会主義よりも自分の思想からはるかにかけ離れたキリスト教的社会改革の観念の持ち主であったにもかかわらず、ヴィルヘルム・シュルツの思想を採用して、これを称賛することにためらわなかった。マルクスはまた、反グリューンのキャンペーンを展開していたのとまったく同じ時期に、パリのヘルマン・エーヴァーベックやロンドンのカール・シャッパーのような人びととは、イデオロギー上の相違があっても政治的に協力することができていた。

マルクスの言動において個人的な反感が強力な要素をなしていたことにふれずに済ませるのは難しいが、グリューンに対するそうした感情は、当時のその他のライバルたちとの関係におけるよりも、かなりあからさまであった。マルクスは誇張なしに、グリューンをぺてん師、日和見主義者と非難したつもりであった。グリューンの著作に対するマルクスの攻撃は活字になったが、その要点は彼を剽窃者と難じていた。出版計画の頓挫に続いて、マイアーとレンペルという二人のヴェストファーレン地方の資本家と絶縁した後、マルクスは彼らが集めた金を、自分はカール・グリューンではない——これは、グリューンは自分本位の日和見主義者であり、政治的目的のために集められた金を私腹を肥やすのに用いたと仄めかすものであった——と述べて、腹立たしげ気に返送した。もっとも、このように感じていたのはマルクスだけではなかった。彼と手紙のやり取りがあった幾人かが同様の話を伝えており、少なくとも幾つかのグループでは、グリューンは金使いがだらしないという評判だったようである。(58)

彼らの険悪な関係を規定していた、さらなる要素がある。すなわち、彼らにかなりの共通点があったという事実である。二人にはボン大学に通っていた時に得られた共通の友人たちがいたし、二人とも後にボンからベルリンに移っていた。哲学よりも芸術史に関心があったとは言え、マルクスと同じくグリューンは学者崩れであった。マルクスは『ライン新聞』を編集していた時にグリューンを雇い入れようとしたことがあった。これが実現する前に同紙は発禁処分を受けたが、グリューンはその後、指折りの左派的新聞『マンハイム夕刊新聞』の編集者として名をあげた。マルクスと同様に、彼は政府の圧力のために地位を解任された。マルクスの後を追うかのようにグリューンはパリの亡命者となり、そこで二人は仲良く同じサークルに参加し、それゆえにグリューンは後にマルクスが自分を攻撃していると聞いて驚いたのであった。フランスの社会主義思想をドイツの教養ある公衆に紹介する本を出版しようというグリューンの構想は、フランスの社会主義的著述をドイツ語に訳して編集しようという、マルクスやヘス、エンゲルスが当時追求していた計画と大筋では重なっていた。二人の共通性はこうしたことにとどまらない。マルクスのように、グリューンは人並み外れて身だしなみがひどく、不潔でだらしない格好をしていた。やはりマルクスと同様、彼は家族を養っていくという悩みを抱えていた。二人の確執は大いに激しくなっていったが、それは彼らがそっくりで、ともにドイツの社会主義運動に同一の相応の立場を占めようとしていたために他ならなかった。すなわち、フランスの思想とドイツの社会状況の間の失われた繋がりを回復する理論家という立場を。当時の人びとは、マルクスの支持者でさえもが、個人的な不和がマルクスの関わっていた政治的な対立と完全に結びついていることを理解していた。マルクスのブリュッセルでの私的な環境も次第に厳しさを増していた。おそらくはこうしたことすべてが、彼の性格の短気な側面、厳しい二者択一を作り出して、一方に肩入れして他方を排除するといった傾向を助長したのであった。

プロイセン政府の勧告によりパリから追放されたマルクスには、ブリュッセルにも安逸はなかった。彼はベルギー当局に、いかなる政治活動にも従事しない旨を記した誓約書を提出し、自分の引き渡しを要求するための口実をプロイセン政府に与えないようにした。しかし、プロイセン政府がまさにそうしたことを目論んでいるという知らせを受けて、マルクスはブリュッセル到着の六ヶ月後にプロイセンの公民権を放棄し、アメリカ合衆国への移住を計画しているとプロイセン当局に伝えた。彼が望んだのは、自分がいなくなるだけで当局が満足し、自分を気にかけなくなることであった。[59]

マルクスはアメリカ合衆国に移住しなかったし、そのつもりもなかった。ブリュッセルでの残りの滞在期間中、新たな引き渡し要求の可能性が絶えず彼の脳裏から離れなかった。もっとも、こうした脅威はかつても同じように厳しかったし、確実にいや増す経済的困難からすればこの問題は二の次であった。ブリュッセルにいる間、家族の負担は増し続けた。一八四五年十月〔九月の誤り〕二十六日、マルクスとイェニーの二番目の娘ラウラが生まれた。二人の間の息子、薄命のエトガルは一八四七年二月二日〔二月三日、二月十二日とする説もある〕に生まれた。家計を切り詰めるために、マルクスは一八四六年五月にアパートを引き払い、家具つきの数室からなるホテルに引越し、メイドの数を減らした。その後の生涯をつうじて、マルクスの貧窮とはいつの時も、上流階級なりの貧窮であった。破滅的な場合を除いて、彼は一度としてイェニーに家事をするよう提案しなかったし、彼女がしばしば妊娠したり病気の発作を起こしたために、これは実現しそうになかった。カールとイェニーは、家事の手伝いを得る点に関しては大いに幸運であった。イェニーのパリ行きに同伴してくれたトリーアから来た若い女性〔バルベルンのグレートヒェン〕がブリュッセルには来なかったので、イェニーの母親がヴェストファーレン家の家事奉公人であった一家から、代わりとなる女性を見つけてくれたのである。この女性、ヘレーネ（レンヒェン）・デームートは、マルクス夫婦の生涯にわたって彼らにつき従った。[60]

そうは言っても、レンヒェンもまた、扶養しなければならない一人であった。一八四五年のジャガイモの不作と翌年の穀物の大凶作は食糧価格を二倍につり上げ、あらゆる物価が上昇した――マルクスの収入が物価上昇にまったく追いつかなかった当時、これは取るに足らない問題とは言えなかった。[61] マルクスにはさらなる、そしておそらくは予期していなかった出費の原因ができた。それは、野心的な政治的指導者という彼の役どころである。これから支持者や協力者になってくれそうな人びと、そして既にそうなっていた人びとが、彼の経済的な支援をあてにしていた。マルクスはヴァイトリングを罵倒していた時ですら彼に金を貸したし、パリのカール・ルートヴィヒ・ベルナイスやヘルマン・エーヴァーベックの金の無心にも応じた。元砲兵将校のヨーゼフ・ヴァイデマイアーやシュレージエンのヴィルヘルム・ヴォルフといった新たな信奉者たちは、励ましを与えてくれる存在であると同時に大抵は大酒飲みであったが、しかしマルクスは客人たちに見栄を張った。[62]

出費がかさんでいくのに反比例して、マルクスの収入は減っていった。ブリュッセル滞在当初、ケルンやその周辺の友人たちや支持者たちは、パリにいた時分と同じように送金し続けてくれた。しかし好戦的な反ブルジョワ的共産主義へと次第に転向していったために、マルクスは彼らに金をせびるのを以前よりも躊躇《ちゅうちょ》するようになった。ヨーゼフ・ヴァイデマイアーに書いたように、「ケルンにはまだ何人か、一定期間金を貸してくれると思われるブルジョワが残っている。まさにこうした人たちがしばらく前から原則的に［僕に］反対する方へと向かっており、だから僕はどちらかといえば、何らかの手をうって彼らに負債を負わないようにしたいのだ」。[63] この時代の急進的知識人の多くと同様、マルクスは独立の文筆家として生計を立てようとしたが、ドイツの検閲制度のために、彼が本を出版するのはほぼ不可能であった。この方法で彼が稼いだ金は、『哲学の貧困』の自費出版にかかった費用より少なかった。マルクスは母親から幾ばくかの金を受け取っており、彼女の財産のうちの自分の取り分を前払いしてくれるよう求め続けたが、成果はなかった。[64]

マルクスの置かれた状況はますます厳しくなっていった。一八四六年五月、彼は家族に最後に残っていた金銀や布地物の大半を質に入れたが、それもまた家具つきの部屋に引っ越す理由となった。冬になって、彼は熟練の植字工で、外国に住む急進的なドイツ人職人の一人であり、一八四八年の革命中に労働者階級の重要な指導者となったシュテファン・ボルンの訪問を受けた。何年も後に、ボルンはマルクスの「[労働者階級の住む]ブリュッセルの郊外にあった、どんなに控え目に言っても貧相な様子のこれ以上なく質素で小さなアパートメント」のことを回想している。この訪問の頃、マルクスは極めて怪しげな借用証書を何枚か書くことで、なんとかやりくりしようとしていた。後にマルクスの財政問題に関する救い主となるエンゲルスもやはり厳しい状況にあり、父親から毎月送られる小切手に頼っていた。これが届かない時はエンゲルスも質屋に行ったり、パリからマルクスに着払い郵便を送ったりして凌いだ。他の左翼の仲間たちも変わりはなかった。彼はヴァイデマイアーにこう書いている、「至るところ貧困と悲惨だ！　今のところ、どうすれば助かるか見当がつかない[65]」。

　マルクス当人が否定したところで、モーゼス・ヘスがヴァイトリングとの絶交に関して書いたように、マルクスの「個人的な悲惨」が政治的な「党派争い」に直接に結びついていなかったというのは信じ難い[66]。マルクスの友人や支持者たちは間違いなく、彼の闘争的な物腰や、政治的立場の相違を個人的問題に転化する傾向を批判していた。ヨーゼフ・ヴァイデマイアーは、出版計画への支援を拒否された後に、二人のヴェストファーレン地方の資本家たち〔マイアーとレンペル〕に対してマルクスがとった態度に仰天して、マルクスが「まったくもって個人的で、原則的な問題とは何の関係もないこうした対立を党派的な問題に仕立てよう」としたがっていると非難した。ヴァイデマイアーはさらに、マルクスの個人的な経済的窮状の背景を強調し、マルクスが資本家の送ってくれた金を拒否し、当人が言うところの「へつらい」に精を出すのを拒否したと記している。ヴァイデマイアーが指摘するところでは、この金はそうした性格のものではなく、政治的検閲がペンで日々の糧を得ることを妨げていたために、「財政的困難を抱えていた党の著述家たち」を支援するためのものであった。ヘルマン・エーヴァーベックも同様に、「少なくとも高貴な意思と」、極めて重要な「君の著作の出版」に必要な「金とを持っているブルジョワたちとのこの決裂」を批判している。[67]

カール・グリューンとの衝突の厳しさは、さらに理解に苦しむものだったようである。ヘルマン・エーヴァーベックはマルクスの「グリューンに対する遺恨と憎悪」を非難し、個人的な問題がこの政治的対立の基礎をなしている点を、自分が「十九世紀のアリストテレス」と目した人物にふさわしくない部分だと考えた。『ダス・ヴェストフェーリッシェ・ダンプフボート』の編集者ハインリヒ・リューニング〔正確には、ハインリヒ・オットー・リューニング〕は、「余りに手厳しく攻撃的な調子」のグリューン攻撃を快く思わなかった。グリューンの思想と彼の個性の両方に疑いの目を向けながらも、リューニングは、グリューンが何はともあれ他の社会主義者たちと同じ立場にあることを指摘している。「誰かが少なくとも半分は自分と同じ方向を向いて仕事をしている時に、棍棒でぶんなぐる目的は何なのか」、と。[68]

マルクスの友人たちは、彼が巻き込まれた個人的な対立の多くを、エンゲルスによる「独裁的な要求と威圧的な調子」、「傲慢と自惚れ」のせいにしがちであった。[69] エンゲルスの干渉で問題がしばしば悪化したのは事実であるし、彼のマルクスへの手紙は、自分たち以外の政治活動家に対する、人を小馬鹿にしたような慇懃無礼な批評に満ちている。しかし、個人的な事柄と政治的な事柄を十把一絡げにするマルクスの性分、厳しい家計状況、亡命者にして駆け出しの革命家という不安定な政治的立場によって過激になったマルクスの気性をエンゲルスが助長したことはあっても、エンゲルスがマルクスの揉め事の元凶だったわけではない。

ブリュッセルに来てほぼ二年となる一八四六年末に至るまでのマルクスの活動の収支計算をしてみると、ネガティブなことがポジティブなことをむしろ上回っていると言ってよかろう。ヨーロッパ中のドイツ語話者の共産主義者たちを結集し組織しようとする試みは、わずかばかりの成果と多くの個人的対立を生み出しただけであった。出版計画、そしてマルクスの理論的考察をドイツ語圏の左翼知識人たちに広めようとする試みの大部分は頓挫した。代弁者を自任していた労働者との紐帯は総じて、他の知識人の指導者たちをつうじて作られたものであり、しかも彼らはマルクスと必ずしも見解が一致していたわけではなかった。

エンゲルスもまた、一八四六年の十一月か十二月〔大月版では十二月〕にパリからマルクスに書いた手紙の中で、今後の見通しに対する落胆を示している。彼は、パリのドイツ人職人たちのなかにいるグリューン支持者への苛立ちを詳しく語った。未だ「機関紙」はなく、マルクスが自らの思想を公にできる出版先もなく、かくして彼とマルクスはロンドンの共産主義者たちに頼り続けており、共産主義者の通信員を「安らかに眠」らせていた。ロンドンの共産主義者のドイツ人職人との相違を説明した後で、エンゲルスはこの相違を公言するのは無意味だと記している。「われわれに向かってこの若者たちは、自分を『民衆』だ、『プロレタリア』だ、と言う。だが、われわれは、ただ、ドイツではやっとこれから形成されるはずの共産主義的なプロレタリアートに訴えることができるだけなのだ」、と。(70)

こうした経験は、急進主義的な亡命者たちがヨーロッパの至るところで感じていた挫折の典型であった。公権力がしっかりと支配権を握っている状況において革命家になろうとするだけでも十分に大変なことであったが、外国においてはなおさらであった。実りなき内輪揉めのなかで活力は霧散し、個人的対立が政治論議に悪影響を与え、ほとんど無意味な脇道へと議論を逸らせていった。しかし、一八四七年に政治秩序を支えていた支柱が動揺し始めると、状況は急速に変化した。政治活動の新たな機会が訪れ、マルクスは自らの思想を定式化し、様々な公の場にそれを広める機会を得ることとなった。一八四八年初めに革命が勃発すると、こうした可能性が丸ごと急激し、ブリュッセルでの苦痛に満ちた見習い革命家の期間が、そのあらゆる苦難にもかかわらず、価値ある準備期間であったことが明らかとなる。

章末注

（1）Karl Grün, *Die soziale Bewegung in Frankreich und Belgien: Briefe und Studien* (Darmstadt: Druck & Verlag von Carl Wilhelm Leske, 1845), 25.

（2）Ibid., 17.

（3）Bert Andréas et al., eds., *Association Démocratique ayant pour but l'union et la fraternité de tous les peoples: Eine frühe demokratische Vereinigung in Brüssel 1847–1848* (Trier: Karl- Marx-Haus, 2004), 19–51.

（4）*MEGA* 3/1: 479–81, 840; 4/4: 555–59.

（5）このノートは以下に所収、ibid., 4/4; ミルについての論評は、329.

（6）この秘密結社、それを支援していた手工業者の組織、そしてこの秘密結社が最終的に共産主義者同盟に変化していった点に関しては、以下の三巻本の史料集を参照、*Der Bund der Kommunisten: Dokumente und Materialien.* 同書は多くの情報を有している。物語風の歴史書として、Martin Hundt, *Geschichte des Bundes der Kommunisten* (Frankfurt & Berlin: Peter Lang, 1993); 英語の優れた概説として、Christine Lattek, *Revolutionary Refugees: German Socialism in Britain, 1840–1860* (London & New York: Routledge, 2006), 22–41.

（7）*Neue Deutsche Biographie*, http://mdz10.bib-bvb.de/zend-bsb/pdf_download.pl,（二〇〇九年五月十九日閲覧）.

（8）Lattek, *Revolutionary Refugees*, 23, 33–35; Andréas et al., eds., *Association Démocratique*, 52–56; *MEGA* 3/1: 463, 832; 3/2: 322–23; *BdK* 1: 242, 244–53.

（9）*MEGA* 3/1: 513, 525–26; 3/2: 7–8, 15, 205–06, 219, 253–54, 378; Andréas et al., eds., *Association Démocratique*, 108–14; *BdK* 1: 303–08, 401, 432.

（10）*MEGA* 3/2: 12–15, 30–32, 34–39, 53–59, 199–201, 212–14, 219–23, 250–55, 274–78, 305–07, 317–20, 347; *BdK* 1: 322–36, 386–88.

（11）Dieter Dowe, *Aktion und Organisation. Arbeiterbewegung, sozialistische und kommunistische Bewegung in der Preußischen Rheinprovinz 1820–1852* (Hanover: Verlag für Literatur und Zeitgeschehen, 1970), 63–93; *MEGA* 3/1: 270–71, 460, 513–14, 532–33; 3/2: 9–10,

23.

(12) *MEGA* 3/1: 259–60, 484–88, 496–99; Silberner, *Moses Hess*, 235.

(13) 注（11）で挙げた文献と並び、Silberner, *Moses Hess*, 212–26, 235–37; *MEGA* 3/2: 9–10, 25, 185, 189, 193, 208, 225–26, 233–34, 238, 248–49.

(14) *MEGA* 3/2: 243–45, 270, 272–73, 284, 286–87, 289–91.

(15) Ibid., 3/2: 40, 46–47, 51, 85–86, 106–08, 116–17, 269–70, 332, 343, 354–55, 374, 385.

(16) Ibid., 3/1: 261, 269, 446–49, 458.

(17) *MEW* 2: 12–16, 53, 59–81, 91–141, 172–223; *MEGA* 3/1: 271–72, 458.

(18) *MEW* 2: 37–39, 51–52, 55, 59–63, 85–91, 112–25, 143–51〔二一五、一五〇〕; Wolfgang Mönke, *Die heilige Familie Zur ersten Gemeinschaftsarbeit von Karl Marx und Friedrich Engels* (Glashütten in Taunus: Verlag Detleve Auvermann, 1972), 183, 188, 190, 196–97, 202, 211, 241–42, 262, 280.

(19) *MEW* 2: 23–56, 125–31〔二一五〕.

(20) これと、その後の詳細については、*MEW* 3:37–39; Inge Taubert, "Wie entstand die *Deutsche Ideologie* von Karl Marx und Friedrich Engels? Neue Einsichten, Probleme und Streitpunkte," in Barzen, ed., *Studien zu Marx's erstem Paris-Aufenthalt*, 9–109; そして、Inge Taubert, "Manuskripte und Drucke der 'deutschen Ideologie' (November 1845 bis Juni 1846). Probleme und Ereignisse," *MEGA Studien* 3 (1997): 5–31. 同誌のこの号の他の論文にはさらなる情報が示されている。

(21) *MEW* 3: 78–100〔三一一四、七四〕; Sylvia Palatschek, *Frauen und Dissens: Frauen im Deutschkatholizismus und in den Freien Gemeinden 1841–1852* (Göttingen: Vandenhoeck & Ruprecht, 1990), 27–30.

(22) Eßbach, *Die Junghegelianer*, 292の各所、"Max Stirner," in the *Stanford Encyclopedia of Philosophy*, http://plato.stanford.edu/entries/max-stirner/,（二〇〇九年六月九日閲覧）.

(23) Franz Mehring, *Karl Marx: The Story of His Life*, trans. Edward Fitzgerald (Atlantic Highlands, NJ: Humanities Press, 1981), 110〔メーリング著、栗原佑訳『マルクス伝』（大月書店、一九七四年）、第一巻、二〇三頁〕; 以下を参照、McLellan, *Karl Marx*, 139; Wheen, *Karl Marx*, 94–95.『ドイツ・イデオロギー』を作り上げた材料は未だMEGAに収められていない。シュティルナーを扱った数少ない文章は以下に所収、*MEW* 3: 103, 116, 161–63, 206–14, 218–19, 228–42, 318–19, 321, 334–38, 365.

ニーチェとリバタリアニズムの先駆者としてシュティルナーが二十世紀に復権するとは、当時の人びとには予想できなかったであろう。

(24) *MEW* 3: 13–77.

(25) Ibid., 3: 21〔三一一七〕.

(26) Ibid., 3: 26–27〔三一二三〕.

(27) Ibid., 3: 69〔二一六五〕.

(28) Ibid., 3: 35〔三一三一〜三三〕.

(29) Ibid., 3: 35–36; Rosen, *Moses Hess und Karl Marx*, 68–69, 169–70, 172–73.

(30) *MEW* 3: 33〔三一二九〕.

(31) Ibid., 3: 31–35, 50–61, 65–68, 74–76〔三一七〇〕.

(32) Ibid., 3: 441; *MEGA* 3/2: 193.

(33) *MEW* 3: 442.

(34) Ibid., 3: 442–43, 453, 455, 475〔三一五〇五、五二九〕.

(35) Ibid., 3: 442; また、447, 453, 455, 475–77〔三一四九四〕.

(36) Ibid., 3: 443, 449, 457–58〔三一五一〇〕.

(37) Silberner, *Moses Hess*, 226–33.

(38) *MEGA* 3/1: 23〔二七一三八六〕.

(39) 以下を参照、*MdP* 43–54, あわせて、Pierre-Joseph Proudhon, *Système de contradictions* économiques, *ou philosophie de la misère*, 2nd ed., 2 vols. (Paris: Garnier Frères, 1850), 1: 65–80.

(40) *MdP* 54–79, 134–51, 160–75.

(41) Ibid., 115, 118〔四一一三〇、一三二〜一三三〕.

(42) *MEGA* 3/2: 72.〔二七一三九一〕.

(43) Ibid., 3/1: 112, 118–19, 121, 361, 372, 377, 697.

(44) Ibid., 3/1: 506–07, 513–14, 517–18; Silberner, *Moses Hess*, 166–71, 236; Stephan Born, *Erinnerungen eines Achtundvierzigers* (Leipzig: Verlag von Georg Heinrich Meyer, 1898), 73–74.

(45) *MEGA* 3/1: 251–53, 259.

(46) *BdK* 1: 303–05.

(47) *MEGA* 3/2: 37–38, 208, 211, 217, 219, 270.

(48) *BdK* 1: 307–08; Lattek, *Revolutionary Refugees*, 28–31; *MEGA* 3/1: 477.

(49) *MEGA* 3/1: 462–63, 485–86; 3/2: 185–86, 208, 211, 217–18.

(50) 以下を参照、ibid., 3/1: 513, あわせて、Silberner, *Moses Hess*, 257–58.

(51) マルクスのグリューンとの関係については、Dieter Deichsel, "Die Kritik Karl Grüns: Zur Entstehung und Überlieferung von Teil IV des zweiten Bandes der 'Deutschen Ideologie,'" *MEGA Studien* 3 (1997): 103–53; James Strassmaier, *Karl Grün und die Kommunistische Partei 1845–1848* (Trier: Karl-Marx-

Haus, 1973); Eckhard Trox, *Karl Grün (1817–1887). Eine Biographie* (Lüdenscheid: Stadtmuseum Lüdenscheid, 1993), とくに、49–56.

(52) *MEGA* 3/2: 8〔二七－三八二〜三八三〕.

(53) Ibid., 3/1: 205–07, 228.

(54) Ibid., 3/2: 34–36, 43, 51–61, 136, 203, 654–55; Paul Thomas, *Karl Marx and the Anarchists* (London: Routledge, 1980), 211.

(55) *MEGA* 3/2: 334–35.

(56) Ibid., 3/2: 35–36, 43, 78.

(57) Grün, *Die soziale Bewegung*, 6, 20, 22, 244, 305, 380, 433, 445, 447.

(58) *MEW* 3: 480–98, 509–20; *MEGA* 3/2: 26, 36, 216, 227–28, 233, 256–57, 279, 334, 342, 347.

(59) *MEGA* 3/1: 266, 279–80, 713–15; 3/2: 159; Bert Andréas, Jacques Grandjonc, and Hans Pelger, "Karl Marx' Ausweisung aus Paris und die Niederlassung von Marx und Friedrich Engels in Brüssel im Frühjahr 1845," in Barzen, ed., *Studien zu Marx' erstem Paris-Aufenthalt*, 213–43.

(60) *MEGA* 3/2: 10; Heinrich Gemkow, "Helena Demuth (1820–1890). Ein Leben im Schatten anderer. Vom Kindermädchen in Trier zur Hausdame in London," in Irina Hundt, ed., *Vom Salon zur Barrikade: Frauen der Heinezeit* (Stuttgart & Weimar: Verlag J. B. Metzler, 2002), 415–24; Jenny von Westphalen, "Kurze Umrisse eines bewegten Lebens," in *Mohr und General*, 206–07.

(61) *MEGA* 3/2: 17.

(62) Ibid., 3/1: 484, 509, 531.

(63) Ibid., 3/1: 266, 270, 458, 460, 503; 3/2: 10, 225, 234.

(64) Ibid., 3/2: 360, 365–67, 375–76.

(65) Ibid., 3/1: 283; 3/2: 10, 29, 90, 125, 328, 337–39; Born, *Erinnerungen eines Achtundvierziegers*, 67.

(66) *MEGA* 3/2: 211.

(67) Ibid., 3/2: 272, 284; また、290.

(68) Ibid., 3/2: 202, 346–47.

(69) Ibid., 3/2: 273, 282; また、211, 341.

(70) Ibid., 3/2: 67〔二七－六七〜六九〕.

第2部

格闘

第6章 反逆者

嵐を前に、風は強まり空は曇る。獣たちは隠れ場を探し、人びとは不安を抱きつつ気圧が下がるのを感じる。一八四七年という年は、革命の嵐が到来する予兆に満ち溢れていた――これは後年の回想からのみならず、当時の証言からも明らかである。前年と前々年の凶作に続く経済、金融、工業の危機――こんにちなら、深刻な景気後退《リセッション》と言われるであろう――が、既存の統治体制に対する民衆の信頼を根底から揺るがした。ヨーロッパの政治的現状に対する信用が衰えると、当時は「行動党」と呼ばれていた多種多様な反対勢力が抵抗活動を激化させ、数を倍増させた。大陸の中心であったパリは、法的な理由から大規模な宴会を装った政治的大衆集会の舞台となった。この「宴会キャンペーン」において、反対派のリーダーたちは民主的な参政権への支持を表明した。

こうした集会の形式はフランス中の都市部に拡大し、改革を求める演説は次第に、一七八九年と一七九三年の英雄的な革命の再来を願う祈りと一体化していった。南欧や東欧では未だに絶対主義的な政府の統治が続いており、フランスの反対派が批判していたのとまったく同様の立憲君主政を求める呼びかけは、ここでは急進的な次元に属するものであった。プロイセン国王フリードリヒ・ヴィルヘルム四世は諸州の州議会をベルリンに召集したが、この「連合州議会」が憲法の欽定を要求するリベラル派に牛耳られていることを露呈することにしかならなかった。同様によく知られているが、ローマでは教皇国家の諮問会議が憲法の制定を呼びかけ、ブダペシュトではハンガリー議会がオーストリア帝国に対する闘争の構えを示していたように、絶対主義的君主と、自由主義的反対派が支配する何らかのかたちの代議制的機構との公然たる対決が一八四七年を特徴づけていた。これらをはじめとする多くの切迫せる政治変化の兆しは電撃のごとく作用し、組織化の試みや政治綱領の策定を促した。ドイツ諸邦では、一八四七年の九月にオッフェンブルクで急進派、十月にヘッペンハイムで自由派がそれぞれ自分たちの主張を表明した。

マルクスにとって、この政治行動の沸騰は、自らの試行錯誤が暗礁に乗り上げた一八四六年末の無風状態からの、歓迎すべき一時的救済であった。彼は、二つの異なる組織設立の取り組みに深く関与することとなった。その一つは、ロンドンに拠点を置いていた義人同盟の共産主義者同盟への改編であり、もう一つは、ブリュッセルでの国際民主主義協会の設立であった。これらの新たな組織はともに、それまで温めてきた自説をより広範な公衆に向けて公表する機会をマルクスに提供してくれた。すなわち、ブリュッセルの民主主義者たちには自由貿易についての、そして自由貿易と資本主義や革命的プロレタリアートの発展との関係に関する思想を。そして共産主義者同盟にはかの有名な宣言《マニフェスト》を。

マルクスの努力の一切は、かねてから計画していた国際的な民主主義者の会議の開催に向けられており、急速な政治変化が起こっている状況下で、その実現はかつてない現実味を帯びることとなった。しかし、この変化はマルクスが予想していた以上に急激かつ抜本的なものであった。最初の兆候はスイスで現れた。スイスはこんにちでは保守主義と静穏の典型であるが、十九世紀中葉には情勢の穏やかならざる不安定な国で、ヨーロッパで最も左派的な国家であった。一八四七年のスイス分離同盟戦争における急進派の勝利は、大国、とりわけオーストリア帝国が、数的に劣勢な保守派の側に立って干渉することができなかった結果であり、これがヨーロッパに迫る革命の先触れとなった。その後、一八四八年初頭に南イタリアで蜂起が発生し、そして決定的な一撃がこれに続いた。二月末、フランスにおいて君主政が倒壊し、パリで共和政が宣言されたのである。反乱の波はパリから溢れ出して大陸中を洗い、三月半ばにはドイツ諸邦に押し寄せた。

新たに再編された共産主義者同盟や、長きにわたり連絡を取り合ってきたケルンの仲間たちに対して影響力をもつ地位を活用しつつ、マルクスはしばしの間、革命騒擾に参加した。一八四八年の春から一八四九年の春までの一年余りの間、人生で最初にして最後のことであるが、マルクスは革命家としてて反乱に身を投じた。精力的、破壊的なやり方で『新ライン新聞』を編集し、都市ケルンとプロイセン・ライン州の民主主義者のリーダーになり、ケルン、さらにはドイツ中の労働者階級を組織しようとし、そして幾度となく反乱を焚きつけ煽った。こうした活動の全体をつうじて、マルクスはユダヤ人問題に関する論文で初めて思い描いた革命戦略を根気強く発展させ、『共産党宣言』において才気ほとばしる言語でそれを表現することとなる。彼は、権威主義的なプロイセン君主政を破壊するための民主的革命を強く求めた。同時に彼は、そのような民主的革命が生み出すだろうと予想された、資本主義体制に対する共産主義者の蜂起の達成のために、労働者階級の組織化を熱望した。事実上、マルクスはフランス革命の二重の再現を提案していた。すなわち、その一七八九〜九四年の局面を十九世紀中葉のプロイセンにおいて再現することと、一七八〇年代末のブルジョワをモデルとして一八四〇年代末の労働者が権力を掌握することを。これら二つの取り組みを同時に遂行するのは、マルクスがケルンの労働者や民主主義的急進派、そして真正社会主義者との対話のなかで気づかされたように、言うは易いが行うのははるかに難いことが明らかとなった。

一八四七年二月〔大月版では一月二十日〕、ロンドンの共産主義者たちは、マルクスおよびエンゲルスと義人同盟の再編について協議するために、ヨーゼフ・モルをブリュッセルに派遣した。エンゲルスはこの計画に賛同し、同年六月〔大月版では七月となっているが、スパーバーが正しい〕にロンドンで開催された会議で、同団体は共産主義者同盟と改称された。マルクス本人は参加しなかったが、彼の意向はパリ支部代表のエンゲルスと、シュレージエン出身のマルクス支持者であるブリュッセル支部代表のヴィルヘルム・ヴォルフが代弁した。マルクスは、自分自身が行くには資金が不足していると主張した。その頃のマルクスには『哲学の貧困』の出版といった別の計画に充てる金はあったのであるから、ロンドンの共産主義者たちとさらに親密な関係を結ぶのを後回しにして、予定されていた組織再編がいかに進展するのかを見守ろうとしたのかもしれない[1]。

欠席したものの、彼は会議の決定に賛意を示した。同盟の重点は革命謀議から公開のプロパガンダへと移り、独自の機関紙が準備されることとなった。かつてのスローガン、「皆が兄弟だ」は、カール・シャッパーの考案した新たなものに替えられた。すなわち、――マルクスと不可分に結びつけられることになる文句――「万国のプロレタリア〔英語では一般に「世界の労働者 Workers of the world」と訳される〕、団結せよ!」に。新たな規約は、所有共同体を組織の目標に掲げていた。エンゲルスによって書かれた「共産主義者の信条表明」〔シャッパーによって書かれたという説もある〕は、『共産党宣言』とはかなりかけ離れた内容だったものの、その最初の草案のようなものであり、この集団の政治綱領となった。同盟はまた、カール・グリューンとの確執についてはマルクスの側に立ち、グリューンを「ぺてん文士にして労働者からの搾取者」と非難した[2]。

マルクスはおそらく会議後に正式に同盟に参加し、ブリュッセルの「班」の長となった。新しい規約では、同盟の〔最末端の〕地域支部はこう呼ばれていたのである。ロンドンの共産主義者たちの活動に倣って、ブリュッセルの同志たちは、一八四七年秋にベルギーの首都に約七〇～一〇〇人のドイツ人職人を会員とする労働者教育協会を設立した。ロンドンの共産主義者たちとの協力関係を固めていたのとほぼ同じ時期、マルクスは自分の見解を公にするためのはけ口を得た。それはちっぽけなドイツ語新聞、『ブリュッセル・ドイツ語新聞』であった。同紙は、パリの『フォアヴェルツ！』と酷似しており、実際に、『フォアヴェルツ！』の出版者の一人であったアーダルベルト・フォン・ボルンシュテットによって発行されていた。ボルンシュテットを選ぶというのは物議を醸すような選択であったが、それと言うのも、彼がかつて、亡命者や急進主義者たちの内輪でよく知られたプロイセンのスパイだったためであった。しかしマルクスは、最終的に検閲を受けないドイツ語新聞に接触する機会を得ることの方が、ボルンシュテットの過去について急進主義者たちが抱いていた疑念よりも重要だと感じた。ゲオルク・ヘルヴェークに書いたように、「あらゆる色合いの反対派は、……ボルンシュテットという名前には厭な顔をした方がよさそうだと考えた。……これらの連中に、なにもしないことの口実が不足することなどあるだろうか？」この発言に込められた、行動を起こすことへの欲求は見逃し難い[3]。

ボルンシュテットも彼が発行していた新聞も、マルクスの完全なる味方というわけではなかった。一例を挙げれば、反共産主義的なドイツの民主主義者カール・ハインツェンが、マルクスとエンゲルスを『ブリュッセル・ドイツ語新聞』の紙面で非難している。彼らの返答は、『共産党宣言』へと流れ込むこととなる。九月末、ボルンシュテットをはじめとするブリュッセル在住のドイツ人急進主義者たちは、ベルギーの民主主義者や亡命者と手を結んで、ロンドン民主主義者友愛協会の方針に沿って国際的な民主主義者の集まりを組織するための大衆集会を計画した。この集会の告知がなされた当時、マルクスはブリュッセルを離れて、遺産の前借りを受け取ることができないかどうか、母方のオランダ系の親戚たちと交渉しているところであった。マルクスの留守を守っていたエンゲルスは、この計画は完全に、労働者教育協会でのマルクスの主導権を侵害するためのボルンシュテット一派の陰謀に違いないと確信した。

左派の仲間への積年の憎しみに突き動かされたエンゲルスがこの計画を立てた人びとの目論見を過大視していたのかもしれないが、そうした目論見が実際のものであったにせよ想像上のものであったにせよ、政治的な危機に対する彼の対応が功を奏したことで、共産主義者同盟のブリュッセル支部とそれと提携していた労働者教育協会の有効性が示された。わずか二四時間〔ドイツ語版では四四時間〕の通知で、彼をはじめとするグループのリーダーたちは、三〇名の労働者協会のメンバーを会議に参加するよう動員した。前もって根回ししてあったとおり、彼らは新たに組織される民主主義協会の副議長の一人にエンゲルスがなるべきだと提案した——エンゲルスはこの名誉を「自分があまり若く見えすぎるので」初めは拒否したが、最終的には引き受けることで同意した。カール・グリューンに対する反対工作を続けるためにパリに戻ったエンゲルスは、マルクスがブリュッセルに帰るとすぐに、彼にこの地位を譲った(4)。

新たに設立された組織は「万国民の結合と友好のため〔ブリュッセル(ベルギー)〕に設立された民主主義協会」という大仰な名称とは裏腹に、柔軟さと活力を示した。同組織は少なくとも二〇〇名の会員を擁し、ベルギーにおけるより民主的な参政権の要求といった国内問題や、独立ポーランドの再建のような国際問題の双方について、大規模な公的集会を定期的に開催した。ヨーロッパで政治的緊張が着実に高まっていた一八四七年末から一八四八年初頭にかけて、こうした集会は一〇〇〇人を下らない出席者たちを引き寄せた。マルクスは、自由貿易と保護主義をテーマとした一八四八年一月の集会で、主役級の演説者を務めた。一時間にわたるフランス語での演説は、(議事録によれば)「盛大な拍手喝采」で

歓迎され、これをパンフレットとして出版するために資金を募ることが決まり、数週間後に刊行された。(5)

ドイツ労働者教育協会を主宰し、また国際的な民主主義協会の副議長を務めるという、ブリュッセルにおけるマルクスの二重の立場は、ロンドンのドイツ人共産主義者たちやイギリス人急進主義者たちへの対応に好都合であることが明らかになった。ロンドンに基盤を置く新設の共産主義者同盟の中央執行部は、再編会議に対するヨーロッパ各地の支部の反響に満足したわけではなく、一八四七年十一月に第二回会議を開催することを決定した。同盟の新路線を無条件で支持していた大陸の「班」の一つである、ブリュッセルのドイツ人共産主義者たちはこの計画にとって重要な存在であり、同盟の指導層はマルクスに個人的にこの会合に参加するよう求めた。懐具合がそれまで以上にひどくなっていたにもかかわらず、彼は旅路についた。ブリュッセルに残されたイェニーと子供たちは皆、病を患っていた。イェニーは、「債権者たちに文字どおりいじめられ」て、「まったくみじめな無一文のなかにある」有様であった。マルクスはこの状況に対処するために、自らの困窮を吐露することにした。ロンドンから彼は、ロシア人の知人パーヴェル・アンネンコフに、自分の家族を救うために二〇〇フランの借金を乞う手紙を送った。アンネンコフは、マルクスの関与を伝えずにイェニーに送金するよう依頼され、マルクスは相続財産の前金を受け取ればこの借金を返済することになっていた。

ロンドンとブリュッセルの政治状況は、かつての六月の第一回同盟会議以来、家族の財政状況よりははるかに好転した。マルクスにつきが回り、第二回会議の結果、同盟の綱領や政治方針に対する彼の影響力がさらなる段階に達したことが明らかとなった。新たに採択された規約は、同盟の目的をブルジョワジーの打倒、すなわちプロレタリアートの支配と、階級社会および個人所有の廃絶——これらは明らかにマルクス自身の表現による、明確に共産主義的な目標である——に規定し直した。会議は、同盟の綱領となる文章を作成する権限をマルクスに委任し、これが『共産党宣言』となった。ロンドン滞在中、マルクスはブリュッセル民主主義協会の代表という資格で、民主主義者友愛協会と、以前から計画されていた国際的な左派の会合についての交渉を行った。この結果、一八四八年九月末にブリュッセルでそうした会合を、そしてこれに続く会合を一八四九年にロンドンで開くことが決定された(6)。

前年と対照的に、一八四七年はマルクスの政治活動にとって大いに実りあるものとなった。彼はかつての孤立状態と失敗を克服し、今では政治活動の可能性を広げてくれる諸グループと提携し、そのなかで重要な地位に就くこととなった。ブリュッセルとロンドンは、共産主義者同盟中央執行部と民主主義者友愛協会、ブリュッセル民主主義協会とドイツ労働者〔教育〕協会にしっかりと押さえられていた。パリでは、エンゲルスが同地の共産主義者同盟において指導的存在になっていたし、ケルンには二つの同盟の「班」が存在しており、そのうちの一つは、マルクスの長きにわたる親友ローラント・ダニエルスとハインリヒ・ビュルガースに率いられ、もう一つは、当時は再びマルクスと協力関係にあったモーゼス・ヘスの友人や同志たちに率いられていた。『ブリュッセル・ドイツ語新聞』がマルクスの著述業のはけ口となり、政治経済学に関する定期刊行物を出版する計画も進展した。さらに共産主義者同盟自体も独自の定期刊行物を出すことを企画し、一八四八年初頭にヴィルヘルム・ヴォルフを編集者としてこの計画が着手された(7)。

実現間近の運びとなっていた国際民主主義会議は、あらゆる政治的取り組みの頂点となり、革命的政治行動という将来のための舞台を用意することを期待されていたが、まさにこの時期、「行動党」が主導して、ヨーロッパの政治秩序を揺さぶりつつあった。こうした多面的な政治的提携関係が、ブリュッセルに移って以来温めてきた経済発展や社会対立、そして政治戦略に関する思想を出版物のなかに表現する機会をマルクスに与え、そして革命行動の魅惑的な見通しがこれらの思想を定式化するための脈絡を提供した。

ヨーロッパにおける革命の波が勢力を結集しつつあったとは言え、なお最高潮には程遠かった一八四八年二月、マルクスの書いた二つのパンフレットがそれぞれブリュッセル民主主義協会と共産主義者同盟によって出版された。この二つの著作はマルクスの長年にわたる研究、そして彼の思想の成形と変容を、しかしまた、急激に先鋭化しつつある政治状況が今すぐにでも必要としていたものをも反映している。これらのパンフレットの一つは、自由貿易に関する演説を活字化したものであり、ほとんど世に知られていない。もう一方の『共産党宣言』は、マルクスの著作のなかで最も知られるものになった。これらの内容を検討すれば、マルクスが不退転の決意をもって関与することとなった大陸規模の革命の前夜の、彼の思考と企図が明らかになる。

一八四七年九月十六日から十八日にかけて、経済学者の国際会議がブリュッセルで開催され、輸入穀物への関税撤廃〔正確には、穀物関税の大幅な引き下げ〕に勝利してから間もないイギリスの反穀物法同盟の指導者たちが、地球規模での自由貿易を呼びかけようと大陸の同志たちに合流した。彼らの意見は、この会議に参加していた少数の保護主義の信奉者よりも優勢であった。マルクスは出席者名簿に氏名を記載されていたものの、用意していた演説を行うことを許されなかった。この演説原稿が、ブリュッセル民主主義協会での一八四八年一月の発言の元となった。この演説は、マルクスが自由市場経済の正統派から共産主義革命の呼びかけへと転換したことを示す顕著な例である[8]。

一八四六年穀物法〔による穀物輸入関税の大幅な引き下げ〕の主唱者たちは、同法によって輸入穀物への関税を〔事実上〕廃止すれば食糧価格は下落し、そのことで労働者の生活水準が向上するのだと主張していた。マルクスは、「イギリスの自由貿易論者の使徒であり、今世紀のもっともすぐれた経済学者である」デイヴィッド・リカードを引用しつつ、景気循環の変動を上回るこのような食糧価格の下落は賃金の引き下げをもたらし、購買力の促進を打ち消すことになると応酬した。自由貿易の支持者たちはまた、食糧価格の下落が消費を刺激し需要を増やし、生産が拡大する結果、雇用は増大して賃金は上昇することになると主張していた。マルクスは、産業は資本蓄積によって成長するのであり、この資本蓄積は機械の導入と分業の拡大――これは雇用の減少と賃金の削減に向かう――によるのだと応じた。彼の指摘では、これはかつてマンチェスターで四半世紀以上にわたり起こったことであった。織物業に従事する労働者の数は減少し、賃金は低下したが、彼らはそれまでよりもはるかに多くの綿を製造した。機械導入によるイギリスの競争は、インドの手織り機や糸紡ぎを破壊した。「その生地の美しさと強さとで全世界に評判の高かったデッカ〔ダッカ〕のモスリンも、同じようにイギリスの機械の競争によって圧倒されている」〔マルクス自身の文章ではなく、イギリスの政治家で、自由貿易論者であったボーリング博士の演説をマルクスが引用したもの〕。

自由貿易が資本家の小集団を富ませる反面で労働者階級やあらゆる発展途上国を困窮に追いやるという議論は、この政策をあまり魅力的に感じさせるようなものではない。それでもマルクスは、自由貿易に反対する保護主義者たちを「保守的」、「旧制度《アンシアン・レジーム》」を象徴する存在だと糾弾し、自由貿易を「破壊的」であるがゆえに称賛した。「それはふるい民族性を解消し、ブルジョアジーとプロレタリアートのあいだの敵対関係を極端にまでおしすすめる。一言でいえば、通商自由の制度は社会革命を促進する。この革命的意義においてのみ、諸君、私は自由貿易に賛成するのである」。もし経済学者たちの会議でマルクスがこの演説を行っていたら、どのような騒ぎが巻き起こったのかは、ただ推測するより他ない。

社会主義者が、資本家の自由市場における優位を拒否するあまり、保護主義を支持していたのは想像に難くない。例えば、カール・グリューンは保護関税を「諸施策の中心にある社会主義」と評した。[9] 当のマルクスは、自由市場への干渉そのものには反対していなかった。彼は労働組合とストライキを強く支持しており、これらを拒否するプルードンを非難していた。マルクスはしかし、共産主義者になる以前の一八四二～四三年に『ライン新聞』の編集者として強く支持していた教理である自由貿易への忠誠を、保持し続けた。五年後になっても彼は自由貿易を支持し続けていたが、それは差し迫った共産主義革命へと至る、あるいは――マルクスがブリュッセルの民主主義者たちに向けて述べたところでは――「社会的」革命へと至る道程としてであった。そのような革命が切迫しているというのが、『共産党宣言』の主題であった。

　一八四七年には、共産主義者同盟の新たな綱領についての多種多様な提案が流布した。当時パリに住んでいたモーゼス・ヘスも独自の綱領の草案を提出したが、エンゲルスがマルクスに愉快そうに書き送ったところでは、この草案をヘスの与り知らぬところで議論することで「モーゼスをなぶり者にしてや」り、エンゲルスの修正版がパリの共産主義者たちの委任を得てロンドンに送られた。「これはもちろん絶対にだれにも気づかれてはならない。そうしないと、われわれはみな解任されて、どえらい騒ぎになるのだ[10]」。

　エンゲルスは、自身の新たな草案に「共産主義の原理」という題名をつけた。最初の版〔「共産主義の信条表明」〕と同様、これは教理問答の形式で書かれていた。宗教的形式を政治的アジテーションに活用するのは、当時、広範な読者にアピールするために作成された文書の一般的なやり方であった。主禱文や使徒信経はこうした目的からしてもポピュラーだったのである。エンゲルスの文書は二五の質問からなっており、それぞれに明確な回答が用意されていたが、四番目の質問で既に回答が極めて長々しくなっているし、すべてが教理問答のかたちをとっているわけではない。綱領の作成に取り組むうちに、エンゲルスは納得がいかなくなり、ロンドンでの会議に出発する前夜にマルクスにこう語った、「僕は、問答形式をやめて、それを共産党宣言という題にするのがいちばんいいと思う(11)」。

かくして一八四七年十一月〔同盟会議の開催期間は十一〜十二月〕、同盟会議はマルクスに、組織のために政治綱領を修正する任を与えた。毎度のことながら、彼は締切りに間に合わせることができず、同盟の中央委員会は一八四八年一月末に催促状を送り、一週間以内に文書を送付するよう要求しなければならなかった(12)〔大月版では、マルクスは一月後半にこれを作成し、一月末に印刷のためにロンドンに送付した〕。マルクスが執筆に時間をかけたのは間違っていなかった。生み出されたものが、文学的傑作と呼べるものだったからである。この作品は簡潔ではあるが含蓄に富み、優雅で力強く、皮肉たっぷりで、全読者をたちまちに魅了してしまう。エンゲルスの「共産主義の原理」の枠組みと主張を採用しながら、マルクスは自らの来し方に照らしてこの文章を作り直した。結果的に、出来上がった宣言は、容赦なく革命という帰結に至る客観的な歴史過程を表向き語りつつも、マルクス自身の体験と知的発展の個人的表現が深く染みわたったものとなっている(13)。

この文章は、ヨーロッパに出没している共産主義の妖怪についての有名な言及をもって、そしてそれゆえに共産主義者が自らの思想を表明する必要があることを言明して始まる。その次に来るのは、予想されるような共産主義思想の説明ではなく、社会の諸階級への分化と、これら諸階級の闘争とに基礎を置く人類史の描写である。ここでは、主として資本主義の発展と資本家ブルジョワジーの勃興という近代史が扱われ、この発展の経済的、社会的、政治的、文化的結果に叙述が向かい、印象的な表現でその描写がなされる。例えば、「農村生活の愚昧《まい》」、「反動的陰謀に買収される……ルンペン・プロレタリアート」への侮蔑、あるいはブルジョワジーは「なによりもまず自分自身の墓掘人を生産する。ブルジョアジーの没落とプロレタリアートの勝利とは、ともに避けられない」といった断言等々。この章の最後の宣告で示される結論は、この上ない盛り上がりを見せる。すなわち、いや増す危機に悩まされる資本主義は、かつてない規模でかつてなく貧窮せるプロレタリアートを創出し、そこから生じる階級闘争は、以前にブルジョワジーが旧体制の身分制社会を転覆したのとちょうど同じように、プロレタリアートを革命による資本主義社会の打倒へと追いやるのである。この章は全体として、『ドイツ・イデオロギー』のフォイエルバッハに関する章で最初に展開された思想を、劇的で、洗練されたかたちで表現したものとなっている。

歴史的考察の後にようやく、マルクスは共産主義に関する章に筆を進めるが、未来の共産主義社会についてはわずかしか語っていない。むしろこの章は、フォイエルバッハに関する章で行ったイデオロギーについての説明を敷衍している。共産主義を正義や倫理に反するとする攻撃は、「ある時代の支配的な思想は、……支配階級の思想にすぎなかった」という鋭い返答を突きつけられる。倫理的価値とはイデオロギー的なものであり、既存の生産体制のうえに立脚するものであり、ゆえに共産主義は正義と倫理に対する攻撃ではなく、資本家の正義と倫理に対する攻撃に他ならない。やはりフォイエルバッハに関する章を引き継いで、マルクスは、共産主義の擁護はそれ自体イデオロギー的なものではなく、「現におこなわれている階級闘争の……現実の諸関係を一般的に表現したもの」にすぎないと強調する。

階級闘争を手がかりにした歴史分析と、共産主義への非難に対する攻撃はよく知られており、頻繁に引用される『共産党宣言』の一節である。一八四〇年代の社会経済的、政治的状況についてのマルクスの理解が基礎になっているにもかかわらず、それらは普遍史的で社会政治的な論評として今もかつても読まれている。このパンフレットの残りの三五パーセントの箇所は、特定の時代と場所に対象を限定しているため、それほど考慮されることはない。しかしこの箇所は、一八四八年の革命におけるマルクスの行動を理解するために、そして彼の政治的議論の発展を確認するためには極めて重要である。共産主義に関する章は、将来の共産主義政府についての一〇項目の綱領をもって締めくくられている。社会主義と共産主義に関する他の理論家たちについての分析がそれに続き、マルクスは真正社会主義者に攻撃を加え、自らの社会主義理解を同時代の他の人びとの理解と比較して、相違を強調する機会を得ている。結論部は際めて簡潔である。ヨーロッパと北米の政治状況について概観し、共産主義者と「行動党」〔『共産党宣言』にこの文言はなく、「民主的諸党」という文言がある〕の関係に光を当てている。この著作は革命の気概を示す有名な一文をもって締めくくられる。「支配階級をして、共産主義革命のまえに〔スパーバーでは「共産主義革命の思想のまえに」〕戦慄《りつ》させよ！　プロレタリアは、この革命によって失うものは鉄鎖のみである。彼らの獲得するものは全世界である」。そして、カール・シャッパーのモットーが初めて活字化されて、公に登場する〔活字化は既に一八四七年十二月の共産主義者同盟の規約改定時になされている〕。「万国のプロレタリア団結せよ！」、と。『宣言』を詳細に論じるには一冊分の紙幅を要するため、ここでは、マルクスが自身の過去の経験と知的発展とを一つの政治綱領へと注ぎ入れたやり方の幾ばくかを示そうと試みるにとどめる。

ラッパの響きのごとき導入部の一節は、「共産主義の妖怪〔あるいは幽霊〕」がヨーロッパに出没していることを告げ、読み手を苛立たせようとするかのように、この子供じみた「妖怪ばなし」を共産主義思想の現実性に対比している。マルクスは、出版の自由に関する一八四二年五月の『ライン新聞』の記事で、この比較をそっくりそのまま用いていた。その時は、出版の自由の要求を「フランスの幽霊」に見立てて、保守的なプロイセン政府が子供のように幽霊を信じていることをあげつらっていた。マルクスは哲学的な比較をしているかのようなふりをしつつ、プロイセン政府の単純で子供じみた感覚的認識に対する思い込みを、哲学的により高度で完成されたヘーゲルの政治的精神において発展したものとされる人権に対比していた。『宣言』では同様の対比が、単純に幼稚なやり方で共産主義の妖怪を感知する「旧ヨーロッパの〔あらゆる〕権力」という政治的な表現のなかで登場する。子供じみた理解、すなわちこの「共産主義の妖怪ばなし」とは対照的に、『宣言』が提示しようとしたのは、共産主義者たち自身の実際の「その考え方、その目的、その意向」である。[14]

この劇的な導入部でマルクスは、保守的なヨーロッパの諸政府が政治上の抵抗勢力を共産主義的と非難していると明言している――これは十分に根拠のある観察である。しかし彼はさらに、急進的な政治的反対勢力が保守的な敵対者たちを共産主義的と非難しているという、奇妙な示唆へと向かう。これはまったくのところ、一八四〇年代のヨーロッパの急進的反体制勢力の専売特許であったわけではなく、当のマルクス自身が行ってきたことでもあった。『ライン新聞』の編集者として彼は、自分の編集方針を共産主義的と断じた『アウクスブルク一般新聞』の批判に対して、アウクスブルクの新聞によって支援されていると思われる保守的な思想家たちが、実際には共産主義者なのだと非難することで応酬していた。[15]

青年ヘーゲル派にして『ライン新聞』の編集者としてのマルクスの鬱憤《うっぷん》の標的となったのは、何をさておきプロイセンのフリードリヒ・ヴィルヘルム四世の政府であり、そしてロマン主義的でボーン・アゲイン派的なキリスト教保守派にして、一七八九年以前の身分制社会に強く共感していたその支持者たちであった。資本主義がもたらす結果について『宣言』で行われている議論のなかの、重要でありながら常に見逃されがちな特徴の一つは、プロイセン政府とその支持者たちは時代錯誤で運に見放されていると明言している点である。観察者たちがしばしば特筆するように、『宣言』にはブルジョワジーへの賛辞が含まれている。マルクスは彼らの「きわめて革命的な役割」を称賛し、絶え間ない変革に特徴づけられた自分たちの社会的、経済的、知的システムを作り出すに際して、既存のシステムを打破するためにブルジョワジーが激しいエネルギーを発揮したことを称えている。ブルジョワジーへの賛辞は、有名な一節をもって山場を迎える。一般的な翻訳では、以下のとおりである。「身分的なもの、恒常的なものはすべて煙となって消え、神聖なものはすべてけがされる。こうして、ついには人々は、自分の生活上の地位や、おたがいの関係を、ひややかな目でみるほかはなくなる」(16)〔エンゲルスの協力によるサミュエル・ムアの一八八八年の英訳は以下のとおりである。All that is solid melts into air, all that is holy is profaned and man is at last compelled to face, with sober senses, his real conditions of life, and his relations with his kind.〕。これまで、絶え間ない万華鏡のごとき変転に関するこの主張を核にして、テキスト全体が文化批判の書として再構築され、モダニズムやポストモダニズムの文化シーンと、そして二十世紀末から二十一世紀初頭の、無限のごとく思われ、ますます拍車がかかっていった資本主義の革新と関連づけられてきた。労働者大衆の貧困のような他の予測の幾つかはまったく外れたものの、こうした解釈のおかげで、予言者マルクスに対する評価は保持されてきた(17)。

しかし、こうした解釈は、元のドイツ語の誤訳に立脚したものである。原文では"Das stehende und das ständische verdampft"〔「身分的なもの、恒常的なものはすべて煙となって消え」の部分。原文はAlles Ständische und Stehende verdampft, alles Heilige wird entweiht, und die Menschen sind endlich gezwungen, ihre Lebensstellung, ihre gegenseitigen Beziehungen mit nüchternen Augen anzusehen〕で始まる有名な一節は、あまり流麗ではないにせよ、より正確には以下のような訳文になる。「確固として存在するすべてのもの、身分制社会のあらゆる要素は蒸発し、あらゆる神聖なるものは神聖さを失い、そして人々は最終的に人生における自らの立場と相互関係を醒めた目で確認することを余儀なくされる」。換言すれば、ブルジョワジーは、マルクスが『ライン新聞』を編集していた時に闘っていたプロイセンの保守主義を打ち倒すであろう。資本家の蒸気機関（ドイツ語の「蒸発する verdampfen」には「蒸気 Dampf」の意味が含まれる）から得られる経済力は、フリードリヒ・ヴィルヘルム四世と彼の支持者たちが理想化していた時代錯誤的な身分制社会を終結させるであろう。マルクスのイデオロギー理論によれば、こうした社会の知的、芸術的な連関、とりわけロマン主義的な宗教心に満ちた中世への賛美にもまた終止符が打たれねばならない。世俗化された世界観と芸術上のリアリズムの冷静で醒めた知覚がそれに取って代わるとされるが、こうした主張はマルクスのパリ時代の友人であったハインリヒ・ハイネに代表される青年ドイツの文学者たちの間で既に行き渡っていたものであった。

プロイセン保守派との対決は、『宣言』における資本主義の文化的性格に関するもう一つの洞察、すなわち差し迫る民族とナショナリズムの終焉についての洞察からも窺える。「諸民族が国々に分かれて対立している状態は、ブルジョアジーが発展するにつれて、また貿易の自由がうちたてられ、世界市場が生まれ、工業生産やそれに照応する生活諸関係が一様化するにつれて、〔中略〕しだいに消滅しつつある」[18]。一八四八年の革命の勃発に端を発し、第一次世界大戦の苦痛に満ちた悪夢という絶頂に至るまで、一九一四年以前のヨーロッパにおいてナショナリズムの重要性がますます高まっていったことを思えば、この文章はマルクスの予言のなかでもとくに的外れに終わったものの一つである。しかし、マルクス自身が組織作りに傾けた努力や『宣言』を書く直前の数ヶ月の経験――ブリュッセルでの自由貿易を支持する経済学者たちの国際会議への参加や、様々に出身の異なる民族の急進主義者たちとの協力関係に立脚していたロンドン民主主義者友愛協会やブリュッセル民主主義協会との協働――を想い起こせば、こうした議論が出てきたことに納得がいく。

この点では、マルクスの考え方は一八四〇年代のヨーロッパの急進主義者たちのなかでも何ら特殊なものではなかった。彼らは反民主主義的、君主主義的支配に抗って、様々な民族主義者の運動が協力し合うことを夢想していた。しかしマルクス、そしてエンゲルスもまた、一八四〇年代のドイツのナショナリズムの幾つかのタイプに対しては極めて否定的であった。彼らは、古代トイトーニアの森やドイツ的中世に民族の本質を求め、「キリスト教ドイツ」国民について語る愛国主義者に蔑視を注いでいた。フリードリヒ・ヴィルヘルム四世と彼の保守的な支持者たちは度々、この手のドイツ・ナショナリズムの庇護者となり、これを神無き革命フランスに対置するのを好んだ。身分制社会を渇望する保守主義に結びつけたられたかくのごとき愛国主義は、マルクスにとってはむしろ、資本主義が

除去しつつあるさらなる過去の遺物の一つであった。(19)

この文章の中でマルクスは、青年ヘーゲル派の新聞編集者であり、権威主義的なプロイセン支配に対する民主主義的な反対派であった時に考えていた初期の主張を、共産主義革命の諸目標のために再利用した。彼はまた、青年ヘーゲル派としての自らの過去を捉え直し、中央ヨーロッパの資本主義ブルジョワジーの荒々しくも意気軒昂たる躍進の事例を自己の大義を正当化するものとして採り上げた。来し方をさらに前へ遡って彼は、人類の歴史を階級闘争の歴史として呼び起こすために、ベルリンでの師、エードゥアルト・ガンスの思想を召喚した。ガンスの回想録を『宣言』と対照すると、マルクスが師の文章を活用しているのは明白である。

自由民と奴隷、貴族と平民、領主と農奴、同職組合の親方と職人、要するに、抑圧するものと抑圧されるものとは、つねに対立し〔てきた。〕……古代ローマには、貴族、騎士〔スパーバーでは「王」〕、平民、奴隷があった。中世には、封建領主、家臣、同職組合親方、職人、農奴があ〔った。〕……現代、すなわちブルジョアジーの時代〔には〕……全社会は、敵対する二大陣営に、直接に相対立する二大階級に、すなわちブルジョアジーとプロレタリアートとに、ますます分裂していく。

マルクス、エンゲルス『共産党宣言』

かつて主人と奴隷、後には貴族と平民、それから封建領主と家臣が相対したように、こんにちでは有閑層と労働者が相対している。イギリスの工場を訪ねれば、何百もの男女が腹をすかせ貧窮にあえぎ、たった一人の個人のために自分の健康や人生の楽しみを犠牲にし、ただ困窮せる存在であることを続けるためにそうしているのを目にするだろう。

ガンス『回想録』(20)

ヘーゲルの諸命題は、共産主義についてのマルクスのごく短い議論の二つの側面のなかにも登場する。マルクスは、自分の身に跳ね返ってきそうな理論上のジレンマを回避するのに、ヘーゲルの理論を用いている。いかにすれば、ともに立派にブルジョワであった彼とエンゲルスが共産主義者になるようなことが起こりえたのだろうか。このような疑問が生じるのは、彼らの理論が思想と政治的忠誠を階級状態に結びつけ、共産主義をプロレタリアートのブルジョワジーへの反目に結びつけていたためである。マルクスは、幾人かの貴族がブルジョワジーの主義主張に合流したフランス革命の起源との類似性を引き合いに出すことで、この問いに解答を与えた。彼は、一七八九年六月の三部会の召集に際して、第一身分と第二身分を構成する貴族と聖職者の代表者たちの幾人かが第三身分に合流して国民議会を創設したという革命のエピソードに言及する。一部のブルジョワたちが垣根を越えてプロレタリアートに歩み寄っていることこそが、フランス革命にそっくりのプロレタリアート革命が差し迫っていることを示しているのであった。すなわち、「歴史的運動全体を理論的に理解するまでに向上してきたブルジョア思想家の一部」こそが。これは当然ながら、マルクスとエンゲルス自身のことを語っている。そしてまた、これは、論証の最高形態としてのヘーゲルの自己意識に関する哲学的観念、ものごとの過程を理解するということは、それを克服しさらに先へと進むということだという観念に従ったものでもある。自らの属する社会階級との関係、そしてこの階級の歴史上の位置との関係を理解しえたことで、マルクスとエンゲルスはブルジョワ的な思考形式を超克し、自分たち独自のイデオロギー理論から導き出される別の思考形式へと到達し、そしてプロレタリアートとの提携に達することができた。これはまさに、社会経済的、政治的格闘に関する意識的な唯物論のなかの、明らかにヘーゲル主義的で観念論的な要素である。

共産主義社会について説明している『宣言』における唯一の部分は、共産主義社会は「各人の自由な発展が万人の自由な発展の条件であるような一つの協同社会」になるという主張である。この主張は、ヘーゲルの『法哲学』についての一八四三年のマルクスの未完の著作〔『ヘーゲル法哲学批判』のこと〕に初めて登場した、諸個人の特殊利害と、国家と社会の一般利害とを調和する社会組織という理想の最終形である。明らかにヘーゲル主義的な用語で、ここで普遍と特殊の調和として描写されているこの理想は、フォイエルバッハの唯物論的ヒューマニズムとの提携、そしてフォイエルバッハ流の共産主義との初期の提携を経て、より鋭く研ぎ澄まされ、より扇動的で、修辞的には明らかに非ヘーゲル的な『共産党宣言』へと受け継がれたのである。

未来の共産主義体制について多くを語っていないものの、『宣言』はそうした体制がいかにして実現されるのかについては極めて明確であり、エンゲルスが書いた共産主義者同盟の綱領の草案の文言をほとんどそのまま用いながら、未来の共産主義政府のための一〇項目の綱領を提示している。ここに掲げられた諸手段には、累進所得税のような、一八四〇年代の急進的左派の間で共有されていた思想が含まれているが、それらはフランスの社会主義者たちによって提起された遺産相続の廃止や融資の独占を伴う国立銀行の創設といった他の提案と同様、決して共産主義者の専売特許ではなかった。

国立銀行は、マルクスが猛烈に攻撃していたプルードンを象徴する思想であった。その思想を採用していることを踏まえると、マルクスがプルードンを非難したのは不当に思われるかもしれないが、マルクスにとって、社会主義者たちが掲げていた手段の決定的な特徴は、その政治的文脈にあった。プルードンは、こうした銀行を革命的蜂起の一環としてではなく、合法的で憲法に適合し、経済的に整然と機能している資本主義社会のなかで成立するものとして構想していた。『宣言』における一〇項目の綱領は、何と言っても革命政府のために立案されたものであり、一七八九年のフランス革命のジャコバン派の急進的言説を手本にしたものであった。

そのことは、綱領の四番目に掲げられた「〔すべての〕亡命者および反逆者の財産の没収」が、ジャコバン派が実践して相当な成功を収めた方法である点に明白である。フランス革命を模範にしていたことはエンゲルスの草案によりいっそう明らかに示されており、そこでは大土地所有者や工業家、鉄道や造船所の所有者の財産の収用が呼びかけられ、それをフランス革命の紙幣「アシニャ」で補償するよう提案していた[21]。しかし、はるかに革新的な意味があるのは、まず亡命者や反逆者たちが生まれるだろうという仮定である。『宣言』の行動綱領は革命と内戦を想定した計画であり、フランス革命が最も急進的であった一七九三〜九四年の、かつての恐怖政治の経験を土台にしたものであった。マルクスはパリ滞在中にこの時代のことを集中的に研究しており、一時は、当時の革命議会であった国民公会の歴史についての書を執筆しようと計画してさえいた。ここでも、マルクスは一八四〇年代の急進派の一般的見解を代弁して、偉大な過去の革命行動を模範とする見地から未来の革命を認識しているのである。

資本主義から共産主義への移行は、ただあのような革命騒擾をつうじてのみ起こりうる。一〇項目の綱領を並べる前に、『宣言』はその基本理念をこう説明する。「所有権とブルジョア的生産諸関係とにたいする専制的な侵害」によらなければ、したがって、「経済的には不十分で永続きしないと思われる方策によら〔なければ、不可能であるが、しかし、これらの方策は〕運動の進行につれてそれ自身のわくをこえてすすむ……」。フランス革命の急進的側面の歴史に照らして、マルクスとエンゲルスは一定数の資本家の財産の没収という手段を実行するよう提案する。こうした手段の行使は社会不安をもたらし、――「亡命者および反逆者」のような連中――しかしまた資本家たちもが共産主義政府に協力するのを拒否し、経済危機を生み出し、今度は政府にさらなる抜本的処置をとるのを許すことにも繋がる――これは一七九二〜九四年のフランスにおける事態の推移とぴったりと一致している。

このような共産主義は、資本主義の後の社会そのものよりも、共産主義者の政権を創出する暴力的、革命的な過程を強調したものであり、マルクスとエンゲルスが敵視していた社会主義の形態とは鋭く区別されるべきものであった。彼らは「反動的」社会主義を非難し、それを資本主義に対する保守的批判と見なした。そうしたものの幾つかは当時プロイセンに流布しており、とりわけその代表格であったケルンの政府系新聞、『ライニッシャー・ベオバハター』は、『ブリュッセル・ドイツ語新聞』の紙上でマルクスから激しく攻撃されていた。[22] マルクスとエンゲルスは「ブルジョア」社会主義――こんにち社会改革と呼ばれるもの――を、既存の資本主義社会の内部での労働者階級の状態の改善を目指すにすぎないとして軽くあしらった。フランスではシャルル・フーリエの、そしてイギリスではロバート・オーウェンの信奉者たちによって実践されていた「批判的＝ユートピア的」社会主義も、議論の俎上に載せられた。彼らは共産主義の実験を資本主義社会において開始するよう提案していた。[23] このような手段が成功を得られるかどうかについてマルクスとエンゲルスが抱いていた懐疑は、当時の人びとに広範に共有されており、マルクスたちの天敵《ベト・ノワール》であったカール・グリューンでさえも、この計画の実現可能性に強い疑念を抱いていた。

自分たちの主張とは異なる社会主義に対するこうした批判は、エンゲルスの『共産主義の原理』から引っ張り出されたものであったが、マルクスはエンゲルスの草案にはなかった批判の対象を追加した。その対象とは真正社会主義であり、これは一八四八年の革命前夜のドイツで知られていた唯一の社会主義ないし共産主義に他ならなかった。マルクスは真正社義者に対して、「人間の本質の外在化」〔スパーバーでは「人間の本質の外化と蕩尽」〕のようなヘーゲル主義の用語をフランスの社会主義者の資本主義経済への批判に代置しているというかつての攻撃を繰り返したが、こうした表現は、マルクス自身も真正社会主義者であった頃に用いていた観念であった。真正社会主義者は、もう一つのお馴染みのモチーフであった、俗物的なドイツ小市民《プチ・ブルジョワ》としても非難されていた。さらにこの集団は、陰に陽に絶対主義的なドイツ諸邦政府の支持者になっているという理由からも、『宣言』の攻撃対象となった。

マルクスの主張によれば、真正社会主義者が資本主義を糾弾する際に問題なのは、糾弾の対象が資本主義社会の政治的諸側面、具体的には法の支配、憲法と代議制による政府、そして市民的自由の保障といったことにまで広がっているということであった。フランスやイギリスのような、既にリベラルな政治制度を有する国家については、これらを資本家による労働者の搾取の付随物と非難するのはよい。しかし、自由主義的反体制派が一八四七年まで熱心に憲法を要求していたプロイセンをはじめとするドイツ諸邦においては、リベラルな諸制度に対する攻撃はただ、「ドイツ各地の絶対主義政府と、そのうしろに従っている坊主や学校教師や田舎貴族《いなかユンカー》や官僚にとっては、……おそるべき勢いで台頭してくるブルジョアジーをおどしつけるのに、おあつらえむきの案山子《かかし》となった」。この容赦なき罵倒は、生彩に富む表現を別とすればエンゲルスの草案とよく似ているが、しかしエンゲルスの場合は、こうした悪罵は親政府的で保守的な社会主義の受益者を描写するのに用いられている。(24)

真正社会主義者をドイツ諸邦の保守的政府の下僕だとする非難は、マルクスが中央ヨーロッパにおける他の共産主義的知識人たちと競い合ううえでの新たな主題であり、この主題は、刊行されたものであれ未刊行のものであれ、それまで彼が書いたものには登場したことがなかった。最初の批判は、反共産主義的立場に立つ民主主義者カール・ハインツェンからなされた。彼は、マルクスとエンゲルスも含めたドイツの全共産主義者たちを告発の対象とした。彼ら二人と他の共産主義者たちとの相違は、内情に通じた少数の人たちにしか知られていなかったからである。マルクスとエンゲルスはともにハインツェンの批評に激怒し、一八四七年秋に『ブリュッセル・ドイツ語新聞』紙上で激しく応酬し合った。[25] マルクスは、ハインツェンの主張は自分には当てはまらないと確信し、自分以外のドイツの社会主義者たちに対抗するために彼の主張を用いようとしたが、ここには、マルクスの共産主義の反共産主義的なルーツ、あるいは少なくとも、他の形式の共産主義を攻撃するために反共産主義的な命題を活用するマルクスのやり口がまたもや露呈している。

初めてマルクスの伝記を著したフランツ・メーリングが一世紀前に指摘しているように、この告発はとても公平なものとは言えない。真正社会主義者たちは反革命的なプロイセン政府を支持してはいなかったし、一八四八年の革命の間は民主的ドイツの強力な主唱者であった。[26]『共産党宣言』が新たにひねり出した真正社会主義者批判の根拠は、一八四八年革命前夜のマルクスの政治的立場を明るみに出している。ユダヤ人問題に関する論文で初めて提示した論法を引き継いで、マルクスは反プロイセン的であると同時に共産主義的な革命、いわば一七八九年のフランス革命の二重の意味での再来を望んでいた。反プロイセン的革命は結果的に、完全な市民的自由と法の支配とを備えたリベラルな立憲主義国家をもたらすはずであった。

このような国家は、『宣言』で明らかにしているように、まさしくマルクスがその有害な性格を暴き出して転覆を主張していた、資本家の支配体制の一種に他ならない。そうであるとすれば、なぜそのような支配体制のために戦おうというのであろうか、――あるいは、政治戦略という観点から問うならば――未来の共産主義を求める中央ヨーロッパの黎明期の労働者階級を組織化することが、反プロイセン的、民主的革命を組織化することとどう両立するのであろうか。マルクスは当時、『宣言』を書きながら、革命の到来は近いが、間近だとは思っていなかった。まずは、ヨーロッパと北米の急進主義者たちが一堂に会する国際的な民主主義者の会議が開かれて、政治綱領を立案し、政治戦略の概略を定めるはずであり、これらいずれもが当該問題への対応の助けとなるはずであった。しかしその代わりに、一八四八年二月に『共産党宣言』が出版されるや否や、マルクスは予想していた革命が自分の周囲の至るところで勃発するのを目の当たりにすることとなった。

こんにち、一八四八年二月末の三日間パリを掌握し、君主政の転覆と共和政の宣言をもって終結したバリケード戦がもたらした電撃を正当に評価するのは難しい。共和政体は、二十一世紀初頭の統治機構の既定の形態となっており、アメリカ合衆国では、保守政党でさえもが共和党と自称している。しかし十九世紀中葉には、共和政体は目新しい、型破りな統治の一種であった。少なくともヨーロッパでは、それは極左の支持者の政治的願望の対象であった。前回のフランス共和政は、パリで一七九二年に宣言された。これがもたらしたものは、恐怖政治と数十年にわたるヨーロッパ規模での戦争であった。新たな革命戦争が起きるか、あるいは革命の影響がヨーロッパ中に波及するかどうかは不透明であったが、共和政の宣言はそれまでの政治計画のすべてを時代遅れにし、その結果、マルクスのような急進的革命の信奉者たちのために、途轍もない政治活動の加速化がもたらされたのであった。

この新たな状況について共産主義者同盟の指導者たちと協議するために、マルクスがロンドンに飛んで行った可能性は大いにありうる。その根拠となるのは、同盟の中央委員会が拠点をロンドンからブリュッセルに移すことを決定したという事実である。シャッパーとバウアー、モルの三頭制《トロイカ》を含めたロンドンの同盟指導者たちは、革命行動が起きている大陸で指揮を執るための準備をした。その間に、同盟の中央委員会はマルクスの掌中に握られた。しかし、マルクスも中央委員会も、ブリュッセルに留まり続けることはできなかった。

パリにおける共和政宣言はベルギーの現状を脅かし、フランス革命軍による侵攻の可能性か、フランスの同志をまねたベルギーの急進主義者の騒乱を、あるいはその両方を同時にもたらすものと受け止められた。ベルギー政府は、急成長するブリュッセル民主主義協会に極めて厳しい疑惑の目を向けたが、同組織は既にヘントに大規模で活動的な傘下団体を設立しており、共和主義的な暴動の中核となるおそれがあった。協会の副代表として、また政治的に活発な外国人で不穏な情勢の渦中に巻き込まれそうな人物として、マルクスは以前から官憲に監視されていた。今になって六〇〇〇フランス・フラン（約一二五〇プロイセン・ターラー）に及ぶ相続金の先払いをしてくれた母親の非政治的決断が、まさに官憲の疑惑を招くこととなった。この金はちょうど二月の末にブリュッセルに届き、ベルギー警察は、これは暴動のための武器購入の目的で送金されたものに他ならないと確信した。(27)

その結果、マルクスは一八四八年三月三日に、二四時間以内に国外退去するよう、突然の通告を受けた。わざわざ期限いっぱいまで待ったりはせず、警察はその日の午後〔マルクスの証言では夜〕にマルクスのアパートに踏み込み、彼を留置所に連行した。目に見えるほど取り乱したイェニーが、ベルギー民主主義協会のベルギー人指導者を伴って夫に面会に行くと、彼女もまた捕えられ、怒ったカールが説明するところでは、「売春婦といっしょにうす暗い房に入れられて」しまった。イェニーとカールは翌日釈放されたが、着の身着のままで、子供とともに直ちにベルギーを去らねばならなかった。六個の箱に詰められた彼らの所持品は全部で四〇五キロに及び、これらは役所から役所へと長いこと放浪した末、八ヶ月後になってようやく彼らの元に辿り着いたのであった。(28)

個人的にはひどい破滅的状態にあったものの、追放はマルクスにとってパリに戻る好機であり、この町は今や以前にもまして、革命運動のヨーロッパ規模での中心地となっていた。フランス共和国の臨時政府はかつての急進的反対派によって占められており、その指導者たちはマルクスとエンゲルスが親交を深めようと努めてきた人びとであった。マルクスの国外退去の数日前、彼の周囲に暗雲が立ち込めていた頃、臨時政府の大臣で一八四七年にはエンゲルスが特別に注目していたフェルディナン・フロコンは、「勇敢で義理堅いマルクス」に対して、「あらゆる自由の友人たちのための避難所」たるフランス共和国に戻ってくるよう呼びかけた。マルクスは喜んでこれに応じた。三月の半ばには共産主義者同盟の指導的人物のほぼ全員がパリに揃い、同地で中央指導部を再建することが可能となった。それからたった一週間後に、ドイツの二大国に革命が到達した。ベルリンとヴィーンでのバリケード戦の後、懲らしめられた君主たちはリベラルな政府を任命することを余儀なくされ、亡命ドイツ人急進主義者たちが祖国での政治闘争に復帰可能となった(29)。

『ブリュッセル・ドイツ語新聞』の発行人アーダルベルト・フォン・ボルンシュテットとゲオルク・ヘルヴェークに率いられたパリのドイツ人亡命者たちの大集団が、一八四六〜四七年の経済危機のせいで大半が失職中であったパリ在住のドイツ人職人たちを武装させ、革命軍団としてドイツに進撃して、ドイツ共和国のために戦おうと提案した。世紀半ばの革命の間一貫して保ち続けた冷めた見解をこの政治状況に対して示しつつ、マルクスはこの提案を、大きな災厄をもたらす馬鹿げた冒険主義だと非難した。ドイツ軍団の行軍がもたらした結果に関してマルクスはまったく正しく、彼らの大半は武装しておらず準備も不十分で、ドイツとフランスの境界を右往左往するのが関の山であった。ライン川を渡った後、彼らはあっという間に蹴散らされて逮捕され、あるいは亡命生活に舞い戻ることを余儀なくされた。マルクスのおかげで、共産主義者同盟はこの提案に反対し、同盟の会員の大半は怪しげな冒険を回避できた(30)。

同盟がかつて検討した方針に沿って、そしてこの点ではシャッパーと意見を同じくして、マルクスは同盟員の職人たちが平和裏にドイツに戻るよう提案した。フランス共和国の臨時政府のなかのマルクスの友人たちが、彼らの旅費を出してくれるはずであった。マルクスは、いったんドイツに帰った同盟員が、今では新たな自由主義的政府によって結社の自由を保障されていたドイツ諸邦の各地の都市で労働者の協会を設立するのを望んでいた。最終的にはこうしたグループの国民的規模でのネットワークを作ることが、彼の目標であった。ライン地方でケルンに次ぎ二番目に大きく、共産主義者同盟のメンバーのなかでもとくに活発な職人たちの多くの出身地であった都市マインツが、組織結成の取り組みの中心地となることを期待された。同地の同盟員は、ドイツの労働者協会の臨時中央委員会としての役割を果たすはずであった。

自分自身、そしてエンゲルスやシャッパー、ヴィルヘルム・ヴォルフといった、共産主義者同盟の上層部のメンバーをはじめとする近しい政治的同志たちに関しては、マルクスには別の考えがあった。彼らは皆、なおマルクスのシンパが多数いるケルンに戻って、一八四二〜四三年にマルクスが気迫を込めて編集していた新聞の後継紙である急進的新聞、『新ライン新聞』を発行する予定であった。再度、マルクスは自らが切望していた存在、運動を主導する編集者となって、この仕事に身を捧げたいと考えていた。当時、プロイセンにおける出版の自由の確立を受けて、彼は自らの見解を公然と、かつては自制しようとしていた罵詈雑言のすべてを使って表現できた。四月半ばまでには、マルクスと協力者たちの大半がケルンに揃い、彼の計画を行動に移す用意が出来上がった。マルクスの思想は、『共産党宣言』で素描した輪郭を引き継いでいた。同新聞は革命的ドイツ共和国の創建を呼びかけたが、それは一七九二〜九四年のフランス革命のドイツ版であり、マルクスの用語で言えば、「ブルジョワ革命」であった。労働者協会の国民的規模のネットワークがこのような革命の試みを支え、そして次の政治的段階、すなわち共産主義的労働者の革命に備えるはずであった(31)。

一八四八年春のケルンでは、革命の旋風が吹き荒れていた。このライン地方の中心都市の至るところ、プロイセンの省庁の建物にまで、かつては禁じられていた黒赤金のドイツ国民の旗が翻《ひるがえ》っていた。

この町の左翼知識人のたまり場であったカフェ・ロワイヤルは君主政風な店の名称を慌てて引っ込め、シュトルヴェルク・ドイツ・コーヒーハウスに改称した。このカトリックのライン都市の住民たちは、今やプロイセンの植民地支配への憎悪を自由に表明し、少数の親プロイセン的な保守主義者たちは姿を隠した。しかし、立憲君主政を支持する自由主義者や親共和政的な民主主義者、そして反プロイセン的なカトリック保守主義者たちは皆、熱心に公的活動に参加した。このような情勢は、革命の熱狂が極限にまで達した他のドイツの大都市にも見られた、「諸国民の春」の政治的光景であった。しかしケルンには一つ、決定的な違いがあった。それは、大規模で活発な共産主義運動の存在であった。この都市の共産主義者同盟の「班」のメンバーは、市の数千人に及ぶ職人と肉体労働者たちを動員し、市庁舎を占拠し(この結果、恐れをなした市参事会員たちは窓から飛び降りて逃げ出した)、失職者に職を与え、労働者への課税を減らし、民衆の手に立法権を渡すよう要求した。

ケルンとその周辺地域では、革命の勃発に刺激を受けた労働者や職人、肉体労働者たちが、とくに何らかの共産主義的な方向をとっていたわけではないが、一所懸命に、自分たち自身で行動を起こした。彼らは民衆集会を開き、自分たちの憤懣と要求をかたちにした。さらなる怒りに駆られて、彼らは騒乱を起こし、雇い主たちを脅かし、賃金や雇用条件の改善を求めた。時として、こうした要求は暴力的な蜂起へと横溢していった。広く報じられた暴動の一つには、ゾーリンゲン近傍の熟練の金属工職人たちが、安価な製品で自分たちの高価な手工業製品に競合していた大規模な鋳造所を攻撃し破壊したというものもある。

ケルンとその周辺のすべてが、マルクスの政治戦略の求める方向へと向かっているかのように見えた。プロイセン君主政に立ち向かうフランス革命の再来と、ブルジョワジーに立ち向かう労働者によるフランス革命の再来とが、同時に実現に向かっていた。しかしマルクスの到着からたった数週間後には、事態がまったく彼の望んだように進んでいないことが明らかになった。マインツの共産主義者同盟の会員は、労働者組織の国民的ネットワークを創出するという、与えられた任務を果たせなかった。同盟の密使は以下のような報告をケルンに送っている。「マインツで、同盟が完全なる無政府状態の兆候を示しているのを目の当たりにしました。ヴァラウはヴィースバーデンにいます。ノイベックは会合が予定されている時にカフェでドミノに興じています。メッテルニヒ［失脚したオーストリア帝国宰相のフランツ・フォン・メッテルニヒ［正しくは、クレーメンス・ヴェンツェル・ネーポムク・ロータール・フォン・メッテルニヒ゠ヴィネブルク・ツー・バイルシュタイン］］ではなく、共和主義の革命家ゲルマイン・メッテルニヒである］は誰もが認めるように課題を多々抱えており、運動にこの上なく無関心です……」(32)。計画されていたような、マインツの共産主義者同盟のメンバーに率いられた労働者の諸協会の国民的連合は少しも実現しなかったのである。

一八四八年の後半には、マルクスは共産主義者同盟と絶縁した。数年後、同盟の一員であった葉巻製造工のペーター・レーザーはプロイセン官憲の尋問を受けて、マルクスが一八四八年春には完全に同盟を解散させたと語った。歴史家は、この解散が実際のものであったのか否かについて激論を交わしてきたし、公式な解散があったという仮定について多くの議論を行ってきた(33)。しかし、革命的活動が頂点に達した一八四八年六月から、政治亡命者としてロンドンに辿り着いた一八四九年秋までの時期のマルクスの公的な主張や残存している私的な文書に、同盟についての言及が一つもないことは注目に値する。

二重の革命的目標を実現するにあたって、マルクスが共産主義者同盟との関係や労働者階級の組織化に関して抱えていた難問は、他ならぬケルンで痛々しいほどはっきりと表面化した。ケルンの共産主義者たちは、市の無料診療医で献身的な活動家にして熱烈な演説家であったアンドレーアス・ゴットシャルクの指導の下、マインツの同志たちとは対照的に、大いに活発であった。彼らは市庁舎を襲う大衆デモを指揮するだけで飽き足らず、マルクスが到着した日の直前に、多数の民衆を擁するケルン労働者協会を創設していた。絶頂期の一八四八年六月、協会員はケルンの成人男性の約三分の一にあたる八〇〇〇人を数えた[34]。

一見したところ、ゴットシャルクのグループはまさにマルクスが求めていたものであったが、彼の労働者組織は利得よりも厄介事をもたらした。そこには、個人的な敵対関係という問題があった。ゴットシャルクはマルクス同様、自分のライバルになる可能性のある相手に心底からの嫉妬を感じる人物であり、そうしたライバルたちを西部ドイツ最大の都市から遠ざけたがっていた。彼は、マルクスは生地のトリーアに、そしてエンゲルスは亡命先からヴッパー渓谷に戻るべきで、そこで新たに招集されるドイツ国民議会の選挙に立候補すればよいのだと考えた。マルクス、そして共産主義者同盟の中央執行部を構成していた彼と近しい同志たちのケルン到着は、ゴットシャルクがまったく望んでいなかった事態に他ならなかった。一八四八年五月、彼は同盟から身を引き、マルクスの指示を受けないことを表明した[35]。

この個人的な問題には政治的問題が密接に関係していた。ゴットシャルクは真正社会主義者であり、モーゼス・ヘスの友人にして弟子であり、ヘスとは全幅の信頼を寄せ合う間柄であった[36]。彼の師は、マルクスの到着直後にケルンを離れてパリに行くことで、マルクスとの対決を避けたが、ゴットシャルクは労働者協会の有力な指導者として、ヘスの方針を全うする立場にあった。真正社会主義者たちが自由主義的な反対勢力を攻撃してプロイセン保守派に奉仕しているという『共産党宣言』でのマルクスの主張は今や、現実世界において試されることとなった。ケルンの民主主義者が先導する反プロイセン君主政キャンペーンへの支持をゴットシャルクが拒否したことは、この構図に該当した。大枠において、自由主義者や民主主義者に対するゴットシャルクの反発は左翼的な立場からのものであり、彼らを十分に急進的でも革命的でもないと非難していた。彼は、一八四八年五月の同日に行われたフランクフルトのドイツ国民議会選挙とベルリンのプロイセン国民議会の選挙に際して、民主主義者との提携を拒否した。大変人気の高かったゴットシャルクは、これらの選挙において共産主義者の候補者として立候補することさえせず、代わりに選挙をブルジョワの茶番劇と罵倒し、労働者協会の会員に選挙のボイコットを呼びかけた。大きな反響を得たこの声明から最も利益を得たのは、大抵は保守的であったケルンの敬虔で親オーストリア的なカトリックたち（マルクスがライン地方の左派にとっての最大の脅威と目した集団）であり、彼らは投票で圧倒的な勝利を収め、ベルリンでの自分たちの代表者にケルン大司教〔ヨハネス・フォン・ガイセル〕を選んだ。

　一八四八年六月、ゴットシャルクは急進主義をエスカレートさせ、ドイツにおける労働者共和国の創設を呼びかけた。しかし彼はまた、そのような共和国を実現するための行動をとれば、むしろ逆効果を招くことになるとも主張した。彼の主張では、ほとんどのドイツ人がそのような政体を望んでおり、それは近い将来、さほど大きな努力を必要とせずに実現するはずであった。こうした考えは、師のモーゼス・ヘスのものであった。一八四三年に既に、ヘスはアルノルト・ルーゲに、民衆の大部分は共産主義に賛同しており、共産主義社会はほぼ自動的に出現するだろうと語っていた[37]。共産主義を組織と扇動、政治闘争の長期にわたる継続、絶頂にまで達した暴動と内戦と国際的な戦争の産物と考えていたマルクスは、このような平和的で苦労もなしに共産主義体制を樹立するという展望を、妄想以外の何ものでもないと見なした。

　マルクスは、労働者階級の組織化よりも急進的な政治新聞の出版ではるかに大きな成功を収めた。『ライン新聞』の再刊という案は、自由主義的なプロイセン政府が出版への検閲を廃止するや否や即刻ケルンを駆け巡ったが、そのために最初に動いたのはモーゼス・ヘスであった。一八四八年四月初めに、ヘスは財政支援をしてくれそうな銀行家や出版者、外国の文通相手と交渉し、マルクスのケルン到着の翌日の四月十二日に組織設立に関する決定的な会合が開かれた後、マルクスと彼の支持者たちがこの企てを担うこととなった。ヘスはその後間もなくパリに発ち、一八四八年革命の政局に際してはわずかな役割しか果たさなかった（マルクスが自らの師を打ち負かしたことは、アンドレーアス・ゴットシャルクとマルクスとの関係改善に都合よくはなかった）。マルクスの支持者たちがこの会合に詰めかけた可能性は十分に考えられるが、会合の結果はまた、マルクスのこの都市における立場、そしてなんと言っても彼が五年前に『ライン新聞』の編集者として大変精力的な役割を果したという記憶を反映したものでもあった。

『ライン新聞』の時と同様に、株を売って新聞のための資金を得る計画が立てられた。その後の六週間以上にわたり、マルクスと同志たちはこの企画を推進するための資金を得ようと死にもの狂いで働いた。彼らは、エンゲルスの富裕な父親から資金の大部分を受け取れるのではと期待していた。しかし、信心深く保守的な老フリードリヒ・エンゲルスは、息子がマルクスに語ったところでは、「われわれに一〇〇〇ターレルをよこすどころか、むしろわれわれの頭に一〇〇〇発の散弾を浴びせかけるだろう」。結局、金は集まった。一万三〇〇〇ターラーも。マルクスは母親から受け取った遺産の前払い分の一部を差し出した。エンゲルスが付け加えたのはもっと少額であったが、これは彼のごくわずかな個人資産の大部分であったに違いない。資金の大半は、ケルンやその周辺のマルクス信奉者たちから寄せられた。彼らは富裕で比較的小規模の実業家たちや専門職に従事している多数の人びとであり、そのすべてが急進的左派であったわけではないが、『ライン新聞』の活力に満ちた編集者に強い感銘を受け、彼に新たな挑戦の機会を与えようと思ったのであった。『新ライン新聞』の創刊号は、予定どおり六月初頭に世に出た。[38]

この新聞は一八四八年革命の間、マルクスの政治活動の主戦場となった。彼と支援者たちは、しばしば同時代人に「『新ライン新聞』の一派」と認識されていた。ジャーナリズムを補強するように、七月初頭にマルクスは、ケルンの急進的な政治クラブで、ゴットシャルクがブルジョワ的と非難していた民主主義協会の会合に参加し始めた。マルクスと同志たちは夏から秋のうちにすぐに会合を支配するようになり、政治方針の決定にあたり重要な役割を演じた。ケルンで長きにわたりマルクスを支持してきた、『新ライン新聞』の編集部員の一人であったハインリヒ・ビュルガースが、このクラブの副会長に選出された。中央ヨーロッパ一帯に広がっていた急進派の仲間たちと同様、ケルンの民主主義者たちは政治クラブの地域的かつ国民的な連合を創出することで、自分たちの運動を強化しようとした。マルクスとエンゲルスは、一八四八年八月にケルンで開催されたプロイセン・ライン州とヴェストファーレン州の民主クラブの会議において指導的存在となった。ライバルになる可能性のある何人かの相手、とりわけボン大学教授のゴットフリート・キンケルとの闘争の後（一時は拳での殴り合いの寸前までいった）、会議に参加した代表者たちはマルクス一派を、民主的な政治クラブの地方連合の役員会の多数派に選出した。(39)

一八四八年の秋にはマルクスは影響力のある革命家となっており、急激に発行部数を拡大していく新聞を編集し、地域と州の急進政治において重要な役割を果たしていた。彼は全国的な政治的存在になるという野望を抱いており、『新ライン新聞』は編集者に殺到した手紙から分かるように、南東はバイエルン諸州、北はポンメルンのグライフスヴァルト、プロイセンのはるか北東部にあるケーニヒスベルク、そして中央ヨーロッパ各地の至るところで、次第に全国的な主導権を獲得していった。通信員たちは地元での政治闘争について報告し、マルクスに政治的助言を求め、仕事の斡旋を依頼した。女優をしていたヴィーンの通信員〔エードゥアルト・フォン・ミュラー＝テレリング〕の妻は、ドイツの劇場の上演演目のなかで自分の役を取り持ってくれるようマルクスに頼みさえしている。(40) 新聞の拡大にもかかわらず、マルクスはまずもって地方の人士、第二級の革命指導者にとどまり、最も人目を引き影響力をもった政治家たち、すなわちフランクフルトのドイツ国民議会の最前列に陣取る議員連（彼らのなかにはマルクスの級友であったトリーアのルートヴィヒ・ジーモンや、かつてのパトロンであったアルノルト・ルーゲがいた）や、ベルリンのプロイセン国民議会の同等の人びとの域にはついぞ達しなかった。国民的な次元で直接に出来事を左右はできなかったものの、革命の力学は、自らの革命への熱情を実現するためのチャンスをマルクスが十二分に得られることを保証していた。

事実上、『新ライン新聞』はほとんどマルクスの新聞であった。彼は「主筆」として雇われ、三年間の契約で、編集上の自由裁量と一五〇〇ターラーの年俸を約束されていた――同紙の財政的困難のゆえに報酬が全額支払われたかどうかが不明瞭だとは言え、これはマルクスにとって、今までで最も恵まれた地位であった。編集上の契約と同時に、マルクスは大株主にもなり、投資家の意のままであった以前の新聞〔『ライン新聞』のこと〕での報われない不安定な地位とはまったく異なる、確固たる自立的地位を自らのために築いた。(41)『新ライン新聞』の編集局はケルンの旧市街の、狭い通りが迷路のように走るウンター・フートマッハー通り一七番地の二階にあり（植字と印刷は一階で行われた）、ここがマルクスの政治的司令部となった。ここから、彼は一八四二～四三年と同じ敵を攻撃するという方針を追求し、そして多くの場合同じ目標を追求したが、今回はもっと公然と激しく急進的にそれを実行した。

『新ライン新聞』は、プロイセン王室とその官吏や兵士を次々と非難する一斉射撃を行った。ケルンの警察署長の記しているところでは、マルクスは「我々の国制、我々の国王、そして我々の最高位にある国家官僚を軒並み、これまでよりさらに広く読まれるようになった新聞で、勝手気ままに誹誇した」。善良な警察官を興奮させた例を一つだけ挙げるならば、一八四八年八月九日号の一面記事がある。ポーランドとドイツの民族主義者の連帯の必要について書きながら、ほとんど付け足しのように、マルクスはプロイセンの官僚制を以下のように取り上げている。「ライン州人で、新規に輸入された旧プロイセンの官吏と交渉をもったことのないもの、あの比類ない、なまいきな知ったかぶり……あの偏狭さと自分にはまちがいはありえないというひとりよがりとの結びつき、あの反論を許さぬ粗暴さを、賛嘆する機会をもたなかったものがいるだろうか！　もちろん、われわれの州にきた旧プロイセン人諸公は……笞も彼らの思うままにはならなかった。そして、この笞が自分の思うままにならないということを苦に病んで死んだ人間さえ、幾人かいるのである」(42)。

一八四八年の革命は、ベルリンのプロイセン国民議会とフランクフルトのドイツ国民議会によって、ドイツの権威主義的君主政を議会の統制下に置いたと思われていた。『新ライン新聞』の毒舌の大半は、これらの革命議会に焦点を絞っていた。それらが革命的ではなく、また人民主権を行使しておらず、さらには革命以前の権威を服従させられていない、として。自由主義者からなる多数派が憲法について国王と「協定する」ことを目的に掲げ、自分たちの権威に立脚した憲法の作成を要求する急進主義者たちに対抗していたプロイセン議会は、「協定議会」、あるいは「協定議員たち」と絶えず嘲笑されていた。フランクフルト議会に関しては、マルクスは一八四八年十一月にこう書いている。「すでに、もっときびしい判決がそれにたいしてくだされているのだ——その議決の無視、そして——忘却、これである」。この糾弾はプロイセンでの革命の危機の只中に書かれたが、新聞の発行が始まってから二週間とたたない一八四八年六月のもっと平和的な雰囲気のなかで、マルクスは既に両議会を「無能力 Inkompetent」——ドイツ語では、無能と、権威や支配権の欠如の両方の意味がある——と非難する一面記事を書いていた。マルクスは、かつて自分のパトロンであったプロイセン首相ルードルフ・カンプハウゼンも含め、個々のドイツ諸邦に新たに成立した自由主義的政府についても、それ以上ましなことは何も語らなかった(43)。

マルクスはこれらの最初期の記事の中で、臆病な政治的穏健主義に代わる、民主主義者の究極的な到達点は「単一不可分のドイツ共和国」でなければならないと、フランス革命の恐怖政治期のジャコバン派のスローガンを借用しながら主張した。『新ライン新聞』の六月十九日、二十一〜二十二日、二十六日号に掲載された「連載記事《フェーユトン》」(ヨーロッパの新聞の一部が、連載小説や、文学や文化に関する問題を扱うのに用いた方法)は、国民公会でのルイ一六世の裁判をドイツ語に訳して読者を楽しませた。この審理の結末は、悪名高いギロチンによる君主の処刑であった。マルクスは、フランクフルト国民議会の穏健民主主義者たちが、「実直な人々の共和国は、フランス第一共和国をけがした残虐行為や犯罪にはいっさいかかわりあわず、血なまぐさいことには全然手を染めず、赤旗を避けて……［そこでは］すべての律気《オネット》な市民が神を敬い、品行正しく、静かで穏やかな生活を送るという状態」を望んでいると非難した。このあてこすりからは、一七九〇年代の革命的ジャコバン主義の一八四〇年代のドイツにおける再来という、マルクス自身の願望が浮かび上がってくる(44)。

マルクスは、単一不可分のドイツ共和国は「国内の闘争と、東方との戦争……」のそれぞれから等しく現出すると説いた。東方との戦争とはツァーリとの戦争のことであるが、その専制国家はあらゆる急進主義者たちからヨーロッパにおける反動と反革命の支柱と見なされており——マルクスはまさにこうした見解をとる人びとの代表格であった——、マルクスの革命戦略における中心要素をなしていた。革命戦争は一七九〇年代に急進的革命を可能にした。マルクスは、新たな革命戦争も同様のゴールに導いてくれると見ていた。マルクスの死から数十年後〔十数年後の誤り〕にこの新聞を回顧して、エンゲルスは、ロシアとの戦争と統一ドイツ共和国の創設が同紙の二大テーマだったと明言している。ロシアとの戦争は、同紙が最初期の号から一八四九年五月の最終号に至るまで常に重視していた事柄であり、そこには、国際的な革命軍がツァーリに挑戦するために東ヨーロッパに進軍するという見通しが示されていた(45)。

本書の読者は、『新ライン新聞』の編集方針についてのこの説明には何かが抜けているようだと気づいたかもしれない。つまり、共産主義が抜け落ちているのではないか、と。編集者が皆、共産主義者であったのは当時公然の秘密であったが、同紙には資本家たちに対する非難はほとんど登場しないし、初期の労働運動についての報道が欠如していることは注目に値する。『新ライン新聞』の文体は高度に知的で学問的であり、外国語や文学や歴史への言及に満ちていたため、読み書きができたところで十分な教育は受けていない下層階級の人びとが理解するのは困難であった。確かに、一八四八年革命中の新聞はしばしば、学があって難解な部分を解説できる人物によって、大声で群衆に向かって読み上げられていたが、『新ライン新聞』の難渋なスタイルを前にすると、これさえも相当に骨の折れる仕事であった。民衆層の読者を念頭に置いていた他のケルンの左派の新聞とは違い、マルクスの知的生産物はまずもって教養ある読者を対象にしていた(46)。

一八四八年の夏に明瞭となったように、『新ライン新聞』に階級闘争が登場するのを妨げていたのは、単にそうした試みが欠けていたからではなかった。この季節は、パリ東部の労働者階級の住民が共和政政府軍とパリですさまじいバリケード戦を繰り広げた「六月蜂起」によって始まった。ドイツの左派の大半にとってこの出来事は、共和政政府が、自らの強力な支持者であらねばならぬ民衆と戦った悲劇であったのに対して、マルクスとエンゲルスは暴徒たちを手放しで賛美した。彼らは失敗に終わった蜂起を、未来の共産主義革命に向かう第一段階と称賛し、ドイツの実情から今なお遠い共和政体制に背を向けたのであった。

ケルンの民主主義者たちが六月蜂起についてのマルクスの解釈を拒否し、彼らから批判が繰り返された後、マルクスは自らの意見を撤回した。一八四八年八月四日、マルクスはケルン民主主義協会の会議で演説し、「個々の階級の利害」は「知的武器の使用」によってのみ、「相互に同意できる妥協……」を見出しうると強く主張した。階級調和の代わりに、「相互の譲歩の拒否、同様に住民の諸階級間の関係の概念についての曲解」がパリにおいて「流血の結果」をもたらしたのであった。マルクスは続いて、積年のライバルたるヴァイトリングがケルンで数週間前に提案した、「単独の階級」の名において行われる革命独裁という「ナンセンス」と非難した。むしろ、「異質な諸要素」こそが革命政府を構成して、「様々な思想の交わりによって最も評価すべき統治形態についての同意に到達する」べきなのだ、と。(47)

たった六ヶ月前に『共産党宣言』を書いた人物から発せられたこの階級闘争の放棄、それどころか階級闘争への非難は、十二分に反マルクス主義的であるように思われる。共産主義者同盟についての見事な史料集を編纂したマルクス゠レーニン主義の編者たちは、この演説の信頼度を否定し、マルクスの演説が誤って筆記されたに違いないという結論に達した。(48) もしそうなら、マルクスは誤解を正そうとしなかったことになる。しかし彼の演説はむしろ、反プロイセン主義を貫き続けた『新ライン新聞』の編集方針、そして権威主義的なプロイセン支配の打破という目標の下にライン地方の全住民を結集しようとした同紙の試みに大いに合致している。異なる社会階級間の敵意を刺激したり助長したりすれば、こうした連合をただ弱体化させることになったであろう。

反プロイセン的な目的のために反資本主義を一時的に放棄するというこの発想は、アンドレーアス・ゴットシャルクという宿敵の真正社会主義者との激烈な対立点でもあった。一八四八年七月の初頭、プロイセン官憲は見え透いたやり口で捏造した罪状によってゴットシャルクを逮捕し、裁判で結局無罪放免となる十二月まで、彼を拘束した。ゴットシャルクが監獄にいる間に、マルクスと仲間たち、とくにロンドンの共産主義者ヨーゼフ・モルとカール・シャッパーはケルン労働者協会の乗っ取りに動き、前述の反プロイセン的革命を支持するよう、労働者を動員する方向に舵を切った。彼らは、経済問題や政治問題に関して会員たちを教育するのに会合を活用した。この組織においてマルクスの尖兵《ポイントマン》であったシャッパーが、いかにしてこうしたことを行ったのかは、一杯食わされたゴットシャルクの信奉者の書いた文章から知ることができる。「今になって市民シャッパーは現今の問題について、歴史的、統計学的な言及を伴いつつ、長い演説を行ってこの会合の残りの時間を全部使い、そして最後に、いずれヨーロッパのすべての国、人民、種族についての統計学的な概観を提供することを約束すると付け加えた(49)」。

シャッパーの雄弁なスタイルに合致した、この敵意ある滑稽な描写は、民主主義者を育成するための補助的な教育機関として労働者協会を利用しようとする試みにつきまとっていた問題を示唆している。すなわち、当の労働者たちは無関心だったのである。マルクスと同志たちの指揮下、ケルン労働者協会の会員数は、ゴットシャルクが代表であった時に達した水準から九〇パーセント以上も減少した(50)。フランス革命の二重の再来というマルクスの戦略は、どちらか一方――プロイセンに対する民主的革命か、あるいはブルジョワジーに対する労働者の革命――にしか実現の見込みがなかった。この二つを結び合わせるのは明らかに不可能であった。プロイセン支配への攻撃は、階級対立を度外視することを意味した。反面で、労働者のブルジョワジーへの敵意を煽ることは、ケルンとライン地方の他の民主主義者たちとの協働の途絶を意味した。一八四八年の九月と十一月に革命の危機が招来したことでマルクスは、自らの革命計画のうちの反プロイセン的側面を実行する機会を得た。革命の第三にして最後の危機の時期である一八四九年五月までに、彼は次第にこうした試みを放棄し、それまでの一年間にわたって軽視していた労働者階級の組織化という方向に回帰し、この決定によって暴動への熱狂は抑制へと向かっていった。

一八四八年九月の危機は、十九世紀中葉の他の革命の多くと同様、民族主義的問題を内包していた。北部の二つの公国、シュレースヴィヒとホルシュタインのデンマーク支配に対する蜂起において、ドイツ系住民は両公国の統一的なドイツ国民国家への編入を要求した。プロイセンの自由主義的政府は反乱を支持して軍隊を派遣した。しかしツァーリからの圧力を受けたプロイセン政府は、ドイツ国民議会の抗議を無視して、一八四八年九月〔プロイセン政府がデンマーク政府とマルメー休戦条約を結んだのは八月二十六日、フランクフルト国民議会が同条約を承認したのは九月十六日〕にデンマークとの停戦という結論を選び、反乱運動を見捨てた。この問題はドイツの左派にとって好都合なものであり、同問題は民族主義的感情と、ツァーリへの反感、そしてプロイセンにおける保守派の権力の座への返り咲きに対する敵意を結びつけた。この状況がとくにケルンで爆発的な作用を及ぼしたのは、市民とプロイセン駐屯兵の間で酒を飲んだうえでの取っ組み合いが起こったためであった。この時兵士たちは統制を失い、通行人を襲ったり店のショーウィンドーを叩き割ったりしながら街路を行進した。プロイセンの兵士は国民の敵と戦う代わりに、自分たちの王に属するラインの臣民を攻撃した。

募金集めとアジテーションを合わせて行うためにベルリンとヴィーンへの旅行から戻ってきたマルクスは、この状況を利用しようとして即刻動き始めた。彼と民主主義協会の友人たちは、ケルン治安委員会を設立するために大衆集会を開いたが、この組織名は一七九〇年代のジャコバン独裁の最中のフランスの革命経験をほとんどそのまま拝借したものであった〔フランス革命中の「公安委員会」のこと〕。都市集会に続いて、彼らはケルンの北に位置するヴォーリンゲン村のヒューリンゲンの野で集会を開催した。ここでは、七〇〇〇〜一万人〔六〇〇〇〜八〇〇〇人という説もある〕という大勢の農村住民が赤色共和政を求め、プロイセン兵との最終決戦のあかつきには町に急行してほしいと呼びかける演説に耳を傾けた。演説者のなかには、フリードリヒ・エンゲルスも名を連ねていた（人前での演説が上手くないマルクスは欠席した）。

決戦の時はついに九月二十五日に訪れた。この日、警察がエンゲルスや、当時労働者協会の会長であったヨーゼフ・モルをはじめとするケルンの急進派を多数逮捕しようとした結果、暴動が起き、バリケードが築かれた。町は一時的に騒乱状態となったが、夕刻までにバリケードが撤去され、プロイセン官憲が戒厳令を敷いた。民主主義協会と労働者協会は解散させられ、『新ライン新聞』は一二日間の発禁処分を受けた。南ドイツでの蜂起と時を同じくして起こったこの出来事は、紛うことなき革命の瞬間であった。大いに反プロイセン的で反ロシア的であったその声調は、確かにマルクスの計画に合致していた。奥底に響く愛国主義者の声音は、愛国主義が消滅しかかっているという『共産党宣言』での主張にはまったくそぐわなかったが[51]。

衝突の結果、モルとエンゲルスは逮捕を逃れるために国外に逃亡しなければならなくなった。エンゲルスはその後の数ヶ月、フランスやスイスをあちこち移動して過ごしたが、この間マルクスとはほとんど連絡をとらず、確実に金もなく、何度も自らの行く末に疑問を感じていた。エンゲルスの両親は留守中の息子に矢継ぎ早に手紙を送りつけ、マルクスやその一味の神無き共産主義者たちはお前を見捨てたのであり、もはやお前を気にもとめていないのだと言って聞かせた。父親よりははるかにましな親子関係にあった母のエリーゼが心を込めて書いたこれらの長文の手紙が、フリードリヒに対して効き目がなかったわけではなかった。そして彼らがまったくのでたらめを言っていたわけでもなかった。新聞への投資者たちや、ヘルマン・エーヴァーベックやケルンの共産主義者の医師カール・デスターといった左派の同志たちの幾人かは、マルクスがエンゲルスと決別するのを望んでいた。エンゲルスの複雑な個性が、編集スタッフと絶え間なく揉め事を巻き起こしていたからである。マルクスは相棒に、他の左派がどう思おうと「僕が一瞬でも君を見捨てることがあるかもしれないというようなことは、まったくの妄想だ。君はいつまでも変わらない僕の親友だ、僕がたぶん君のそれであるように」と、わざわざ請け合った。エンゲルスの家族からの告発に関しては、マルクスはそれらを「豚の番犬」であるエンゲルスの父のせいにした。マルクスは、エンゲルスを支援しようと金を送りもしたが、この一件は、将来的に彼らの関係において資金の流れが反対方向になると予め定められていたわけではないのだということを気づかせてくれる。[52]

　ケルンの戒厳令は十月三日に解除された。民主主義協会と労働者協会は再び会合を開き、『新ライン新聞』は一週間後に発行を再開した〔大月版によれば、十月三日にケルンで戒厳令が解除され、十月十二日に戒厳令解除後初めて『新ライン新聞』が発行されている〕。二人の〔モルとエンゲルスのこと〕親密な協力者を欠いていたとは言え、マルクスは、フリードリヒ・ヴィルヘルム四世がベルリンのプロイセン国民議会を解散させるために軍隊を派遣したことで十一月に起こった、次なる大規模な政治的危機に対峙するうえでの組織的なよりどころを得ていた。兵士たちが国王の意思を実行できるようになる前に、議員たちは、プロイセン市民が選んだ代表者たちが自由に審議できるまで納税をボイコットするよう呼びかけることを採択したのである。

　プロイセン国民議会がついに革命的な行動をとったなかで、マルクスは戦いに没頭した。日々、『新ライン新聞』の発行人欄は「税金を払うな！」と宣言していた。ケルンとその周辺にほぼ限定されていた九月の諸事件の際とは対照的に、十一月にはマルクスは各地の民主主義者や広範な公衆の承認に大きく支えられ、納税拒否と、そしてライン州全体に広がったプロイセン政府に対する武装抵抗のために、民主主義的な諸組織の地域連合の幹部としての地位を活用した。[53]激烈な闘争が続いた。公権力が秩序を回復するには九月の時よりも長い時間を必要とした。しかし最終的に一八四八年十二月、この抵抗もまた鎮圧された。マルクスは反乱行為のゆえに処刑されるだろうと覚悟していたが、ただ政府当局に対する反乱と抵抗を扇動したことを追及されただけで済んだ。[54]

一八四八年十一月と一八四九年五月のそれぞれの革命の危機の間にはほぼ半年の間隔があるが、この時期にマルクスは様々な面倒事に直面しなければならなかった。ある意味では、起訴は彼が抱えていた問題のなかで最も軽微なものであった。一八四九年二月に行われた裁判は大勝利に転じた。陪審員に対する自己弁護において、彼はナポレオン法典を手にかざし、これを「近代のブルジョア社会」の法制度と称賛し、絶対主義的君主政を敷いて、貴族の大土地所有者や政府官僚のなかに支持者を有する身分制社会と対比した。マルクスの弁明によれば、プロイセン国民議会は納税拒否を呼びかける決定をもって解散という君主政の恣意的な命令に抗し、まさにこの近代的な法的秩序を代表していたのであり、この議会を防衛するうえで彼は合法的に行動したのであった。

この弁明のなかでマルクスは、社会経済的制度と法の関係についての『共産党宣言』の思想を取り上げ、それらを当時の政治に適用した。奇妙なことに、マルクスが一八四八年革命中に『共産党宣言』の思想を公的に用いた第一の例は、高額納税者の階層から選出されていたがゆえに極めてブルジョワ的であった陪審員を聴衆にして行われたのである。ナポレオン法典の賛美は、間違いなく彼らにアピールするよう企図してのことであり、事実、この法典はライン地方で大いに人気があった。しかしこの称賛はまた、極めて親ナポレオン的な法曹家であった父への追想や、ボンとベルリンでの自身の法学修業を反映したものでもあった。これは確かに陪審員に訴えるところがあり、マルクスは満場一致で無罪となった――これと同じことが、間違いなく十九世紀中葉の革命の間、そしてその後も、ライン地方で大多数の政治的裁判で起こった。[55]

二人のプロイセンの下級官吏の証言によれば、裁判の後にマルクスは自分たちに、「法廷は今や私に何もできない」と豪語したという。[56] マルクスは彼らの主張を否定しているが、一八四九年の冬と春には、政府による迫害よりも財政問題の方が『新ライン新聞』にとって大きな脅威となっていた。同紙は、発行部数六〇〇〇部という相当なレベルに達していたものの、ひどい資金難の状態にあった。元々の投資家たちは、この事業へのさらなる出資に気乗り薄であった。八月と九月の資金集めの旅では、マルクスの反ロシア的、反プロイセン的な立場を評価したポーランドの民族主義者から二〇〇〇ターラーが集まった。しかしこの金はすぐに底をつき、新聞を発行できなかった戒厳令の時期にはさらなる厳しい財政的打撃が加えられた。財政上の不足を補うために短期手形が発行されたが、この手形の購入には、儲かる投資というよりもむしろ政治的な意見表明を行うという意味があった。一八四九年初頭には、マルクスが書いたように、「新聞の通信員や債権者がみんな私のところに殺到した」。彼は植字工の賃金を払えない状態に陥った。プロレタリアートには革命のレトリックで食っていくことはできなかった。彼らはストライキをするぞと脅しをかけ、「金の切れ目が縁の切れ目」と書いた横断幕を植字室に掲げたが、これは自由主義の反政府勢力の指導者、ダーフィト・ハンゼマンがプロイセン国王を糾弾するのに用いたことでよく知られた表現からとられた標語であった。マルクスは、一八四九年四月後半から五月上旬にかけて、またもや新聞の資金を探す旅路につき、この時は北ドイツを周ったものの成果はほとんどなかった。この仕事のために、最後の革命危機が勃発した時、彼はケルンの司令部を留守にしていた。[57]

一八四九年一月のプロイセン議会選挙に際して、マルクスは最後にもう一度、反プロイセンの戦略を続行し、ケルンの民主主義者と緊密に協力し合った。彼はアンドレーアス・ゴットシャルクの提案に強固に反対したが、ゴットシャルクは監獄から釈放され、裁判で無罪放免となった一ヶ月後に、独自の労働者候補を擁立するために活動を再開していた。ゴットシャルクの支持者たち（ゴットシャルク自身は師のモーゼス・ヘスとともにパリにいた）は、労働者協会でこの点についてマルクスと激しくやり合い、そして敗北した。彼らの指導者は捨て台詞を吐き、労働者を「資本のよぼよぼの支配の煉獄へと自発的に突っ込むことで、中世の地獄を回避」させたがっているとマルクスを罵った――換言すれば、マルクスはプロイセンに対する革命をつうじて、労働者を、彼らが対抗しなければならないはずの自由主義的、民主主義的な資本家の支配へと先導しているのだ、と。(58)

民主主義者と自らの戦略が勝利に終わった選挙の後、マルクスは方向転換を行った。敵対者の戦略を支持しつつ、彼は一八四九年四月に、自分と支持者たちは地域レベルの民主主義協会連盟を離れ、革命的労働者の諸協会の新連合の創設を呼びかけると宣言した。彼の新聞は初めて社会問題を扱い始めたが、ここには「賃労働と資本」についての講義の掲載も含まれており、そこでマルクスは自らの経済学研究の成果を語った。マルクスは、今やプロイセン君主政に対する広範な社会階層に基盤を置く民主革命という戦略を放棄し、もっぱら労働者階級の組織化に傾注しようとしているように見えた。(59)

この戦略の転換はまさしく、ドイツにおける一八四八年革命の最後の危機が勃発しつつあったその時に起きた。危機は、フランクフルトのドイツ国民議会による憲法作成という最も非革命的な行動とともに始まり、同議会はプロイセン国王をドイツ皇帝に指名した。この、革命以前の諸権威――それもとりわけ反動的な革命以前の権威――との提携はまさに、マルクスが国民議会をこき下ろした第一の理由であった。彼はケルンの、そしてドイツ中の急進的民主主義者たちと同様に、この決定に最大の軽蔑を向けた。

マルクスが予想していたのとはむしろ反対に、国民議会の決定、そしてそれを支持するドイツの公衆を拒否したのは、フリードリヒ・ヴィルヘルム四世であった。中央ヨーロッパの至るところで、武装した民兵と市民の大群衆が参加する大衆集会が開かれ、憲法を支持し、憲法のために命をかけて戦うという誓いが立てられた。これは、『新ライン新聞』の創刊以来、マルクスがずっと望み続けてきた反乱の瞬間であった。求め続けてきた急進的な民衆革命は、彼が民主主義者と決別し、それとは別の社会主義者と労働者階級の政治組織を呼びかけたまさにその時に、ついに起きたのである。

一八四九年五月の情勢が高揚した時期、急速に西部ドイツを緊張が覆った。プロイセン軍はケルンを厳重な統制下に置いた。駐屯地の兵士たちは、大砲を市内に向けて城壁の内側に設置した。このために、ライン地方のこの大都市では反乱ではなく、政治的抗議の大きなうねりが生じた。それぞれ異なる政治クラブを代表して、四つの集会が州境を越えて開かれ、市長と都市参事会員とによるさらに大きな集会も開かれた。ほとんどの集会で論調は荒々しさを帯びた。国民議会と憲法が支持され、プロイセンの支配者たちが槍玉に挙げられ、さらにはプロイセン君主国からの分離さえ主張された。ケルン近隣では、南は大学町ボンで、北はデュッセルドルフで、また同様にさらに北方の低地ラインの織布地帯で、そして州の東部のゾーリンゲンやレムシャイトの金属労働者やヴッパー渓谷の織物労働者の間で反乱が勃発した。労働者階級による反乱のほとんどで、バリケードが組み上げられ、民兵がプロイセン軍と戦った。これらの戦いはより広範な、中部ドイツ、西部ドイツ、そして南西ドイツを貫く大きな弧を描いて広がった反乱の一部であった。

この革命騒ぎの情勢のなか、『新ライン新聞』は反乱を鼓舞する立場から距離をとり、「ブルジョワ」の政治運動への用心と警戒を唱えた。労働者協会の新たな州連合——大半はライン川沿いの農村の団体であった——は、反乱の計画に巻き込まれるのを拒否した。エンゲルスは一八四九年一月に裁判に出廷するために逃亡先からケルンへ戻り、無罪を勝ち取っていたが、とくに生地のヴッパー渓谷で反乱が起きると、そこへの参加を堪《こら》えられなくなった。彼の参戦は成功とは言えなかった——その理由はしばしば、エンゲルスと同地の反乱者たちとの政治的な相違に帰せられるが、実際には、如才ないとは言い難い彼の性格によるところが大半であった。エンゲルスが声高に自慢しているところでは、反乱者たちは反動的で特別に敬虔であった一人の銀行家を人質に取った。曰く、プロイセン軍が攻撃してきたら、彼はこの男を射殺させるつもりであった。「バリケードの監督者」に任命されて、彼は黒赤金のドイツ国旗を赤旗と取り換えたが、その後、反乱の指導者たちは彼に町を去るよう迫った。(60)

マルクスのように行動を起こすことに気乗りしなかったのと、エンゲルスのように過剰なまでに行動しようとしたのと、どちらが革命運動に悪影響を及ぼしたのかは定かではない。どちらの選択も、プロイセン官憲の動きを妨げることにはならなかった。検閲違反の咎《とが》でマルクスを有罪とすることを陪審が拒否したのにやきもきして、一八四九年の春に官憲は彼の急進的新聞を沈黙させるための別の方法を探した。マルクスをそそのかして不法行為を犯させようとしたスパイたちは、有罪の証拠を何も得られなかった。しかし一八四九年五月の危機に際して内務省は、計画されていた反乱にマルクスが深く関与しているという報告を受け取った——彼はドイツのほとんどの地域に広がっていた反乱から注意深く距離をとっていたのであるが。これこそ、政府が求めていた口実であった。プロイセンの市民権を放棄し、これを再び取得することが決してなかったマルクスは、社会的に好ましからざる異邦人として、この国から追放された。(61)

主筆の放逐をもって、『新ライン新聞』は突然の廃刊に至った。一八四九年五月十九日付の最終号は、革命の赤色で印刷された。同号は大変な好評を博し、何度も増版され、ついには二万部が売れた。労働者階級の解放を呼びかけ、未来の革命的テロリズム、そしてツァーリとの戦争を予言したこの号は、反抗的な態度の最後の表明となった。最終号が出版されたのと同じ日、マルクスは家族やエンゲルスをはじめとする政治的同志を伴ってケルンを去り、おそらくは蒸気船でライン川を南へと上り、プロイセン領を出た。(62) 間違いなく、彼はこの旅立ちが恒久的なもの、あるいは長期的なものになるとは予想もしていなかったが、亡命はその後の人生をとおしてマルクスの運命となるのであった。

章末注

（1）*MEGA* 3/2: 90, 327; *BdK* 1: 452–57; Lattek, *Revolutionary Refugees*, 38–41〔一六–三二九〕.

（2）*BdK* 1: 466–87, 501–24.

（3）Ibid., 1: 497, 622–23; *MEGA* 3/2: 96, 358〔二七–四〇二〕; Andréas et al., eds., *Association Démocratique*, 90–92; Silberner, *Moses Hess*, 273.

（4）Andréas et al. eds., *Association Démocratique*, 88–105; *MEGA* 3/2: 99–105, 110〔二七–八三〕.

（5）Andréas et al. eds., *Association Démocratique*, 106–32, 473–78, 489, 508–27.

（6）*BdK* 1: 528–42, 579–83, 616–18, 624–40; *MEGA* 3/2: 119–21, 125〔二七–四〇六〕; Lattek, *Revolutionary Refugees*, 40–41.

（7）Hundt, *Geschichte des Bundes der Kommunisten*, 339–40; *MEGA* 3/2: 368, 374.

（8）以下に所収の演説、Andréas et al., eds., *Association Démocratique*, 509–27.

（9）Deichsel, "Die Kritik Karl Grüns," 131 n. 135〔四–四六二、四六六～四六七、四七一〕.

（10）*BdK* 1: 538; *MEGA* 3/2: 115〔二七–九四～九五〕.

（11）*MEW* 4: 361–80; *MEGA* 3/2: 122〔二七–一〇〇～一〇一〕.

（12）*MEGA* 3/2: 384.

（13）『共産党宣言』の多数の版や多くの論評のなかでも、以下の二つが際立っている。John Toews, ed., *The Communist Manifesto by Karl Marx and Frederick Engels with Related Documents* (Boston: Bedford/St. Martin's Press, 1999), そして、Gareth Stedman Jones, ed., *The Communist Manifesto* (London & New York: Penguin Books, 2002). 拙訳は以下からのものである。*MEW* 4: 461–93.

（14）以下を参照、*MEW* 4:461、また、*MEGA* 1/1: 124–25〔四–四七五、四八〇、四八五、四八七～四八八、四九三、五〇八、一–三五〕.

（15）*MEGA* 1/1: 237–40.

（16）以下に所収、Towes, ed., *The Communist Manifesto*, 68〔四–四七八～四七九〕.

（17）マルクスを現代の予言者として論じた名著としては、Marshall Berman, *All That Is Solid Melts into Air: The Experience of Modernity* (New York: Simon & Schuster, 1982); より近年のものとして、http://www.bookforum.com/inprint/107_10/6686,（二〇一一年一月二十七日閲覧）.

（18）*MEW* 4: 479〔四–四九三〕.

（19）*MEGA* 1/1: 33, 51–52, 125, 352–53; 1/2: 172; 3/2: 41–42, 96, 141, 564; *MEW* 3: 46.

（20）以下を参照、*MEW* 4: 462–63〔四–四七六〕、そ

しく、Myriam Bienstock, "Die 'soziale Frage' im französisch-deutschen Kulturaustausch: Gans, Marx und die deutsche Saint-Simon Rezeption," in Blänker et al., eds., *Eduard Gans*, 169.

(21) *MEW* 4: 373〔四―四八五、四九五〜四九六〕.

(22) Ibid., 4: 191–203〔四―四九四〜四九六〕.

(23) 以下を参照、Grün, *Die soziale Bewegung*, 212–13, 244, 252, 306〔四―五〇二〜五〇三〕.

(24) 以下を参照、ibid., 4: 378、そして、487〔四―五〇〇〜五〇一〕.

(25) Ibid., 4: 309–59; ハインツェンは後に、以下において入念な批判を行った。*Die Helden des teutschen Kommunismus. Dem Herrn Karl Marx gewidmet* (Bern: Druck & Verlag von Jenni, Sohn, 1848), とりわけ、1, 13–14, 17, 20–21, 25, 39–40, 51, 62, 74, 104.

(26) Rosen, *Moses Hess und Karl Marx*, 115.

(27) この状況とその結果生じた出来事については、Andréas, et al., *Association Démocratique*, 133–41, 633–94; Westphalen, "Kurze Umrisse," 207–09.

(28) *MEW* 4: 536–38; *MEGA* 3/2: 408, 420, 481, 1023〔四―五五二〕.

(29) *MEGA* 3/2: 112–13, 118–19, 127, 389; *BdK* 1: 713–14, 721–23.

(30) *MEGA* 3/2: 136, 141, 147; *BdK* 1: 729–30; Ulrike Ruttmann, *Wunschbild-Schreckbild-Trugbild: Rezeption und Instrumentalisierung Frankreichs in der Deutschen Revolution von 1848/49* (Stuttgart: Franz Steiner, 2001), 104–17.

(31) Sperber, *Rhineland Radicals*, 297; Dowe, *Aktion und Organisation*, 139; *MEGA* 3/2: 142, 149; *BdK* 1: 741–43, 749, 751–52, 770–71.

(32) *MEGA* 3/2: 442.

(33) Dowe, *Aktion und Organisation*, 250–53.

(34) Klaus Schmidt, *Andreas Gottschalk: Armenarzt und Pionier der Arbeiterbewegung Jude und Protestant* (Cologne: Greven Verlag, 2002); Sperber, *Rhineland Radicals*, 223–31.

(35) *BdK* 1: 738, 782.

(36) *MEGA* 3/2: 21, 374; Silberner, *Moses Hess*, 17, 100, 193, 271, 285–86.

(37) Sperber, *Rhineland Radicals*, 178, 224–28; Ruge, *Zwei Jahre in Paris*, 34–35.

(38) François Melis, "Zur Gründungsgeschichte der *Neuen Rheinischen Zeitung*. Neue Dokumente und Fakten," *MEGA Studien* 5 (1998): 3–63; *MEGA* 3/2: 152; 3/7: 199, 209〔二七―一一五〕.

(39) Marcel Seyppel, *Die Demokratische Gesellschaft in Köln 1848/49: Städtische Gesellschaft und Parteienstehung*

während der bürgerlichen Revolution (Cologne: Janus Verlagsgesellschaft, 1991), 125–31; Sperber, *Rhineland Radicals*, 190.

(40) *MEGA* 3/3: 121, 123, 125, 133, 149, 151, 193–94, 200, 209, 222–23, 288, 297, 332–33.

(41) Gemkow, "Aus dem Leben einer rheinischen Familie," 523; François Melis, "Eine neue Sicht auf die *Neue Rheinische Zeitung*? Zur Edition der MEGA²-Bände I/7–9," *Beiträge zur Marx-Engels-Forschung* n.s. (2005): 121–40; *MEGA* 3/2: 164.

(42) Sperber, *Rhineland Radicals*, 212; *MEW* 5: 324〔五—三二二〕.

(43) *MEW* 5: 63, 6: 44, 218–20〔五—五九～六〇、六八、六—四一〕.

(44) Ibid., 5: 42, 225〔五—三八、二二一〕.

(45) *BdK* 1: 796, 798; *MEW* 5: 82, 94, 104–05, 202, 293–99, 397; 6: 146–50, 286, 431–33, 506; *MEGA* 3/11: 161; Sperber, *Rhineland Radicals*, 268–69〔五—三八〕.

(46) Jonathan Sperber, "'The Persecutor of Evil' in the German Revolution of 1848–1849," in Jeremy D. Popkin, ed., *Media and Revolution: Comparative Perspectives* (Lexington: University Press of Kentucky, 1995), 98–114.

(47) *MEW* 5: 112–53〔ドイツ語版では112–115〕; *RhBA* 2/2: 345; Seyppel, *Die Demokratische Gesellschaft*, 129–31; Sperber, *Rhineland Radicals*, 301–02.

(48) *BdK* 1: 1122.

(49) *Freiheit Arbeit* (Cologne), vol. 1, no. 2, January 18, 1849; 以下を参照、Sperber, *Rhineland Radicals*, 229.

(50) *MEGA* 3/3: 608; Sperber, *Rhineland Radicals*, 228–31.

(51) Seyppel, *Die Demokratische Gesellschaft*, 216–38; Sperber, *Rhineland Radicals*, 314–21.

(52) *MEGA* 3/2: 163–65, 169–70, 476, 488, 494–95, 500–01, 516, 527–29〔二七—一一九〕; François Melis, "Friedrich Engels' Wanderung durch Frankreich und die Schweiz im Herbst 1848: Neue Erkenntnisse und Hypothesen," *MEGA Studien* 2 (1995): 61–92; Silberner, *Moses Hess*, 296–97; Liebknecht, *Karl Marx zum Gedächtniß*, 110.

(53) 例えば、*MEGA* 3/2: 168.

(54) Ibid., 3/3: 591; Sperber, *Rhineland Radicals*, 322–36.

(55) *MEW* 6: 240–57〔六—二四一〕; Dowe, *Aktion und Organisation*, 229; Sperber, *Rhineland Radicals*, 264–65.

(56) *MEGA* 3/3: 17, 277.

(57) Ibid., 3/2: 164; 3/3: 10–11, 19–22, 187–90〔二七—四二三〕; François Melis, *Neue Rheinische Zeitung Organ der Demokratie: Edition unbekannater Nummern, Flug-*

blätter, Druckvarianten und Separatdrucke (Munich: K. G. Saur, 2000), 35–36; Bauer, *Konfidentenberichte*, 28.

(58) 以下からの引用，Schmidt, *Andreas Gottschalk*, 122; 以下を参照，*MEGA* 3/3: 255.

(59) *MEW* 6: 397–423〔六一三九二〕; Sperber, *Rhineland Radicals*, 351–54, 360–64.

(60) Ibid., 378–79.

(61) Dowe, *Aktion und Organisation*, 229–30.

(62) *MEW* 6: 503–06, 519; Melis, *Neue Rheinische Zeitung*, 11, 36–38.

第7章　追放者

プロイセン軍が王国の西部諸州の反乱を鎮圧したわずか二日後、マルクスはケルンを去った。こんにちからすれば、プロイセン軍の行動は十九世紀半ばの諸革命が終幕を迎えたことを示すものである。しかし当時の人びとにとっては、革命闘争は真最中にあり、軍事衝突は最高潮に達し、結果はまったく見当がつかなかった。ライン川流域のドイツのはるか南西に位置するバーデンやプファルツでは、急進主義者たちが権力を掌握し、自分たちの大義のために戦う革命軍を組織しようと奮闘していた。ハンガリーの兵士たちは、オーストリア帝国との結びつきを完全に絶った独立共和国の軍隊となり、ハプスブルクの軍隊からブダペシュトを奪還し、ドナウ川をヴィーンへと進軍していた。急進主義者たちは、教皇国家を含む中部イタリアの大半を支配下にしていた。ローマを掌中に収めた彼らは、そこに共和政を樹立すると宣言し、教皇は逃走を余儀なくされた。ピウス九世が去った後には、革命の指導者ジュゼッペ・マッツィーニが軍事の専門家ジュゼッペ・ガリバルディを伴って現れ、ガリバルディはさらなる革命軍を組織した。

反乱者の誰もが理解していたように、大陸全域にわたり、革命の最終的な命運はフランスの政治闘争いかんにかかっていた。フランスの民主主義者と社会主義者は同盟関係を結ぶために交渉し、新たな支持者を探し、一八四八年後半に失った地歩を取り戻そうと苦心していた。彼らが勢力を得れば、この大陸ヨーロッパ最強の国民の政治的、軍事的な重みが、ヨーロッパ中の反乱を優勢に導くはずであった。そうすれば、一八四九年春の闘争が新たな革命騒擾の第一局面となるかもしれなかった。

一八四九年五月後半に入るとすぐに、そしてその後の三年半にわたりずっと、マルクスはこの革命の波に乗ろうとして、一八四九年四月に自ら案出した共産主義の戦略を、既に始まっている反乱、あるいは新たに勃発する反乱に持ち込もうと試みた。一八四九年五月のケルンからの追放に始まり、一八五二年十一月のケルン共産主義者裁判の判決で終わる苦痛と困難に満ちた経過のなかで、マルクスは新たな革命への希望が潰えるのを目の当たりにすることとなった。妥協を許さぬ彼の政治戦略は、敵の戦列を増大させ味方の戦列を減少させた。ドイツにおける最後の支持基盤を失って、彼はさらなる貧窮に陥り、私的生活、家族生活の面でこれまで以上に大きな苦難を経験し、その間絶えず、一時的な亡命を繰り返すことを余儀なくされた。この一連の敗北のなかから、革命の前提条件についての新たな理論にして文学的傑作である『ルイ・ボナパルトのブリュメール十八日』が登場する。この作品において、マルクスは一八四八年革命中の自らの行動を秘かに自己批判しているが、しかしまた、この年の希望を陰鬱な未来へと拡張する方法も見つけ出した。

一八四九年五月後半のマルクスの消息には、多少の謎がある。同時代人の証言は極めて乏しく、伝記的説明はほとんどが、フリードリヒ・エンゲルスの独善的な回想を額面どおりに信じ込んでいる。(1)しかし、マルクスとエンゲルスの足取りを彼らのそれまでの立場、とくに一八四九年四月の民主主義者たちとの決別を考慮しつつ辿れば、曖昧な事の次第にいささかなりとも光を当てることができる。

プロイセンから追放されたとは言え、なお合法的に他のドイツ諸邦に滞在できたマルクスは、その後の二週間はドイツに留まり続けた。エンゲルスの説明によると、彼とマルクスはフランクフルトに旅し、西南ドイツの反乱を支持する断固たる革命行動をとるよう、国民議会を説得しようとした。プチブル民主主義者の臆病風のせいでこの企てに失敗すると、二人は真の革命政権の下へと足を運んだが、そこでもやはり、革命への決断力に欠けるプチブルに対面することになった。

　これらのどれほどが事実だったのであろうか。あるいは、ともかくもエンゲルスの主張するとおりだったのであろうか。マルクスが彼らの蜂起の取り組みを批判していたことを考えれば、民主派がマルクスの反乱の提案をまともに受け止めた可能性は低い。一〇年後、西南ドイツの革命政府軍において狙撃大隊を指揮していたカール・エンマーマンは、マルクスと、左派勢力のなかのマルクスのライバル、カール・フォークトの一八四九年春の態度と行動を次のように回想している。「確かに、彼らはいつも事態を前へと進めようとして鞭を振るい駆り立てた――これはやむをえない――が、いつもまさに行動を起こそうとする直前の瞬間までだった。その瞬間になると、彼らは再び水をさした。まだ早すぎるとか、もう遅すぎるとか、あるいは政治的にまずいとか言って……」。当時の新聞報道の一つは、プファルツの革命政府こそがまさにそうだったとマルクスに語らせている。結局革命軍に参加したエンゲルスの主張によれば、「民主派の能無しの一群全員」が、マルクスとその取り巻きは「臆病すぎて喧嘩もできない」と――これは、ロンドン亡命中の一八五〇年代前半にマルクスにしつこくつきまとった非難であった――批判するに違いなかったので、自分の従軍は望ましいものであった。[2]

　反乱の中心地へ旅した後、マルクスとエンゲルスは、マルクスの家族や親友たちとともに、ヘッセン大公国のビンゲンへと向かった。そこで彼らはヘッセン軍に捕縛されて〔ダルムシュタットを経て〕フランクフルトに移送されたが、その後釈放された。彼らはビンゲンに戻り、六月初頭までの数日間この町に留まった。マルクス一派はこの辺鄙なライン河畔の都市で一体何をしていたのであろうか。ビンゲンは、プロイセンと接するヘッセン大公国の国境地帯にあった。そこにはまた、元プロイセン将校の急進主義者ユーリウス・ヘンツェが住んでおり、マルクスは彼から資金を調達しようとした。この二つの事実を合わせて考えれば、マルクスは『新ライン新聞』をプロイセン領のすぐ近くで再開しようとしていたと推測される。わずかに残存しているこの時期の史料の一つに、一八四九年五月三十一日付でビンゲンで出された、『新ライン新聞』の編集者全員の署名による声明がある。この声明は、大変精力的であったケルンの民主主義者ヘルマン・ベッカーによってマルクス不在後に始められた『西ドイツ新聞』が、ベッカーの主張とは異なり、『新ライン新聞』の後継紙ではないことを明言している。『新ライン新聞』がいつどこで再刊されるかについては、下記編集部〔マルクス、エルンスト・ドロンケ、エンゲルス、フライリヒラート、ゲオルク・ヴェールト、F・ヴォルフ、W・ヴォルフのこと〕はおって通知する権利を保留する」、と。この宣言はむしろ、マルクスと友人たちが自分たちの新聞の再刊を望んでいたことを示している。[3]

こうした計画は、おそらくはマルクスが必要な資金を見つけられなかったために実を結ばず、六月の初め、それまで二週間にわたり行動をともにしてきたこの一派は突然解散した。イェニーは子供を連れて母のいるトリーアに向かった。エンゲルスはプファルツに戻り、プチブルの素人たちの蜂起を嘲笑し、迫りくるプロイセン軍と戦ううえでの彼らの備えを笑いものにしたために、彼らの一部がエンゲルスをプロイセンのスパイとして逮捕するに至った。数年後、プロイセン軍が治安を回復してから、バイエルン当局は革命家たちを見せしめ裁判にかけ、プロパガンダ文書を刊行して、革命家たちが——例えば無実のプロイセンの新聞編集者の逮捕といった——プファルツにおける恐怖政治を解き放ったことを証明しようとした。バイエルンの官吏たちは、自分たちが言うところの革命的テロの無実の犠牲者が、札付きの共産主義者フリードリヒ・エンゲルスに他ならないということに気づいていなかったのである！

バイエルン当局の誤解はともかくとして、エンゲルスの機転の利かない発言と極端な振る舞いが左派の仲間たちとの不和をもたらしたのは、六ヶ月の間でこれが三度目であった。革命政府の一員であったケルンの共産主義者の医師カール・デスターが気づいてくれたことで、エンゲルスは捕縛を解かれ、もう一人の元プロイセン将校の急進主義者アウグスト・ヴィリヒ指揮下の武装義勇軍に加わった。革命軍の兵士の多くが嫌々に組織された質の悪い徴用兵で、プロイセン軍の侵攻に立ち向かうことなく逃走したのに対して、ヴィリヒの部隊は勇敢に戦った。プファルツとバーデンでの戦闘後、エンゲルスは、ヴィリヒやその配下にあった人びとの大半と同様に、難民としてスイスに逃れる羽目になった。一八四九年六月初頭から七月末まで、彼とマルクスは『新ライン新聞』の他の編集者ともども音信不通となり、他の人びとの消息をつかむこともほとんどできず、最悪の状況にしきりに怯えることとなった(4)。

マルクスはパリに向かったが、それは当人が出版物の中で主張しているように、難民あるいは政治的亡命者としてではなく、ドイツ民主主義協会の中央委員会代表としてであった——彼はこのグループの地方指導部を一八四九年四月に辞任していたのであるが(5)。フランスの首都の情勢は、マルクスが最後に滞在していた前年の四月とは様変わりしていた。パリの労働者階級の一八四八年六月の蜂起の失敗に続き、何と言っても大ナポレオンの甥ルイ＝ナポレオン・ボナパルトが十二月の選挙で共和国大統領となった後、フランス政治の振り子は大きく右へと振れた。君主政が復活するという憶測が広がっていた。臨時政府に参加して一八四八年春にマルクスを歓迎してくれたフランスの友人たちは今では追い払われ、抵抗勢力となっていた。

かつての知人たちと会い、マルクスは彼らが権力奪還のための計画を立てているのを知った——マルクスは、フランスのみならずヨーロッパ中で革命を蘇生させるうえで、この策動が決定的に重要だと考えていた。ローマ共和国を転覆し、教皇を復位させるためにイタリアに派兵したことで、保守的なフランス政府は反対派に好機を提供した。一八四九年六月十三日、パリの左派は数万人の街頭デモを先導してこの動きに抗議した。組織者は、これを示威行動――為政者の政策への反対を平和裏に示す行為であるが、十九世紀半ばには未だ一般的ではなかった――にするか、それとも政府打倒のための武力行為の試みにするかで二分された。参加者の大半は丸腰であった、これを平和的なジェスチャーと認識する代わりに、保守的政府は激しい武力の誇示をもって応じ、デモの参加者を蹴散らして左派の指導者たちを逮捕した。

マルクスが緊密に接触していた革命政府の代表たちも含め、多数のドイツ人急進主義者がこのデモの先頭に立っていた。当のマルクスがここに加わっていたかどうかは定かではない。決定的な証拠はないものの、マルクスがドイツの新聞に書いた小文には、自暴自棄になったデモ参加者たちが騎兵隊の突撃を阻止するために路上に椅子を投げたといった描写があり、これは目撃者の証言として読める(6)。

革命の新たな波に託した当初の望みをかき消され、マルクスはもっと長期的にパリに滞在する計画を立てた。コレラの流行がフランスの首都で猛威をふるい、ますます家計が厳しさを増していたにもかかわらず、彼はイェニーと子供たちを呼び寄せた。イェニーは何とかやりくりするために、最後に残った宝石を質に入れた。この私的かつ政治的な試練に対するマルクスの対応はかつてのパリでの体験を踏襲したものであり、エンゲルスに書き送ったように、「文筆業兼商業」――換言すれば、ドイツ語の出版物をドイツで流通させるが、編集はドイツ諸邦の抑圧的機構の外で行うこと――であった。『新ライン新聞』の最良の記事からなる選集を刊行するというのが可能性の一つであり、『賃労働と資本』〔一八四七年に執筆され、一八四九年四月に『新ライン新聞』に掲載された。一八八〇年代に単行本として数度出版され、一八九一年にエンゲルスが手を加えた版が出版された〕の増補版を刊行するというのがもう一つの可能性であった。既に一八四八年革命の前夜から、マルクスは自著を刊行しようとするにあたり経済学を重視しており、これが政治経済学に関する月刊誌の創刊という構想に繋がっていった。一八四七年の時と同じく、こうした計画にはドイツ国内からの財政支援が欠かせなかった。一八四九年七月には、マルクスと同志たちは必要な資金を得ようと奔走していた。(7)

破壊活動に手を染めるやもしれぬ政治難民たちを孤立させる政策をとっていたフランス政府には、マルクスにこの計画を実行させるつもりはなかった。当局は、極めて保守的な辺境のブルターニュの海岸部に位置するモルビアン県に居を移す場合に限りフランスへの残留を許可すると、マルクスに通告した。そのようなところに住めば、よしんば生き延びたとしても、政治的な接触を一切絶たれ、家族を養う術も失ったであろう。ケルンに住む共産主義者の医師ローラント・ダニエルスは、この県は「フランスで最も不健康な地帯で、じめじめとして泥だらけで、熱病が蔓延している、ブルターニュのポンティノ湿原〔ローマ南東にあった湿地帯。マラリアが発生する土地であった〕」だとマルクスに警告した。そこで暮らせば、マラリアに感染するのは必定だと。(8)

イェニーとカールはパリで落ち合い、移住先をどこにするか語り合い、当初はジュネーヴ行きを計画した。しかし、マルクスは次第にスイスに疑念を抱くようになった。なんとなれば、この小国の政府は反革命の大国の圧迫に敏感に反応して、既に外国からの政治亡命者を厳しく扱い始めていたからであった――この傾向は一八四九年から一八五〇年にかけて強まることとなる。迫害を受けた多数の一八四八年革命の指導者や活動家たちと同様、彼は島国の大国の首都であり、政治難民に対してリベラルな政策をとっていたロンドンに移り住むことに決めた。子供たちや出産間近のイェニーを数週間パリに残し、一八四九年八月二十七日か二十八日〔大月版では八月二十六日頃〕にマルクスはブーローニュを経てロン

ドンに到着した。(9)

当時の彼は三十二歳〔実際には三十一歳〕で、人生の半ばにあった。思春期、そして青年期にあった一八三五年から一八四九年の間、トリーア、ボン(二回)、ベルリン、ケルン(二回)、ブリュッセル、そしてパリ(三回)と、彼は頻繁に各地を渡り歩いた。かつて、ライン地方は彼の彷徨の中心であり、この地域のあり方を規定し、その命運を左右していた二つの大国の首都、ベルリンとパリのいずれかの端にしっかりと結びつけられていた。ロンドンへの移住は、このコースからの逸脱、これまでと違う未来への方向転換を意味した。ロンドンに渡った政治難民の大半と同様に、マルクスはそうは思っていなかった。彼はなおも、革命蜂起が再度起これぱすぐにでも大陸に戻るという願望を抱いていた。一八六一年になお、彼はドイツへ帰る計画を立てていた。こうした期待は一つとして現実とはならなかった。マルクスは終生、ロンドンの一亡命者であり続けることとなる。

ロンドン滞在は、大都市生活を好む傾向にあったマルクスの生涯の頂点をなしている。ロンドンは巨大であった。この町は、一八五〇年に二四〇万人の住民を擁する世界最大の都市であり、そのうちの約二~三万人がドイツ人移民であった。パリと同様、彼らの大半は手工業者であり、亡命知識人と実業家や銀行家の小集団も混ざっていた。マルクスはイースト・エンドの労働者階級の隣人たちのなかで、多数のドイツ人移民の職人たちとともに時を過ごすこととなった。彼はシティで資金と仕事を探した。一家はロンドンの中心にあるソーホー——移民やボヘミアンの住むスラム風の地区であった——の家具つきの部屋に住み、後にノース・ロンドンの郊外地区のもっと新しい建物に移った〔マルクス一家のロンドンでの最初の住まいはチェルシー地区のアンダーソン・ロード四番地。また、ソーホーでは、一八五〇年五月八日~十二月二日はディーン・ロード六四番地に住み、その後にディーン・ロード二八番地に引越した〕。これらの、様相を異にする各地区のいずこにあっても、マルクスはこの首都の特徴を思い知らされた。すなわち、破滅的なまでの生活費の高さを。

思想と創造的芸術の中心地であったパリや、あるいはベルリンとはまったく異なり、ロンドンは科学の都であった。大英博物館の図書館は比類なき知の宝庫であった。円形の閲覧室となっているロタンダ〔円形の広間〕（こんにちでは博物館展示の一部であり、旅行者がマルクスのお気に入りの席を教えられている）はすぐに、マルクスにとってまるで我が家のごとき場所となった。物理学、化学、生物学の新たな展開が、大学やこの都市の研究所で生まれたものにせよ、あるいはそれ以外のありとあらゆるところから届けられたものにせよ、出版物や公開講演、そして私的な論議の対象となっていた。十九世紀の最初の四分の三にわたり世界に君臨した巨大な海外植民地帝国の行政、政治の首府ロンドンはまた、グローバル資本主義の神経中枢でもあった。イングランド銀行の決定とロンドン株式市場での金融証券の価格変動は、世界中に影響を与えた。ニュースや情報が間断なくロンドンに注ぎ込まれ、そしてそこから流れ出し、『エコノミスト』をはじめとする経済紙、『タイムズ』といった高級紙、さらには『デイリー・テレグラフ』のような大衆紙となって発行された。大新聞はどれもロンドンに駐在員を置かねばならず、このことが一八五〇年代のマルクスの財政的な救いとなった。

一八四九年九月にロンドンで最も際立っていたのは、急激に一八四八年革命の亡命者の首都となりつつあったという点であり、この都市は、反革命の勢力が次第に支配権を握るようになっていた大陸から来た政治難民をリベラルで寛容な政策で受け入れる、対岸の避難所となっていた。ロンドンに着くとマルクスは政治活動に身を投じ、亡命者の委員会を作り始めたが、これは異郷の島国に流れ着いた政治亡命者たちのための資金を手に入れることを目的としていた。彼は、ますます急進化しつつある自らの政治戦略を実現する手段として共産主義者同盟を再建することで、これを追求した。彼の政治活動のもう一面は、外国で編集されドイツで出版され流通するような定期刊行物を創刊することであり、この計画はパリで生み出され、ロンドンで実を結んだ。『新ライン新聞——政治経済評論』の創刊が一八五〇年一月に告知されたのである。

この新聞名は、マルクスがますます経済学を重視するようになっていたことを強調しているが、少し前までの彼の革命的役割を読者に想起させるものでもあった。マルクスの新たな政治的取り組みにとって極めて重要であったのは、『新ライン新聞』のかつての同志たちの助力を得ることであった。マルクスはパリを離れる用意をするのと同時に、至急ロンドンで合流するようエンゲルスに求めた。エンゲルスはヴッパー渓谷や西南ドイツで演じた役回りのゆえにスイスでも安穏としてはおられず、マルクスは、「君を二重に銃殺する」プロイセンの手中に落ちる危険があると彼に思い出させた。曰く、よしんば安泰であったとて、スイスにあっては「君〔は〕なにもすることができない」ので、ロンドンで「仕事をしよう」、と。(10) しかしながら、フランス政府は破壊分子エンゲルスが自国領内を横断するのを許さなかった。そのため、彼は大きな遠回りをしなければならなかった。エンゲルスはローザンヌからジェノヴァへと南周りをして、船足の遅い小舟でロンドンへ向かい、五週間をかけて、スペインとポルトガルの海岸部をスケッチして時間をつぶしながら旅し、最終的に一八四九年十一月十二日〔大月版では十一月十日頃〕にロンドンに到着した。(11)

その後の一年半に、マルクスに最も近しい政治的同志のほぼ全員が大陸からブリテン諸島へ逃亡し、この件についてエンゲルスは一八五一年五月に、「『新ライン新聞』の連中が全部この夏ロンドンで会合するだろうということだ……」と書いている。(12) エルンスト・ドロンケ、フェルディナント・フライリヒラート、ヴィルヘルム・ヴォルフ、カール・シャッパー（ヨーゼフ・モルはプロイセン軍との戦闘で死亡した）に、元プロイセン軍将校のヨーゼフ・ヴァイデマイアーとアウグスト・ヴィリヒといったその他の共産主義者、そして三人の若き急進的知識人——ヴィルヘルム・ピーパー、ペーター・

イマント、ヴィルヘルム・リープクネヒト――が合流した。この三人は一八四八年革命の政治難民たちであったが、ロンドン亡命中に共産主義に移行した。この一団は極めて優秀なチームとなりえたが、それには、もしマルクスが厳しく困難な状況下で全員をまとめ続けることができるのであれば、という条件が付いていた。

マルクスの仕事は、ロンドン到着からわずか三週間後の一八四九年九月十八日に開かれた会合から始まった。この集まりの結果、ドイツ人亡命者救援委員会の創設が決まり、資金を募る声明文が作成され、イギリス、ドイツ、アメリカ合衆国に回覧された。マルクスとともに委員に名を連ねたのは、ドイツ人手工業者のハインリヒ・バウアーとカール・プフェンダーという二人の急進主義派の亡命者であった。彼らは、共産主義者同盟と緊密に連携していたロンドンのドイツ労働者教育協会のメンバーであったが、この会合自体、グレート・ウィンドミル通り〔一八四七年の共産主義者同盟の第二回大会もこの通りのパブで開催されている〕にあった教育協会の拠点で開催されている[13]。

この団体は、十一月に社会=民主主義亡命者委員会と改称された。結成から二ヶ月で合計三六ポンドという相当な額が集まり、一五人の様々な難民たちに支援金が支給された。寄付金が増えるにつれて支援のペースは上がり、一八四九年十一月から一八五〇年四月の間に委員会による支援金の支払いは四〇〇回以上に及んだ。個々人に支給されたのは小額であったものの、ドイツ人政治難民たちはロンドンで困窮していたために、支援金は大いに有難がられた――彼らには食い扶持がなく、住まいも不確かで、しばしば公園や街路で寝泊まりせざるをえなかったのである。これは利他的な支援であったが、また反面では政治的な思惑もあった。マルクスは委員会の慈善の受給者全員のリストを作り、彼らが来るべき革命の時に自分の支持者の群れを膨らませてくれることに期待をかけていた[14]。

亡命者委員会の仕事は、労働者教育協会の職人たちとの緊密な交流へとマルクスを引き戻した。同協会は、一八四八年の春に革命の熱狂が最初に高揚を見せた際にマルクスが見捨てた、共産主義者同盟の主たる支援者であった。ロンドンに残っていた同盟員たちはしばしば、共産主義者同盟の先行組織である義人同盟の謀略じみたやり方を信奉しており、亡命者委員会の方針に心底から納得していたわけではなかった。彼らは一八四九年初頭に義人同盟を秘密結社として復活させ、大陸の支持者たちと接触しようと試みた。[15] この時、マルクスはこの取り組みを支持し援助することにしたが、これは、それまでの開かれた公的な政治組織からの重大な方針転換であった。しかし、一八四九年夏に大陸ヨーロッパの革命運動が敗北を重ね、政治弾圧が強まると、隠密活動は急進主義者の主要な選択肢になっていった。マルクスの計画では、まず大規模な秘密結社を創出し、近く現実化するであろう新たな革命の勃発に続いてこの組織が巷間知られるところとなるはずであった。

　同盟の再建、そして同盟の中央委員会におけるマルクスの復権をめぐる状況は、まさに秘密結社の秘密の一つにとどまったが、一八四九年秋にそうしたことがあったと考えるのが妥当であろうし、おそらく亡命者委員会の活動が同盟の初仕事であったと思われる。共産主義者同盟の復活を示す最初の証拠は、一八五〇年初頭にマルクスとヴィリヒの間で交わされた手紙の中の、幾つかの遠回しな言葉に示されている。数年後、プロイセン警察はケルンのタバコ製造工で共産主義の活動家であったペーター・レーザーを尋問したが、彼の供述によれば、マルクスは一八五〇年の早い時期に自分に手紙を送ってきて、ケルンに同盟の新たな「班」を設立するよう提案したという。再建されたロンドン中央委員会は、一八五〇年の「三月声明」〔「一八五〇年三月の中央委員会の同盟員への呼びかけ」〕においてのみその存在を明らかにしている。この文書はマルクスとエンゲルスによって作成された政治原則と未来の革命の見通しとを明言したものであり、亡命者委員会の指導的人物、ハインリヒ・バウアーが密使となって、彼の手で大陸に送付された。[16]

ブリュッセル時代と同様、マルクスは一八四九~五〇年の共産主義者同盟での取り組みを、政治経済学に関する定期刊行物の仕事に結びつけた。計画では『新ライン新聞――政治経済評論』は、先行紙のように株式によって運営される予定であった。しかし、マルクスは以前からのケルンの支持者たちとの連絡を失い、投資家が極めて少ないことを思い知らされた。創刊はわずかな資金で始まった。(17) ハンブルクで同紙を出版したゲオルク・シューベルト〔ユーリウス・シューベルトの誤り〕は「書籍業者の世界において」――マルクスの友人で詩人にして経験豊富な著述家であったフェルディナント・フライリヒラートがマルクスに伝えたところでは――「最も芳しからぬ評判を得ていた」。果たして、シューベルトは印刷を遅らせたうえ、印刷を続けるためにマルクスにさらなる資金を求めた。新聞は刷り上がったものの、配送はでたらめで時間もかかった。契約義務に反して、シューベルトは書籍商からの前払金を主張した。マルクスのハンブルクの代理人は、シューベルトと法廷で争うことすら考えた。(18)

販売方法にも問題があった。各地の販売代理人が直接マルクスと取引するべきなのか、それとも出版者のシューベルトと取引するべきなのか、判然としなかった。好調な売り上げが期待されたケルンでは二つの代理店が対立しており、この対立により、購読者が雑誌を入手するのが困難となった。(19) 創刊号は一八五〇年一月の刊行を予定していたが、翌月になっても印刷中であり、購読者は三月に入っても活字にされたものを受け取っていなかった。最初の月刊の三つの号が一八五〇年五月までにようやく刊行されたが〔大月版では、一号は一月、二号は二月、三号は三月、四号は四月に刊行〕、ハンブルクの代理人がマルクスに伝えたように、「今は六月の末ですが、まだ［今後の号の］原稿がありません。人びとは怒っています……」という有様であった。(20) 当初は月刊から週刊に出版を増強する計画であり、政治状況が許せば日刊紙にするはずであった。しかし、印刷と配送の問題のために発行の頻度は落ちていった。一八五〇年六月までに四号が出され、夏の間じゅうの長期の休刊に続き、この年の十二月〔大月版では、最後の五・六合併号は十一月に刊行〕に最後の合併号が出された。一八五一年に同紙を季刊で復刊しようというマルクスの希望は実現しなかった(21)。

この悲喜劇の背後には、中央ヨーロッパにおける弾圧と反革命の高まりという、憂鬱な政治的現実があった。新聞が出版されたのはハンブルクであったが、当時、この町は独立の都市共和国であり、中央ヨーロッパの大半の国々よりも自由主義思想が強固で、プロイセン政府の圧力は弱かった。しかしそこにおいてさえ、マルクスの急進的な著作物を出版するのは相当に敬遠された。問題のあるシューベルトの代わりになりそうなのがケーラー氏〔ハンブルクの出版者〕であったが、彼は「月刊誌の調子があまり情熱的でない場合に」しか出版したがらなかった。同様の問題は、購読者を募集するに際しても表面化した。急進的な都市デュッセルドルフでは、当局に営業許可を取り消されるのを恐れた居酒屋の主人が、マルクスの友人の差し出す購読申込書を受け取るのを拒んだ(22)。マルクスは最も破壊的な思想を秘密の著作のためにとっておいたが、この雑誌の中で活字にされたような穏当なかたちの政治的急進主義でさえも、革命後の中央ヨーロッパでは公にするのが難しかったのである。

マルクスの当時の秘密の宣言は、復活した共産主義者同盟のメンバーたちのために新たな革命戦略を書き表した一八五〇年の三月声明からも明らかなように、まったくもって過激であった(23)。この文書は、「フランス・プロレタリアートの独自の蜂起によって〔よびおこされるにせよ〕」、「革命的バビロンにたいする神聖同盟の侵入によって〔よびおこされるにせよ〕」、ヨーロッパ規模での革命騒動が差し迫っているという推測によって始まる。この新たな革命は、一八四八年のプロイセン国民議会ならびにドイツ国民議会の急進派、そして民主クラブの活動家たち、「小ブルジョア的民主党」に権力をもたらすことになる。マルクスとエンゲルスの記すところでは、これらの個々人は「赤色派」とか「共和派」を自称しているが、労働者たちはこれに騙されてはならない。なんとなれば、連中こそが労働者の最大の敵だからである。

急進的であるかのように聞こえる民主主義者の政治的、社会経済的プログラムは、ただ一時的に労働者の生活をもう少しましなものにするだけにすぎない。それは、私的所有の廃棄や社会階級の消滅をもたらすものではない。それは、労働者による国家権力の占有をもたらしはしないし、「一国だけでなく全世界のすべての主要国のプロレタリアの結合」が支配的な地位を占めるという結果をもたらすこともない。このような目的に達するためには、労働者が「革命を永続させる」ことが必要なのである。

来るべき革命において、労働者は民主主義者から独立して組織されねばならない——それゆえに、共産主義者同盟の復活が必要である。そして、ただ組織化されるだけではなく、「燧《すい》発銃、施条銃、火砲、弾薬で」武装すべきである。こうして準備を整えたうえで、労働者は三つの主要な課題と取り組むこととなる。その第一は、革命的暴力を拡大し深化させることである。

衝突の最中にも、また闘争の直後にも、労働者は、なによりもまず、運動をしずまらせようとするブルジョアの企てを極力妨げ、民主主義者を強制して、彼らがいま口にしているテロリスト的な空文句を実行せざるをえないようにしなければならない。労働者は、勝利のあとですぐに直接的な革命的興奮がふたたび押えつけられることのないように、努力しなければならない。その反対に、この興奮は、できるだけ長く持続させられなければならない。ゆきすぎといわれるもの、つまり、民衆に憎まれている個人や、もっぱらいやな思い出がまつわりついているだけの官公署の建物にたいする人民の復讐の事例に、反対しないのはもちろん、こうした事例を大目に見るだけにとどまらないで、自分からその指導を引き受けなければならない。

第二の課題は、民主主義者たちを上回るような要求を突きつけることである。彼らが支持する累進所得税の代わりに、共産主義者たちは「大資本がつぶれるほど」の高所得者への課税を要求するべきである。共産主義者は、民主主義者の政治的議論において規格部品の一つとなっている州や地方の自治の要求に対して、ジャコバン支配の最中の「一七九三年のフランスでそうであったように」、革命的中央集権化の主張をもって応じるべきである。

第三に重要なのは、こうした政策のための政治的道具を試してみることである。マルクスとエンゲルスは、労働者は政治的に独立し、選挙において「労働者の候補者」を「ブルジョア民主党の候補者」に対抗して立てねばならないと主張した。労働者は、

そんなことをすれば民主党を分裂させ反動派に勝利の可能性を与えることになる、などという民主主義者のきまり文句に籠絡《ろう》されてはならない。こういう空文句はみな、結局プロレタリアートの欺瞞《まん》を目的としている。……民主党がはじめから断固として、テロリズムをもって反動派にのぞみさえすれば、選挙における反動派の影響は、すでにまえもって絶たれるのである。

この抜本的な政治計画は、マルクスの暗黙の自己批判を反映している。三月声明で彼が批判した政策――個別的で無秩序な暴力行為への反対、労働者の独自の政治活動を避けたうえでの民主主義者との連帯、左派の政治綱領の妥協点の模索――はどれも、『新ライン新聞』の編集者にしてケルン民主主義協会とライン地方の民主主義者の指導陣の一員であった、一八四八～四九年の大半の時期の彼自身の行動の特徴の中心をなしていたものであった。彼がここに至って支持するようになった政策を

元々提唱していたのは、左派のライバルであったアンドレーアス・ゴットシャルクや、ゴットシャルクの師のモーゼス・ヘスであった。三月声明の結論を最も明確に示している「永続革命」という文言はゴットシャルクによって作り出されたものであり、一八四九年一月に書いた記事の中でゴットシャルクは、プロイセン議会選挙において民主主義者に対抗する労働者の候補を立てようという自らの計画に反対していることをもって、マルクスを非難していた。一八四九年四月に民主主義者の地方指導部から脱退し、労働者の政治運動を代弁し始めたのに際して、マルクスは自らのライバルの政策を採用したのであった。予期せざる一八四九年五月の蜂起がこの政治的な路線転換を中断したが、亡命生活のなかでこの新路線は行き着くところに辿り着くこととなる。

マルクスの現実主義とは対照的に、モーゼス・ヘスの政治理念には常にひどく幻想的な要素が含まれていた。しかし、非共産主義的な民主主義者とのあらゆる協力を拒否し、大陸での反動の強大化に直面してさらに急進的かつ暴力的でテロ的な革命が差し迫っているとしているために、三月声明は相当に幻想的に見える。何人かの伝記作家が示唆しているように、マルクスのそれまでの政治的な現実主義とあまりに異なるこの革命構想は、落胆していた追随者たちを鼓舞することを意図したものであったのか、あるいは労働者教育協会内部の陰謀じみた方針を信奉していた手工業者たちを引きつけようと目論んだものであったのかは定かではない。しかし、マルクスのこの時期の発言は公的なものにせよ私的なものにせよ、彼がこうした急進的な見解を純粋に支持していたことを窺わせる。一八四九年十二月にヨーゼフ・ヴァイデマイアーに宛てた手紙でマルクスは、自分が望んでいるのは革命の全面的な再発、マルクスの表現では「世界的騒動が邪魔にはいって」くる前に、論文の「三号か、おそらく二号」分でも刊行されることに他ならないのだと明言している。[24]

この論文そのものは三月声明よりも穏当な言葉を用いているが、より慎重な表現の裏には同様の妥協を許さぬ態度が潜んでいる。最初の三つの号に掲載されたマルクスの『フランスにおける階級闘争——一八四八年から一八五〇年まで』〔この書名は、一八九五年にエンゲルスが再刊する際につけたもの。また、その際に、エンゲルスは第五・六合併号の論文も付け加えた〕に関する論評は素晴らしい出来栄えであり、フランスにおける革命勢力の敗北についての燦然《さんぜん》たる物語である。同論文はこの敗北に絶望するのではなく、これはやがて来るプロレタリア革命の先駆なのだと主張する——この革命は自ら「永続」的な革命であることを宣言し、「プロレタリアートの階級的独裁」と「階級差異一般の廃止」を実現したが、また反革命的なヨーロッパの諸勢力との戦いへと向かうこととも なろう。すなわち、「フランスのプロレタリアートの〔どんな〕新しい反乱も直接戦争といっしょに起こる」[25]。

非共産主義的な急進主義者たちへの攻撃が、この論評のもう一つの特徴である。第四号には、ドイツで最も著名な民主主義者の一人で、一八四八年にライン地方の民主主義者の指導部の支配をめぐってマルクスと競い合ったゴットフリート・キンケルを批判する記事が掲載された。一八四九年の春、キンケルは反乱者たちとともに西南ドイツで戦い、プロイセン軍に捕えられた。プロイセンの軍法会議にかけられた彼は、ドイツの軍事裁判官の愛国的感情に訴えることで自らの命を守ろうとした。マルクスは、裁判官を挑発して銃殺刑執行隊の前に立たなかったことをもって、キンケルを非難した[26]。

このように極端な立場をとり、非妥協的な要求をしつつマルクスは、ヨーロッパの亡命者政治という、もっと大きな潮流のなかを泳いでいた。スイスやイギリスといった安全な場所から、左派の政治難民たちはかつて以上に急進的な政治計画を掲げながら、新たな革命と革命戦争を待望していた[27]。彼らには、一八四八年の希望と一八四九年の格闘が無駄であったとは、あるいは仇敵の勝利が貫徹されたとは信じることができなかった。彼らはむしろ、より抜本的な革命が近い将来に到来し、自分たちを勝利のうちに権力の座に連れ戻してくれるという見通しに身を委ねた。

革命的未来という黙示録的な夢想は、亡命者たちが日々の生活の惨めな現状に耐えるための方法の一つであった。その技能や学歴、恵まれた天分からすれば、マルクスは亡命という境遇から最も過酷な影響を被った人びとのうちの一人であった。かなり実入りの良かった『新ライン新聞』の主筆から文無しの政治難民への転身は、六年に及ぶ徒労に満ち気の滅入るような貧窮の始まりを示すものであった。この貧窮は個人的な危機と家族の危機、そしてまた親としての重大な悲劇をもたらした。

マルクスのひどい経済的惨状は、ケルン追放の直前に始まった。彼は母親の遺産の前借り分の残金も含めて、ありったけの資金を投じて『新ライン新聞』の負債の穴埋めをした。マルクスは七〇〇〇ターラーを費やしたと主張しており、自らの行動を自己犠牲、名誉ある負債支払いの行為として描いている。イェニーは夫と行動をともにし、彼を熱心に擁護した。彼女はヨーゼフ・ヴァイデマイアーに、夫の行為を誇り高き人物の勇敢な自己犠牲の決断として表現した。「新聞の政治的名誉を救い、ケルンの知人たちの市民的名誉を救うために、彼はあらゆる負債を自分で引受け、自分の印刷機を投げ出し、全収入を投げ出し、それどころか出発の直前には、新しく借りた事務所の家賃や編集者の未払いの報酬等々を払うために、三〇〇ライヒスターレルの借金をしました。——それなのに彼はむりやり追放されたのです」、と。[28]

新聞のために七〇〇〇ターラーを支払ったというマルクスの主張は、大いなる誇張だと思われる。主筆としての一五〇〇ターラーの年俸三年分の全額を合わせたところで、彼にはどこにもそんな大金はなかった。彼は確かに自分の全財産を『新ライン新聞』の借金返済に注ぎ込んだだし、これは相当な額の、長期にわたる負債となった。しかし、名誉の維持はこうした行動の動機の一部をなしていたにすぎなかった。債務を払うことでマルクスは、新聞への協賛者たちが破産への法的な訴訟手続きを行うのを回避できたのである。もし法的な訴訟となれば、新聞の財政的なやりくりと後援者たちのことを露呈することになり、それによって彼らが政治的迫害を受ける可能性が生じて、いかなるかたちでの復刊もいっそう難しくなったことであろう。『新ライン新聞』の経営者であったシュテファン・ナウトは、マルクスのケルン追放から丸一年間にわたって債権者に借金を返済し、また債務者から金を取り立てて、後始末に当たった。[29]

事業によって生じた債務を完済するという著しくブルジョワ的な行為は、共産主義革命の道への小さな一歩であったかもしれないが、これによってマルクスは一文無しで絶えず日々の糧に窮する状態に置かれた。〔一八四九年〕九月初頭にロンドンで病床に伏せりながら、彼はフェルディナント・フライリヒラートに手紙を書いた。「私はいま実際に困った状態にある。私の妻は臨月で、一五日にはパリを去らねばならず、しかも彼女の出発と当地への移住に必要な金をどうして調達したらよいか、私には見当もつかないのだ[30]」。ともかくも、マルクスは妻子がロンドンで自分に合流するための金の都合をつけた。しかし彼はその後、人数が増えていく一家をどのように養っていくかという問題に直面せざるをえなくなった。カールとイェニーの間には、息子ハインリヒ・グイードが一八四九年十一月五日に、そして娘フランツィスカが歳月を経ずして一八五一年三月二十八日に生まれた。一家はロンドンの中心部のスラム地区、ソーホーに住んだが、そこには多くの亡命者たちがおり、掛け値なしに悲惨な境遇にあった。「ここでの状態は」と、イェニー・マルクスは書いている、「ドイツとはちがいます。私たち全部で六人が一部屋とごく小さな控えの間とに住んでおりますが、ドイツでかなり大きな家を［一ヶ月間］借りるよりもっと多額の金を、しかも毎週払っているのです[31]」。

一家の生活費にもまして大きな問題は、収入がないことであった。医者や技術者といった、すぐに稼げる能力をもった亡命者たち、あるいは商売の経験のある人びとは、職を得るうえで最もチャンスに恵まれていた。手工業者や労働者たちならもっと低い賃金で仕事を見つけたであろうが、著述家、弁護士、あるいは広い意味での人文系の学識を有する亡命者たちが食べていくのは極めて困難であった。数少ない幸運な人びとは公開講演を行うか、物好きなイギリス人相手にドイツ語の家庭教師をすることもできたが、こうした仕事口はあっという間に空きが塞がり、英語の語学力がかなり初歩的な段階のままであったマルクスには、いずれにせよこうした職に就くことは叶わなかった。ロンドンに来て七年後の一八五六年になお、マルクスは自分の英語が晩餐の会話に十分でないことで不安を感じていた。(32)

論評の背後には、収入をもたらしてくれるだろうというマルクスとエンゲルスの思惑もあったが、ドイツ人同志たちの拙劣な販売方法と問題ある財政上、経営上のやりくりは、マルクスに最初の三号からのわずか一三〇ターラーの収入を与えてくれただけであった。イェニーは夫の背後で金を無心する手紙を書くところに身を落とし、フランクフルトのヨーゼフ・ヴァイデマイアーに、自分の家族が絶望的な状態にあり、たったの一ターラーでさえも必要としていると打ち明け、ヴァイデマイアーが受け取るであろう儲けのうちの幾ばくかを、ケルンの販売業者やハンブルクの出版者を通さずに送金してくれるよう頼んだ。(33)マルクスは政治経済学に関する著書を出して出版者から前払い金を貰うという望みを抱いていたが、反革命の雰囲気がいや増すなかでは、彼の著作は政治的な劇薬であった。今も昔もドイツを代表する辞書やハンドブック、百科事典の出版社であるブロックハウス社のために、イギリスの政治や政治経済学に関する事典記事を書くという申し出までもが拒否された。(34)

数多くの著名な政治的亡命者が、自分たちのために動いてくれる資金調達者の世話になっていた。しかしマルクスは確かに金を得るために懸命に働き、仲間の難民たちにそれを分配したものの、自分が何らかのほどこしを受けるには自尊心が強すぎた。ブリュッセル時代に得た確固たる地位に固執して、彼はこうした支援に甘んじるのを拒否し、ドイツ人の支援者の一人であったフェルディナント・

ラサールが亡命中のマルクスを支援するための基金の呼びかけを回した時には、彼を非難しさえした。下宿の女将と建物の実際の所有者が追いかけてきて家財を差し押さえられるという、この上なく絶望的な瞬間に、マルクスは三〇ポンドを亡命者委員会から借り入れたが——これは彼が厳重に秘匿していた行為であった——、本人の主張では、彼は金を「びた一文欠かさず」返済した。(35)

一家の出費は莫大で、減りはしなかった。反対に、収入はどんなに良い時でも不足しており、不安定であった。この二つの事実が両立するということは、借金を重ねるということを意味した。マルクスは為替手形、つまり自分に借りがありそうな人びとに返済を求めることができる借用証書を発行し始めた。債権者たちは嫌々ながらこの借用証書を受け取り、銀行がこれを割引して支払った。証書を受け取ってくれる相手が見つかった場合、マルクスと友人たちはこの証書を埋め合わせようと争って金を探し、支払い日が来るとばつの悪い光景が繰り広げられた。とくに厳しい時期であった一八五一年三月、マルクスは母に手紙を書き、彼女が借用証書を埋め合わせてくれないのなら、プロイセンに戻って警察に逮捕されることになるだろうともちかけた。ヘンリエッテがこれに心を動かされることはなかった。彼女には、息子の脅迫が単なるはったりだとはっきり分かっていたのである。(36)もっと野暮な物入りで、カールとイェニーはつけがかさみ始めた——商店主から、マルクスが飲んだパブから、下宿の女将から、信用借りをしたその他すべての人びとからの。それらの支払いが迫ると、マルクスはさらに借用証書を発行したり、部分的に支払いを済ます資金を見つけるために、あるいは丸一日、さらには丸一週間、ロンドン中を「走り回って」費やす羽目になった。家族も手を貸さざるを得なかった。六歳のエトガルは、父親に金を貸している人びとへの受け答えを心得ており、ロンドン子訛りで応じたものであった。「いや、上にはいないよ」、と。(37)

エトガルの茶目っ気のある声音は愉快であったが、マルクスと家族にとって自分たちの境遇はちっとも楽しいものではなかった。それゆえ、一八五二年六月にイェニーは町から離れていたカールに向けて、周期的な経済危機の一つを以下のように描いてみせたのである。

> 私は金銭問題であなたをずっと困らせるようなことはしまいと固く心に誓ってきましたが、ここでもう一度そう決心します。しかし本当のところはカール、どうしていいのか見当がつきません。マレンゴ［下宿の女主人］が来たのですが、彼女にはもうこれ以上支払いを待ってくれるつもりはなく、私は絶望的な状態に追いやられました。彼女はもう、私たちの所持品を競売にかけてしまいました。さらに、パン屋や家庭教師《ガヴァネス》、茶商人、雑貨商、そして恐ろしげな肉屋も来ました。カール、もうどうしてよいか分かりません。この連中全員にしてみれば、私は嘘つきの正体を暴かれたのです、どうしたらよいか教えてください……カール、ここでこれ以上我慢できません。どこに行ったらよいのでしょう。［借金取りから逃れるために］逃亡するとすれば、行方不明者になることでしょう。(38)

この絶望的な訴えから伝わってくるのは、繰り返された借金の、押しつぶされるような重荷であり、家族の最後の避難場所を失うことへのイェニーの恐怖である。この感情はとりわけここでは、夫であり庇護者でもある人物が一時的に不在となった女性のものとして表現されているが、しかし当のカール自身も、借金によって家を失い打ちのめされることへの同様の不安を表明してもいた。(39)

イェニーの手紙には、上流階級ならではの貧乏という要素が強く反映されている。彼女は借金のみならず、支払うと約束したのに支払うことができないという経済的な不名誉を恐れていた。食料を買う金もないのに、メイドのレンヒェン・デームートに加えて、子供たちには家庭教師がついていた。

こうした有様は上流階級の貧乏の典型例であり、わりに裕福で仲間に金を貸してさえいたケルンでの革命時代からのマルクス一家の零落を示すものであった。[40] 一八四八年革命の政治的敗北と指導者たちの追放は、カールとイェニーにとっては私的な敗北でもあった。それは彼らのロンドンでの窮乏生活を格別に苛酷なものにし、再度の革命蜂起への夢想じみた願望をますます煽り立てた。

マルクスの友人や政治的同志は、彼が手元不如意なのをよく知っており、破滅的に物価の高いロンドンで、わずかばかりの収入で、あるいは無収入で長いこと持ち堪えられるとは思っていなかった。[41] 一八五〇年の夏、マルクスとエンゲルスはこの金銭面の難題の抜本的解決を求め、ニューヨークへの移住という案を思いついた。この決心には政治的な動機もあったが、金の心配が強力に作用していた。エンゲルスもまた破産状態にあり、両親が一八四四年以来定期的に送ってくれていた仕送りを止められていた。エルバーフェルトとバーデンでの革命行動が、最後の望みの綱を絶つことになった。忍耐強い母さえもが、次のように書いてよこしている。「あなたは自分の道を追求していますが、穏やかな言い方をしても、私たちにはそれを支持はできません、だから私たちがそんな最中のあなたを助けるなどと期待してはいけません、なんといっても、あなたはいい年なのですし、自活するだけの力があるのですから[42]」。

奇妙に聞こえるかもしれないが、当時のニューヨークは、ベルリンとヴィーンに次いで世界で三番目に大きなドイツ人都市であった。この町には相当な規模のドイツ人移民のコミュニティがあり、他のアメリカの都市と同じように、急進的な政治難民や労働者の活動家がおり、マルクスとエンゲルスは彼らのうちに支援者や、自分たちの著書を購入してくれる人びとを見つけることに望みを抱いていた。[43] 一八五〇年代前半、マルクスとエンゲルスの政治活動のかなりの部分はアメリカ合衆国で行われていた。アメリカでのマルクス支持者の筆頭格はアードルフ・クルスという名の若い製図工・建築士であり、彼はライン地方の都市マインツの共産主義者同盟の会員であった。当時、独身で、ワシントン海軍工廠の機械製図工という安定した実入りの良い職についていたクルスは、アメリカ合衆国のドイツ移民たちの間で熱心にマルクスを代弁し、さらに熱心にマルクスの敵対者を糾弾し、定期的に自分の活動についての、そしてアメリカ政治一般についての報告を送ってくれた。イェニーはクルスに、「あなたのお便りはいつも最大の喜びをよび起こします。主人はよく申しております、われわれのなかにクルスみたいな人間がたくさんおれば、もっとなにかやり遂げられるんだが、と」と書き送っている。最終的にクルスは共産主義を離れ、共和党――極めて親資本主義的な政党であったが、リンカンの下で急進的になっていた――に加わり、ワシントンで高名な建築家となった。彼が設計した建造物の一つは、こんにちスミソニアン協会の建物の一部となっている。[44]

おそらく、このマルクスの支援者の人生は、アメリカへの移住計画を実行に移した場合に当のマルクスやエンゲルスの身に起こったであろうことを示唆している。十九世紀のドイツの急進主義者たちにとって、大西洋を渡るというのは片道の政治的旅路であった。彼らの一人として、ヨーロッパ政治において再び何らかの役割を演じた者はなかった。ニューヨークに移らなかったのがマルクスの人生の重要な岐路であったことは後に明白となるが、これに比較しうるのは、彼の師となる可能性があったエードゥアルト・ガンスの一八三九年の予期せぬ死ぐらいのものである。

マルクスもエンゲルスも大西洋を渡航する費用を調達できなかったために、アメリカ行きの計画は実現しなかった。エンゲルスは自分の家族に、マルクスや共産主義者たちと縁を切ったから、綿の卸売りの仕事をするためにアメリカに渡りたいと打ち明けた。しかしエンゲルスがニューヨークでドイツ人急進主義者たちと親しく交わって、ただ昔の悪い癖をぶり返すだけになることを懸念していた母親は、アメリカの代わりにカルカッタに行って、ハイルガースなるドイツ人商人のために働くのはどうかと提案した。家族は、熱帯のベンガルの熱病に対するエンゲルスの恐怖を気楽な調子で一蹴し、「健康で丈夫な胃と体」がお前を守ってくれるだろうと断言した(45)。

マルクスはオランダの母方の親戚に近づき、一八五〇年八月にカルトボンメルにいる叔父のリーオン・フィリプスの元にイェニーを送り込んだ。彼女は激しい嵐のイギリス海峡を渡り、降り続く雨でびしょ濡れになって一瞥では見間違えられるような姿で、親戚のところに到着した。カールがニューヨークで教授職を提示されたという彼女の主張にもかかわらず、叔父は――おそらくは、母親が将来残すことになる遺産をさらに前借りしたいとしてカールが要求した――金を出し渋った。「ちびのユダヤ＝キリスト教徒の共産主義に関する取るに足らない発言」という表現を会話に織り交ぜつつ、カールの叔父は、マルクス一族がエンゲルス一家と同様に、神無き急進主義を支持する気はないことをはっきりさせたのであった(46)。

ニューヨーク移住の試みは、マルクスとエンゲルスが数ヶ月後の一八五〇年の秋に下した決断に影響を及ぼした。エンゲルスは共産主義者と縁を切って家業に専念するというそれまでの主張をまたもや繰り返し、マンチェスターに住んで父の代理人を務めようと提案した。家族はフリードリヒの資本主義への宗旨替えを明らかに疑っていたが、申し出を受け入れた〔実際にはエンゲルスは経営者としてではなく事務員として働いた〕。マンチェスターに着くと、エンゲルスは帳簿を調べ上げ、父の共同経営者であったエルメン兄弟が自分を騙していることに気づいた。彼の内部情報はすぐに父にとって欠かせないものになり、彼は相当な実入りを期待できる地位を確固たるものにした(47)。

エンゲルスは、イェニーが書いたところでは「大紡績王」となったが、同時に「以前のままのフリッツェ」であった(48)。資本家になることへの彼の根深い政治的かつ個人的な反発を考えると、これは相当な犠牲ではあったが、しかしエンゲルスは自身の未来を保証し、またマルクスと彼の家族の負債やロンドンでの費用を工面する助けともなった。エンゲルスのマンチェスター移住は必然的に、二人の間の仕事の分担を意味するものとなった。マルクスは世界的な大都市に生活し、主導権を握る理論家にして活動家であった。エンゲルスは地方の工業都市で資金を稼ぎ、助言をし、経済的援助を与え、金のかさむ知的、政治的生活の中心地でマルクス一家が生活していくのを助けた。この役割分担が、彼らの政治的、個人的な協力関係を強固にした。この時以来、彼ら自身、そして同時代人たちにとって、二人は「マルクスとエンゲルス」になったのである。マンチェスターからの送金——事務的に郵便為替で送られてきたが、もっと仰々しいやり方の時は半額ずつに分けられた札束が二通の封筒に入れられて送られてきた——のおかげで、カールとイェニーは債権者に借金の一部を返済し、時には彼らを追っ払うこともできるようになった。仕事を始めた最初の数年、エンゲルスは自分の足場を築くのがやっとで、控え目な支援しかできなかったが、マルクス一家の経済状態はにっちもさっちも立ち行かないというところから、まずまずひどい状態というところに変わっていった。(49)

亡命者の貧困と寂寥は、私的な悲劇によってひどく増幅されていった。ハインリヒ・グイード・マルクスとフランツィスカ・マルクスにはいずれも、一年余りの寿命しかなかった。ハインリヒ・グイードの一八五〇年十一月十九日の死は衝撃的であった。彼は、「突然、前からよくやっていたけいれんのために」他界した。「二、三分前までは笑ったりふざけたりしていたのに」。この赤ん坊の死因を後から診断するのは難しい——髄膜炎か、あるいは乳児突然死症候群の可能性も考えられる。母親の回想は肺炎としている。死因が何であったにせよ、息子の死はイェニーにとって大きな打撃であった。数日後、マルクスがエンゲルスに書き送っているところによれば、フランツィスカの妊娠も大分進んでいたイェニーは、「まったく危険な興奮と疲労との状態にある。彼女はあの子に自分で乳を与え、いちばん困難な事情のなかで最大の犠牲を払ってあの子の生命を購ったのだ。おまけに、あの哀れな子は窮乏生活の犠牲になったのだという思いがするのだ。といっても、特にあの子の世話が足りなかったわけではないのだが[50]」。

零落し続けているという根深い感覚がこの文章に浸み渡っている――イェニーが乳母を雇う代わりに自分で子供を育てたということ、そして自分たちを取り巻いている貧困がハインリヒ・グイードの不治の病に一定の役割を果たしたのではないかという疑念。この感覚は、一年半後の一八五二年四月十四日午前一時一五分にフランツィスカが死んだ時にさらに強まった。死因は呼吸障害（おそらくは百日咳）であり、彼女は短い生涯の大半を病んでいたので、兄のハインリヒ・グイードの場合とは異なり、この死は驚くべきものではなかった。しかし一四ヶ月のうちに起きた二人の幼子の死の後、エンゲルスはお悔やみの手紙の中で、カールとイェニーたち自身の懸念を表現してみせた。「君の小さな娘さんについての僕の疑念があまりにも早く事実になったということを、悲しみをもって知った。君が家族といっしょにもっと健康な地方ともっとゆとりのある住居に移転できるような手段がありさえすれば！　と思う[51]」。スラム街という近隣の環境や、狭苦しい居室がこの死に影響したのかどうか定かではないが、ブリュッセルで生まれた三人のうち二人が成人まで生き延びたのに対して、ロンドンで生まれた四人の子のうち三人が生後間もなく、あるいは幼児のうち死んだのであった。家族の貧窮は確かにフランツィスカの死に影を投げかけていた。何しろ、マルクスは娘の葬儀の日にも、葬儀屋に払う金を工面するために奔走していたのである[52]。

赤ん坊の死と同じくらいに気を動転させるような出来事となったのが、この家庭に一人の子が生まれたことであった。一家の奉公人レンヒェン・デームートは、一八五一年六月二十三日に息子のヘンリ・フレデリック（フレディ）を生んだ。出生証明書の父親の欄は空白のままにされており、エンゲルスが父親は自分だと申し出た。数十年後、死の床でエンゲルスは、マルクスの夫婦関係を守るためにマルクスの求めに応じてそうしたこと、マルクスがこの子の本当の父親であることを認めた。マルクスの二人の娘、ラウラとエリナは、父について聞き知ったことに恐れをなして、この情報をひた隠しにし、この子の父親に関する真実は一九六〇年代まで公にならなかった。こんにちなお、マルクスがメイドとの間にこの子をもうけたことを信じようとせず、さらに珍妙にも、エンゲルスの臨終の床での告白を明らかにした書簡はファシストが捏造したものだと主張し続けている懐疑主義者たちがいる。もしこの書簡がファシストによってでっち上げられたのだとしたら、ファシストたちはマルクスの私生活について、公刊されていないことを沢山知っていたに違いない。

実際のところ、裏づけとなる証拠は大量にある。イェニー・マルクスは一五年後に書かれた回想録の中で、結婚生活の危機について謎めいた発言をしている。また、マルクスとエンゲルスの間で交わされた書簡がこの状況について間接的に言及している。そしてレンヒェンの息子はマルクスのようにとても浅黒い顔をしており、肌の白いエンゲルスにはほとんど似ていなかった。決定的な証拠は一九九〇年代に明るみに出た新史料、元々はダヴィド・リャザーノフがマルクスとエンゲルスの全集の準備に関連して収集した手紙から出てきた。大粛清に際して編者〔リャザーノフのこと〕が逮捕されたのに続き、この文書はスターリンの機密文書庫に、ソヴィエト社会主義共和国連邦における共産主義の終焉まで、六〇年にわたり隠匿されていた。文書には、成人したフレディ・デームートが自分の本当の父親が誰なのかを知っており、エンゲルスの臨終の床での告白がドイツ社会民主党の指導者たちにはよく知られていたことが示されている。彼らはその信憑性を疑わず、ためらわずにこの事実を隠蔽したのであった。(53)

一間半のソーホーのアパートで家族がぎゅうぎゅう詰めになっていたことを考慮すれば、いついかにして妊娠に至ったのか不思議に思われる。それは、イェニーがオランダに行って、カールの親類からニューヨーク行きの金を得ようとしている間のことであったのかもしれない。しかし、一八五〇年八月のある一日の出来事が一八五一年六月後半の出産に繋がった可能性は低かろう〔実際には可能性は考えられる〕。あるいは、それは深夜や、イェニーが子供を散歩に連れ出していた日中といった、見逃された瞬間のことであったのかもしれない。懐妊をめぐる感情的な状況——一度きりの出来事であったのか、長期にわたる情事の一部であったのか、カールの側に、あるいはその逆に相手方となったレンヒェンの側に肉体的ないしその他の何らかの強要行為があったのか——は、まったくもって窺い知れない。

赤ん坊は里子に出されたが、これは十九世紀の家事奉公人がもうけた非嫡出子の典型的な運命であり、ほとんどの場合は死刑宣告も同然であった。しかし、フレディ・デームートは生き残り、時折、生みの母親の元を訪れた。カールの娘たちはいつもこの訪問者をいぶかった〔実際には彼らの関係は悪くなかった〕。ちっぽけなアパートでレンヒェンのお腹が大きくなっていくにつれて、しかし責任を負うべき男について奉公人から何も聞かなかったことで、イェニーの夫への疑念が膨らんでいったであろうことは想像に難くない。自らが父親だというエンゲルスの告白で、イェニーは疑念を抑え込み、結婚生活を続けることが可能になった。最良の対応の仕方は、フレディ・デームートの父親が誰なのかを家族の公然の秘密の一つ、皆が知っているが誰も、身内同士であってもその真偽を確かめないようにすることであった。最終的に、フレディはカールの嫡出子の誰よりも長く生き、子孫を残さずに〔実際には養子が一人いた〕一九二九年に他界した。

絶え間ない経済的圧迫や二人の子供の死を体験し、離婚の寸前までいっただけではなく、マルクスのロンドン亡命時代の初期は政治的、個人的な孤立の時代でもあった。ドイツ人政治難民のコミュニティのなかの非共産主義の民主主義者たちと、そしてさらには共産主義者たちとも袂を分かった後、マルクスには、遠いアメリカにいたヴァイデマイアーとクルス、マンチェスターというもう少し近い場所にいたエンゲルス、そしてそれ以外に、いずれも一〇〜二〇人のメンバーからなるケルンとロンドンの二つの共産主義者のサークルという、わずかな支持者しか残っていなかった。イデオロギー上の相違は確かにこうした対立に一定の役割を果たしていたが、五年ほど前のマルクスとカール・グリューンの険悪な関係と同様、ここでも個人的な動機と政治的な動機が密接に絡み合っていた。

マルクスと民主主義者たちとの決別は、一八四九年末から一八五〇年初頭にかけて、難民の支援問題をめぐって生じた。マルクスは統一的な亡命者救援委員会の結成のための集会に招待されたが、コンラート・シュラムとフェルディナント・ヴォルフという二人の支援者、あるいは「数年来在ロンドンのドイツ人の民主主義の先頭に立っていた」労働者たちが一人も招待されなかったことを理由に、計画そのものを非難してこれに応じた。当惑した左派の人びとは、なぜマルクスや彼の友人たちが会合に参加しなかったのかどうしても合点がいかず、その他の個々人を新たに委員会に加えるように求めた。(54)

こうした手続き上の問題の背後には、政治的方向をめぐるもっと大きな問題が横たわっていた。ヨーロッパ各国の難民たちが共有していた大望であったが、高名なドイツ人亡命者たちがロンドンの亡命急進主義者全員の糾合に向けて尽力した結果、一八五一年にヨーロッパ民主党中央委員会の創設に至った。(55) 一八四八年の革命以前、マルクスはロンドン民主主義者友愛協会やブリュッセル民主主義協会において、まさにこのような政治戦略を支持していた。『共産党宣言』は、共産主義者は「どこでも、すべての国の民主的諸党の連絡と了解を達成するために努力する」と宣言していたのである。マルクスによる徹底した共産主義的な急進主義への転向は、労働者階級の支持を得るためのものであったが、この転向が今や正反対の方向に彼を導くこととなった。すなわち、「プチブル」民主主義者たちとの協働に反対し、彼らを政治的仇敵として遇する方向へと。

ロンドンに亡命していた民主主義者たちとの闘争を選択したのは、理想的な方向転換とは言い難かった。亡命左翼の大半は共産主義者に敵対し、民主主義者を支持していた。民主主義者たちは独自の労働者協会を組織してもおり、この団体は瞬く間にグレート・ウィンドミル通りの共産主義者たちから支持者を奪っていった。亡命者委員会をめぐる衝突からちょうど三ヶ月後の一八五〇年三月初頭にロンドンからスイスに旅したあるドイツ人〔ルートヴィヒ・プファウ〕は、おそらくは幾分誇張気味にこう報告している、「エンゲルスとマルクス……は、あらゆる亡命者のグループ、そしてドイツ人の労働者協会からから締め出されている」。この報告はさらに、アウグスト・ヴィリヒをロンドンの「〔ドイツ人〕共産主義者の頭目」と記している。(56)

一八五〇年の春と夏、共産主義者同盟の指導部の間でたちまちに緊張が高まっていき、マルクス、エンゲルスがアウグスト・ヴィリヒ、カール・シャッパーと争うこととなった。山場を迎えた一八五〇年九月十五日の同盟の中央委員会の会合において――この時期、両陣営の支持者たちは高揚した調子で、革命行動のなかで果てるという大志を口にしていた――、マルクスとエンゲルスは自分たちの支持者が取り仕切っているケルンへと中央委員会を移転しようと画策した。ヴィリヒとシャッパーはロンドンの共産主義のドイツ人手工業者の大部分から支持を得ており、自分たち独自の共産主義者同盟を創設し、マルクスとエンゲルスをそこから締め出すと宣言した。ケルンにおいてマルクスとエンゲルスの指導を支持していた人びとは、ヴィリヒとシャッパーを本来の共産主義者同盟から追放することでこれに応じた。(57)

同盟内部の分裂とエンゲルスのマンチェスターへの移住後、ロンドンの共産主義者同盟のなかでマルクスに与したのは一ダースほどの人びとであり、彼らはソーホーのクロス通りにあったローズ・アンド・クラウンで水曜日の夜に非公式の会合を開いた。今や同盟の公式の指導部を担うこととなったケルンの共産主義者たちは、政治的にはより行動的であったが――もっとも、それは彼らの存在がプロイセンの官憲に知られずに済んだ間だけのことであった――グループの規模はほぼ同じであった。当のマルクスは、次第に政治的行動主義を放棄していった。マルクスは一八五〇年六月に手に入れた大英博物館の図書館への入館証を使って、朝九時から夕方七時までそこで過ごし、ジョン・ステュアート・ミルや金融問題の専門家サミュエル・ロイドといった政治経済学者たちの著作を学んだ。一八五一年一月にヴィルヘルム・ピーパーはエンゲルスに、「マルクスはすっかり引きこもって暮らしており……もし彼を訪れる人があれば、その人は挨拶をもってではなく経済的範疇をもって迎えられるでしょう」と伝えている。(58)

マルクスとエンゲルスは、自分たちが他のドイツ人亡命者たちから孤立したのは政治原則に固執した結果だと考えており、こうした見解は後世のマルクス主義やレーニン主義の歴史家たちに忠実に継承されてきた。一八四九年の春以来、マルクスは「プチブル」民主主義者を十分に革命的ではないと見なしていた。それと言うのも、労働者階級に基盤を置いた運動だけが真に革命的たりうるからであった。十分に革命的ではない、プロレタリア的ではないというのは、ヴィリヒやシャッパー、あるいは彼らを支持するロンドンのドイツの共産主義的職人の多くへの非難として、適切であるとは言い難かったが。

この決裂に際してのマルクスの政治的衝動は、反対の方向に向かっていった。ヴィリヒと彼の支持者たちはあまりにも革命的であり、間もなく起きると予測していた次なる革命において、暴力的手段で――可能ならば軍事手段で――共産主義を導入することを計画していた。マルクスは彼らと同じく革命が切迫していると確信していたが、これを共産主義の国家と社会に至る長い道のりの第一歩と理解していた。彼は自らの見解をヴィリヒのそれと判然と区別しており、後者を共産主義者同盟の中央委員会の会合で以下のように説明して、組織の分裂をもたらした。「われわれは労働者にこう言っている、『諸君は諸関係を変え、諸君自身が支配能力をもつようになるために、なお一五年、二〇年、五〇年間というもの、内乱をとおらなければならない』と。ところが諸君［ヴィリヒとシャッパー］はこう言っている、『われわれはただちに政権をにぎらなければならない。それができなければ寝てしまってもかまわない』と(59)」。

こうしたイデオロギー上の区別は、マルクスにとっては打ち消し難いものであったかもしれないが、実際のところは、些末な違いの域を多少超える程度のものであった。一八五二年にプロイセン官憲がケルンのマルクス支持者たちを逮捕して裁判にかけた時にドイツ語圏の誰しもが認識したように、左派勢力の外部にいる者にとっては、新たな急進的革命の計画はすべて、民主主義者によるものであろうと共産主義者によるものであろうと、等しく過激なものであった。左派も一般に、共産主義の二つの派閥を完全に区別していなかった。ドイツの急進的労働者の家宅捜索をするなかで、警察はマルクスの一派と、ヴィリヒとシャッパーの一派の双方が作成した文書を発見した。マルクスは、自身とヴィリヒの相違をケルンの支持者たちに説明する際、次の革命はプチブルを権力の座につけるが、「社会共和政」、「社会・共産主義」体制がその後に続き、そして最終的には「真正の共産主義者」が続くであろうと主張していた。この説明では、彼の見解とヴィリヒのそれとの相違は、質というよりも程度の問題であったように思われる(60)。

マルクス、エンゲルス、ヴィリヒ、シャッパーと決別した際に明らかとなったイデオロギー上の差異は、いかなるものであったにせよ数ヶ月のうちに消滅していった。一八五〇年十一月、ゴットフリート・キンケルが大胆な牢獄破りでプロイセンの監獄から自由の身となってイギリスにやってきたが、この行動は、彼をヨーロッパや北米の急進主義的ドイツ人亡命者の英雄に仕立てた。一八四八年革命の間ずっとマルクスと対立していたキンケルは、マルクスの論評の中で発表された自分への攻撃に愕然とした。キンケルとヴィリヒは亡命政治において緊密に協力し始め、その緊密さゆえに、マルクスとエンゲルスの往復書簡は「キンケル-ヴィリヒ」についての言及で満たされ、十分に革命的ではないプチブル左派と、過度に革命的な共産主義の過激論者が一体視された(61)。

当時の人びとは、マルクスが巻き込まれることとなった様々な政治的論争と分裂に、別の説明を与えていた。彼らは、こうした小競り合いと分裂の原因をマルクスの個性に求めたのである。反目は、ある政治亡命者〔ルートヴィヒ・プファウ〕がスイスで述べたところによると、「彼らの教理ではなく、彼らの個人的な不一致と常に支配権を握ろうとしていたことによるもの」であり、そのために、マルクスとエンゲルスはロンドンの他のドイツ人民主主義者たち全員から仲間外れにされたのであった。ヴィリヒとシャッパーは、マルクス、エンゲルスとの絶縁の理由をこれと同じように説明している。それは「原則」ではなく「純粋に個性」に関するものであった。彼らは、両人が「完全に自分たちの意のままになって無条件で自分たちと同じほらを吹こうとしない」人びとを「ありとあらゆるやり方で迫害したこと」」を告発した(62)。

マルクスの政治的敵対者たちは、確かに彼の知性に敬意を払っていた。著名な民主主義者の亡命者アマント・ゲッグは、自分が編集していた雑誌のために一文を寄稿してくれるようマルクスに頼んだが、この号には「二五人の最も尊敬されているドイツの進歩的な民主主義協会のメンバー」の見解が掲載されることになっていた。アウグスト・ヴィリヒでさえも、彼独特のプロイセン軍国主義的な共産主義の流儀で、マルクスを高く評価していた。革命後に関するヴィリヒの計画には、以下のような指示が含まれていた。「市民カール・マルクスは、四八時間以内にケルンに出頭して……財政および社会改革の指揮にあたるべく召集される。この命令にたいする不服従およびいっさいの反抗または論評ならびに無礼な戯言は死をもって処罰される」(63)。

マルクスとエンゲルスが、亡命ドイツ人民主主義者や、ヴィリヒとシャッパーを支持する共産主義者を相手に行った論争はほぼ完全に、互いの個人的な誹謗という手段をとっていた。マルクスの敵対者たちは、彼の知的な尊大さと専制的な性癖を非難した。彼とエンゲルスが労働者教育協会の会合に酔っぱらって参加し、知識人の恩着せがましさに堪忍袋の緒が切れたプロレタリアたちの殴打を避けるために逃げ回った話は、ロンドンを駆け巡り、シンシナティのようなドイツ人移民の溢れるはるか彼方の町でも語り継がれた。中傷が繰り返され、ドイツの新聞やアメリカ合衆国のドイツ語新聞には、マルクスが亡命者委員会から金を横領したという主張が載せられた——おそらくは、彼がそこから三〇ポンドを借りた時の噂がこの記事の根拠であった。自らの傲慢さや恩着せがましさへの攻撃、あるいは労働者からの評判の悪さを一笑に付したのとは違い、この非難はマルクスを心底から怒らせたが、それは彼が何年にもわたり、他人からの献金を受け取るのを、申し出を受けた場合ですら拒否してきたのを誇りにし続けていたためであった。弱みの一つを突かれたことで、彼の怒りは増すばかりであった(64)。

マルクスは同様のやり口で応酬した。キンケルとヴィリヒは多くのドイツ人民主主義者と一緒に、アメリカのドイツ人の間で「革命公債」を発行しようとしており、その収入をドイツで政治的アジテーションのために使い、未来の革命政府によって償還するつもりであった。この計画はその夢想的な要素にもかかわらず、実際に多くの金を得ることに成功したが、敵対者たちがこの金を自分たちの懐に入れていると告発した。こうした着服に加えて、マルクスは直ちに、カール・シャッパーは共産主義者同盟の一員の婚約者と駆け落ちして、彼女を自分の妻にしたという告発も受けた。[65] しかし、とくにマルクスの怒りを買ったのは、アウグスト・ヴィリヒであった。

ヴィリヒは、清廉潔白で〔スパーバーでは「俗物的な高尚屋で」〕、……下士官気質をよそおっているが……彼はいやしいペテン師で……、また――このあとのことはあるりっぱな俗物が教えてくれたことだが、……いかさま賭博師なのだ。あいつは一日中居酒屋に居坐っているのだが、……ただで飲み食いする……。現金払いのときは客を連れて行き、彼のおきまりの革命的な未来談義で話の相手をするのだが、そんな話などこの騎士自身もはや信じてはいず……。この男は最もいやしい種類の寄生虫［ドイツ語は、英語の bum よりもはるかに痛烈な表現、Schmarotzer である］だ……。[66]

共産主義者の指導者たちを、労働者たちから上がりをかすめ取る怠惰な詐欺師とこき下ろすこの非難は、十九世紀半ばから現在まで続く反共産主義の古典的手法である。ライバルに対するマルクスのこうした鮮烈な修辞法は、共産主義的な目的を叶えるために彼が反共産主義を用いた、さらなる例であった。

こうした党派的対立には、一種茶番めいた内容をもつ法的行動も含まれていた。ヴィリヒとシャッパーは、労働者教育協会から得た一六ポンドの管理をめぐってマルクスの支持者たちを訴えたが、法廷から訴えを却下された。二人は、宿屋の主人にして共産主義者同盟の同盟員で、営んでいたパブが亡命ドイツ急進主義者たちのたまり場になっていたカール・ゲーリンガーを説得し、このヴィリヒ支持者の一人をして、五ポンドのつけを理由にマルクスを法廷に引っ張り出させたのであった。さらに、この対立には、もっと暗く暴力的な側面もあった。マルクスの信奉者の一人コンラート・シュラムがヴィリヒに決闘を申し込んだのである。イギリスでは決闘が法律で禁止されていたため、この決闘はベルギーで行われ、二〇歩分の間隔での撃ち合いは、シュラムが血を流し地面に倒れて終わった。彼は幸運にも、兵士にして経験豊かな狙撃手であった人物との撃ち合いを生き延びた。怪我から回復したシュラムはピーパーを伴って、イギリスと大陸の亡命急進主義者たちによって一八五一年二月にロンドンで開かれた宴会に出席した。宴席に参加していたヴィリヒとシャッパーの労働者階級の支持者たちは、このマルクス支持者を見とがめた。彼らはマルクスの仲間を冬の夜空の下に追い出し、殴ったり蹴ったりしながら、「スパイ、スパイ」とか「ハイナウ、ハイナウ」(反動的なオーストリアの将軍で、ロンドンの醸造所を視察した際に労働者たちにひどい目にあわされた人物)などとはやし立て、労働者協会の基金のことで口汚く繰り返し罵った。ピーパーはマルクスのアパートに深夜に辿り着いたが、髪は乱れて血だらけの有様であった。[67]

激しい内輪揉めは、マルクスとエンゲルスにとって妄想の域にまで達した。それは彼らの書簡に充満し、革命後のヨーロッパで実際に権力の座にあった反動的な政府に対する敵意を次第に上回っていった。マルクスがエンゲルスに語ったところでは、亡命急進主義者たちは「盗人の屑ども」であり、マルクスはさらに、「僕には[ロンドンの急進的亡命者たちによって宣言される]臨時政府よりも現行の政府のほうがあらゆる面で望ましい……」と付け加えた。マルクスは革命公債を管理していた委員会にまんまとスパイを送り込んだ。このスパイ、新たな若き同志の一人ペーター・イマントが、疑惑を招くに足るだけの詳細な情報をマルクスに提供してくれた。あらゆる類の敵意ある話を自分の支持者からかき集めて、マルクスは敵に向けた論争的パンフレットの準備に勤しんだ。下品な物語と不快な逸話を寄せ集めた『亡命者偉人伝』がとくに標的にしていたのは、ゴットフリート・キンケルであった。このような出版物が保守勢力を利して彼らを喜ばせるということにマルクスとエンゲルスは気づいていたが、彼らはともかくも出版を進めるつもりであった[68]。

計画されたパンフレットは、ヨーロッパや北米のドイツ人政治難民のコミュニティの公論を味方につけるための死力を尽くした試みであったが、一番人気の二人の指導者、キンケルとヴィリヒへの攻撃は勝ち目のない言い分であった。一八五一年の夏には、ロンドンの難民たちのサークルの間で、もしドイツで新たに政治蜂起が起こったならば、新しい革命政府は直ちにマルクスを銃殺刑に処するだろうという噂が流れるようになった。マルクスはこの手の話を、「民主主義的な腐敗した下水から発散する臭い」と呼んだ。彼は、訪問者たちが思慮もなくイェニーの前でこうした話を繰り返すのにぞっとしたが、彼女はなお、息子の死、少し前の娘の誕生、借金取りの途切れることなき嫌がらせに絡めとられていた。マルクスはヴァイデマイアーに書いている、「そこでは多くの場合、一人一人の人間が気のきかないことおびただしいのだ[69]」。

この論争のなかにある、ひどい狭量と膨張した自我を見逃すことはできない。こうしたことから、しばしば歴史家は、マルクスの著作や思想と比較すればこの諍いは些末で重要ならざるものだとして軽視しがちであるし、他方では、これをマルクスの傲慢さや自分と異なる見解への不寛容を示す事例と見る人たちもいる。おそらくはマルクスよりもエンゲルスにぴったりと当てはまる告発だとは言え、そのような見方には検討の余地がある。マルクスの個性は、一八四八年に『新ライン新聞』やケルン民主主義協会や民主主義者の地方指導部で自分とは見解を異にする左派の人びとと協働するうえでの妨げとはならなかった。むしろ、個人的な揉め事は政治的亡命中の厳しい環境において生じ、そしてマルクスの革命観が進化したことで激化していったのである。

党派主義的な卑小さはマルクスだけのものではなかった。ロンドンの亡命者の世界に蔓延していた温室のごとき雰囲気は、個人的な過敏症に起因する政治的衝突を助長した。マルクスが敵対していたドイツ人民主主義者たちは、団結をさほど長くは維持できなかった。相対立する二つの党派——一方はキンケルに、もう一方はアルノルト・ルーゲに率いられていた——が一八五一〜五二年の途中に登場し、両者は互いに誇張に満ちた非難合戦を繰り広げて、激しく争った。[70]

　共産主義者同盟内部の党派的な相違は、亡命生活の別の要素にも原因があった。反マルクス、反エンゲルスの立場をとる多数派のリーダーであったシャッパー、そしてとりわけヴィリヒは、職業革命家という社会的タイプの典型であった。マルクスは皮肉たっぷりに、ヴィリヒが毎日パブをうろつき政治談議をしていると評し、彼が絶えずアジテーションをしていると強調した。そうしたアジテーションは四六時中行われていた。それと言うのも、普段からベルトの代わりに将校用の赤い飾帯を身に着けていたヴィリヒは、ロンドンのドイツ人職人たちと共同住宅に居住していたからで、そこは兵営のような準軍隊的な雰囲気を帯びており、かつてのプロイセン軍将校による革命軍建設という構想にはお誂《あつら》え向きの場所であった。彼は政治に身を捧げる未婚者であり、共産主義革命が勝利したら晴れて結婚して、所帯を持つつもりだと吹聴していた。[71]

　政治的信念と肉体的欲求を調和させるのは、ヴィリヒには困難であることが明らかとなった。彼は兵舎〔のごとき住まい〕で、大柄のブロンドの熟練工たちと代わる代わるベッドをともにしていた。彼の同性愛は公然の秘密であったが、誰もそれに抗議したり政治的に利用しようとはしなかった。ヴィリヒがロンドンのサロンの女主人フォン・ブリューニンク男爵夫人の好意的な態度を性的な誘いと勘違いして、メイドたちによって彼女の邸宅から放り出された時には、この異性愛的な違反行為はドイツ人亡命者たちの話題になった。ヴィリヒはマルクスのところに使者をやり、亡命者の醜聞を集めたパンフレットでこの無分別に言及してくれるなと乞うたが、このような振る舞いは、自分の共産主義革命を笑いものにするようなことがあればマルクスを撃ち殺してやると息まいていたのとは甚だしくかけ離れたものであった[72]。

この出来事は、スパルタ的なプロイセン人革命家もまた人の子であることを明るみに出した。そしてまた、二つの集団の相違もはっきりした。すなわち、どちらの集団も富裕層の出身の知識人に率いられていたが、シャッパーとヴィリヒは共産主義者同盟、そしてもっと大きく捉えればロンドンのドイツ人亡命者の大部分をなす職人たちと同じ生活スタイルを共有していた。シャッパーたちの市井の庶民としての自己表現が、マルクスとエンゲルスのブルジョワ的なヘーゲル主義知識人としての自己表現よりもはるかに、ロンドンのドイツ人職人たちに政治的にアピールしているのは明白であった。そして労働者に対するマルクスとエンゲルスの傲慢さや恩着せがましさ、「三文文士ぶりや中途半端な学者気取り」に対する攻撃は的を射たものであった[73]。

マルクスとエンゲルスには、ヴィリヒの批判を否定するつもりはなかったのかもしれない。一八四八年の革命以前でも、彼らは――政治的に未成熟で、社会的、経済的に発展途上にあった――ドイツ人職人たちと未来の労働者階級を区別しており、後者の名において語るのが当然だとしていた。彼らはとくに、もっと広範に俗受けすることを拒否していた。元プロイセン軍将校で、二人がヴィリヒと釣り合いをとるために共産主義者同盟に引き込もうとしたグスタフ・アードルフ・テヒョーは、彼らとの会話を以下のように思い返している。

彼らに言ってやった、君たちが政治グループの結成について語ったことは正しいと思っている、と。しかし……君たちがこの攻撃に含ませた個人的な毒、彼らが大抵いつも「他人のうちに」見出している動機、これも間違いか弱さだ――これらはすべて……君らの不倶戴天の敵の仲間を増やし、君らのグループに、自分たちが個人的対立という局面の下にあることを公衆に向けて露呈させ、グループそのものの内部にあっては、指導者たちの無私に対する不可欠な信用を弱めているのだ……。［『新ライン新聞』以来］君らは自分たちを退屈で愚かでお人よしなドイツの決まり文句から解放し、フランス流に明敏な表現形式を採用してきた。……君らは決して安っぽい人気取りに励まなかった、まったくその逆だった！(74)

マルクスとエンゲルスは、支持者を集める能力が欠けていることを、むしろ自分たちの美徳と考えたのであった。とは言え、支持者の獲得に失敗したことは澱《おり》のごとく心にたまっていった。この対話の際にマルクスはテヒョーに、自分とエンゲルスはアメリカに向かうが、「この哀れなヨーロッパが滅びようとどうでもよい」と語っている。(75) この孤立の結果、二人の友人は互いにこれまで以上にしっかりと結びつきあい、離れないようになった。一八五〇年代前半のロンドンで彼らが他のドイツ人政治亡命者たちから完全に孤立しているのを確認したことで初めて、同時代人たちはマルクスとエンゲルスを政治的コンビと見なすようになったのである。(76)

一八五〇年代前半の孤立が彼らの盟友関係を確固たるものにしたとして、この孤立はまた、革命の勃発に関するマルクスの考えを変化させた。大陸ヨーロッパにおいて政治的反動がいっそう強大化し、政治亡命者たちの間で四面楚歌の状態になったことで、革命蜂起が切迫しており、その蜂起において自分が影響力ある役割を果たせるという信念をマルクスが維持するのは徐々に難しくなっていった。革命は資本主義の循環的な経済危機の発生に続いて起こるという考えをマルクスが展開するようになったのは、この後のことであった。この考えは二十世紀をつうじて、そして二十一世紀になってからもマルクス主義の精髄と思われてきたので、マルクス自身が一貫してこの考えを提唱していたわけではないことに驚く向きもあるかもしれない。例えば、『共産党宣言』は経済危機と労働者の革命について論じているが、一方がもう一方の原因だとか前提条件だと主張しているわけではない。一八四八年革命の復活を目指していたマルクスの計画は、反革命勢力が優勢になったために、フランスにおける新たな労働者階級の蜂起と、そこから生じる革命政府が反動列強との大戦争に巻き込まれることになるという見通しへと向かっていった。一八五〇年の春になっても、彼はこうした方向で思索を続けていた(77)。

政治的、個人的な孤立が行き着くところまで行った後で刊行された『新ライン新聞――政治経済評論』の最終号において、マルクスは初めて経済危機と革命蜂起の関係を明確化させた。革命はただ、「この二要素、つまり近代的生産力とブルジョア的生産形態が、たがいに矛盾に陥る時期に」のみ可能である。これが起こるまでは、「大陸の秩序党の個々の分派の代表者〔による〕……種々のけんか騒ぎ」にも、「民主主義者のあらゆる道義的憤慨や感激的宣言」にも何の効果もない。「新しい革命は新しい恐慌につづいてのみ起こりうる。しかし革命はまた、恐慌が確実であるように確実である」。エンゲルスが父親の事業に加わるためにマンチェスターに移り住んだ頃に書かれたこの文章は、二人の友人のその後の数年間の書簡の中心となるテーマを先取りしていた。すなわち、次なる経済危機の勃発と、それが呼び起こすこととなる革命についての予測を(78)。危機の到来を待つこの信念は、マルクスの後継者たちの思想の核となったために、マルクスの亡命の初期における政治状況や、切迫した事情のなかにその起源があることは一切看過されてきた。

ロンドンの亡命者の政治委員会の公的な宴会や私的な会合、あるいはパブでの白熱した会話には、プロイセン政府やオーストリア政府の間諜が混ざっており、常に耳を傾けていた。亡命者と大陸ヨーロッパに戻った支持者たちとの秘密の接触は、ドイツ諸邦の政治警察にとって何ら秘密ではなかった。

こうした間諜たちは、ただ受け身で盗み聞きするだけにとどまっていなかった。彼らは、亡命者が政治的な立場を決めるのに積極的に関与し、亡命者たちが互いにいがみ合ったり、反革命的な政府に都合のよい立場をとるよう操った。ロンドンの政治難民たちは、警察のスパイが入り込んでいることにうすうす気づいてはいた。マルクス自身、幾度か警告を受け取っていた。しかし、敵対する党派の人間を常に警察のスパイと非難する亡命者の習性が、自分たちの内部にそうした人間が入り込んでいるという揺るがし難い現実に対する感度を鈍らせていた。亡命者集団に潜り込み、彼らを操り、対立を煽る間諜の能力は、亡命者たちが想像していたよりもはるかに高いことが明らかとなった。[79]

ヴィリヒの兵舎の住民の一人であったチャールズ・フラーリーなる人物は、本名をカール・クラウゼというプロイセンの間諜であり、急進的亡命者を装っていた二人の他のスパイたち、シェルヴァル——本名はヨーゼフ・クレーマー——とヴィルヘルム・ヒルシュにヴィリヒをまんまと引き合わせた。一八五二年までにはヴィリヒ自身も彼ら二人がスパイだと気づき、二人との関係を続け、彼らを二重スパイとして雇うという野望を抱いたが、自分たちが本当に二重スパイだとヴィリヒに思い込ませるのが、警察のスパイとしての彼らの役目の一つであった。比較的遠い関係にあったマルクスの協力者、ユーリウス・ヘンツェはプロイセンに雇われていたが、ライバルの共産主義者たちと異なり、他ならぬマルクス自身を標的にしたのは何と言っても、もう一つの中央ヨーロッパの大国の間諜であった。そうしたオーストリアのスパイのうち、ヘルマン・エープナーとバニャ・ヤーノシュの二人は、マルクスと緊密な関係を結び、自分たちの政府にとって政治的に都合のよい方向へと彼を操縦することに成功した。

フランクフルトの著作権代理業者であったエープナーは、フェルディナント・フライリヒラートの親類であり、エープナーをマルクスに紹介したのはフライリヒラートであった。マルクスが計画していた政治経済学に関する本の出版先を見つけることができるともちかけて、エープナーは媚びへつらったもの言いで「ロンドンの亡命者の状況」について「ちょっとした話」を、例えばハンガリー民族主義者の亡命指導者コシュート・ラヨシュについて「ピリッとしたもの」を送ってくれるよう、マルクスに頼んだ。出版者は結局現れなかった。しかし、マルクスは既に自尊心をくすぐられており、またエープナーのことを信じて、ロンドンの亡命者たちに関する敵意に満ちた説明を送った。これは執筆予定のパンフレットの元型であり、間諜は滞りなくこれをヴィーンの雇い主に送った。歴史の皮肉の格別に魅力的なところであるが、冷戦中、ソ連がオーストリア占領の終結と中立に合意した後、オーストリア共和国政府は一九五五年にソ連政府にこの報告を贈呈した。(80)

バニャはコシュートの革命ハンガリー軍の大佐で、一八四九年にオーストリア軍とロシア軍に敗北した後、西ヨーロッパへの逃亡を余儀なくされた人物であったが、オーストリア政府の間諜としてはエープナーよりも積極的で有力であった。スパイ活動にあたって冒険的であった彼は、プロイセンにも情報を流しており、またフランスの君主主義者たちとも繋がりがあった。彼は魅力的で人当たりのよい人物で、一八五二年初頭にパリからロンドンに戻るとマルクスと連絡を取り、すぐに信用を得た。バニャはマルクスにひたすら最大限の敬意を示し、彼を「有能無比なドイツ人」と称賛した。マルクスは共産主義者同盟に入会するようバニャを誘うことで、これに応えた。孤独なロンドン生活を送る家族に親しげに振る舞って、バニャはカールとイェニーを夕食に招待し、カールがエンゲルスとともにマンチェスターにいた時には、イェニーの元を訪問した。借金を軽減するために一家に幾ばくかの金を提供するというバニャの約束は、絶望的な貧困の淵にあったイェニーにとって数少ない希望の光の一つであった。(81)

革命の闘士を装いながら、バニャはマルクスと政治的に協力し、コシュートやキンケルといった亡命民主主義者についての侮蔑的な内部情報を与えたが、こうした情報をマルクスはいつも信じたがった。大佐は共産主義の党派間の相違を利用し、まったくのでたらめであったが、ヴィリヒ＝シャッパー一派がマクデブルクの急進的労働者たちの間でマルクスの見解を攻撃しようとして同地に使いを送ったとマルクスに語った。バニャはマルクスのために金を調達し、また『亡命者偉人伝』のために出版者を見つけると約束した。これはどちらも実現せず、マルクスの仲間内では一八五二年秋にバニャへの疑惑が深まっていった。エルンスト・ドロンケとヴィルヘルム・ヴォルフの二人は、バニャが警察のスパイだと確信するようになった。さらにイェニーも疑念を抱いた。しかし、マルクスは彼を信じ続け、親友の憤激を招いた。バニャに不都合な話には「マルクスは耳を貸そうとしませんでしたが、それは私がバニャを信用していないからです」。ヴィルヘルム・ヴォルフはドロンケに賛同して、「最近ひと悶着起こしましたが、それは私がバニャを信用していないからです」と、ドロンケはエンゲルスに告げている、「モールは盲目になっており、私やドロンケなどが別のことを「考えて」、自分の意見を表明すると、大いに侮辱されたかのように振る舞っています」とエンゲルスに語った。[82]

バニャが馬脚を露わすきっかけになったのは、出版者を見つけてやるという約束であった。不履行の言い訳は次第に説得力を失っていき、ベルリンにそうした出版者を見つけたとでっち上げたが、その人物が出版業者の名簿に載っていなかったことで――ドロンケが調査した内容を書いた一文が、事の次第をあますところなくエンゲルスに報告している――、彼の嘘が露呈した。それでもなお、この状況を切り抜けようとしてバニャがあれこれとつき続ける嘘をマルクスが信じるのをやめ、彼を警察のスパイと認めるまでには数ヶ月がかかった。この一件は、マルクスの個性を知るための練習問題のようなものである。すなわち、彼が万難を退けて自らの道を歩み続けるのを可能足らしめた至上なる自己過信がまた、仲間の多くを離反させ、彼を孤立させ、狡猾なスパイのへつらいに対して無防備にしたのであった[83]。

オーストリア政府がマルクスに接近したのは、彼が亡命者からなるロンドンのヨーロッパ民主党中央委員会の「プチブル」民主主義者たちを軽蔑していたからであった。この全ヨーロッパ的な急進主義者のグループの指導的人物は、急進的なイタリア人のジュゼッペ・マッツィーニとハンガリーの民族主義者コシュート・ラヨシュであり、両者は、オーストリア帝国がイタリアとハンガリーに有する領土をそれぞれの国民国家のために切り離すこと、同帝国が解体することを望んでいた。当時の人びとは、マルクスの敵対者たちとオーストリアの敵対者たちが近しい関係にあることにはっきりと気づいていた。オーストリアに金で雇われた間諜だという告発が一八六〇年代の間ずっとマルクスにつきまとい、近年になっても歴史家によって繰り返されてきた[84]。皮肉にも、問題は、マルクスが金を貰った間諜ではなかったという点にある。オーストリアのスパイたちは彼に、出版の契約と出版社からの前払い金というかたちの利得を約束したが、彼らには金を払うことができなかった。オーストリア当局がそこまでけちくさくなく、マルクスが集めた民主主義者の亡命者たちの醜聞を出版する資金を提供するつもりであったなら、彼らは敵の間に混乱を作り出し、マルクスのもっと緊密な協力を得られたかもしれない。革命の闘士にして、生涯を権威的支配への抵抗に捧げた人物が、一八五〇年以降のヨーロッパ諸国で最も反動的な政府の一つに奉仕しようと接近したこの出来事は、亡命生活の耐え難い境遇によって、マルクスの個性と政治的志向の双方のうちにあった最も厄介な要素が悪化していった模様を考えるうえでの教訓的事例となる。

マルクスが一八五〇年に共産主義者同盟の指導部をケルンに移転したのは、必ずしも適切な決定ではなかった。同じ年のもっと前の時期、マルクスはケルンの共産主義者たちの消極さと無為に対して極めて批判的であり、彼らは相当に不快な思いをさせられていた。しかし、ケルンはマルクスの最後の砦であり、彼がなおも自分に感服してつき従う人びとを指揮できる場所であった。同地のマルクス信奉者たちがヴィリヒとシャッパーの使者をはねつけ、自分たちはマルクスを信用していると語ったのは、共産主義者同盟の二つの党派間の対立がいかに個人的な人間関係に左右されていたのかを示す、さらなる事例でもある。(85)

ケルンの共産主義者たちは一八五〇年秋から一八五一年冬にかけて、新たに賛同者となった同地の急進的な民主主義者、ヘルマン・ベッカーの主導により、それまでよりも活発になった。「赤いベッカー」の異名（これは、髪の色と政治色の双方にちなんだものであった）をとった彼は、人気の高い精力的な演説家にして政治的アジテーターであり、一八四八年革命の間はマルクスから距離をとっていた。マルクスの方も、自分の新聞『西ドイツ新聞』は『新ライン新聞』の後継紙だとするベッカーの主張を認めなかった。しかし成功を収めていたベッカーの新聞は、反動が力を強めていた時代の西部ドイツにおいて唯一の、民主主義を代弁する新聞であり、マルクスや共産主義者たちにとって好ましい報道を提供してくれていた。同紙の編集部に参加するという、ケルンの古参のマルクス支持者ハインリヒ・ビュルガースの計画は、一八五〇年七月にこの新聞を発禁処分に処したプロイセン当局によって阻まれた。これ以降、ケルンの共産主義者たちは、ベッカーが急進的な政策に取り組むための機会を与えてくれる重要な存在となった。

「プチブルの顧客によって物事を無駄にしないように」、共産主義者との提携関係を秘密にしておくことでマルクスと合意したにもかかわらず、ベッカーは一八五〇年秋に共産主義者同盟に加入し、すぐに重要な役割を果たすようになった。彼は、北ドイツの民主主義者たちと協議するために一八五一年五月にブラウンシュヴァイクに同盟の代表者を集め、秘密の共産主義者会議を開催する準備を進めた。ベッカーのマルクスとの新たな結びつきは、単に陰謀じみたものにとどまらなかった。一八五一年初頭、マルクスは『新ライン新聞――政治経済評論』の発行のためにベッカーと打ち合わせを行い、二人はマルクスの論文集を複数巻に編集して出版する計画を立てた。論文集の第一巻の最初の一冊が印刷されたものの、印刷所に対するプロイセン政府の威嚇によってこの取り組みは頓挫した。(86)

一八四八～四九年の革命的諸事件に比べれば規模は小さいが、マルクスのこうした活動は、ロンドンでの孤立と貧困を背景画に配した印象的な舞台装飾となっている。それは、一八五一年五月に突如として終わりを迎えた。この時、同盟員であったケルンの仕立職人ペーター・ノートユングが共産主義者同盟の秘密文書を運んでいる最中にライプツィヒ駅で逮捕され、これによってプロイセン当局は頑強なケルンの共産主義者の最後の残党を数週間にわたり拘引することが可能となった。彼らはその後一六ヶ月間、牢獄に繋がれ、最終的には一八五二年十月に政府転覆を共謀した罪で裁判にかけられた(87)〔裁判は十月四日から十一月十二日まで続いた〕。

逮捕者たちはばらばらに監禁され、暗く狭い独房に放り込まれて、体を動かしたり新鮮な空気を吸ったりする機会をほとんど与えられなかった。彼らには、弁護士も含めて面会の機会もほとんど与えられなかった。当時の人びとと、共産主義者に共感を抱いていない人びとさえをも憤慨させたのはとりわけ、受刑者の一人であったケルンの医者ローラント・ダニエルスの妻〔アマーリエ〕が、憲兵の立会いの下でしか彼と話をするのを許されなかったことであった。二十世紀の全体主義体制の基準からすれば――さらに二十一世紀の民主主義体制の幾つかをここに加えることができるかもしれない――、見るからに危険な破壊分子に対するこの措置はかなり穏やかなものに思われる。十九世紀の観察者がそうした見方をとっていないのは、彼らの古風で紳士的な態度の美徳を示す一証左である。

囚人たちの処遇と、彼らの逮捕を大規模な政治的事件に仕立て上げようという決定は、他ならぬフリードリヒ・ヴィルヘルム四世から直々に発せられた。彼は見世物裁判を開き、そこで一八四八年革命の全責任を隠密の破壊分子である陰謀家たちに帰そうとした。反革命政治の一環として、フリードリヒ・ヴィルヘルム四世は嫌々ながら自らの王国に憲法を敷いたが、この裁判は立憲君主政における自らの役割を回避するように仕組まれていた。この君主は、憲法が要求する、大臣たちの諮問会議との協同行動をとらず、何らの公的地位ももたない福音主義者の取り巻きたち、とくにベルリンの聾唖学校の校長〔カール・ヴィルヘルム・ゼーゲルト〕と手を組んで事を進めた。国王が自らの密偵として使っていた元警察捜査官のヴィルヘルム・シュティーバーは、その長年にわたる経歴のなかで、違法な活動や恐喝、様々な権力濫用を絶えず非難され続けた人物であったが、一八四八年革命以来、マルクスに個人的な遺恨を抱いてもいた。[88] シュティーバーは必要とあらばあらゆる手段を弄して、しかし主人たる国王の関与を悟られないようにして、巨大な革命の陰謀の証拠を見つけ出してくるよう命じられていた。彼の活動はノートユングが逮捕される前から既に進められていたが、その後に起こった秘密組織の共産主義者同盟の摘発はプロイセンの為政者にお望みどおりの好機を献上した。

　プロイセン王国の最高位にある人びとの策謀には気づかずに、マルクスは支持者たちの逮捕と彼らの裁判を、まずもって仲間のロンドン亡命者たちとの相違という観点から見ていた。彼は逮捕劇をシャッパーとヴィリヒの度を逸するほどに革命的な宣言のせいにし、この宣言の大げさなもの言いが官憲の注視を招いたのだと感じていた。バニャ・ヤーノシュの助言でプロイセン警察がマルクスの手紙を追跡して受取り人を逮捕する準備をしていたため、支持者たちにこの裁判に関する自分の政治戦略を伝えるのは難しかった。マルクスの助言の一部はケルンに届いたが、それらは被告に、シャッパーとヴィリヒは革命的陰謀家で暴力的な共産主義反乱を計画していると供述しろと指示していた。曰く、対照的に、マルクスと彼の支持者たちはプロイセン政府に反発しておらず、ただ政府に対する革命が経済危機の結果として起きるのを待っているだけであり、その後になってようやく、権力を握る急進的政府に対して共産主義的な対抗勢力を組織するつもりとのことであった。[89]

ケルン共産主義者裁判はいよいよ一八五二年十月四日に始まり、中央ヨーロッパ中の新聞の一面を飾った。舞台となったケルンでは多くの群衆が裁判所前の広場に詰めかけ、被告たちに声援を送り、彼らを監獄から護送する憲兵や兵士たちを威嚇した。起訴状は、被告人たちは危険な破壊分子であり宗教の破壊を目指しているという起訴理由を挙げた――これは、カトリック地域であるケルンではデリケートな問題であった。検事側はまた、共産主義者たちは資本家の資産を没収しようとしていたと強調し、指折りの砂糖大根工場の経営者や著名な商人、商工会議所の面々が連なる陪審に効果的なアピールを行った。一八四八～四九年のケルンでの数々の革命的な事件を振り返りつつ、主人である君主が望んでいたように、起訴状は共産主義の陰謀家たちの秘密の企てにその原因を帰した。被告たちによってもたらされた危険を強調するために、首席検事は裁判の最初の一週間、まるでメロドラマのごとく、自分の前の机の上に短剣を置いてみせたものである。[90]

誰の目から見ても、国王側の千両役者は王の密偵であり、彼はしばしば検事以上に訴追の担当者であるかのように振る舞った。シュティーバーは勝ち誇ったようにロンドンで入手した共産主義者の秘密文書を見せびらかしたが、それは彼の手下のスパイの一人によってヴィリヒ＝シャッパーのグループの事務所から盗み出されたものであった。計画されていた暴動の身の毛もよだつ仔細を説明した後でシュティーバーは、フランスの警察がパリで陰謀家たちを逮捕するのを自分がどのようにして助けたのか述べたて、シェルヴァル――実際には彼はシュティーバーのスパイであった――がパリのアパートで自分に危害を加えた顚末、そして自分の妻が取っ組み合いの闘いの結果負傷したという、芝居がかった一部始終を語った。[91]

一一名の被告人はあれやこれやの戦術を用いて応酬した。医師のローラント・ダニエルスに雇われた弁護士は、被告人のうちの他の専門的職業人や知識人と同様（彼らの一団には小児科医や化学者がいた）、いかなる政治的関与も否定しようとした。ダニエルスの共産主義への関心、そしてマルクスとの数多くの書簡のやり取りは純粋に学問的、学術的なものであった、と。三名の被告――秘密組織に所属していたことを自供したノートユング、ハインリヒ・ビュルガース、ペーター・レーザー――は、マルクスの指示に従って、自分たちのグループはヴィリヒとシャッパーの支持者たちとは反対に、実在するプロイセン君主政の敵ではなく未来の革命政府に対する抵抗勢力だと主張した。検事側の再尋問は、三月声明（マルクスは個人的には、これがまったくもって妥協的であることを認めていた）のようなマルクスの書いた革命的文書を問題にし、二つの共産主義の党派の相違は純粋に人的なものにすぎないと主張した。当のシュティーバーは、「マルクス＝エンゲルス一味とヴィリヒ＝シャッパー一味の本当の違いは、次の革命が成功したあかつきに、マルクス氏かヴィリヒ氏のどちらが独裁者になるのかという問題から成っているのだ……」と語った。[92]

被告人全員のなかでも、一番はっきりと政治的な自己弁護を行ったのは「赤いベッカー」であった。彼はマルクスとの協力を決して否定はしなかったが、自分がマルクスによって率いられた秘密組織に属していたという見方は認めなかった。その代わりに、彼は自らの行動が独自のものであったと主張し、自らをプロイセンの圧制に対して民衆の自由を首尾一貫して擁護する者として描き出した。ベッカーの戦略はマルクスが一八四九年の被告席で用いたのと同じものであった。しかし、マルクスとエンゲルスはどちらも、共産主義者同盟との関係を否認するというベッカーの戦術を快く思わなかった。ベッカーと同盟との協力関係を秘密にすることに同意していたにもかかわらず。[93]

最初の興奮の後、被告人たちが小集団で大きな破壊力はなく、大陸規模での影響力を有する陰謀が至るところに存在しているというフリードリヒ・ヴィルヘルム四世の妄想がありえないことが証言から明らかになると、裁判への公衆の関心は弱まっていった。両陣営がそれぞれの主張を述べ終わると、無罪判決になるだろうという憶測が大きくなっていった。すると、シュティーバーは自分の話を聞いてもらおうと突然法廷に姿を現し、配下のスパイがまさにロンドンのマルクスの支持者たちの会合の秘密の議事録を入手したばかりだと言い出し、この議事録は彼らが実際に革命を企む陰謀家であることを証明するものだと主張した。この主張はマルクスを刺激し、行動を起こさせた。彼は公証人が認証した宣誓証明書をかき集め、シュティーバーの挙げる議事録中の証拠を否定し、この主張を覆す証拠を提示した――例えば、シュティーバーの挙げた議事録によれば、会合は、マルクスのロンドンの同志たちの定期集会が開かれていたのとは違う曜日に開かれたことになっていた――が、何と言っても、ヴィルヘルム・リープクネヒトの手書きの文章の写しは、当該の議事録を記したとされる「リープクネヒト」とは相当異なっていることを露呈していた。エンゲルスからの追加資金も含めて（マルクスの友人のペーター・イマントはシュティーバーのスパイの一人から金を得ようとしたのであるが）、マルクスは有り金をすべて注ぎ込んで材料を集め、それを秘密の仲介者（彼らのうちの一人であったヘルマン・エープナーがオーストリアのスパイだということにマルクスは気づいていなかった）を介してケルンの弁護人に送るために「一日じゅう、夜遅くまで」仕事をした。イェニーはアードルフ・クルスに以下のように書き送った、「私どものところにはもっか、全幹部がつめかけております。二、三の人が書き、他の人はあるいは走り回り、あるいはお金を探しあつめ、そのお金で書く人が生存し、また前代未聞の醜聞の証拠を、公認の旧世界にたいしてつきつけることができるのです。その間、私の三人の陽気な〔スパーバーは「誠実なfaithful」としているが、おそらくドイツ語のfidelの誤訳〕子供たちは歌ったり口笛を吹いたりしていて、パパさんからよくお小言をちょうだいしています〔スパーバーでは「走り回っているパパさんから突き飛ばされそうになっています」〕。たいした騒ぎです」[94]。

ベッカーの弁護士カール・シュナイダー二世は一八四八年革命の間、ケルン民主主義協会の代表であったが、既にリープクネヒトの手書き文書の一部を入手しており、シュティーバーに反対訊問を行う際にこれを法廷に提出することができた。この秘密警察官〔シュティーバーのこと〕は前もって警告を受けており、巧みに証言を逃れ、議事録を書いたのはヴィルヘルム・リープクネヒトではなく、別人の「H・リープクネヒト」なる人物だったのだと主張した。このH・リープクネヒトの存在に関する信憑性は、秘密議事録の残りの部分に関するそれとまったく同程度であった。それらはシュティーバー配下のスパイでヴィリヒの親友でもあったヒルシュとシェルヴァルによって捏造されたものであった。マルクスの敵手〔ヴィリヒのこと〕は、捏造についてすべてを知っていたが、結局は口を閉ざした。これは、プロイセンのスパイを二重スパイとして用いるという、ヴィリヒの戦略の一部であった。ケルン共産主義者裁判において彼らが果たした役割のことを知ると、ヴィリヒはヒルシュとともに急いでロンドンの判事の元に向かい、本当のいきさつを宣誓のうえで説明した――ヒルシュの逮捕令状が発行されることを望んでいたマルクスは苛立ちを覚えた。ヴィリヒの宣誓供述書はケルンには送られたものの、法廷に届くことはなかった。おそらくヒルシュ自身がケルンにやってきたが、シュナイダー二世は彼に会うのを拒んだ。ヒルシュの旅（実際に彼が旅したのだとして）がヴィリヒとシュティーバーのどちらのためのものであったのかは定かではない。[95]

　マルクスとエンゲルスは喜びに満たされ、エンゲルスが書いたように、「事件はケルンの連中にたいする判決で終わるのではなく、偽証のかどや、その他神を無視したフランス刑法典にたいするプロイセン的な違反のかどでのシュティーバー氏の逮捕で終わる、ということもありうるのだ」と、自信をもって予測していた。[96]皮肉にも、『共産党宣言』で司法と法は単なる階級的利害の道具だと主張していた二人の共産主義者は、真実は法廷で勝ち取られ、正義が勝つのだと信じていたのである。冷笑的に法制度を濫用し、法に基づく有罪無罪の判定を何ら尊重せず、盗みや偽造行為、偽証を働いて自分たちの政治的目標を達成しようとしたのは、信心深く倫理を重んじる君主と彼の間諜たちであった。

兵士が怒りと敵意に満ちた見物人の群れから裁判所を守るなか、評決は一八五二年十一月十二日に言い渡された。陪審の判断はマルクスとエンゲルスの期待を粉々に吹き飛ばした。一一名の被告中の七名が有罪とされ、そのうちの三名に六年の城塞禁固が宣告された。彼らは一日たりとも欠かすことなく刑に服さなければならなかった。三名の労働者階級の被告人、レーザーとノートユングと仕立屋のフリードリヒ・レスナーはいずれも、釈放後に活発な労働運動を続けた。ローラント・ダニエルスは無罪となったが、収監中にかかった結核のために数年後に他界した。彼の仲間の医師アーブラハム・ヤコービも無罪となり、アメリカ合衆国に移住し、コロンビア大学の医学教授となった。ハインリヒ・ビュルガースとヘルマン・ベッカーは刑期を終えた後、プロイセン政府に対する自由主義的、民主主義的反対派に加わった。監獄から釈放されて二〇年後の一八七八年〔一八七五年の誤り〕に「赤いベッカー」がケルン市長に選出されたのは、プロイセン人に対する遅ればせながらの復讐であった。彼は大いにやり手の都市行政官であることを証明した。彼の在任期間中に中世の城壁を取り壊して作られた幅広の大通りはこんにちなお、この町の都市空間を形作っている。

ケルン裁判の勝敗は、ロンドンの急進的亡命者のうちでは明々白々であった。同地のドイツ人職人たちの間でのヴィリヒの声望は既に下り坂にあったが、彼がプロイセンのスパイたちと長きにわたり親密な関係を有していた証拠が明るみに出るに至って地に落ちた。ヴィリヒ＝シャッパー派の共産主義者同盟は解散し、ヴィリヒは、急進的なドイツ人亡命者たちが大きな熱狂をもって迎えてくれるアメリカ合衆国に渡るのが賢明だと考えた。こうした多くの急進主義者たちと同様に、ヴィリヒは奴隷制に対する闘争に身を投じた。勇敢で優れた軍人であった彼は、南北戦争に際して北軍に従軍し、ついには少将に昇進した――彼はアメリカ軍においてここまで高い階級に達した最初にして最後の共産主義者である。マルクスとエンゲルスはシュティーバーの偽造に関する証拠を大量に集め、それらを『ケルン共産党裁判の真相』と題したパンフレットにして世に広めた。その何部かはアメリカ合衆国で出版されたが〔大月版によれば、一章ずつボストンの民主主義的新聞『ノイ・エングランド・ツァイトゥング』に発表されたうえで、一八五三年四月末に匿名のパンフレットとして出版された〕、ヨーロッパには届かなかった。スイスで発行された数千部は、出版者が国境を越えてドイツ諸邦に密輸しようとしたために、おそらくはバニャからの警察への密告によって押収された。このパンフレットは『亡命者偉人伝』と同様に、困難な状況のなかでの退却戦という性格を帯びていた。評決が出された後の水曜日、ロンドンの支持者たちとの毎週のパブでの会合に参加していたマルクスは、共産主義者同盟の解散を提案した。一同はこれに同意し、同盟は終焉を迎えた。マルクスは自らの決意をエンゲルスへの手紙の中で説明した。ケルンの支持者たちが逮捕されて有罪評決が下されたことによって、効果的な政治活動についてのあらゆる見通しが潰えたのだ、と。[97]

ルイ゠ナポレオン・ボナパルトの一八五一年十二月二日のクーデタは、彼がフランス共和国の大統領から第一執政となり〔ナポレオン一世との混同か〕、間もなく皇帝ナポレオン三世となったことで、ロンドンの急進主義的亡命者たちに重大な打撃を与えた。フランスを中心地とする新たな革命蜂起の望みは突如としてかき消え、彼らは揺るがし難い反動と反革命という将来に直面することとなった。経済危機と革命についての新たな見地を得たために、仲間の亡命者と比べると、マルクスがこのクーデタに動揺する度合は幾分少なかった。むしろマルクスにとって、フランスは革命への期待の中心にとどまり続けていたのであり、クーデタから数週間のうちに、彼はこの出来事についての分析を執筆し始めた。彼には、例えばフランス政治についての部内者《インサイダー》としての自分自身の知識、この状況に直面した友人たちから送られてきた報告、そしてロンドンの新聞に掲載された詳細な補足情報といった、意のままに活用できる材料が数多くあった。元々は連載にする計画であったこれらの記事は、マルクス支持者のヴァイデマイアーとクルスによって、『ルイ・ボナパルトのブリュメール十八日』と題したパンフレットとしてアメリカ合衆国で出版された。(98)

マルクスは革命運動の敗北を論じ、それを文学的傑作に高めた。『ルイ・ボナパルトのブリュメール十八日』において、彼の筆致は最高の域に達した。皮肉を抑制しつつ、敵に対する際限ない非難に我を忘れることなく、マルクスは深みある洞察を鋭く冷笑的なウィットと怜悧な文章の展開で包み込んでいる。「一度は悲劇として、二度目は茶番として」〔初版では「一度は偉大な悲劇として、もう一度はみじめな笑劇として」。大月版は第二版を底本としている〕（これはエンゲルスの発言が元になっている）とか、「あらゆる死んだ世代の伝統が、生きている人間の頭のうえに夢魔〔スパーバーは「アルプス」としているが、ドイツ語のAlpの誤訳〕のようにのしかかっている」、「あっぱれ掘りかえしたぞ、老いたもぐらよ！」等々の、深遠なるマルクス主義の格言がパンフレットから登場した。(99)

政治運動を社会階級によって規定するというこのパンフレットでの分析の土台は、二年前に執筆された『フランスにおける階級闘争』を継承したものである。マルクスは社会主義者と共産主義者を労働者の代表、非共産主義的な民主主義者をプチブルの代表、穏健共和主義者と穏健君主主義者を資本家階級の異なる要素それぞれの代表、そして保守主義者を大土地所有者の代表として描き出している。ルイ＝ナポレオンを（同時代人の大半と同様に）軽蔑をもって扱っていたそれまでの作品とは対照的に、マルクスは彼が将来的に皇帝となることを勘定に入れなければならなかった。彼はルイ＝ナポレオンを独自の明確な政治集団の指導者として描き、この集団をフランスの小土地所有農民という特殊な社会階級と関連づけた。

何よりも、この作品は一八四八年革命の本格的な解剖録となっており、ヨーロッパ規模の革命的熱狂の震源地におけるその失敗にメスを入れている。マルクスは一八四八年を一七八九年の再来と見なしたフランスの左派を批判した。これは、『ルイ・ボナパルトのブリュメール十八日』の有名な冒頭のメインテーマであり、ここでマルクスは、これまでの革命的な運動がいかにして過去の思想を呼び起こしたのかを論じ、マルティーン・ルターが自らを使徒パウロになぞらえたことや、一七八九〜九三年のフランスの革命家たちが古代の共和政ローマを再興しようとしたことを指摘する。曰く、一八四八年の同様の行動は一七八九年の革命を召喚したが、哀れで滑稽な結果を導き出しただけであった。しかしながら、彼が嘲笑を浴びせたフランスの急進的政治家たちが、革命勃発前の数年間に自分が交際していたのと同じ人びとであったことにマルクスは言及していない。彼らの支援のおかげで、マルクスや同志たちは一八四八年春にブリュッセルからケルンに移転することができたのであった。そして、ヨーロッパ規模での革命運動の再燃という、一八四八年十二月から一八四九年六月にかけてのマルクスの願望の成就は彼らにかかっていた。『新ライン新聞』の編集者としてのドイツの民主運動におけるマルクス自身の政治戦略は、まさに一七八九年の革命の召喚を中心に据えたものであった。彼は単一不可分のドイツ共和国を呼びかけ、ロシアに対する革命戦争を主張し、ジャコバン派の急進的なテロ行為を賛美し推奨していた。この点からすれば、『ルイ・ボナパルトのブリュメール十八日』は、他人への批判をつうじた自己批判の実行というマルクスのやり方が、格別に顕著に示された例である。

『フランスにおける階級闘争』での新たな革命の構想は、一七九〇年代の出来事――労働者の蜂起と、それに続く革命フランスとヨーロッパ諸国の戦争――に基づいていたが、今やこの可能性は、かつての革命の繰り返しという考えをマルクスが批判したことにより排除されている。新たな革命は過去の伝統を継承するのではなく、そこから断絶していなければならない。「十九世紀の社会革命は、その詩を過去から汲みとることはできず、未来から汲みとるほかはない。それは、過去へのあらゆる迷信を捨てさらないうちは、自分の仕事を始めることができない」[100]。将来の共産主義社会について明確な展望を示すことへのマルクスの拒否は、そのような未来をもたらす革命的な変化についての展望にまで広げられたのであった。

将来の共産主義革命の性質について憶測を働かせるのを望まなかったとしても、マルクスはそれがどこで始まるのかは分かっていたものと思われる。この著書の結末に近い一文において彼は、官僚的なフランス国家のあらゆる権力を独裁的な行政の長に集中させることで、ルイ＝ナポレオンがフランスの立法府と憲法による権力分有を破壊した様子について述べている。マルクスはこの過程をヘーゲルの用語を用いて、歴史的発展の内的論理として描写し、それをつうじて未来の革命がただこの国家権力の唯一の中心を標的にしさえすればよいのだとする。革命が起これば、「ヨーロッパ〔スーパーでは「全ヨーロッパ」〕は席からとびあがって歓呼するであろう。あっぱれ掘りかえしたぞ、老いたもぐらよ！と」[101]。この一節は『ハムレット』からの引用である――もっと正確に言えば、マルクスが十代の頃にヨハン・ルートヴィヒ・フォン・ヴェストファーレンから習った『ハムレット』の標準的なドイツ語訳からの引用である。この文章はまた、一七八九年の革命の偉大な演説者の一人であるミラボーを秘かに召喚する呪文でもある。ミラボーの火を吹くような演説は当時の人びとをこう驚かせたものであった、「みごとに吼えた獅子よ！」と――マルクスはかつて、一八四二年に『ライン新聞』に書いた出版の自由に関する記事の中でこの言葉を引用していた[102]。ジャングルの百獣の王の力強い咆哮とちっぽけなもぐらの物静かで辛抱強い準備との対比は、未来の革命が、自らのも含めてかつての革命への期待といかに違ったものになるのかを強調する、マルクス一流のやり方であった。

フランスの国家権力が集中する場所、そして革命が劇的に高揚し全ヨーロッパが飛び上がって注目することを余儀なくされる場所は、もちろんパリであった。マルクスは過去の革命とは根本的に異なる未来の革命を召喚したにもかかわらず、このひとくだりからは、マルクスがなお、それが一七八九年、一八三〇年、一八四八年に現出したパターンを継承してパリで始まるのを期待していることが窺える。一八六〇年代に入っても、彼はパリを革命勃発の決定的な場と見なし続けていた。もっとも、一八六〇年代の終わりには、彼はパリが世界の革命の震央となることに疑念を抱くようになった。一八七〇〜七一年に、ナポレオン三世の失脚、パリ・コミューンの創出と格闘、そして解体を伴いつつ、革命が最終的にパリを襲うと、パリの革命が大陸的規模、そして世界的規模で刺激を与えるような効果をもつのだろうかというマルクスのいや増す疑念は揺るがし難いものになった。

『ルイ・ボナパルトのブリュメール十八日』は、マルクスの個人的、政治的な運勢がどん底にあった時期に書かれた。一八四八年革命は弾圧され、その再生の見通しはますます悲観的なものになっていた。彼は、ロンドンで口角泡を飛ばして議論し合う政治難民たちの只中で孤立し傷ついていた。このパンフレットは、反動と反革命の現在から革命的未来への移行というマルクスの願望を表現したものであった。それは敗北せる革命を、勝利せる革命のための欠くべからざる先例として提示していた。一八五〇年に満たされなかった期待が実現することはないであろう。その代わり、(大部分は)新たな、これまでとは異なる革命が起きることとなる。当時の状況は表面上は悲惨であったが、固いと思われていたこの反革命の軍事的独裁体制の表土の下で、小さなもぐらは穴を掘り進めていた。

長い目で見れば、この作品は、同志以外の人びとの間で最も影響力を及ぼし最も成功を収めたマルクスの著作の一つとなった。高名な人類学者にして哲学者のクロード・レヴィ＝ストロースはマルクスの継承者であったとも門人であったとも言えないが、彼の認めるところでは、「新たな社会学的な問題に手をつける時には、ほとんどいつも『ルイ・ボナパルトのブリュメール十八日』の数ページを読んで自分の思考に刺激を与える……」という。[103] 革命への希望とインスピレーションを語った同時代的なメッセージとしては、このパンフレットはそれほど成功しなかった。ニューヨークで印刷されたこのパンフレットは、ドイツ系アメリカ人の間でほとんど売れなかった。ヨーロッパに届いた部数はわずかにすぎず、ヨーロッパでの出版を求めるマルクスの奮闘は実を結ばなかった。『ルイ・ボナパルトのブリュメール十八日』の一握りの読者はマルクスの分析に強い感銘を受けたが、そのメッセージは決して多くの読者を獲得できなかった。[104] 亡命者たちのなかでの孤立、そしてケルンの仲間たちの逮捕と投獄は、一〇年にわたるマルクスの政治活動の時代に終止符を打った。一八五九年まで、マルクスは政治活動から締め出されることとなった。あれこれの事件に革命的かつ行動的に関わり合い、それらを巻き起こす原因にすらなっていたのをやめ、観察者へと身を引き、マルクスは眼前の状況に鋭い批評を加え、事態の好転を示唆してくれる最後のよすがを探すこととなる。

章末注

（1）*MEGA* 1/10: 37–118.

（2）Ibid., 3/3: 30; 3/10: 1136; Sperber, *Rhineland Radicals*, 458; 以下に引用されている、一八五〇年のマルクスの弁明も参照のこと、Carl Vogt, *Mein Prozess gegen die Allgemeine Zeitung* (Geneva: Selbstverlag des Verfassers, 1859), 141–56.

（3）*MEGA* 3/3: 23, 52, 361–62, 804; *MEW* 6: 523〔六一五一〇〕.

（4）*MEGA* 3/3: 26, 30, 32, 36, 485, 727.

（5）Sperber, *Rhineland Radicals*, 421–23, 457–58, 465; *MEGA* 1/10: 5.

（6）Sperber, *Rhineland Radicals*, 410–11; *MEW* 6: 527–28; *MEGA* 3/3: 25.

（7）*MEGA* 3/3: 27–29, 36–37, 39, 43, 361, 725, 727〔二七一一二八〕.

（8）Ibid., 3/3: 36–37, 40, 44, 372, 817–18, 823; Herbert Reiter, *Politisches Asyl im 19. Jahrhundert* (Berlin: Duncker & Humbolt, 1992), 201–06.

（9）*MEGA* 3/3: 44, 48, 628–29, 725, 728, 823; Reiter,

Politisches Asyl, 216–74.
(10) *MEGA* 3/3: 44〔二七―一二八〜一二九〕.
(11) Ibid., 3/3: 49, 830; 1/10: 6–12.
(12) Ibid., 3/4: 109〔二七―二一三〕.
(13) Ibid., 1/10: 553–54.
(14) Ibid., 1/10: 555–59, 563–65, 569–75; 3/3: 65–66, 76–77, 80, 402–03, 509, 512, 547, 554, 570; 3/5: 36, 97; Lattek, *Revolutionary Refugees*, 50; Bauer, *Konfidentenberichte*, 29.
(15) *BdK* 1: 969–70; Lattek, *Revolutionary Refugees*, 46–47.
(16) *MEGA* 3/3: 60; *BdK* 2: 11, 81–82, 445; Lattek, *Revolutionary Refugees*, 55–56; *BdK* 2: 614–21.
(17) *MEGA* 1/10: 560–61; 3/3: 435, 461.
(18) Ibid., 3/3: 439, 491, 517, 557, 686, 707–08; 3/4: 13.
(19) Ibid., 3/3: 439, 449, 455, 464, 515, 518, 548, 555, 572.
(20) Ibid., 3/3: 491–92, 494–95, 572, 603.
(21) Ibid., 3/3: 94, 656, 665, 668, 686; 1/10: 447–48, 990–92.
(22) Ibid., 3/3: 75, 415, 496, 477.
(23) Ibid., 1/10: 254–63.
(24) Lattek, *Revolutionary Refugees*, 56–59; *MEGA* 3/3: 51〔七―二五〇〜二五九、二七―四三九〕.
(25) *MEGA* 1/10: 119–96, 140 そして、192に引用されている〔七―三一〜三二、八六〕.
(26) Ibid., 1/10: 318–20; 急進的民主主義者に対する非難のもう一つの例として、ibid., 1/10: 202–04.
(27) Christian Jansen, *Einheit, Macht und Freiheit. Die Paulskirchenlinke und die deutsche Politik in der nachrevolutionären Epoche 1849–1867* (Düsseldorf: Droste Verlag, 2000), 172–96; Reiter, *Politisches Asyl*, 274–83.
(28) *MEGA* 3/3: 27, 733〔二七―五一四〕.
(29) Ibid., 3/3: 363, 376, 385, 500–01, 571.
(30) Ibid., 3/3: 48〔二七―四三七〕.
(31) Ibid., 3/3: 735〔二七―五一八〕.
(32) Ibid., 3/4: 143; 3/8: 45; Rosemary Ashton, *Little Germany: Exile and Asylum in Victorian England* (Oxford: Oxford University Press, 1986), 16–24.
(33) *MEGA* 3/3: 82, 85, 538–39, 563, 733–35.
(34) Ibid., 3/4: 355, 444, 473, 509; 3/5: 184, 305, 472; 3/6: 12.
(35) Ibid., 3/3: 372, 374–78; 3/6: 197.
(36) Ibid., 3/3: 87–88, 555, 563, 567, 588, 614, 647, 653; 3/4: 83–84, 158, 290; 3/5: 163; 3/6: 16.
(37) Ibid., 3/4: 5, 84, 170; 3/5: 163; 3/6: 11–12, 50, 452, 554〔二八―五二四〕.
(38) Ibid., 3/5: 411.

(39) Ibid., 3/6: 11–12.
(40) Ibid., 3/4: 555.
(41) Ibid., 3/4: 520.
(42) Ibid., 3/3: 417.
(43) Stanley Nadel, *Little Germany: Ethnicity, Religion, and Class in New York City, 1845–80* (Urbana: University of Illinois Press, 1990); Bruce Levine, *The Spirit of 1848: German Immigrants, Labor Conflict and the Coming of the Civil War* (Urbana: University of Illinois Press, 1992).
(44) *MEGA* 3/4: 161, 167–68, 204–05, 276, 415; 3/5: 143, 145–46, 182, 237, 411–12, 468; 3/6: 5, 12, 566〔二八―五一八〕. この極めて興味深い人物については、http://www.adolf-cluss.org/（二〇一一年十二月一日閲覧）。*MEGA* 3/5: 486–567には、クルスの政治的な能力と活動に好印象を抱けるような書簡が含まれている。
(45) *MEGA* 3/3: 617–18. ニューヨーク移住の計画に関しては、マルクスとエンゲルスが書き残したもののなかに断片的な証拠が残っているにすぎない。ibid., 3/3: 82, 87, 513–14, 564, 582, 624, 628, 660; 3/4: 103; 以下に再録された同時代人の報告もある、Vogt, *Mein Prozess*, 141–56.
(46) *MEGA* 3/3: 621–23; Westphalen, "Kurze Umrisse," 214–15.
(47) *MEGA* 3/3: 105, 108, 702; 3/4: 141, 291–93, 312–13, 396–71, 432, 464; 3/5: 123–24; Hunt, *Marx's General*, 183, 187–88.
(48) *MEGA* 3/3: 99〔二七―一三七〕.
(49) その後数十年にわたり続いた習慣の、初期の二、三の事例については、ibid., 3/3: 93, 95; 3/4: 5, 31, 33, 39, 96, 99, 109, 111, 141, 151, 161, 170, 199, 234; 3/5: 40, 43, 45, 65, 68, 78, 92, 111, 125–27.
(50) Ibid., 3/3: 91–92〔二七―一三〇〕; Westphalen, "Kurze Umrisse," 215.
(51) *MEGA* 3/5: 89, 92〔二八―四〇〕; Westphalen, "Kurze Umrisse," 217.
(52) *MEGA* 3/5: 96.
(53) Wheen, *Karl Marx*, 171–76; Heinrich Gemkow and Rolf Hecker, "Unbekannte Dokumente über Marx' Sohn Frederick Demuth," *Beiträge zur Geschichte der Arbeiterbewegung* 43 (1994): 43–59.
(54) *MEGA* 3/3: 57, 445〔二七―四四三〕.
(55) Lattek, *Revolutionary Refugees*, 49–54; Jansen, *Einheit, Macht und Freiheit*, 185–93.
(56) 以下からの引用、Christian Jansen, ed., *Nach der Revolution 1848/49: Verfolgung, Realpolitik Nationsbildung: Politische Briefe deutscher Liberaler und

Demokraten 1849–1861 (Düsseldorf: Droste Verlag, 2004), 42〔88の誤り〕〔四－五〇八〕.

（57）*BdK* 2: 253–56; Lattek, *Revolutionary Refugees*, 67–82, 110.

（58）*MEGA* 3/4: 17〔二七－一五〇〕; 以下も参照、ibid., 3/3: 566, 1306; 3/4: 140; 3/6: 58; Bauer, *Konfidentenberichte*, 85.

（59）*MEGA* 1/10: 578〔八－五八三〕.

（60）Ibid., 3/3: 740; Karl Bittel, ed., *Der Kommunistenprozeß zu Köln 1852 im Spiegel der zeitgenössischen Presse* (East Berlin: Rütten & Loening, 1955), 111–12.

（61）*MEGA* 3/5: 157, 190; 3/6: 37–38, 74–75; 3/6: 107; Bauer, *Konfidentenberichte*, 37.

（62）Jansen, ed., *Nach der Revolution*, 42〔88の誤り〕; Carl Wermuth and Wilhelm Stieber, *Die Communisten-Verschwörungen des neunzehnten Jahrhunderts*, 2 vols. in 1 (Hildesheim: Georg Olms, 1969), 1: 267.

（63）*MEGA* 3/3: 669; 3/4: 76–77, 302〔二七－一九二〕.

（64）Ibid., 1/10: 491–92; 3/3: 77–78, 582; 3/4: 84, 307; 3/5: 166; 3/6: 186; そしてとりわけ、1/10: 491–92; Jansen, ed., *Nach der Revolution*, 205.

（65）*MEGA* 3/3: 650; 3/4: 147–49, 187, 706; 3/5: 191; 3/6: 37–38, 110.

（66）Ibid., 3/4: 138–39〔二七－四七二〕; 同様のものとして、3/5: 191; 3/6: 74–75.

（67）Ibid., 3/3: 92, 96, 641–43, 878; 3/4: 46–50, 57–58, 63, 234, 240–41, 555; 3/5: 209; Lattek, *Revolutionary Refugees*, 73–74, 111, 126–27.

（68）*MEGA* 3/4: 14–16, 31, 66–67; 3/5: 38–39, 60–61, 68, 82, 85, 106, 111, 115–16, 159–60, 175–76, 178–79, 188, 394, 401, 405–06, 409, 473, 773; 3/6: 37–38; 1/11: 221–311.

（69）Ibid., 3/4: 164〔二七－四七九〕.

（70）Jansen, *Einheit, Macht und Freiheit*, 189–90; Lattek, *Revolutionary Refugees*, 83–109; *MEGA* 3/6: 554.

（71）*MEGA* 3/5: 96, 135–36; *BdK* 2: 255; Lattek, *Revolutionary Refugees*, 70.

（72）*MEGA* 3/5: 127, 129–30, 135–36, 140, 151, 171; Westphalen, “Kurze Umrisse,” 212.『亡命者偉人伝』において、マルクスはヴィリヒの性的逸脱を文学的な形式で仄めかすにとどまっている。*MEGA* 1/10: 300–01.

（73）Lattek, *Revolutionary Refugees*, 69–82; Bauer, *Konfidentenberichte*, 27, 29–30, 32.

（74）Vogt, *Mein Prozess*, 141–56; この手紙の抄録は以下に所収、*BdK*, vol. 2.

（75）Vogt, *Mein Prozess*, 141–56; 以下を参照、*MEGA*

3/4: 37, 41–43.

(76) Jansen, ed., *Nach der Revolution*, 88, 205, 241.

(77) *MEW* 6: 148–50; *MEGA* 1/10: 302–03.

(78) *MEGA* 1/10: 467; 3/4: 157–58, 213, 235; 3/5: 6, 93, 110, 183, 185–86; 3/6: 27〔七–四五〇〕.

(79) Ibid., 3/3: 584; 3/5: 285. 政府のスパイの問題については、とりわけ以下が示唆的、Jürgen Herres, "Der Kölner Kommunistenprozess von 1852," *Geschichte in Köln* 50 (2003): 133–55, そして、Ingrid Donner, "Der Anteil von Karl Marx und Friedrich Engels an der Verteidigung im Kölner Kommunistenprozeß 1852," *Marx-Engels-Jahrbuch* 4 (1981): 306–44; また、Ernst Hanisch, *Karl Marx und die Berichte der österreichischen Geheimpolizei* (Trier: Karl-Marx-Haus, 1976); そして、Lattek, *Revolutionary Refugees*, 154–56.

(80) *MEGA* 3/4: 247, 255–58, 355, 473, 490, 502–03, 782; 3/5: 440–41; 3/6: 224, 266.

(81) Ibid., 3/5: 38, 307, 342, 382, 390, 395, 411–12, 470–71; 3/6: 269, 272, 277.

(82) Ibid., 3/5: 191, 342, 798; 3/6: 37–38, 288, 303, 390–91, 411–12, 438, 474, 496〔三一–五〇〕.

(83) Ibid., 3/6: 41, 48, 68, 81, 83, 98–99, 111–13, 288, 294, 303, 324–27, 338.

(84) Hanisch, *Karl Marx*, 18–30; Vogt, *Mein Prozess*, v–viii.

(85) *MEGA* 3/3: 571, 586, 646, 650, 672.

(86) Ibid., 3/3: 94, 502–04, 533–35; 3/4: 85, 104, 117, 121, 300–01, 322, 326, 334–35, 344, 368, 373, 375, 385; 3/6: 106; Herres, "Kölner Kommunistenprozess," 142; Seyppel, *Die demokratische Gesellschaft in Köln*, 284.

(87) ケルン共産主義者裁判については、注（79）のドンナー、そしてとくにヘレスの論文を参照。さらなる詳細については、Bauer, *Konfidentenberichte*, 76–97.

(88) *MEGA* 3/2: 178, 548–49.

(89) Ibid., 3/4: 128, 138–39; 3/5: 85; 3/6: 553; 3/7: 31.

(90) Ibid., 3/6: 259–60; 3/7: 217; Bittel, *Der Kommunistenprozeß*, 53, 55, 63, 68, 112, 153–56, 158, 224, 248–49.

(91) Bittel, *Der Kommunistenprozeß*, 92–103, 119–26, 167–70, 182–88.

(92) Ibid., 103 に引用、また、59–62, 67–69, 81–82, 84–90, 160, 179, 188–200, 239–41, 243, 247–48, 255–59, 284–85; *MEGA* 3/4: 146.

(93) Bittel, *Der Kommunistenprozeß*, 73–80, 137, 143, 145, 212–34, 291–94; *MEGA* 3/6: 46, 83, 106, 555.

(94) *MEGA* 3/6: 352, また、52–54, 56–58, 61, 67–68, 70, 557〔二八–五二〇〜五二一〕; Bittel, *Der Kommu-*

nistenprozeß, 119–26, 135–36, 167–70.

（95）*MEGA* 3/6: 85, 286, 299–300; Bittel, *Der Communistenprozeß*, 135–36; Lattek, *Revolutionary Refugees*, 155–56; Bauer, *Confidentenberichte*, 97.

（96）*MEGA* 3/6: 66, また、86〔二八―一四五〜一四六〕.

（97）Ibid., 1/11: 363–422; 976; 3/6: 51, 55, 78, 88, 132–33, 407, 412–13; Donner, "Der Anteil von Marx und Engels," 318–19; Lattek, *Revolutionary Refugees*, 156–58.

（98）*MEGA* 3/4: 259–60, 263–74, 276; 3/5: 56–59, 251–52, 255–58; 1/11: 686–90.

（99）このテキストは以下に所収、ibid., 1/11: 96–189〔八―一〇七、一九二〕. 文学的分析として以下の二つを参照、Zvi Tauber, "Representations of Tragedy and Farce in History on Marx's *The Eighteenth Brumaire of Louis Bonaparte*," *Tel Aviver Jahrbuch für deutsche Geschichte* 29 (2000): 127–46; そして、Martin Harries, "*Homo Alludens*: Marx's Eighteenth Brumaire," *New German Critique* 66 (1995): 35–64.

（100）*MEGA* 1/11: 101〔八―一一〇〕.

（101）Ibid., 1/11: 178〔八―一九二〕; また、110, 179; 文学的な隠喩については、Harries, "*Homo alludens*," 53–55.

（102）*MEGA* 1/1: 128〔一―四〇〕.

（103）Claude Lévi-Strauss, *Tristes Tropiques*, trans. John and Doreen Weightman (London: Jonathan Cape, 1973), 57.

（104）*MEGA* 1/11: 690–96; 3/5: 409, 432; 3/6: 241.

（下巻へつづく）

訳者略歴
一九七五年生まれ
早稲田大学大学院文学研究科博士後期課程修了
博士（早稲田大学・文学）
現在、和歌山大学教育学部准教授
主要著書
『フォルクと帝国創設』（彩流社、二〇一一年）、「革命体験と市民社会」（森原隆編『ヨーロッパ・「共生」の政治文化史』所収、成文堂、二〇一二年）、「一八四八／四九年革命後の対抗的政治エリート」（森原隆編『ヨーロッパ・エリート支配と政治文化』所収、成文堂、二〇一〇年）、「十九世紀前半期のドイツにおける〈コルポラツィオン〉と〈アソチアツィオン〉」（井内敏夫編『ヨーロッパ史のなかのエリート』所収、太陽出版、二〇〇七年）
主要訳書
スタインバーグ『ビスマルク　上・下』（白水社、二〇一三年）

マルクス
ある十九世紀人の生涯　上

二〇一五年　六 月二〇日　印刷
二〇一五年　七 月一〇日　発行

著　者　ジョナサン・スパーバー
訳　者 ©　小《お》原《ばら》　淳《じゅん》
装幀者　日　下　充　典
発行者　及　川　直　志
印刷所　株式会社　理　想　社
発行所　株式会社　白　水　社
東京都千代田区神田小川町三の二四
電話　営業部〇三（三二九一）七八一一
　　　編集部〇三（三二九一）七八二一
振替　〇〇一九〇-五-三三二二八
郵便番号　一〇一-〇〇五二
http://www.hakusuisha.co.jp
乱丁・落丁本は、送料小社負担にてお取り替えいたします。

株式会社 松岳社

ISBN978-4-560-08445-8
Printed in Japan